敦煌石窟全集

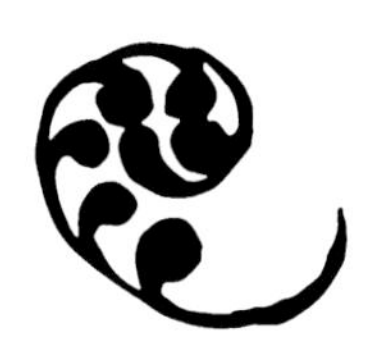

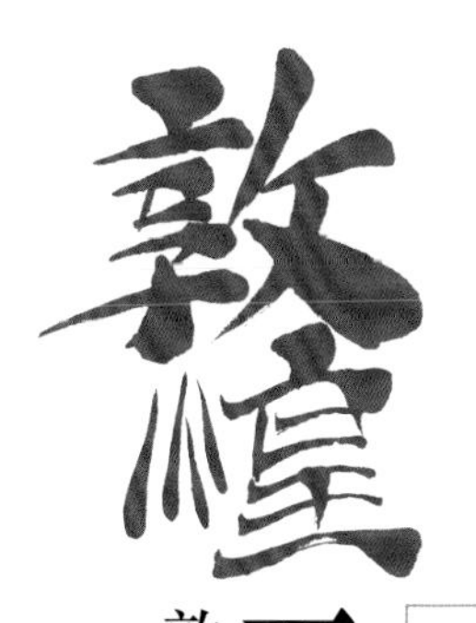

敦煌石窟全集 8

塑像卷

敦煌研究院 主編

本卷主編 劉永增

商務印書館

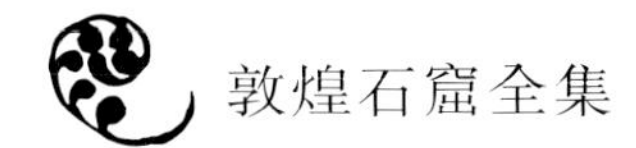

主編單位 ………………… 敦煌研究院

主　　編 ………………… 段文杰

副 主 編 ………………… 樊錦詩（常務）

編著委員會（按姓氏筆畫排序）
主　　任 ………………… 段文杰　樊錦詩（常務）
委　　員 ………………… 吳　健　施萍婷　馬　德　梁尉英　趙聲良

出版顧問 ………………… 金沖及　宋木文　張文彬　劉　杲　謝辰生
羅哲文　王去非　金維諾　周紹良　馬世長

出版委員會
主　　任 ………………… 彭卿雲　沈　竹　劉　煒（常務）
委　　員 ………………… 樊錦詩　龍文善　黃文昆　田　村
總 攝 影 ………………… 吳　健
藝術監督 ………………… 田　村

塑像卷

主　　編 ………………… 劉永增
圖版統籌 ………………… 吳　健

攝　　影 ………………… 吳　健
線　　圖 ………………… 呂文旭　吳曉慧　趙　蓉　張力軍　胡　禎

封面題字 ………………… 徐祖蕃

出 版 人 ………………… 陳萬雄
策　　劃 ………………… 張倩儀
責任編輯 ………………… 田　村
設　　計 ………………… 呂敬人
出　　版 ………………… 商務印書館（香港）有限公司
香港筲箕灣耀興道3號東滙廣場8樓
http://www.commercialpress.com.hk
製　　版 ………………… 中華商務彩色印刷有限公司
香港新界大埔汀麗路36號中華商務印刷大廈
印　　刷 ………………… 中華商務彩色印刷有限公司
香港新界大埔汀麗路36號中華商務印刷大廈
版　　次 ………………… 2015年6月第1版第2次印刷

ISBN 978 962 07 5276 6

All inquiries should be directed to:
The Commercial Press (Hong Kong) Ltd.
8/F., Eastern Central Plaza, No.3 Yiu Hing Road, Shau Kei Wan, Hong Kong

前 言

人間聖像 天工塑繪

佛教起源於印度，早期無偶像崇拜，僅以法輪、足迹、菩提樹及寶座來表示佛陀的存在。隨着大乘佛教興起，公元1世紀的犍陀羅（今巴基斯坦北部及阿富汗東部一帶）和馬圖拉（舊譯秣菟羅，今印度北方邦馬圖拉地區）地區開始雕刻以人的形象來表現的佛陀造像。前者稱犍陀羅美術，是接受了波斯、希臘、羅馬藝術影響的產物；後者為馬圖拉美術，是參照馬圖拉傳統的藥叉像創造的印度本土藝術，它們都曾對中國的佛教造像產生影響。

佛教東傳的過程也是一個佛教藝術於所流傳的各地逐漸本土化的過程。在無法採集到適宜雕刻的石材的地區，則因地制宜地用其他方法來塑造佛像。如巴米揚（今阿富汗喀布爾市西北230公里）石窟即為泥塑，具有印度笈多王朝的時代特點，壁畫則受波斯的影響。而哈達(今阿富汗賈拉拉巴德南10公里)地區的造像則多為模製，再施以彩繪，已近於彩塑。哈達的造像，將風格冷峻的犍陀羅雕刻和渾厚的印度造像融為一體，以新的造型方法，寫實的手段，創造出有地方特色的佛教造像。

位於西域和中原接壤處的敦煌，自歸入漢朝的版圖後，漢文化即成為當地的文化基礎，連胡族的西涼國君李暠也曾在敦煌建造宗廟以祭祀祖先。敦煌石窟未開鑿前，當地的造型藝術在漢化的基礎上並形成自己的傳統，製作出相當精美的雕塑作品。公元4世紀，敦煌發展為“村塢相屬，多有寺塔”的佛教聖地，敦煌石窟就是在這種文化背景下應運而生的。

敦煌地處邊陲，社會相對穩定。石窟在地方豪門權貴和百姓累世開鑿下，至唐代已發展成規模宏大的佛教勝地。加之來自中原各地的西行僧侶和躲避戰亂的富有之家、被貶的儒雅之士不斷聚集敦煌，他們的智慧與財力，無疑也推動了石窟的創造和保護。相反，中原則由於戰火頻仍、政治動盪，隨着一個個王朝的湮滅，一座座寺廟被焚燬，唐代以前的佛教彩塑幾於蕩然無存，現存的僅有甘肅天水麥積山石窟，山西五台山大佛光寺、南禪寺等處。從這個意義上講，敦煌石窟是中國最重要的彩塑藝術寶庫之一。

敦煌莫高窟開鑿在敦煌東南25公里的鳴沙山東麓斷崖上，石窟內塑有佛像並繪有壁畫。

敦煌石窟的岩體構造屬於酒泉系礫石岩層，是由細沙和礫石沉積黏結而成，因此不能雕刻造像，而只能採用泥塑，塑成後裝彩，這種工藝，後世稱作"彩塑"。其實造像裝彩的理念與石雕是相同的，石雕也要裝彩，如山東青州出土的北朝石雕上，依然殘存鮮艷的顏色。敦煌彩塑大多不是嚴格意義上的圓塑，而是接近圓塑的高浮塑，此外也有圓塑和浮塑。高浮塑主要塑於佛龕內，因有龕壁遮擋，塑像後部體量被壓縮。圓塑主要塑於中心佛壇和龕沿兩側，浮塑有窟頂人字坡上的椽枋，龕楣、龕楣上的裝飾以及模製的影塑飛天等。

敦煌塑像的材料都是就地取材，以本地生長的楊柳為塑像的中心骨架，骨架上捆敷的蘆葦採自大泉河上游的苦苦泉，塑泥則更容易採集，為窟前大泉河沉澱的澄板土和細沙。依壁製作的高浮塑的製作程序如下：

1、在牆壁上橫向楔入木楔，將木楔和埋入地下的中心骨架捆紮在一起，再敷以葦草製成塑像的形體骨架。

2、塑出大形後，用捏、塑、貼、壓、削、刻等手法塑出塑像的細部，待乾燥後再裝飾色彩。

3、裝彩用點、染、刷、塗、描、貼等繪製技法表現，即是使用繪塑結合的手法來表現肌膚、鬚髮、服飾、台座，使完成後的塑像富有神韻和質感。

除木骨架塑像外，還有石胎泥塑，即是直接在崖壁上開鑿出巨型雕塑的大形，再加泥塑。這種大像從中亞到中原表現的均為彌勒。

製作佛像須遵循佛教規定的“相好”標準，有“三十二相”和“八十相”之說，如頭頂須塑出肉髻，兩耳碩長，頸下塑三道，雙手長及膝下等，還有手印、台座、眷屬以及其他造像附屬物。由於敦煌地接華戎，同時還要考慮漢族的習慣和審美要求，作取捨和變化，如肥臀巨乳的印度貴婦消失了，出現的是溫文爾雅的東方少女；深目高鼻的胡僧逐漸退出佛壇，出現了儀態儒雅的中國和尚；曲髮蓄髯的外域天王變成鎧甲嚴身的大唐將軍。塑匠把握了諸多規定後，又以最熟知的生活素材——歌伎、胡商、漢僧、將軍為藍本，運用想像和誇張，以概括和提煉的手法，塑造了一個個富有生活氣息的宗教神祇。因此可以說，雖然敦煌石窟是宗教信仰的產物，其彩塑的藝術成就，卻遠遠超越了宗教的範疇。

佛教彩塑是靜態的羣體塑像，主尊兩側多是左右對稱的立像，難免呆板、僵直或形式化。然而，塑匠懂得怎樣於靜中求動，用形體、手姿和色彩在不變中求得變化，如對稱而立的弟子大多是一傾身一直立，菩薩屈膝扭腰、裙帶飄逸，天王和力士則以憤怒的面部表情和劇烈的形體動作，來體現作為佛教護法的職能。此外，佛教塑像的組合也不斷形成一定的規範，如釋迦與阿難、迦葉組成“釋迦三尊”，加文殊、普賢組成“釋迦五尊”；阿彌陀佛與觀音、勢至菩薩組成“西方三聖”；毗盧舍那佛與文殊、普賢組成“華嚴三聖”等，但這些規範在敦煌表現得並不嚴格。

敦煌石窟的建築規模多屬中小型，也有一些大型的洞窟。從形制上講，可分為禪窟、中心塔柱窟、覆斗頂窟、大像窟和有背屏式中心佛壇的殿堂窟五種形式。由於石窟大多坐西向東，西壁往往是洞窟的中心所在，無論是哪種形式的洞窟，大都在西壁的中央塑造佛像。

莫高窟現保存有十個朝代的洞窟四百九十二個，彩塑兩千餘尊，浮塑一千餘身，現保存基本完好的原作一千四百餘身。在千餘年間的石窟開鑿史上，敦煌塑像的發展大致可分為早、中、晚三個時期。

早期是發展期，包括北魏、西魏、北周三個歷史時期。

早期歷時一百八十年，洞窟多為中心塔柱窟，西魏以後出現了覆斗頂窟。這一時期的塑像主要有主體性雕塑，也有一些附屬的影塑。主體性的雕塑多指塑造於中心柱四面或西壁的佛、菩薩像，是禮拜的對象，如彌勒像、釋迦像和釋迦多寶並坐像。以造像題材分，有說法像、禪定像、思惟像、苦修像等等。主尊兩側多侍有菩薩，北周時出現了弟子造像。附屬的影塑有飛天、供養菩薩，以及龕楣上裝飾的交龍和神王、龍頭等柱頭裝飾。

中期為繁盛期，包括隋、唐兩個時代。

這一時期歷時三百餘年，洞窟形制多為覆斗頂窟，一般在窟室正面開鑿大龕，列置以佛為中心的羣像，少者三五身，最多的達到二十八身。佛像有釋迦牟尼、彌勒和阿彌陀和釋迦多寶並坐像，同時出現了三世佛和彌勒三會說法像。兩側侍立弟子、菩薩、天王、力士以及供養菩薩。有些洞窟的中央還設立須彌壇（中心佛壇），壇上列置佛、弟子、菩薩羣像。除此之外，唐代石窟中還出現了有特定主題的大像窟和涅槃窟，這兩類洞窟，無論在塑像的規模還是塑造的技法上，都反映了唐代在政治上的強盛和經濟上的繁榮。

晚期為衰落期，包括五代、宋、西夏、元四個時期。

晚期歷時四百六十餘年。五代承襲了晚唐時代出現的背屏式中心佛壇窟，這類洞窟規模宏大，多開鑿在莫高窟的下層，因此塑像多遭破壞。宋代第55窟，保存有較為完整的彌勒三會說法像，除倚坐的彌勒佛像外，塑有弟子、菩薩、天王和金剛力士，數量也多至十餘身，是了解莫高窟晚期雕塑不可多得的作品。西夏時期大多是重修前代洞窟，保存完好的僅有第491窟出土的供養天女像。元代洞窟漢地佛教與漢藏密宗並重，壁畫不乏佳作，遺憾的是塑像被破壞殆盡，沒有保存任何作品。

目 錄

從「曹衣出水」到「褒衣博帶」

北朝（公元420～580年）

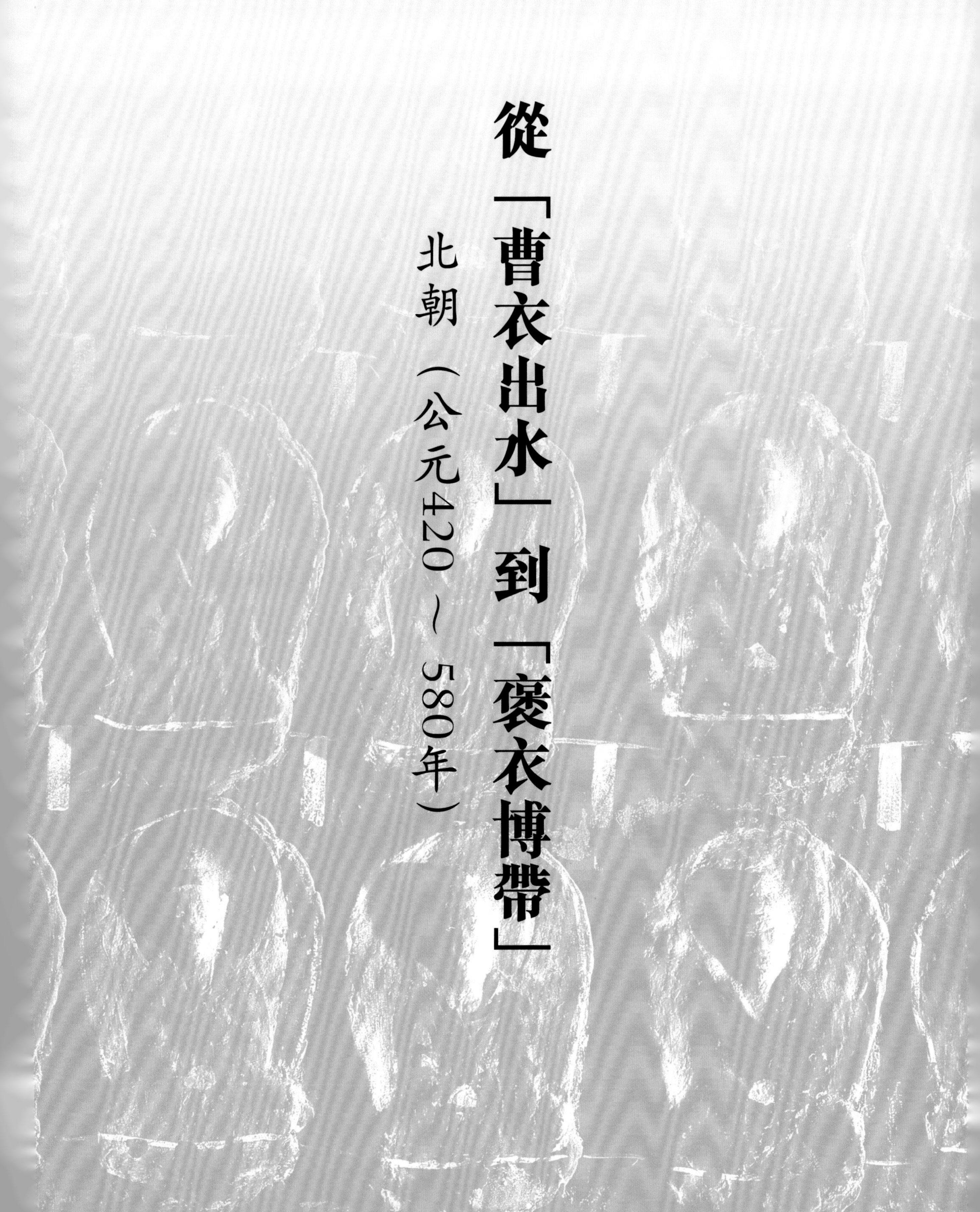

北涼時期，敦煌以及河西地區的佛教已有一定發展。莫高窟處於初創階段，以單體為主，無脅侍菩薩塑像，若有亦以壁畫表現。由於留下洞窟不多，主尊似以彌勒佛為主。及至北魏，中心塔柱窟流行，供僧侶信眾右繞禮拜。柱身四面開龕造像，並出現塑造的脅侍菩薩。多數洞窟於正面開券形大龕，龕內塑佛倚坐像，其他三面上層開闕形龕，內塑交腳彌勒或思惟菩薩，有的洞窟還在下層龕內塑釋迦牟尼的說法、禪定、苦修和成道四相，表現釋迦不同階段的修行過程。這時的造像帶有濃厚的西域犍陀羅風格，面相及四肢圓潤，衣物貼體厚重，這種衣紋特色後來引用了源於畫史的"曹衣出水"來形容。

到了西魏，塑像仍以倚坐為主，唯風格一變，造型瀟灑秀麗，稱"秀骨清像"，衣飾亦流行由中原傳入的"褒衣博帶"式樣。受漢族墓室形制影響而在西魏新出現的覆斗頂窟，在北周時期已成主流，中心塔柱窟銳減。北周的倚坐像承襲前代仍居主導，結跏趺坐像只佔少數。這時期較重要的發展，是在主尊兩側出現的弟子像，形成一佛一菩薩二弟子的五身組合。

第一節　源自犍陀羅藝術的北涼、北魏造像

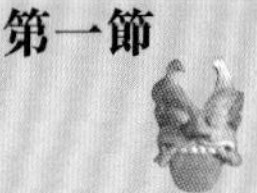

敦煌石窟始鑿於四分五裂的戰亂時期，最早的塑像受到犍陀羅造像等域外藝術風格影響，及到北魏統一北方，勢力及於河西，中原造像雕塑藝術與大西域地區風格交融合流，形成新風。

第275窟是莫高窟現存最早的三個洞窟之一，其開鑿年代有西涼、北涼和北魏說三種，從塑像和壁畫的關係看，應在公元430～439年間，即北涼時期。該窟西壁不開龕，倚壁塑大型交腳菩薩，造型比例略顯頭大身小，面相圓滿，胸腹部無起伏，兩腿無粗細變化，整體給人古樸圓潤之感。菩薩座兩側塑獅子，示意所坐是獅子座。菩薩寶冠的中央浮塑如來禪定像。

交腳坐式的菩薩像源自西域犍陀羅藝術，特別受波斯藝術影響，因有交腳坐乃波斯王坐法之說。交腳式造像最早見於犍陀羅的休特拉克，但不見於馬圖拉。關於第275窟這身交腳菩薩像，多數學者定為彌勒菩薩，也有的因寶冠中的化佛而視之為觀世音菩薩。交腳菩薩而戴化佛寶冠的，第275窟主尊不是孤例，敦煌、酒泉周邊出土的北涼承玄元年（公元428年）高善穆造塔，塔身一周刻如來形造像七身和交腳菩薩一身，菩薩寶冠中有化佛。我們知道，犍陀羅的彌勒菩薩均束髮，無冠飾，不見有寶冠、化佛，但是據北涼所譯的《觀彌勒菩薩上生兜率天經》，彌勒菩薩“天寶冠有百萬億色，……色中有無量百千化佛，諸化菩薩以為侍者”，由此可知彌勒菩薩寶冠中有無量化佛。

犍陀羅和馬圖拉的彌勒菩薩，有立像有坐像，不必然為交腳坐，作施無畏印，左手於指間夾水瓶。在巴米揚石窟，畫於縱券頂（第330窟）和穹隆頂中心（第338窟）的彌勒菩薩均結跏趺坐，亦於指間夾水瓶。在新疆克孜爾石窟，中心柱窟後室正壁多畫或塑涅槃像，入口上方的半圓形小壁上畫交腳菩薩，兩側有眷屬圍繞，表現彌勒菩薩居兜率天宮。至於中原地區，後於北涼的北魏時期，不少交腳彌勒像，如山西的雲崗石窟第17窟交腳菩薩像即題刻為“彌勒”，洛陽龍門石窟的古陽洞中，二十五例彌勒造像無一例外，都是交腳坐式。

我們認為第275窟的交腳菩薩亦應為表現彌勒菩薩高居兜率天宮。莫高窟最早的三個洞窟（第268、272、275窟）有六個塑彌勒像，彌勒題材的流行，是飽受戰亂之苦的人對和平的希冀與美好生活的憧憬。

第275窟此像下裙緊縛雙腿，以貼泥條的方法塑出的衣紋線上，可見清晰的刻線，這種於突起的衣紋線上施陰刻線的手法見於公元4、5世紀的犍陀羅雕刻。座前的天衣末端，三角紋（近似菱格紋）的裝飾手法，亦見於犍陀羅早期的雕刻。阿富汗國家博物館藏肖特那庫

出土的彌勒菩薩坐像中垂於台座上的天衣，與第275窟方座前天衣的裝飾驚人地相似。福格美術館藏犍陀羅式金銅坐像、日本藤井齊成會館藏彌勒菩薩立像的天衣、東京博物館藏金銅佛立像的袈裟，以及張掖金塔寺脅侍菩薩的天衣都作這種裝飾。可以說這種衣飾是早期造像的特徵。

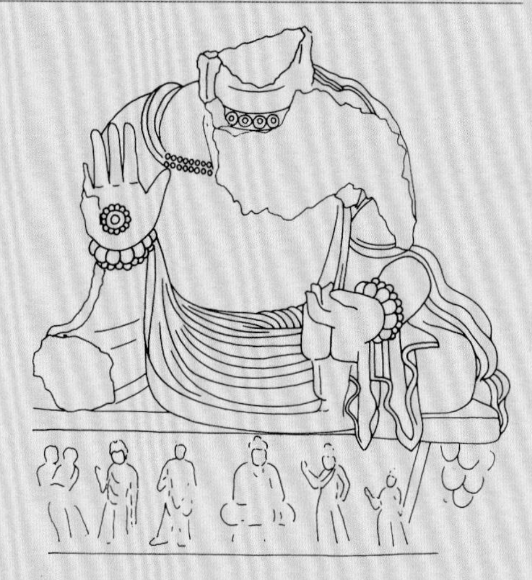

肖特那庫出土彌勒菩薩坐像天衣紋飾

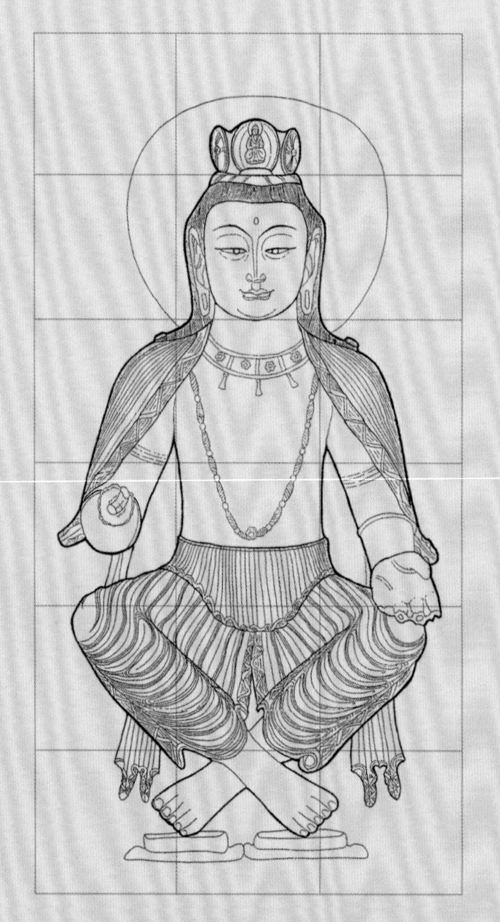

第275窟交腳菩薩造像天衣紋飾及比例示意圖

在第275窟的南北兩壁，西起兩闕形龕內亦塑與主尊相同的交腳菩薩，但寶冠中央不塑化佛，而是裝飾仰月，此種冠飾亦見於北魏第254窟中心柱南北面上層的彌勒交腳菩薩。仰月冠最早見於波斯銀幣上的波斯王冠，巴米揚石窟西大佛天井菩薩像的頭冠也作仰月冠，說明莫高窟的造像在北朝時期就受到波斯藝術的影響。菩薩兩手或交叉覆於胸前，或上下相對作施無畏印，手腕處有明顯的接痕，為預製後插入。

南北壁外側作雙樹龕，內塑思惟菩薩。依據中國北方石窟中的銘刻，可知樹下思惟菩薩像有彌勒菩薩兜率天宮說法像和悉達太子樹下觀耕思惟像兩種。從該窟的主題內容及與四壁的相互關係上看，第275窟的樹下思惟像依然是彌勒菩薩。

公元439年，北涼為北魏所滅，但從現存造像的題材和樣式看，北魏時期的造像似始自太和（公元477年）之後，這時距滅北涼已三十八年。北魏時中原興起的中心柱窟，在莫高窟亦佔絕對優勢，北魏期石窟均為中心塔柱窟。這種形制的石窟，前部造成人字坡屋頂，形成寬敞高朗的前室，後部中央設方柱，即佛塔，僧侶信眾或於前部禮佛，或右繞中心塔柱觀像禮拜。配合這種繞柱觀像的儀式，中心柱四面開龕，有闕形龕、券形龕和雙樹龕三種形式。多數是正面開券形大龕，龕內塑佛倚坐像；其他三面上層開闕形龕，內塑交腳彌勒或思惟菩薩，下層多為券形龕或雙樹龕，有的洞窟（如第248窟）還塑有釋迦牟尼的說法、禪定、苦修和成道四相，表現不同階段的修行過程，形成有變化的系統，而且不乏佳作。惟中心柱空間所限，塑像形體不大。

由於敦煌"地接西域"，為"華戎所交"的一大都會，北魏前期的人物造型、衣冠服飾乃至藝術風格多受西域佛教藝術的影響。造像手法簡樸，衣裝色彩明快，人物面相豐滿，眉長眼鼓，肩寬胸平。北魏晚期，造像的題材雖然沒有多大變化，但人物眉目娟秀，神情恬淡，身形修長，通脱瀟灑，可以看出中原傳統的雕塑藝術與西域佛教藝術的進一步融合。

第254窟是北魏時代的代表洞窟，中心柱正面的圓券大龕內，塑交腳釋迦牟尼說法像一尊。釋迦外穿袒右袈裟，內服僧祇支，着波狀髮。輕薄的袈裟貼身透體，衣紋彎轉曲迴，反映了犍陀羅佛教藝術對北魏造像的影響。相同風格的衣紋，亦見於第259窟在中心柱的前半部所塑釋迦多寶二佛並坐說法像，二佛穿袒右袈裟，袈裟厚重密貼周身，衣紋線隨身體的起伏圓轉曲迴。這種衣紋風格從西域傳入，是早期北魏塑像的常見特色。直至北齊，傳為來自中亞的畫家曹仲達以這種方法繪畫人像，畫史便將之稱為"曹衣出水"，而敦煌研究者亦沿用其名。

中心柱下層龕內所塑禪定像或苦修像，澄心靜慮、參禪入定的樣子，就是北方石窟流行的"鑿仙窟以居禪"的真實寫照。其中第259窟下層龕北壁東側的禪定像堪稱北朝的佳作，釋迦佛兩眉細長，雙眼略開，嘴角露出一絲微笑，似乎一點也體味不到坐禪的寂寞和苦修的艱辛，唯有參禪悟道後的滿足和愉悦。古代的塑匠就是這樣通過豐肌秀骨的造型、內在而含蓄的神情塑造，把晦澀難懂且又枯燥乏味的禪定，形象地展現在我們的眼前。可見北魏塑匠生動的造型功力。北魏晚期的第248窟，中心柱正面龕內塑結跏趺坐佛像，造型清秀大方，緊收的兩腿呈等腰三角形，坐在圓形的蓮座上，增強了造像的穩定感。石青色的領緣和密集流暢的衣紋線，於胸前作“V”字形表現，有一種向上提升的感覺。揚起的右手和平出的左手，一直立一前伸，給處於靜態的造像增添了一點動勢。正是這一點點動勢，使一個用泥土塑造的神像活了起來，彷彿袈裟下裹覆的是一個有血有肉的軀體。

北朝的造像除了第275窟的大型交腳菩薩像外，均為中小型。第275窟闕形龕和雙樹龕內的菩薩像，面部及頭冠上的裝飾均為模製。以模製塑像，説明當時莫高窟的開窟造像已初具規模。北魏的造像，多採用本地產的芨芨草捆紮成骨架，再在上面敷粗泥、中層泥和表層泥。粗泥和中層泥中摻和麥秸，表層泥用河床沉澱的澄板土。澄板土質細而無膠性，再加入少量的細沙，並摻入麻刀或棉花。為了防止收縮變形，在乾燥的過程中需用塑刀反覆按壓。在塑像乾燥後還須賦彩，以土紅色渲染主尊袈裟，面部和肌膚的裸露部分貼敷金箔，眼球為嵌入的銅片。菩薩的僧祇支上亦施土紅，天衣多用石青、石綠，造型厚重，色彩明快。從遺存的塑像看，工匠已能夠熟練地運用本地的各種材料，製作出精到而成熟的藝術作品。

第259窟南北兩壁上層的闕形龕內塑彌勒交腳像和思惟像。從闕形龕的闕頂及瓦壟缺損處，可以看出是先將木樁釘入牆壁，再敷以草泥塑造的。

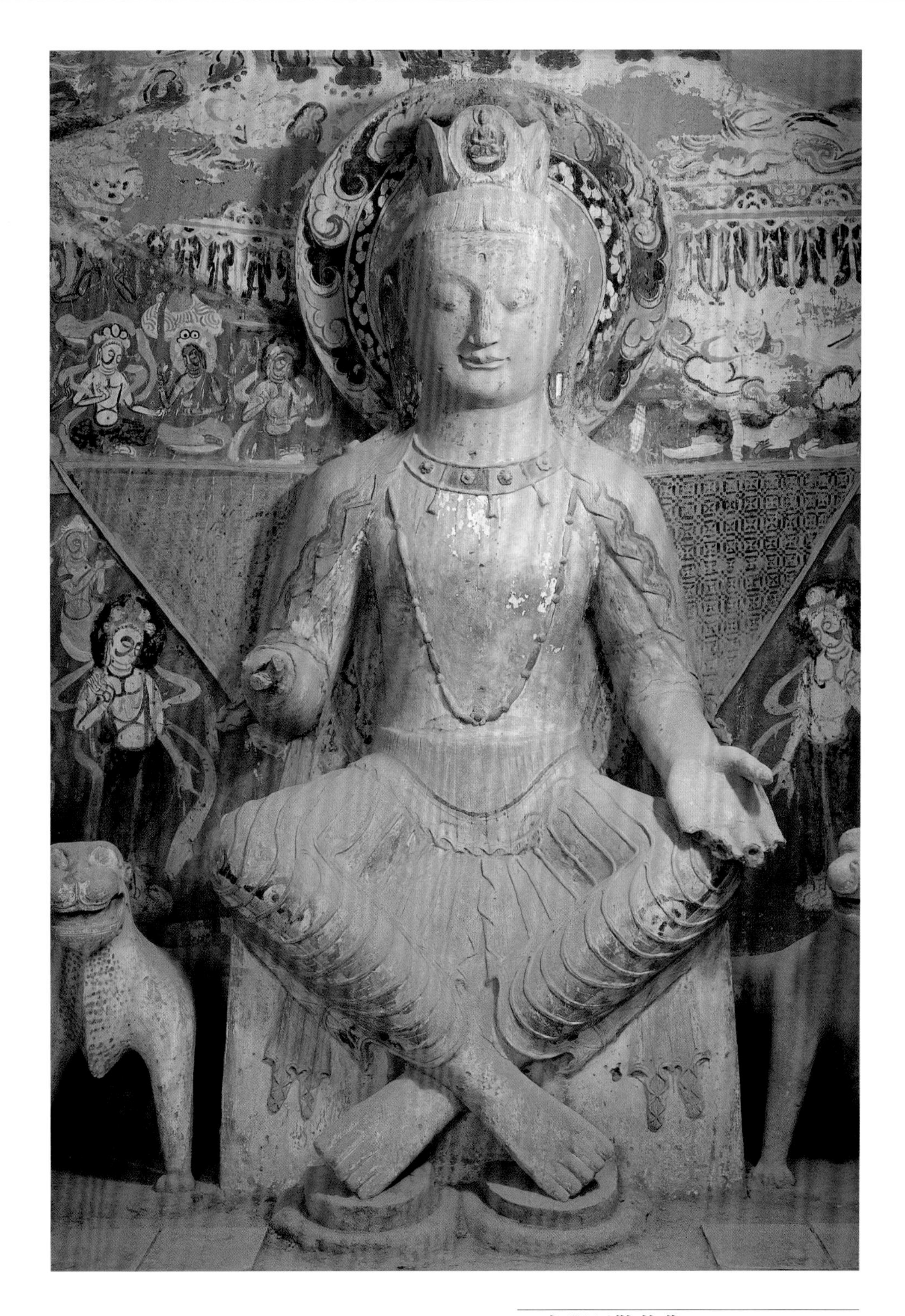

1　交腳彌勒菩薩

彌勒菩薩戴寶冠，冠上浮塑化佛，面相豐圓，神態恬靜，一手作與願印，一手殘損，上身半裸，束羊腸裙，交腳坐於獅子座上。後有頭光和三角靠背。

北涼　莫275　西壁

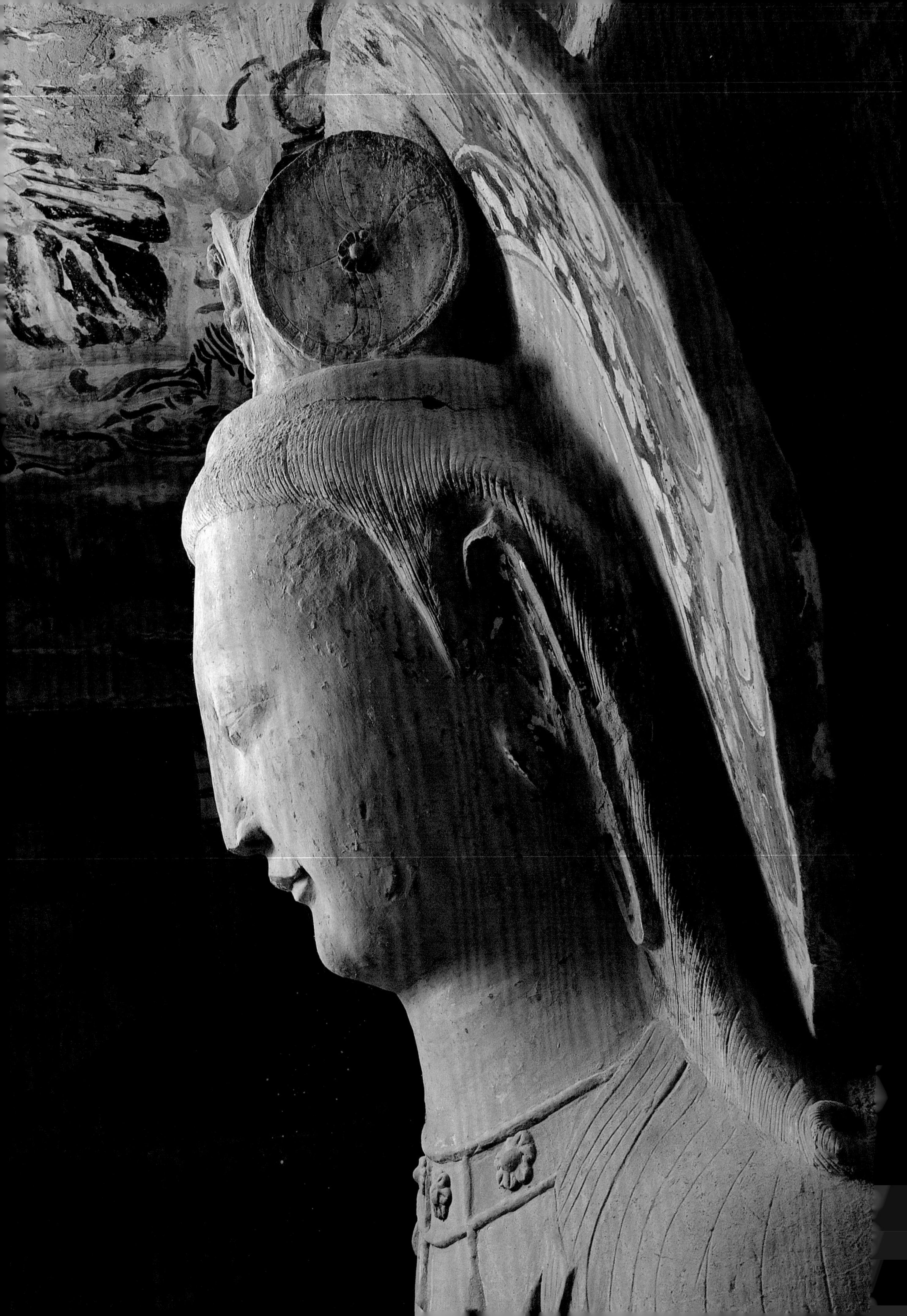

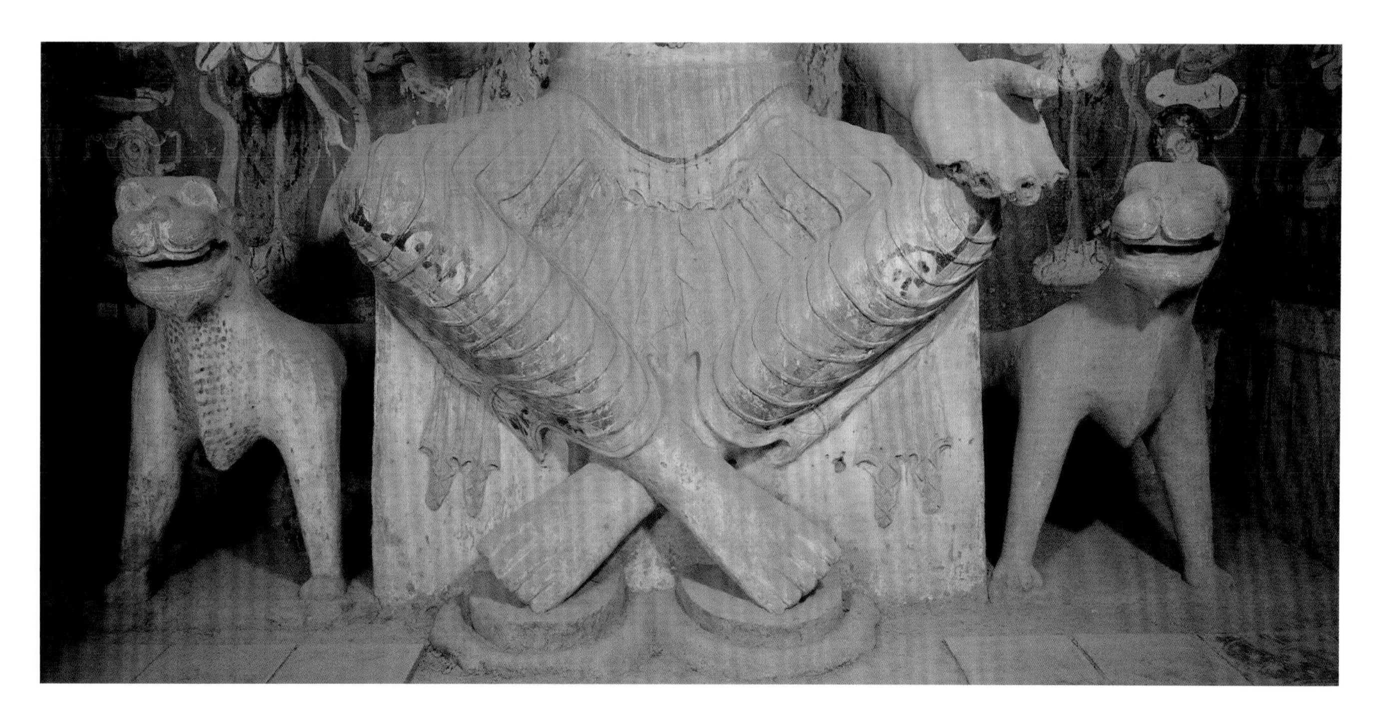

3 獅子座

交腳彌勒菩薩的寶座側塑一獅，昂首怒目而立，示意菩薩坐於獅子座上，威猛無畏。獅子後半身隱在牆壁內。

北涼 莫275 西壁

4 思惟菩薩

思惟菩薩坐在雙樹龕內，寶冠和右手殘損，左手撫足，右腳平置左膝上。上身前傾，俯視下方，為彌勒菩薩於龍華樹下思惟之相。

北涼 莫275 北壁東起第一龕

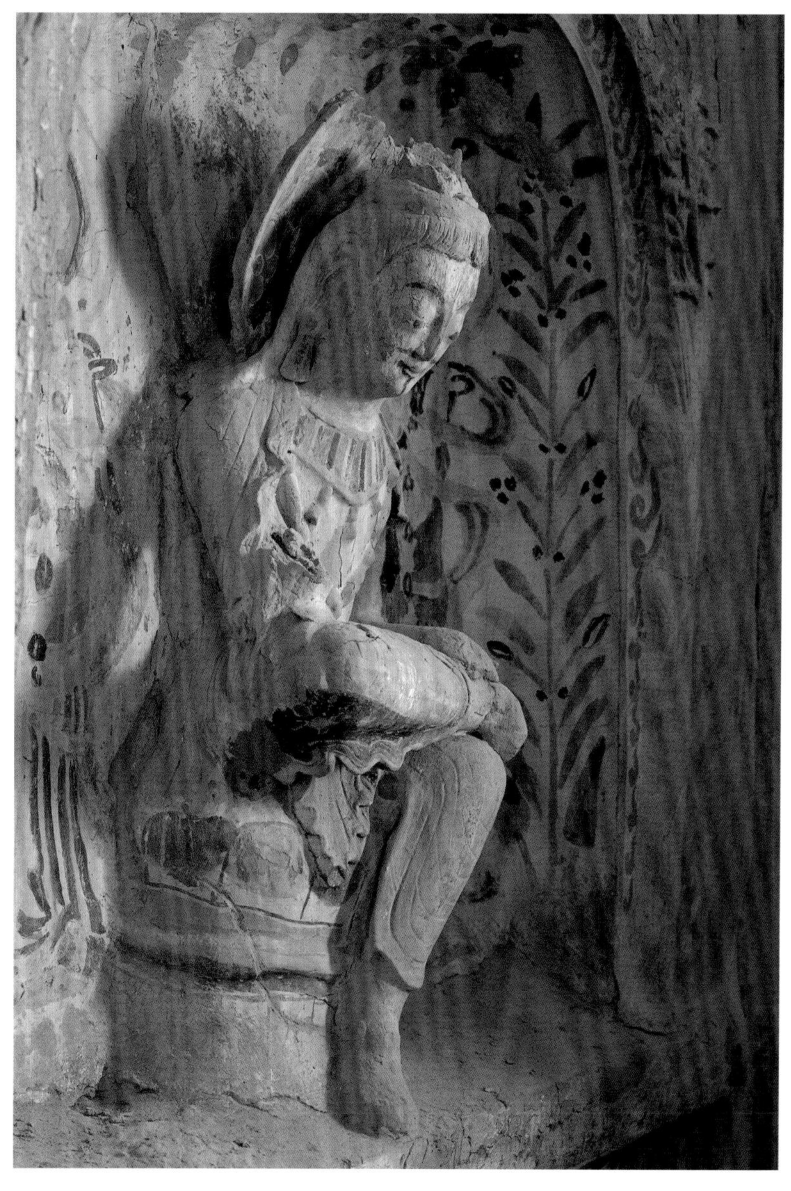

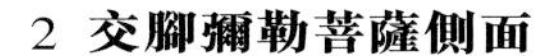

2 交腳彌勒菩薩側面

彌勒菩薩鼻樑筆直，眼球外突，耳朵長並有耳孔，蜷髮披肩。造型簡約概括，氣韻貫通。以整齊細密的陰刻線表現長髮，寶冠上綴有花飾。

北涼 莫275 西壁

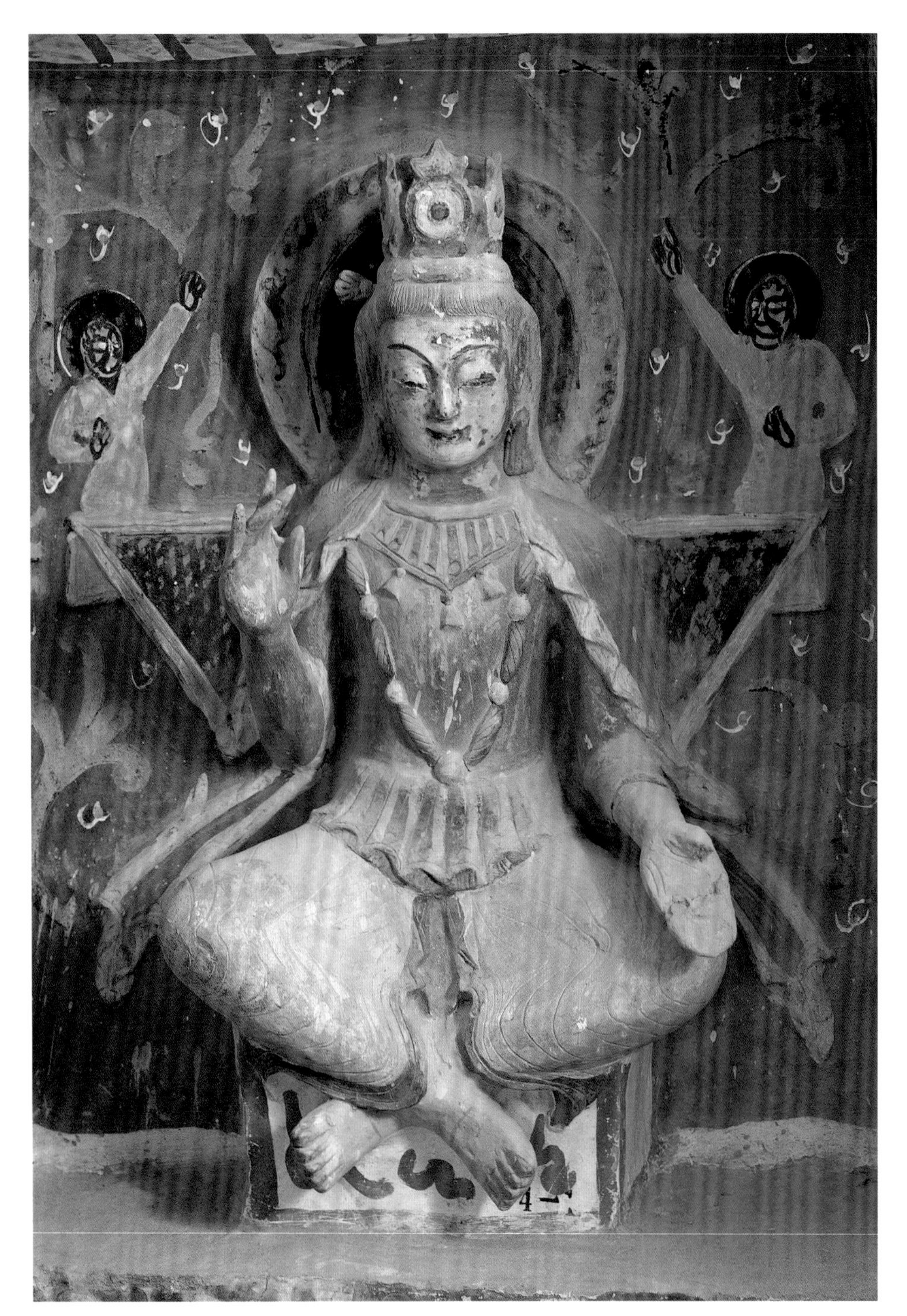

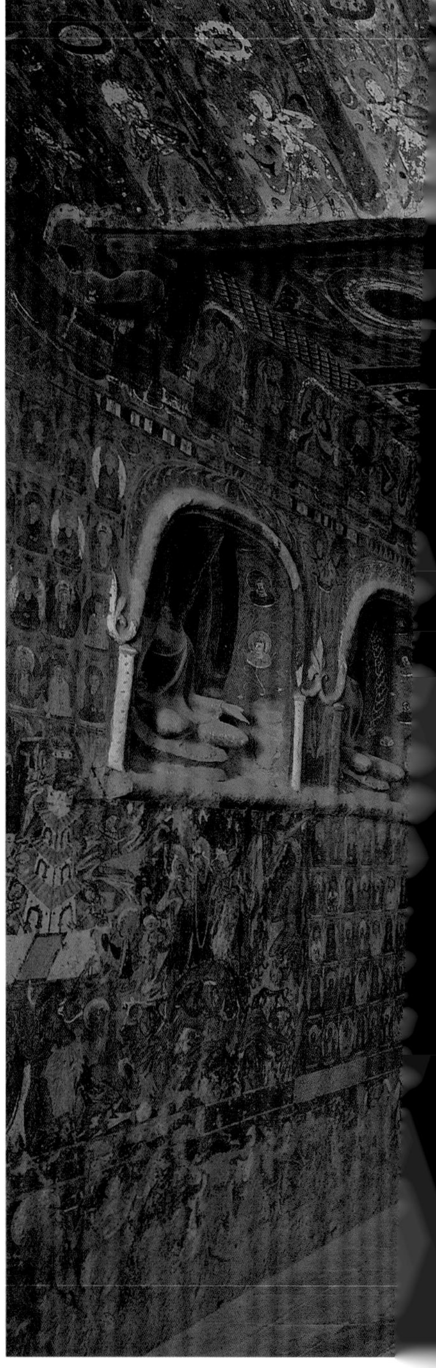

5 交腳彌勒菩薩

這是塑於側壁闕形龕內的彌勒菩薩。菩薩戴寶冠，外飾三珠上飾仰月，作施無畏印和與願印，披天衣，束羊腸裙，交腳坐於寶座上。仰月形象與波斯有關。

北涼 莫275 北壁西起第一龕

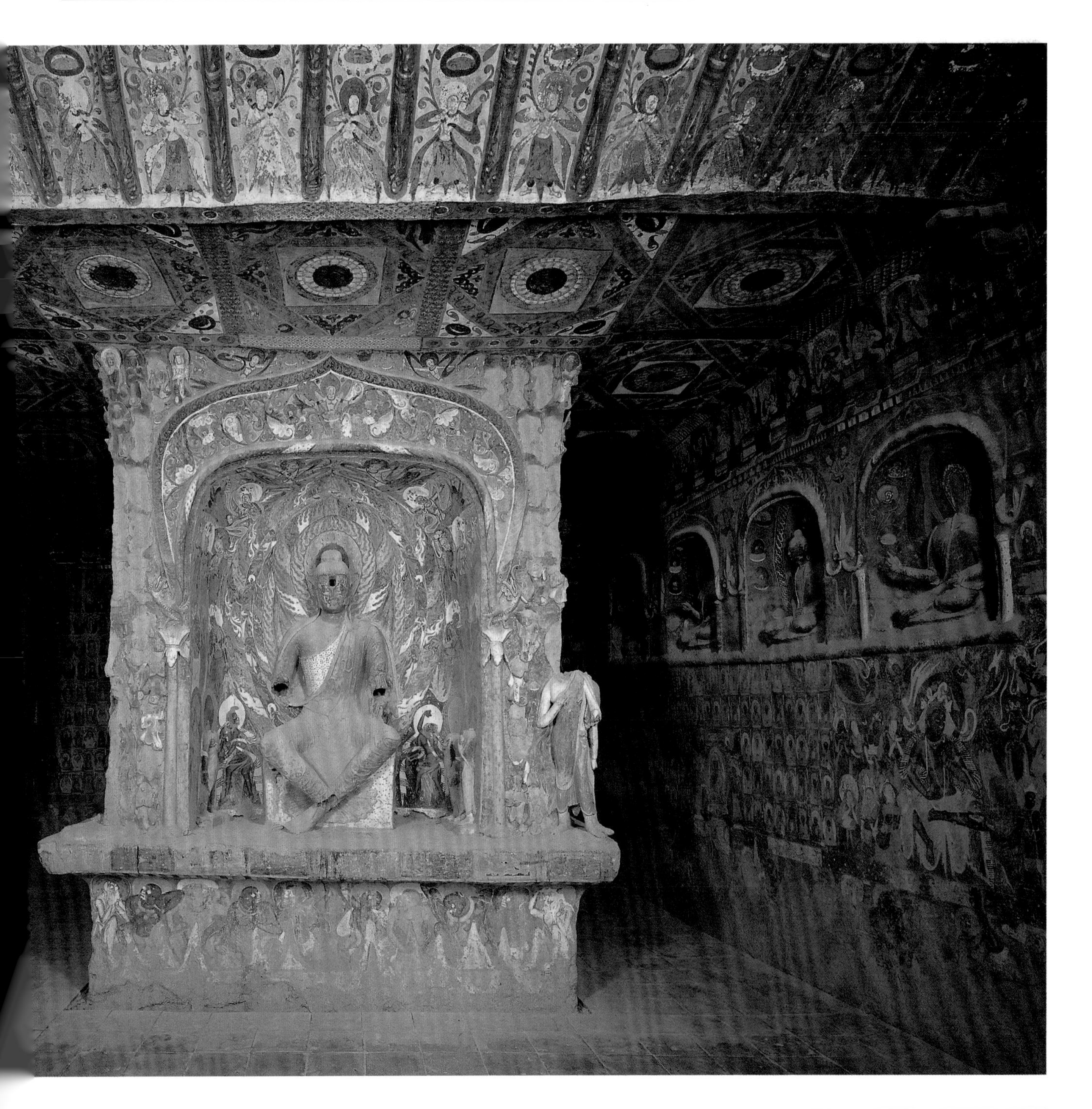

6 中心塔柱窟造像

中心塔柱窟是北魏時期的代表性窟形。中心柱象徵佛塔，四面開龕造像，供僧人、信眾巡禮觀像。圖中所見是中心柱的東向龕，內塑主尊釋迦佛交腳坐像。在窟內的南北兩壁，上層開龕，塑釋迦禪定像和彌勒菩薩。

北魏　莫254

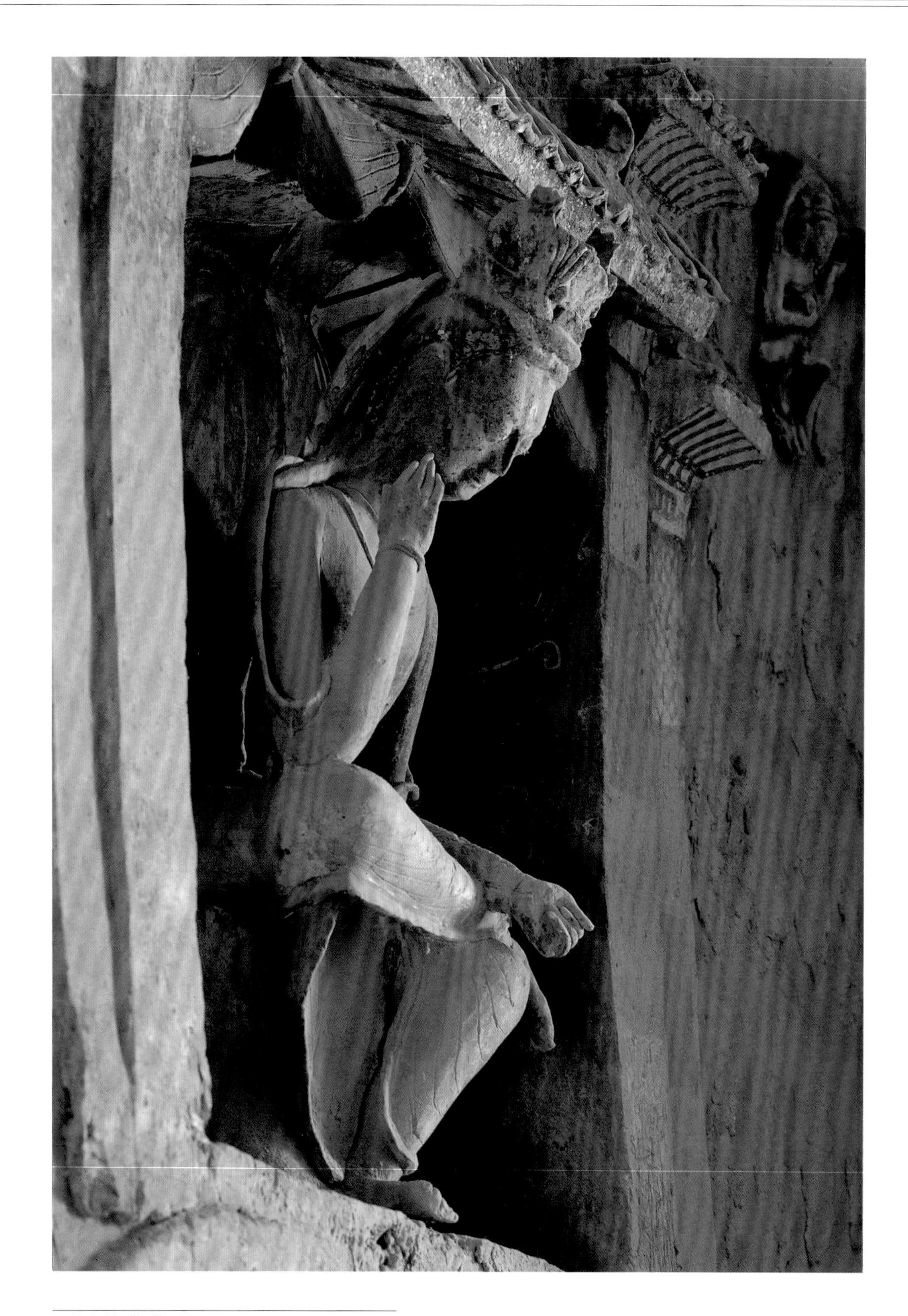

7 **思惟菩薩**

彌勒菩薩一手支頤，右腳平置左膝上，一手枕右腳腳踝，作思惟之相。闕形龕表示彌勒菩薩的居所——兜率天宮。屋簷、椽枋、帳帷均以浮塑的方法塑出。

北魏 莫257 中心柱南向面上層

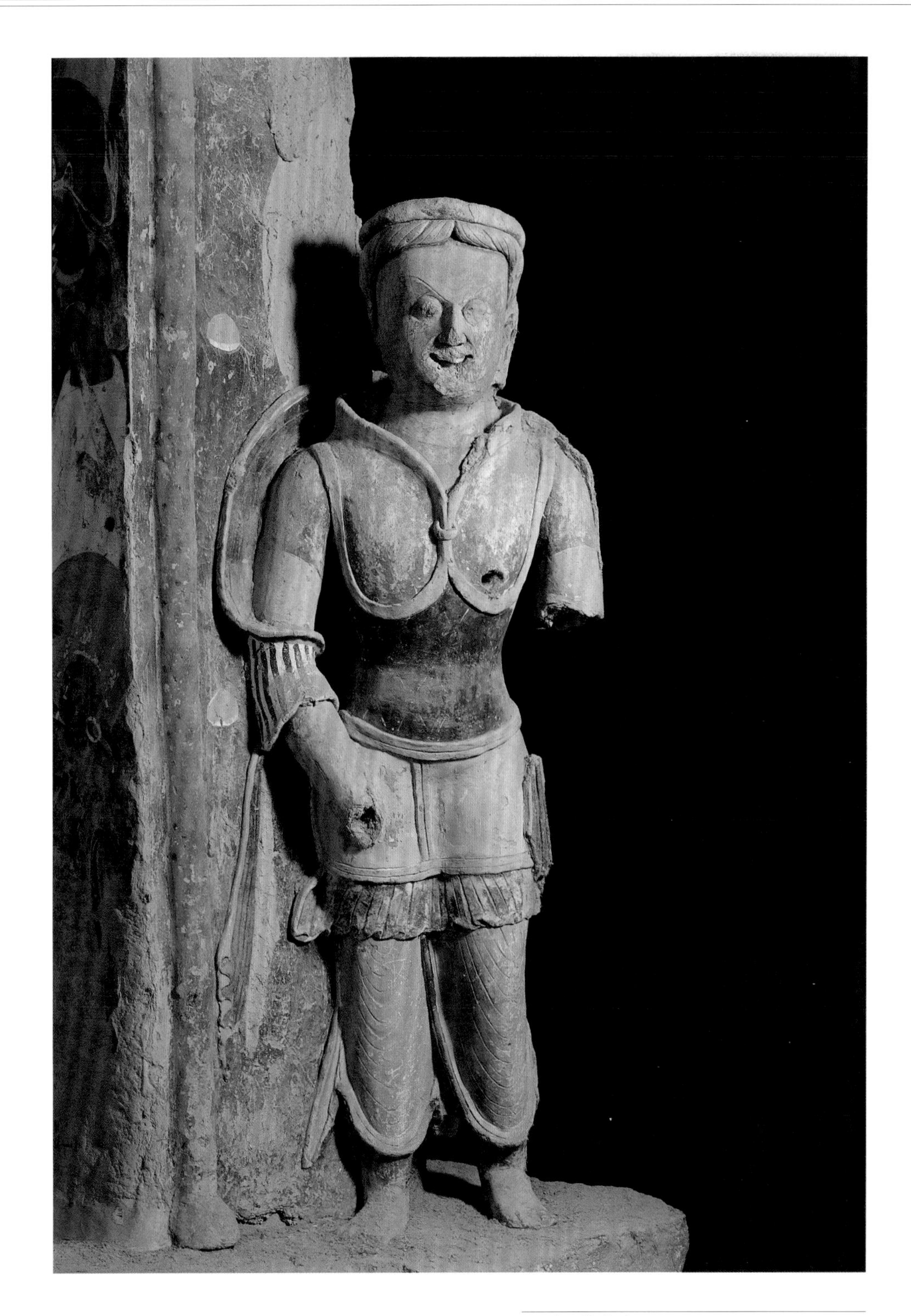

8 **金剛力士**

這是莫高窟現存最早的力士造像，金剛力士是佛教護法神將。這力士所戴寶冠已失，豎眉瞪目，披天衣，穿胸甲，束戰裙，本來應持金剛杵。胸部、臂膀的塑造飽滿而雄健。

北魏　莫257　中心柱龕外北側

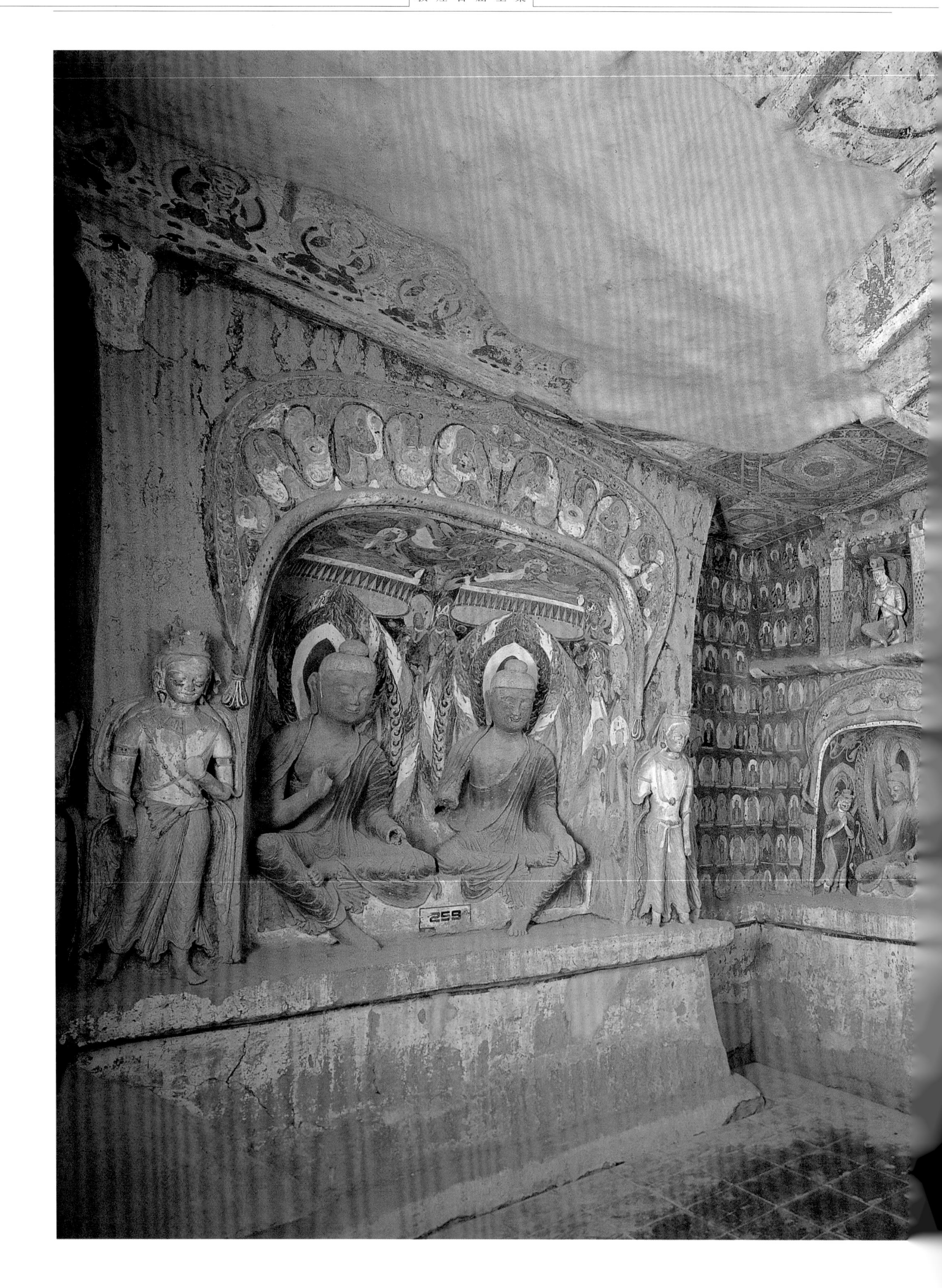
259

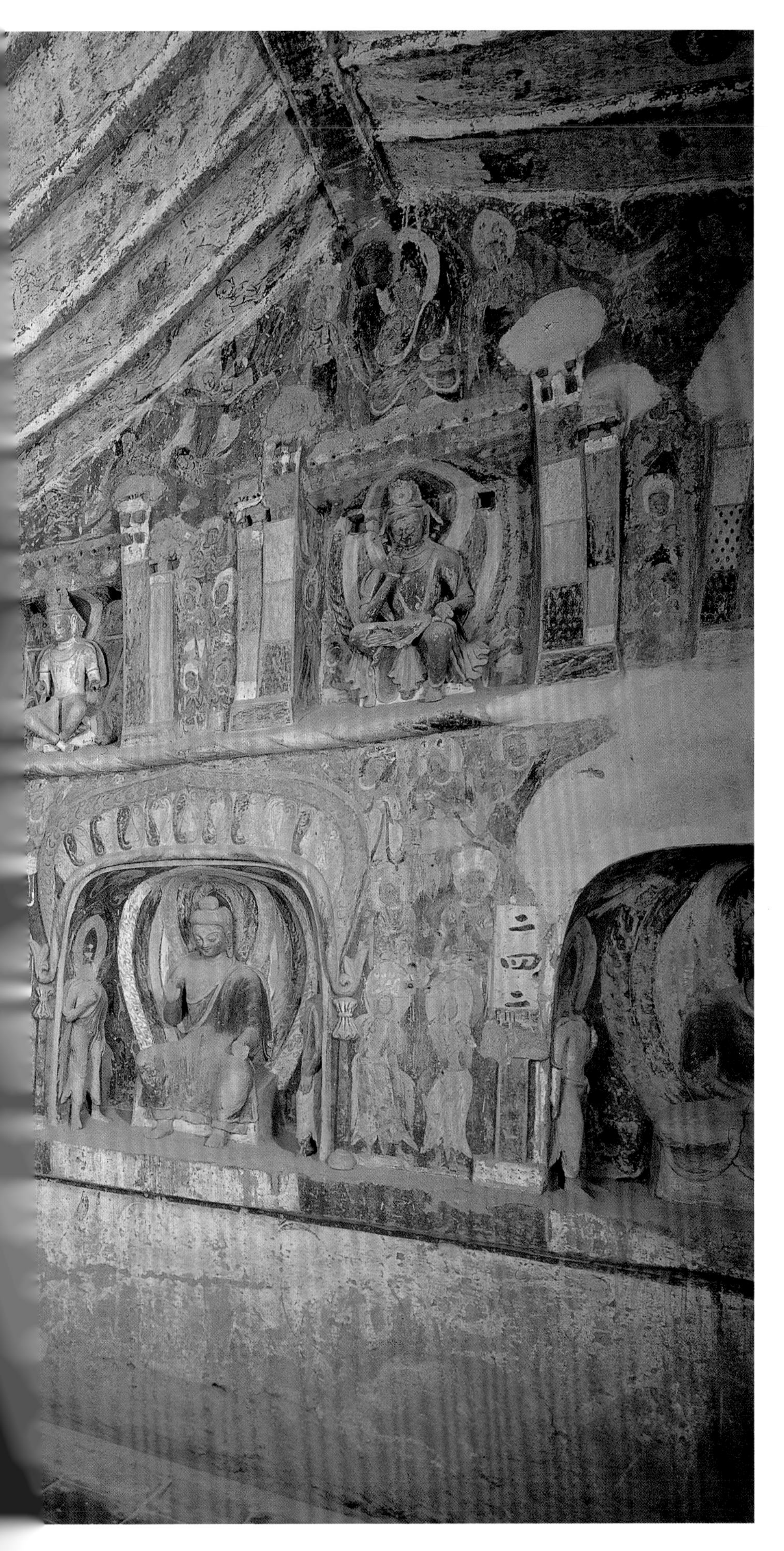

9 釋迦多寶説法像

西壁正面的圓券龕內塑釋迦佛與多寶佛並坐説法像，面部及胸部被後代重修，龕外塑脅侍菩薩。二佛身穿涼州式偏袒右肩袈裟，袈裟的衣紋線密集流暢，有薄紗透體之感，畫史稱“曹衣出水”。北壁上層為闕形龕，示意天宮，下層為圓券龕。

北魏　莫259

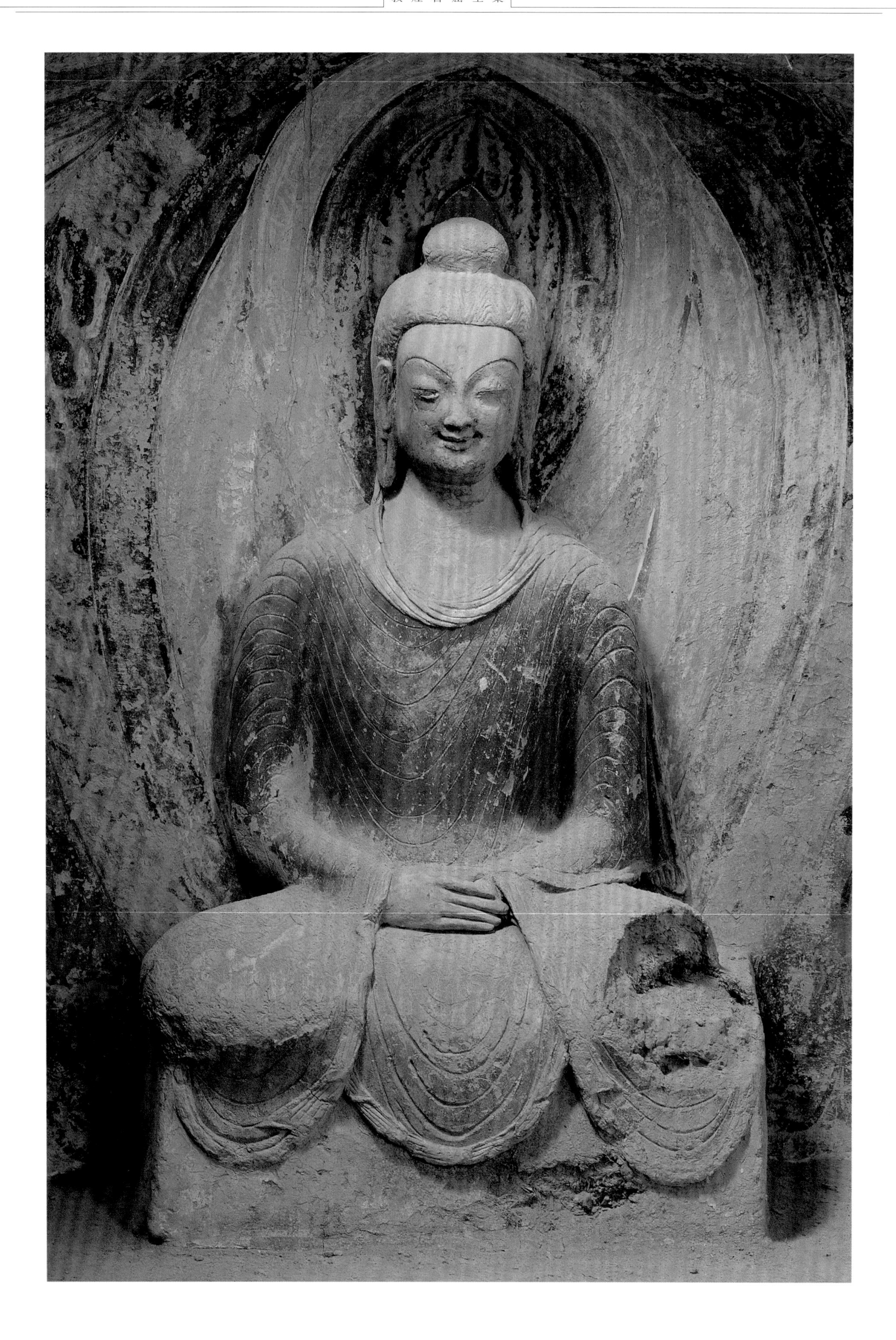

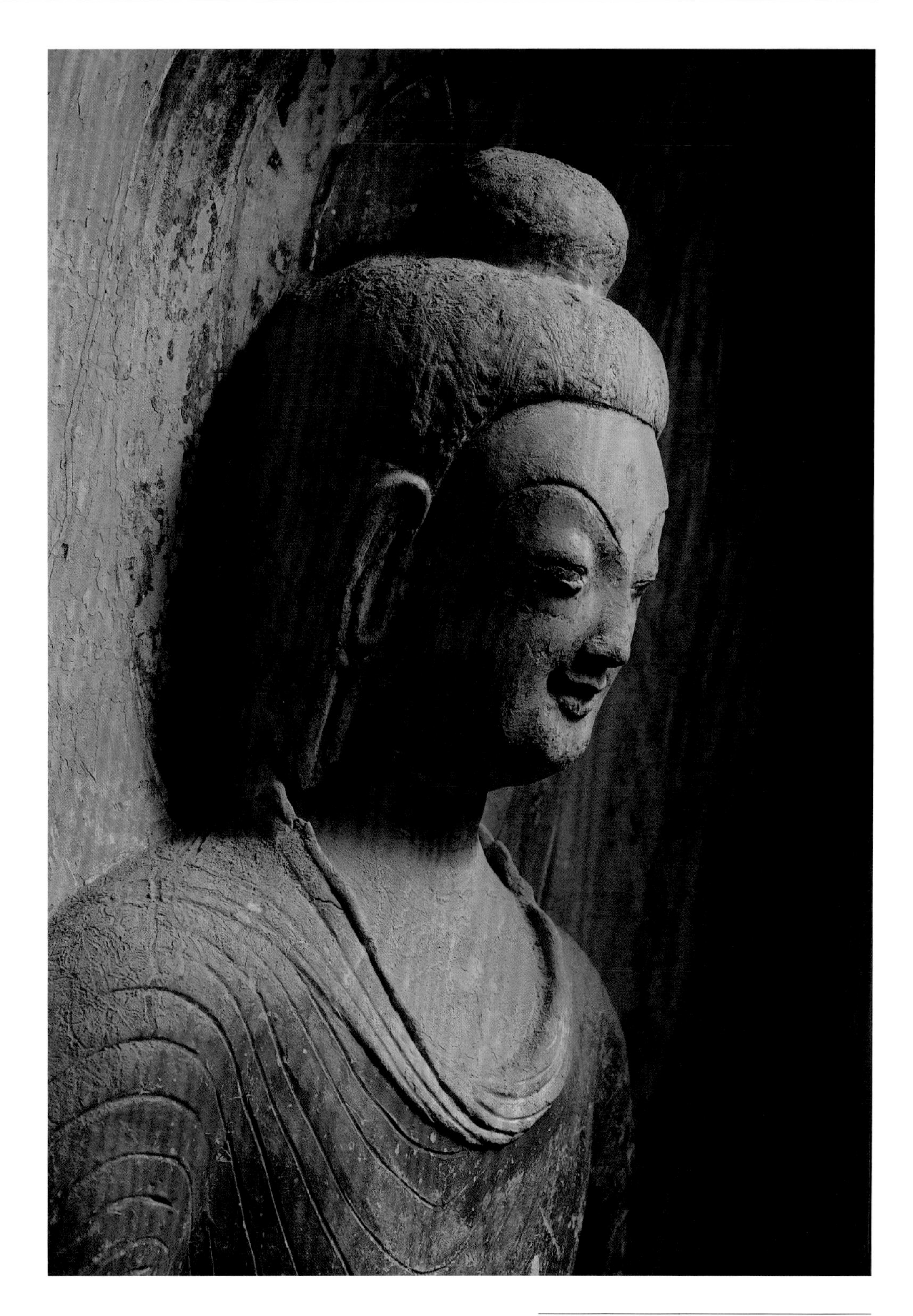

11 釋迦禪定像側面

釋迦牟尼頭生高髻，彎眉上揚，面帶微笑，似在靜心思惟，體味禪定中悟出的哲理。塑像用銅片嵌眼球，以陰刻線表現波狀捲髮。

北魏　莫259　北壁東起第一龕

10 釋迦禪定像

圓券龕內的釋迦禪定像僅高92厘米，卻是莫高窟北朝時期禪定像的代表作。釋迦牟尼細眉垂目，作禪定印，着通肩袈裟，以陰刻線刻出衣紋。胸部塑造飽滿，樸實凝重。

北魏　莫259　北壁東起第一龕

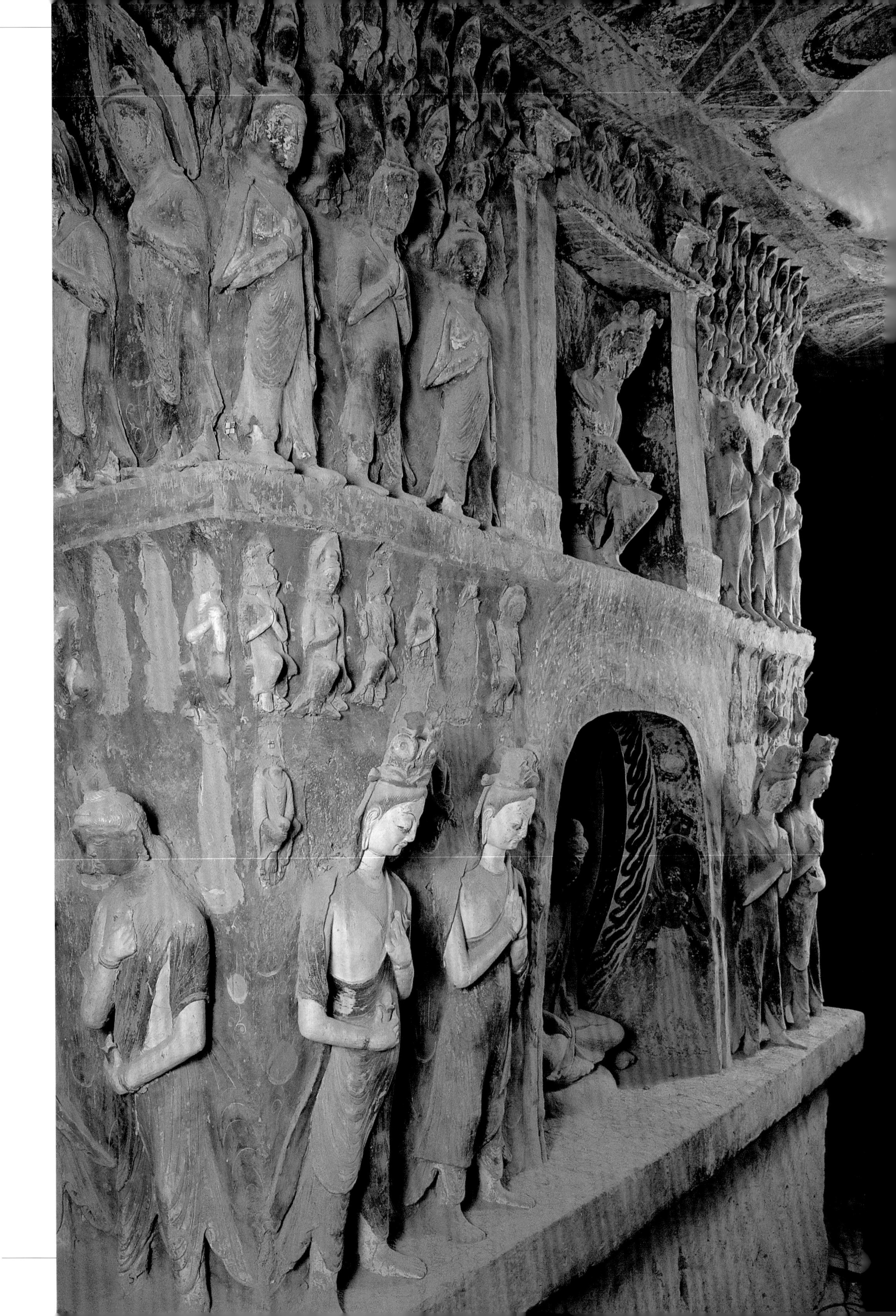

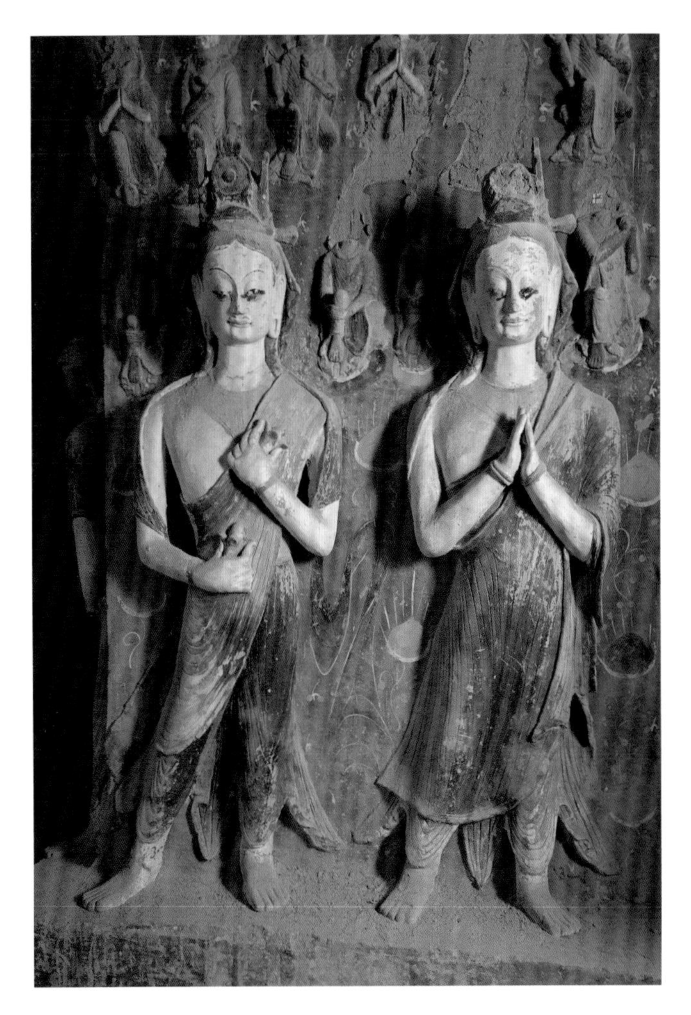

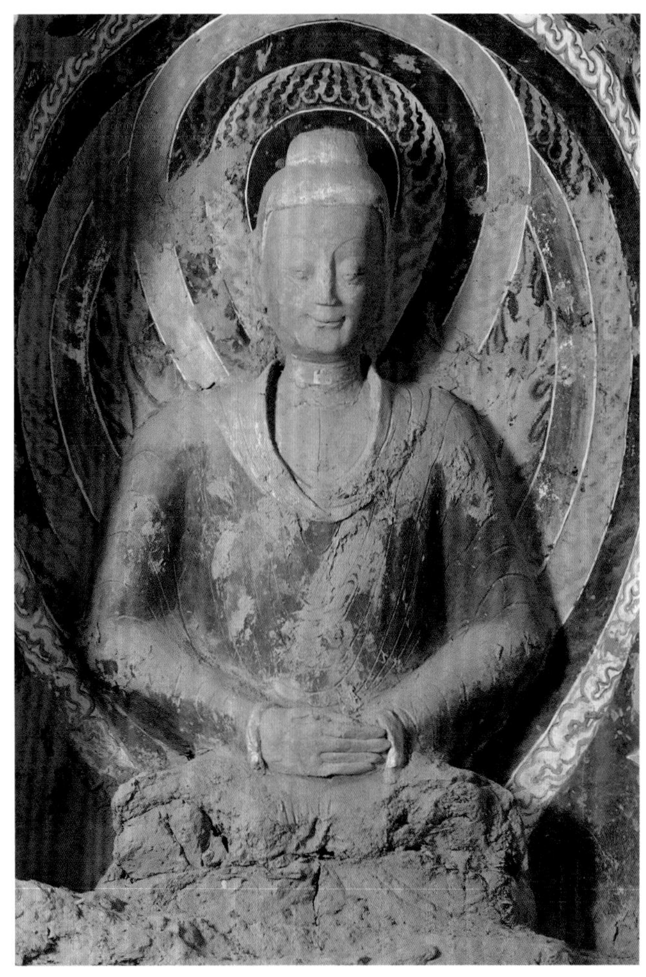

13 **供養菩薩**

兩身菩薩均戴三珠寶冠，臉形長圓，脖頸修長，一身披天衣，兩手持花蕾；一着袒右袈裟，合十禮佛。

北魏　莫260　中心柱南向面

14 **釋迦禪定像**

釋迦牟尼頭生肉髻，着通肩袈裟，作禪定印，結跏趺坐（兩腿殘損）。以肉紅色表現肌膚，紅色渲染袈裟，石青色描繪頭髮和袈裟邊緣。西夏重修時曾將此龕封於壁內，1943年剝出，因此色彩仍鮮艷如新。

北魏　莫263　北壁前部上層

12 **中心柱造像**

此窟中心柱的南面，上層闕形龕內塑思惟菩薩，兩側塑菩薩立像。下層圓券龕內塑釋迦禪定像，龕外塑供養菩薩，柱壁上貼影塑供養菩薩，是莫高窟現存影塑（浮塑）最多的石窟之一。

北魏　莫260　中心柱南向面

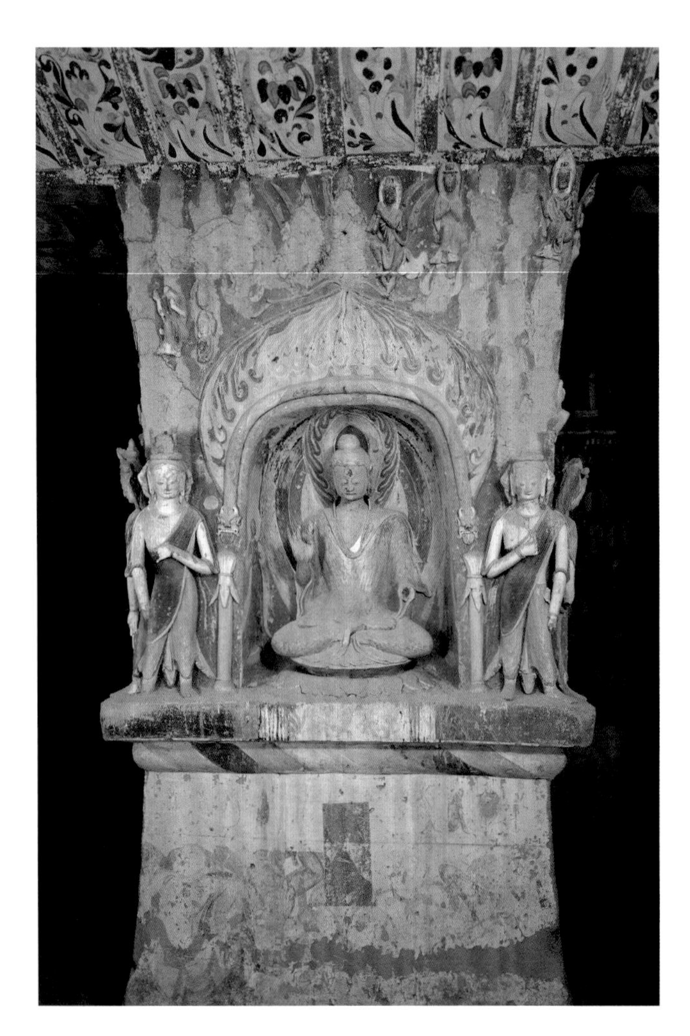

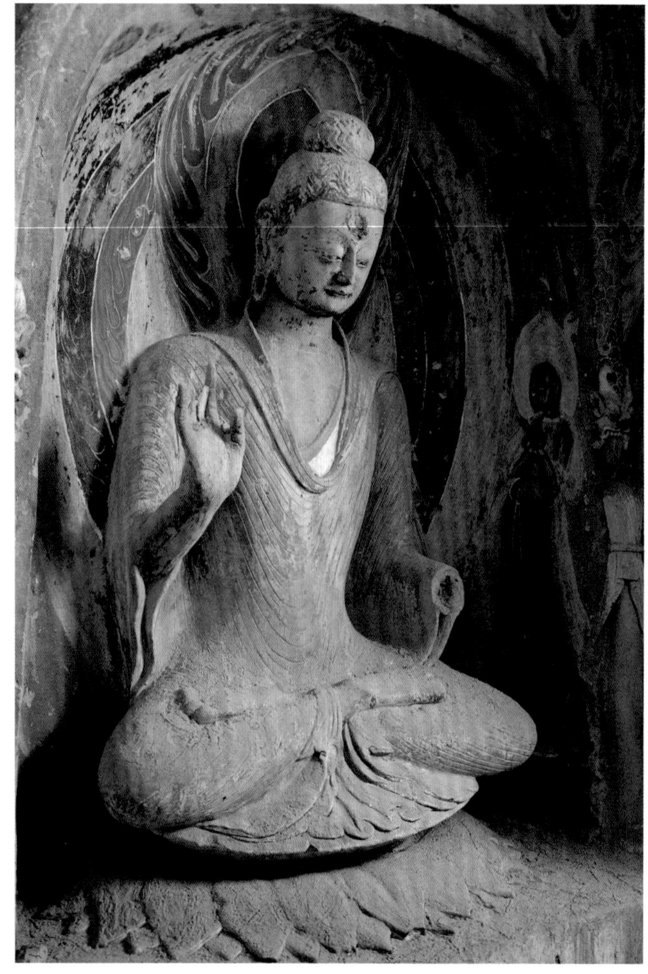

15 **中心柱造像**

中心柱正面開圓券龕，上畫火燄紋龕楣，上方及兩側塑出龕梁和束帛形龕柱，內塑結跏趺坐佛像。龕外塑脅侍菩薩各一身，中心柱上方貼影塑飛天供養菩薩，現僅殘存五身。

北魏 莫248 中心柱東向龕

16 **釋迦佛**

釋迦牟尼神態沉靜，着紅色通肩袈裟，右手作施無畏印，結跏趺坐於圓形蓮台上。手指塑得細長柔軟，以細密的陰刻線表現衣紋，龕內畫背光及脅侍菩薩。

北魏 莫248 中心柱東向龕

17 **脅侍菩薩**

菩薩戴仰月寶冠，面形長圓，雙目低垂，兩手合十，顯得虔誠文靜。頸下畫三道，以刻劃法塑出衣紋線，簡潔而明快，是北魏晚期菩薩像的代表作之一。

北魏 莫248 中心柱西向龕南側

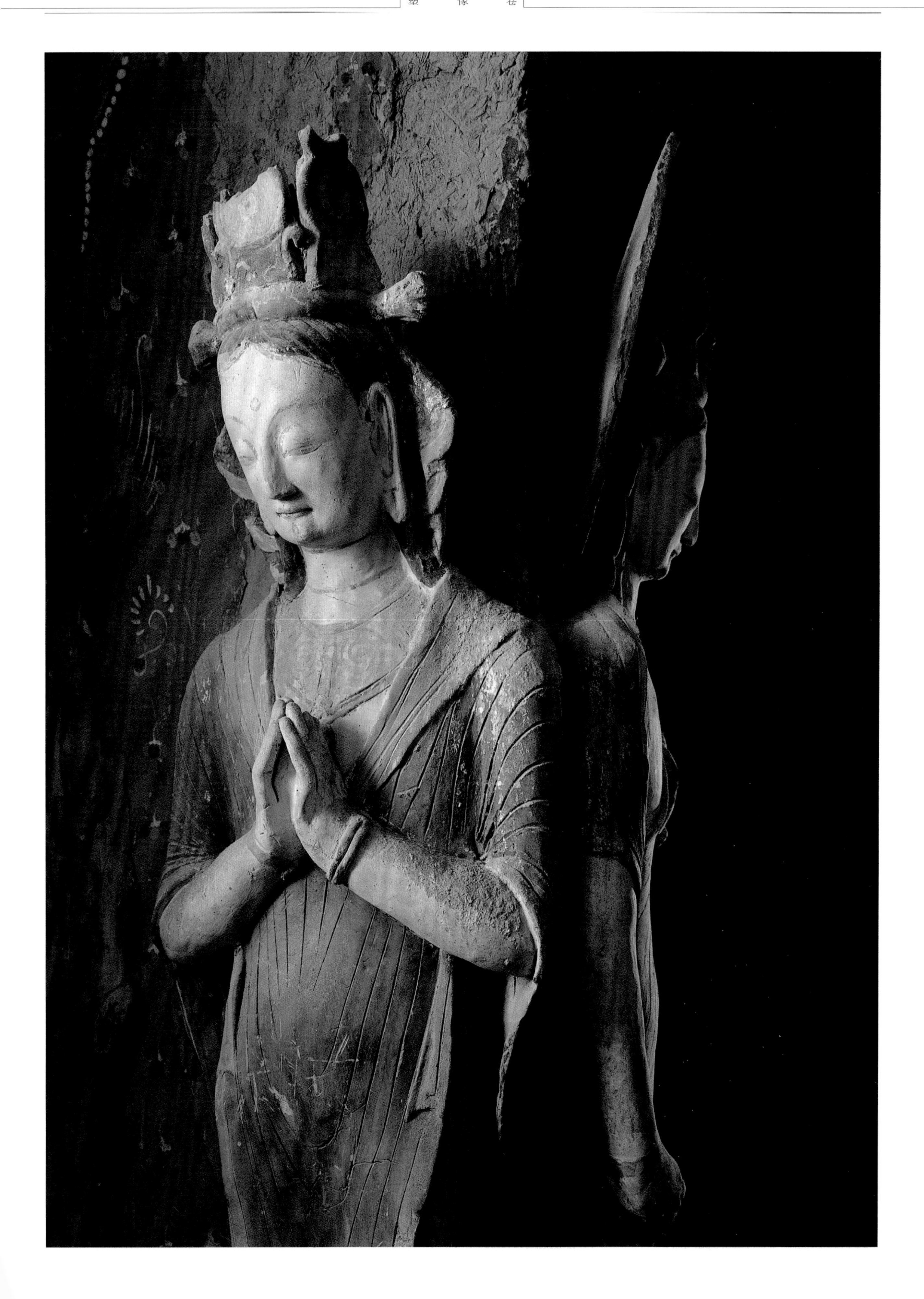

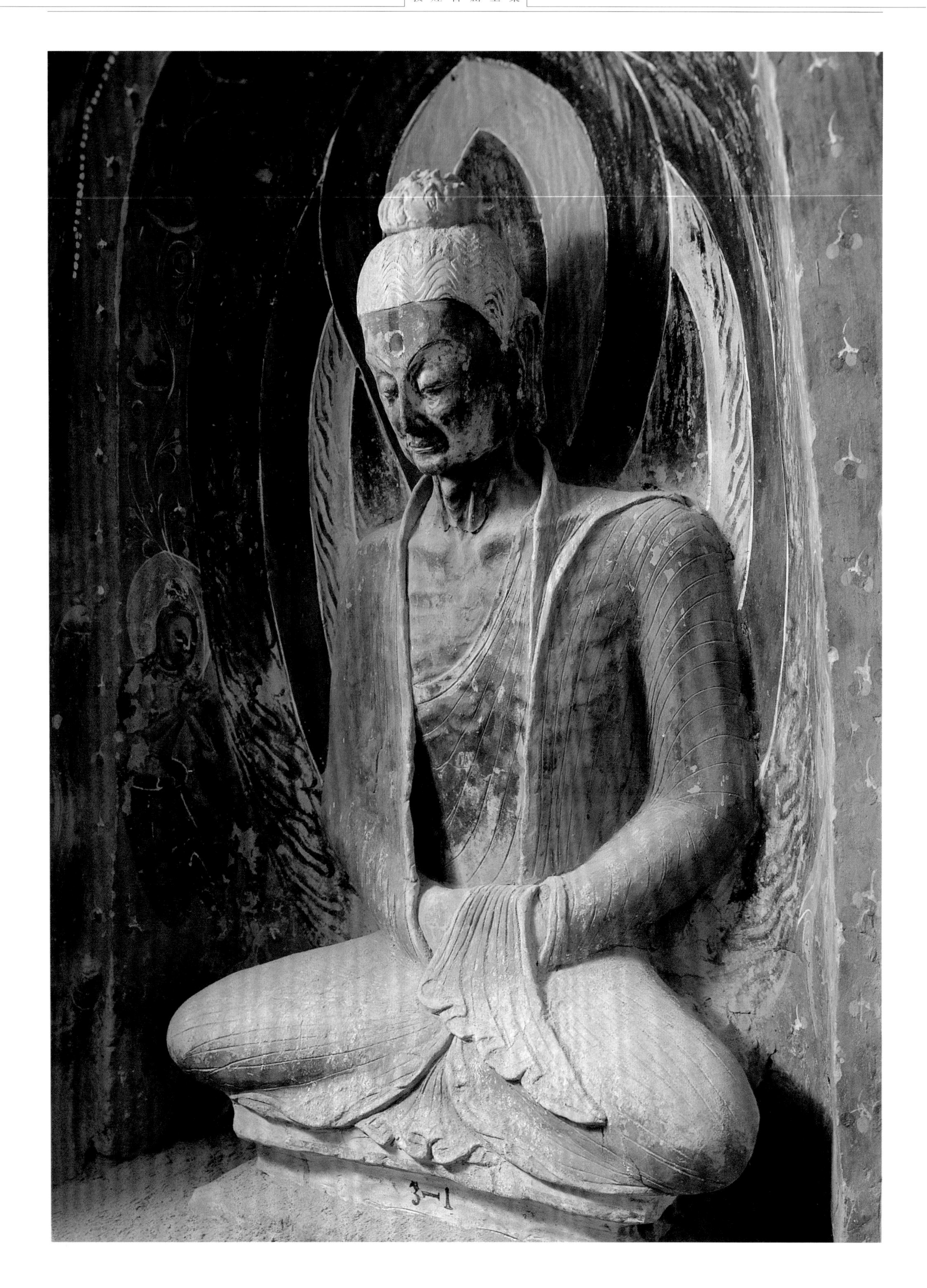
3-1

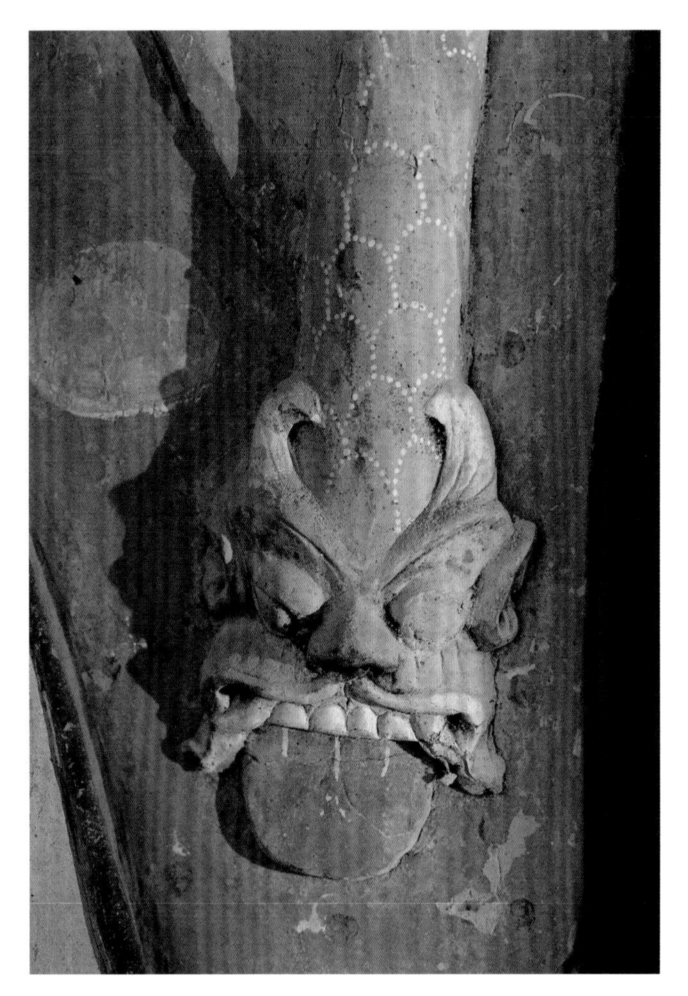

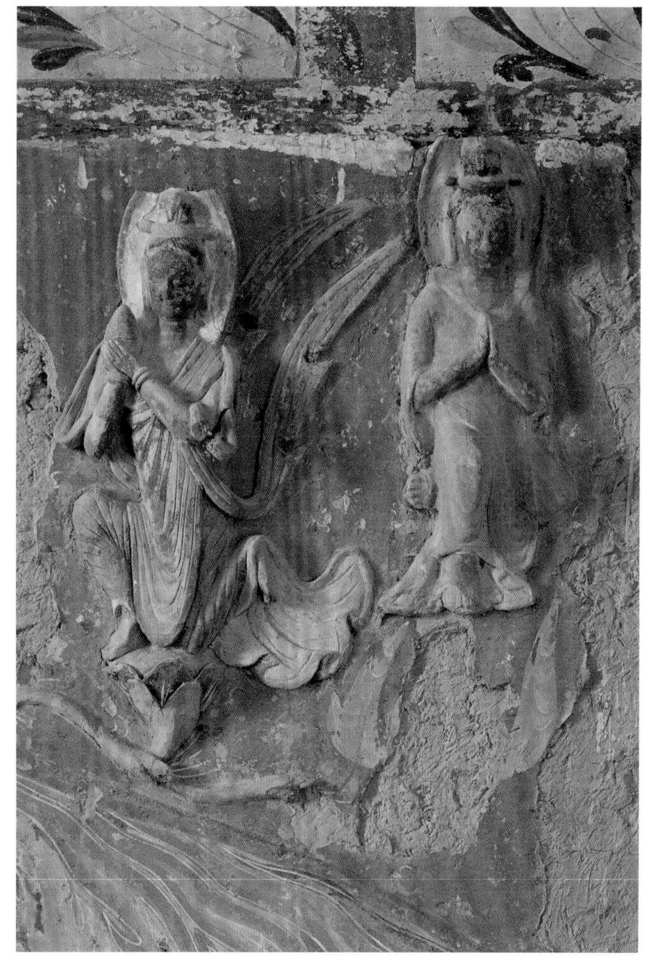

19 **影塑龍頭龕楣**

龕楣以影塑的手法塑成龍形，龍頭塑在龕兩端，頭上豎雙角、突眼大口，以點線畫出龍身的鱗紋。造型簡單卻有威猛之相，增強了窟龕造像莊嚴而神聖的氣氛。

北魏 莫248 中心柱東向龕

20 **影塑供養菩薩**

供養菩薩或持蓮，或合十，正面胡跪於蓮花上。北魏時期，中心柱四面貼的影塑天人均以兩三種陰模翻製，再用不同的顏色描繪袈裟或天衣，從而造成形象各異、滿壁風動的效果。

北魏 莫248 中心柱東向龕上方

18 **釋迦苦修像**

雙樹龕內塑苦修像，表現釋迦牟尼於菩提樹下苦修六年的情景。釋迦眼窩深陷，瘦骨嶙峋，着通肩袈裟，兩手作禪定印，結跏趺坐，成功地塑造了一個性格堅毅、專心苦修的形象。

北魏 莫248 中心柱西向龕

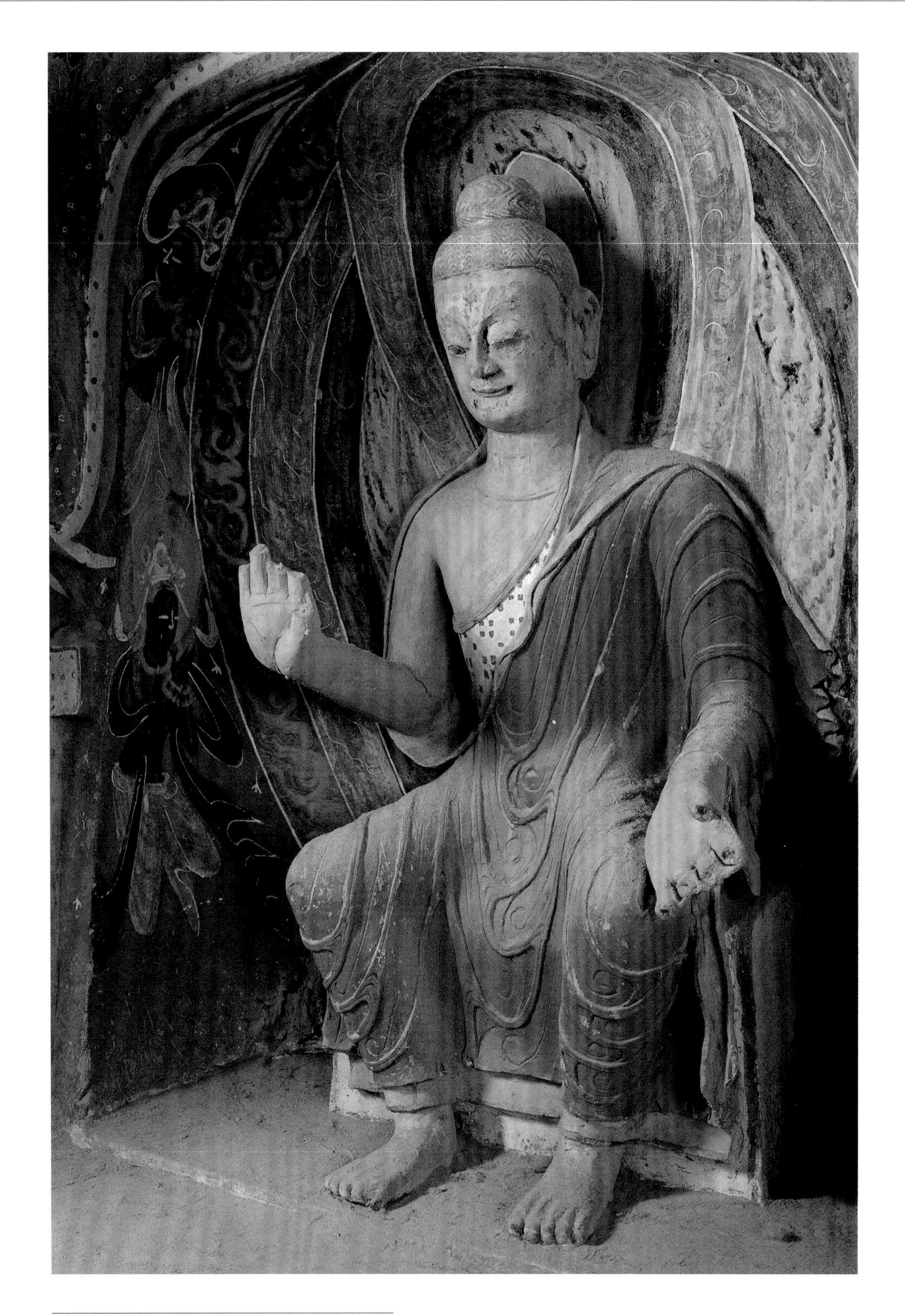

21 釋迦佛倚坐像

釋迦牟尼着涼州式袒右袈裟，作施無畏印和與願印，垂足倚坐。袈裟的衣紋線在腹部及座前呈渦紋，身後畫有背光。倚坐又稱善跏坐，為如來或菩薩兩腿垂置座前的坐式，是莫高窟北朝時期主尊造像的主要坐式。

北魏 莫435 中心柱東向龕

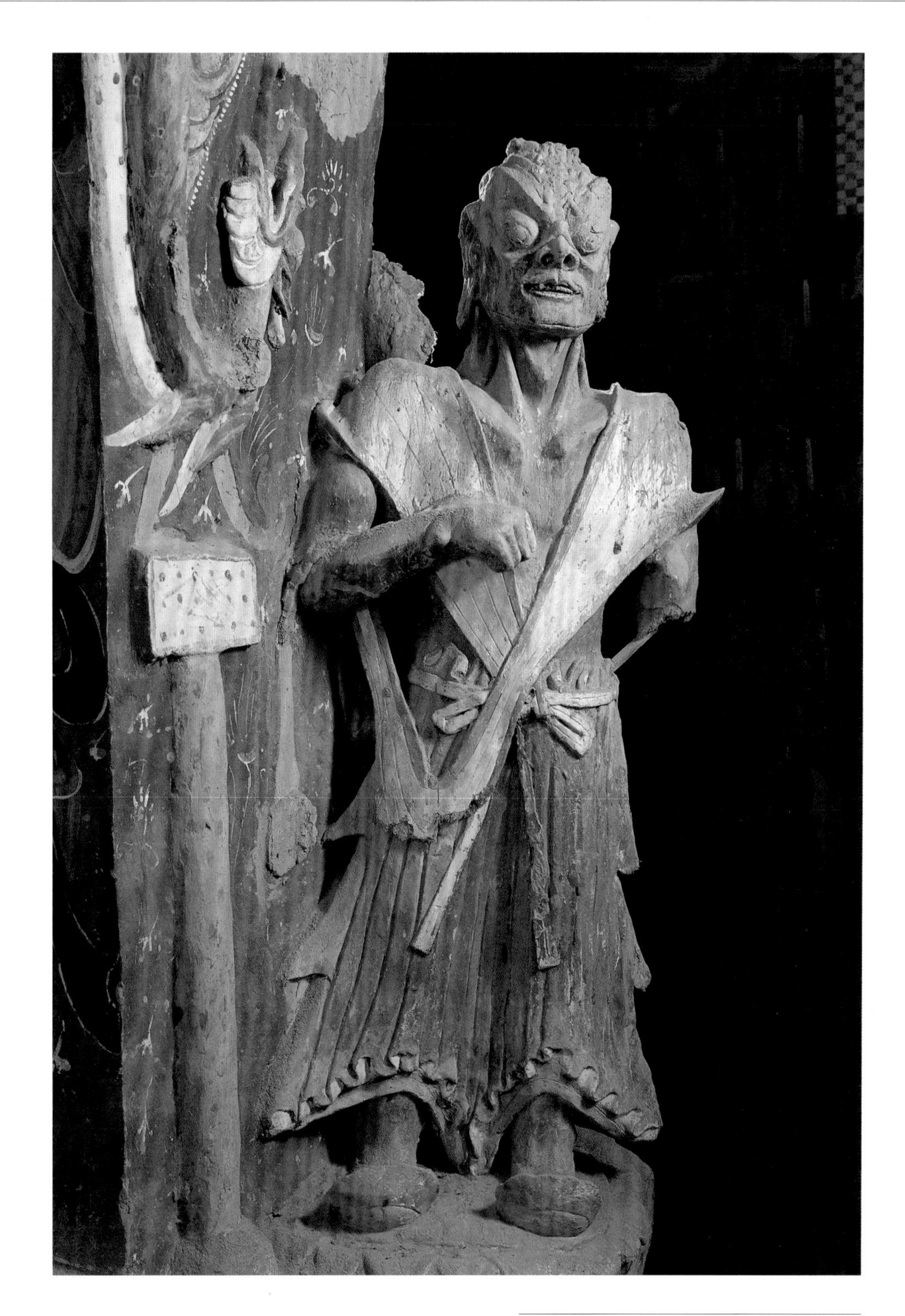

22 力士

佛龕兩側有力士護衛，像高94厘米，立眉怒目，鎖骨、胸骨突出，手臂的肌肉隆起。上身披交叉天衣，束綠邊紅裙，穿雲頭履，立於蓮台上。

北魏 莫435 中心柱東向龕北側

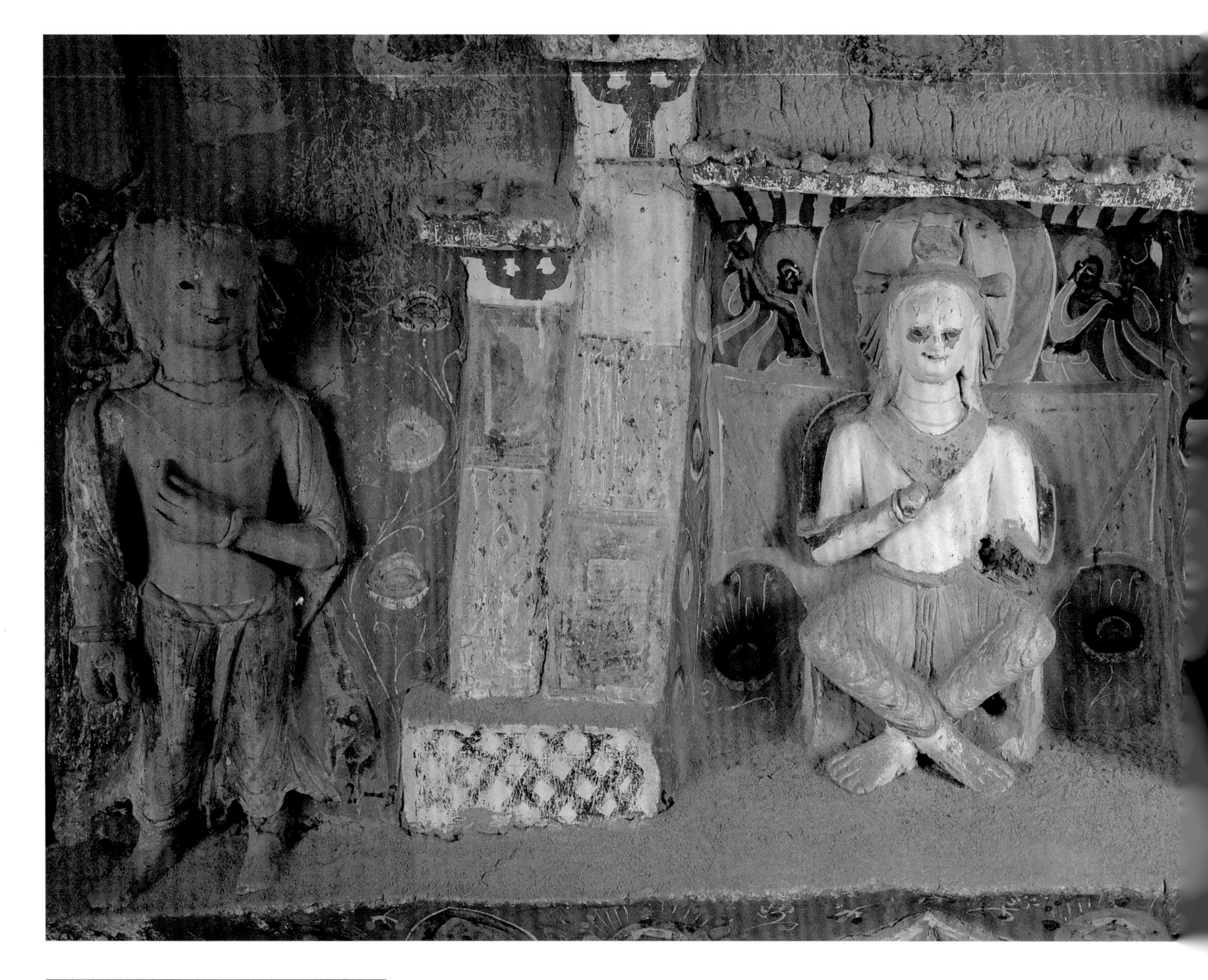

23 **交腳彌勒菩薩與兜率天宮**

闕形龕內塑交腳彌勒菩薩，兩側有脅侍菩薩。以浮塑的方法塑出闕形龕的闕身、闕頂及瓦壟，並以土紅色彩繪斗拱，闕形龕象徵彌勒菩薩的居所兜率天宮。

北魏 莫435 中心柱南向龕上層

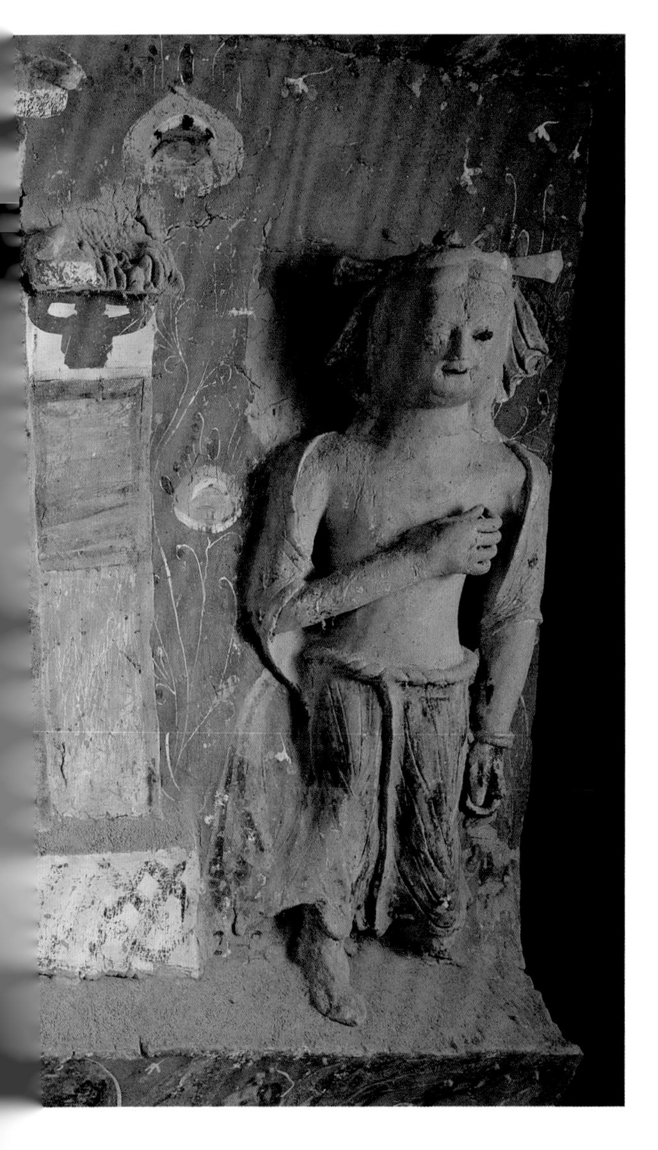

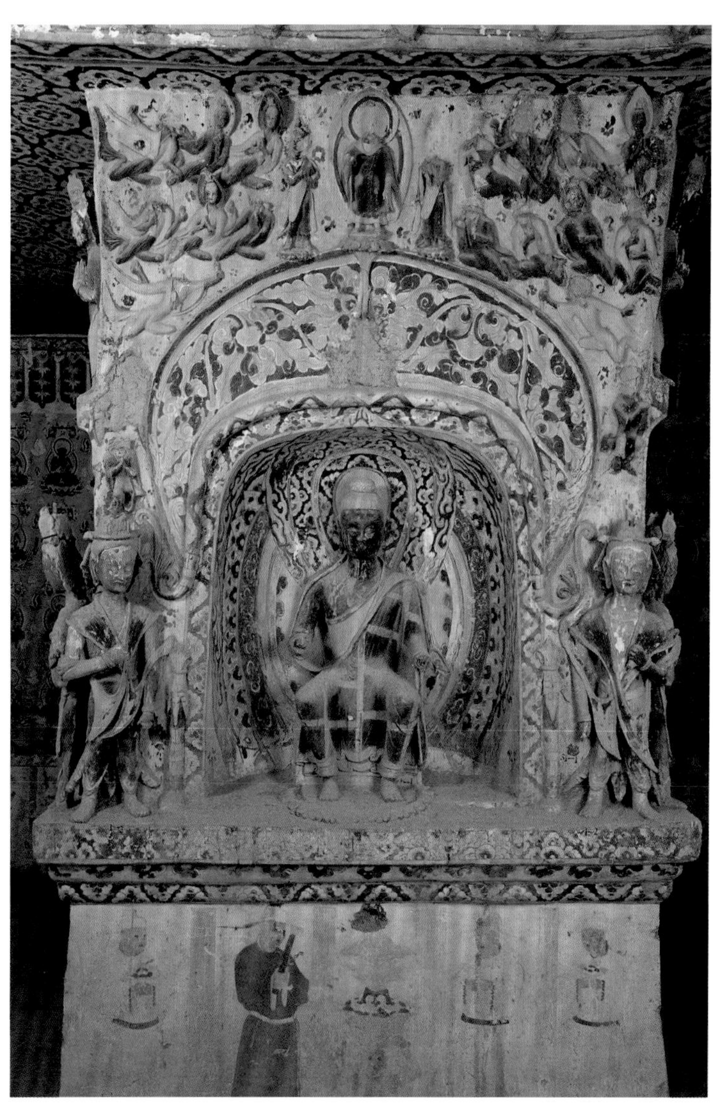

24 中心柱造像

中心柱正面開圓券龕，內塑釋迦佛倚坐像，龕外兩側塑脅侍菩薩，龕楣上方影塑飛天。主尊着田相袈裟，兩側菩薩着交叉天衣，身形已明顯消瘦，具有北魏晚期的造型特點。色彩為宋代重繪。

北魏　莫437　中心柱東向龕

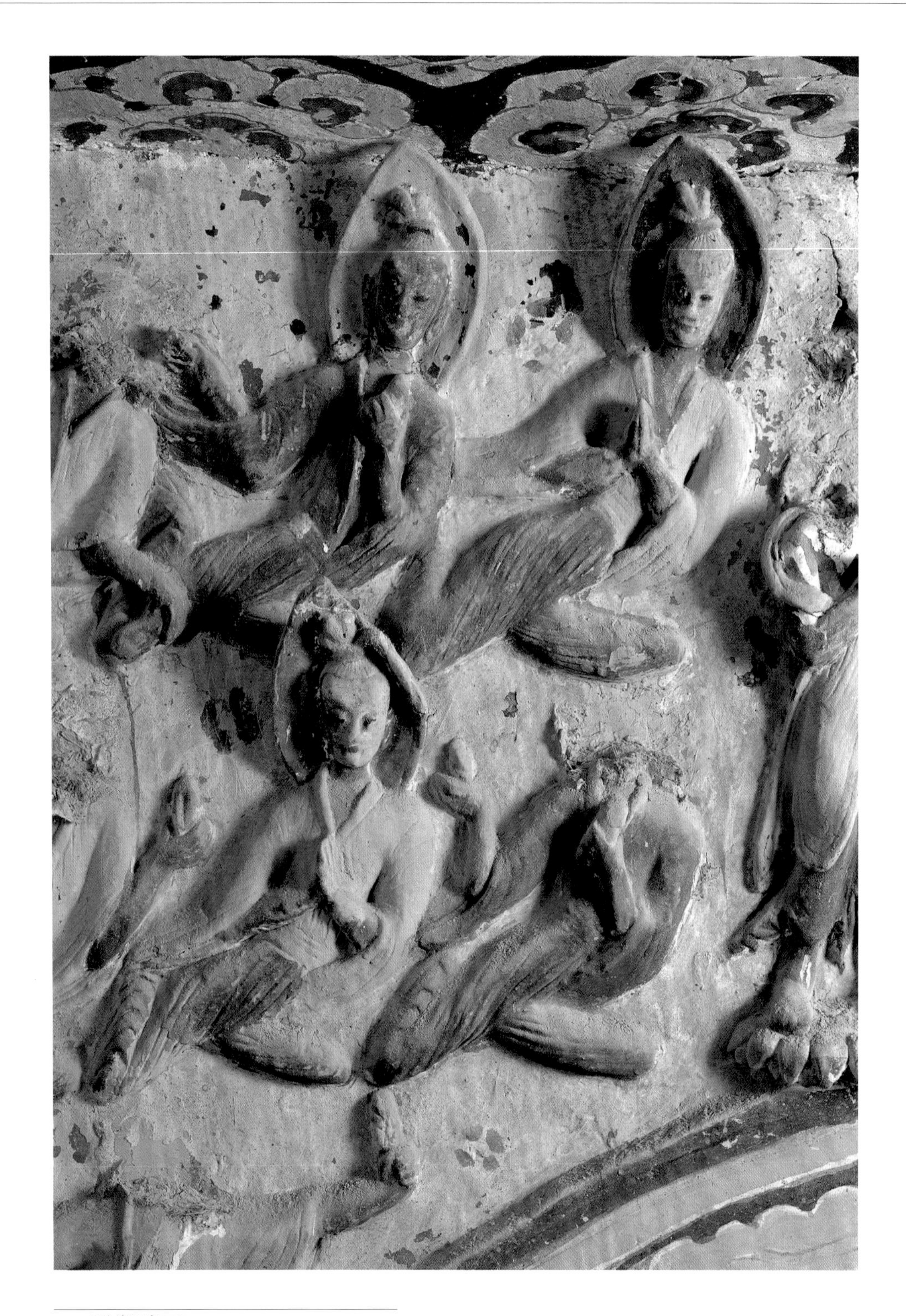

25 影塑飛天

飛天束髮髻，面形消瘦，身形修長，褒衣博帶，持蓮花，屈膝裹足飛行，完全是中原飛天的複製。表層色彩為宋代重繪。

北魏 莫437 中心柱東向龕上方

第二節　受中原影響的西魏造像新風尚

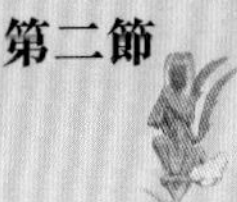

西魏洞窟形制的主流依然為中心塔柱窟，但是，同時也出現了新的造窟形式——覆斗頂窟，為禮佛者營造了一個廣闊開朗的空間，覆斗頂的建築形式受了漢族墓室的影響，是隋唐及以後各代洞窟的基本形式。這類洞窟平面呈方形，正壁或開龕造像，或塑無龕像，倚坐像是這時期的基本形式。西魏洞窟多屬中型，主尊像的體量不大，菩薩則更小。

在造型藝術上，北魏晚期主尊的薄衣透體，以及偏袒右肩式造像（第437、435、431窟）不見了，到了西魏時期，一種身形秀麗、通脱瀟灑的造像樣式傳到敦煌，畫史稱“秀骨清像”或“褒衣博帶”。秀骨清像指的是人物的形體表現，而褒衣博帶指的是人物的衣着樣式。這種造像面目清秀，眉目舒朗，身體扁平，脖頸細長，外穿通肩袈裟，內穿僧衹支，或交領或斜披，並於胸前繫帶。菩薩像腰繫長裙，天衣交叉於胸前，末端作尖鋭的三角形。在漢晉遺風濃郁的敦煌社會，這種來自中原的造像樣式自然很容易被接受，使得這一時期的造像和壁畫，一下子變得富有氣韻。

據史載，北魏末年東陽王元榮到敦煌任瓜州刺史，他篤信佛教，繼續在莫高窟開窟造像，把中原佛教藝術的新風格帶到敦煌。雖然目前還很難判定哪一個洞窟為元榮所開，但第285窟及同期的第249窟，無論洞窟形制、造像樣式和壁畫題材都令人耳目一新，無疑與元榮相關。

其中第285窟更是西魏的代表洞窟，開鑿於大統四年和五年（公元538、539年）間。這個面積不小的方形覆斗頂窟，是這時期新出現的殿堂式石窟。西壁中央的券形龕，內有一佛二菩薩三身塑像，主尊釋迦像的面部殘損，身形略見清秀，衣飾則是流行的褒衣博帶，通肩袈裟於腹前低迴，胸前“U”字形的開口處可以看到穿繫帶式僧衹支。這種繫帶式僧衹支初見於四川茂縣出土的齊永明元年（公元483年）如來坐像，山西雲崗石窟第16窟的主尊以及第5、6、13窟的坐像、立像都穿這種樣式的袈裟。關於繫帶式僧衹支，學者或認為與孝文帝的服制漢化改革相關，或以之為南朝士大夫的常服。這種內穿繫帶式僧衹支，外穿褒衣博帶式袈裟的造像幾乎見於北方所有石窟，當然也見於莫高窟。此外，第288窟中心柱龕外兩側的脅侍菩薩，為研究繫帶式僧衹支提供了可依憑的資料：菩薩着掩襟式大衣，兩肩寬覆交叉成“X”字形的天衣，南側菩薩的繫帶從環中穿出，北側的繞結後垂於腹前。繫帶的起始端綴在大衣的前襟腋下，另一端則繫於胸前。這種服飾出現在佛窟，是受漢族禮俗影響的結果，也是中原漢地佛教逆向傳入敦煌的有力證明。在中原石窟，這種服飾見於公元5世紀末年，經造窟者彼此傳移模寫，到了北魏晚期才在敦煌初露端倪，說明敦煌雖然地處絲路要道，與中原的佛教交流卻至少存在三十年左右的時間差。

北魏晚期至西魏初期，在主尊造像出現褒衣博帶式服裝以後，菩薩造像仍有新舊兩種樣式，即見於北魏窟中的斜披絡腋的脅侍菩薩（第248、249窟）和身披交叉天衣的菩薩（第437、288、432窟），反映了新舊兩種樣式在敦煌的碰撞與交流。第435窟說法圖中的脅侍菩薩、人字坡望板上的飛天、第285窟北壁的過去四佛和無量壽佛說法圖，均為秀骨清像且着褒衣博帶，都是新樣式影響下的結果。

值得注意的是，雖說由北魏晚期至西魏初期，敦煌的主尊造像漸趨秀骨清像，但只是略見秀骨，遠不及公元500年前後大同雲崗或洛陽龍門石窟造像那樣消瘦。繪畫作為平面藝術，在消瘦的體形上纏繞一身寬大而富動感的衣帶，倒顯得通脫瀟灑飄飄欲仙；但對於立體的雕塑，過度的消瘦會顯得弱不禁風，在石窟這個佛國世界裏會失去佛的莊嚴和神聖；於敦煌石窟，秀骨清像的造型更同時與地接西域、習見胡人粗獷豪邁的敦煌民眾的審美情趣大相徑庭。因此流行過一時之後，北周以後的佛、菩薩像上，雖然依稀可見褒衣博帶的衣着，但是在塑像的表現上，秀骨清像的造像卻未得到充分發展。

西魏塑像與北魏的相比，造型明顯不同，比較注重形體的表現，主尊的衣紋線以貼尖棱形的泥條。第288窟中心柱上還首見影塑千佛。菩薩像的頭部多為模製，從中心柱一周菩薩像的頭部背面看，頭光背面平整無起伏，卻可以清楚地觀察到分塊模製以及在地上陰乾時留下的痕迹，說明了模製塑像在這一時期更廣泛實施。主尊的袈裟多用土紅色，同時也出現了田相袈裟（第437、285窟），肉髻頂髮作紺青色。肌膚以白粉或肉紅色渲染，衣裙、天衣等多用石青、石綠和黑色。

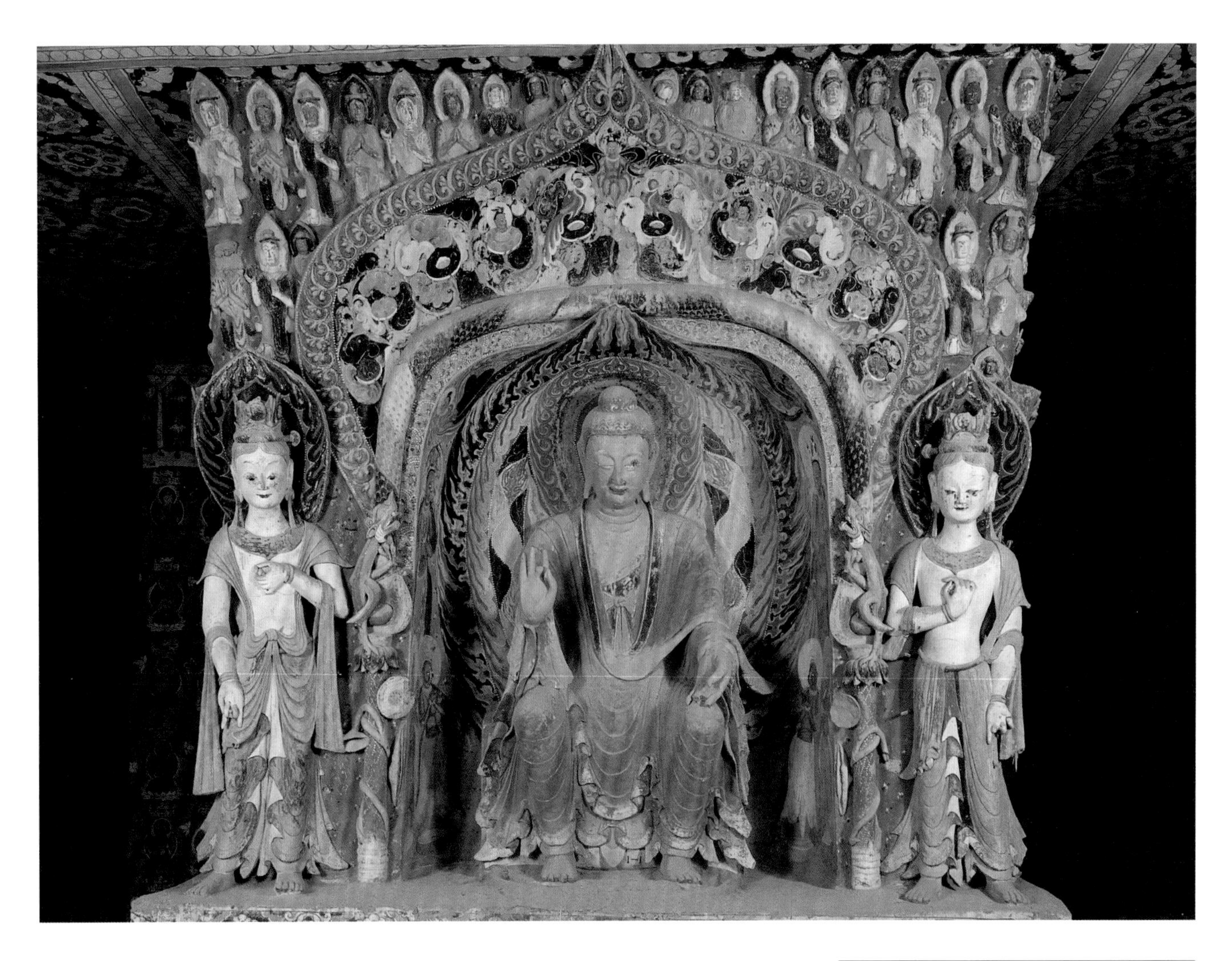

26 **中心柱造像**

中心柱正面圓券龕內，塑釋迦佛倚坐像，釋迦牟尼着通肩袈裟，袈裟低迴於腹前，僧祇支上繫帶。龕外兩側塑脅侍菩薩，龕柱浮塑蓮葉，龕楣兩側裝飾龍頭。上方的浮塑龕楣內畫忍冬紋和化生童子，最上方遍貼影塑供養菩薩。

西魏　莫432　中心柱東向龕

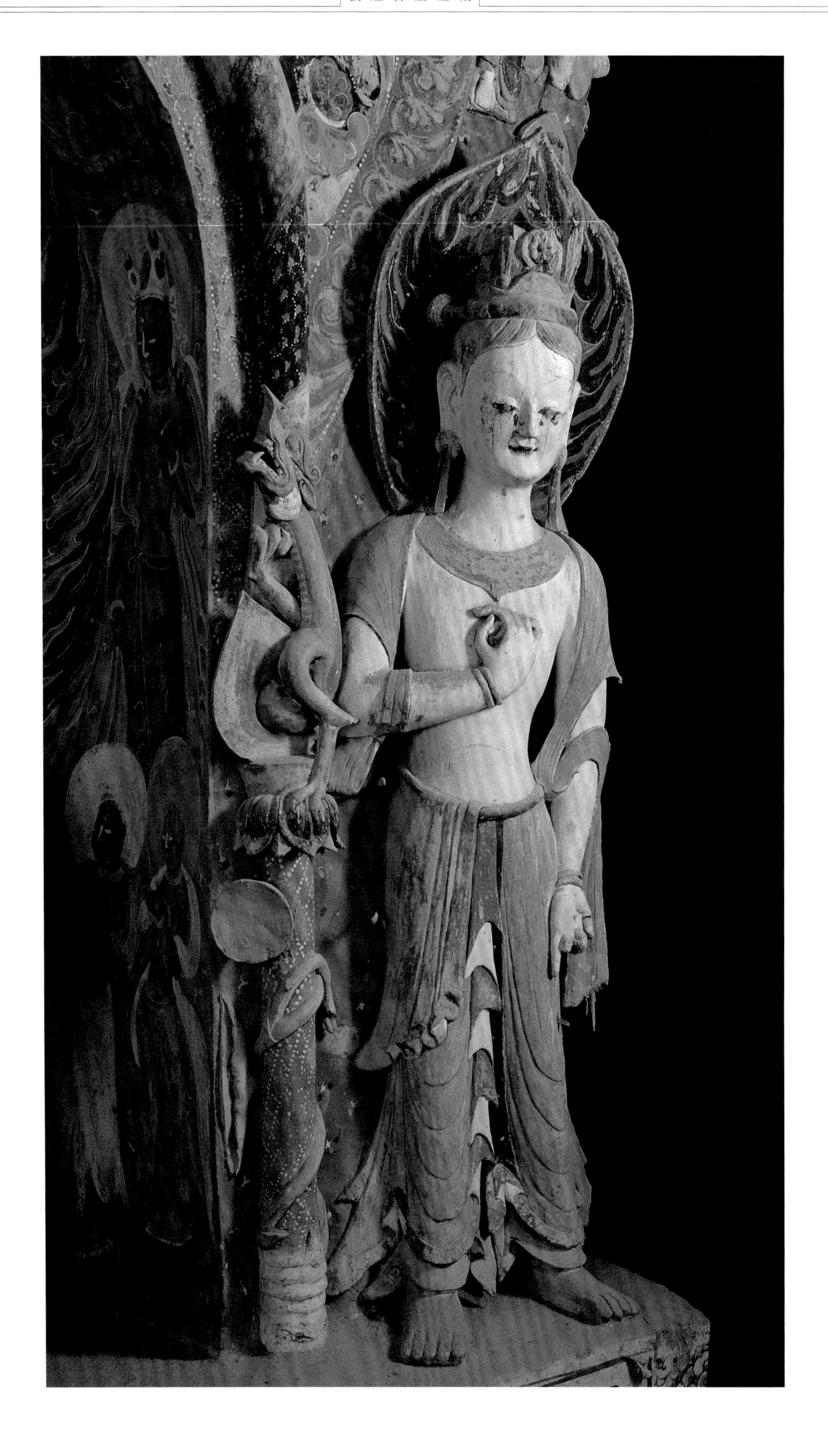

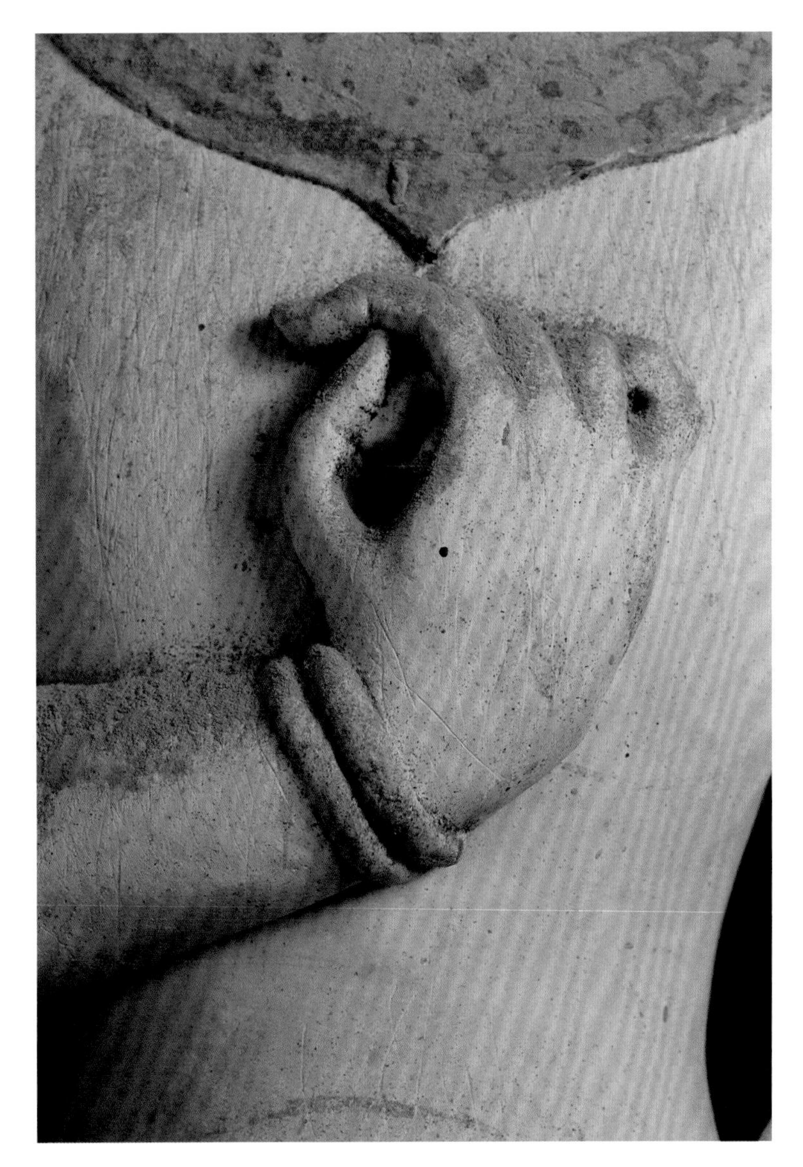

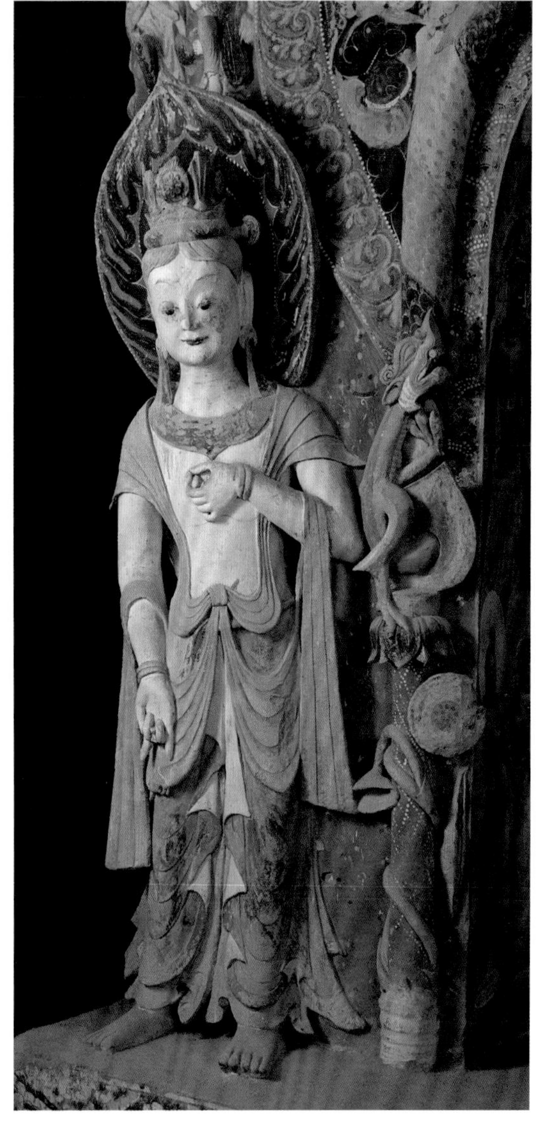

28　**左脅侍菩薩手部特寫**

脅侍菩薩右手置於胸前的部分，運用了浮塑的手法，整隻右手塑造得圓潤而豐滿。

西魏　莫432　中心柱東向龕外北側

29　**右脅侍菩薩**

菩薩面形長圓，眉清目秀，披天衣，束長裙，跣足而立。下垂的右手原持淨瓶，左手似拈枝。略向內傾的身姿和外張的裙襬，帶來一絲動感。

西魏　莫432　中心柱東向龕外南側

27　**左脅侍菩薩及龕楣龍首**

菩薩戴花冠，面帶微笑，恰似一個清純的少女。天衣及各部裝飾保存完好，色彩鮮艷如新。菩薩右手放在胸前，採用手臂圓塑向手掌浮塑過渡的手法，表現了菩薩手臂的轉折，正是這一點點看似不經意的表現，使得整個塑像活了起來。龕楔上裝飾龍首，龍一足立龕柱上，一足舉起，昂首向着主尊，似在聆聽如來說法。

西魏　莫432　中心柱東向龕外北側

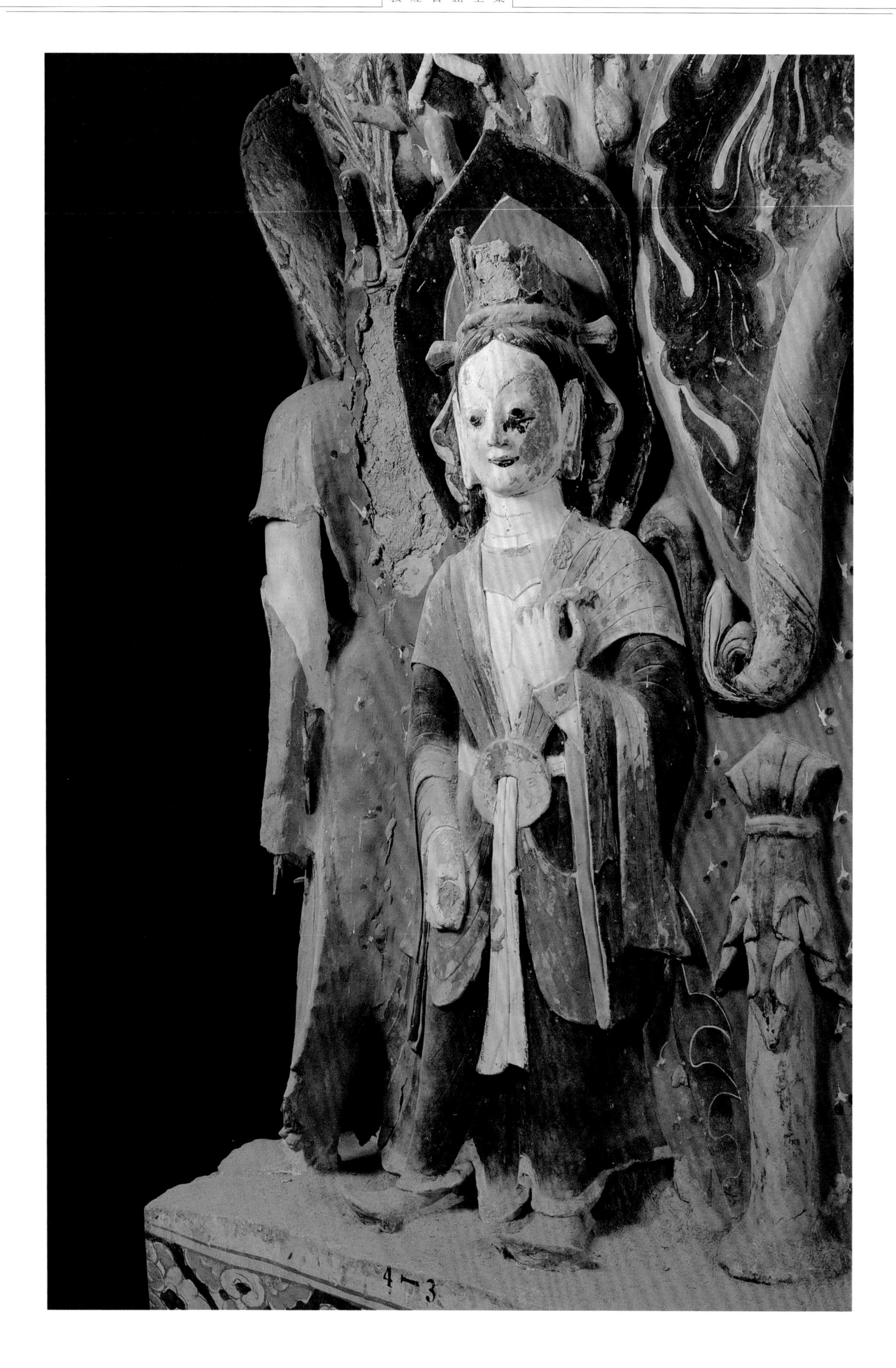
4-3

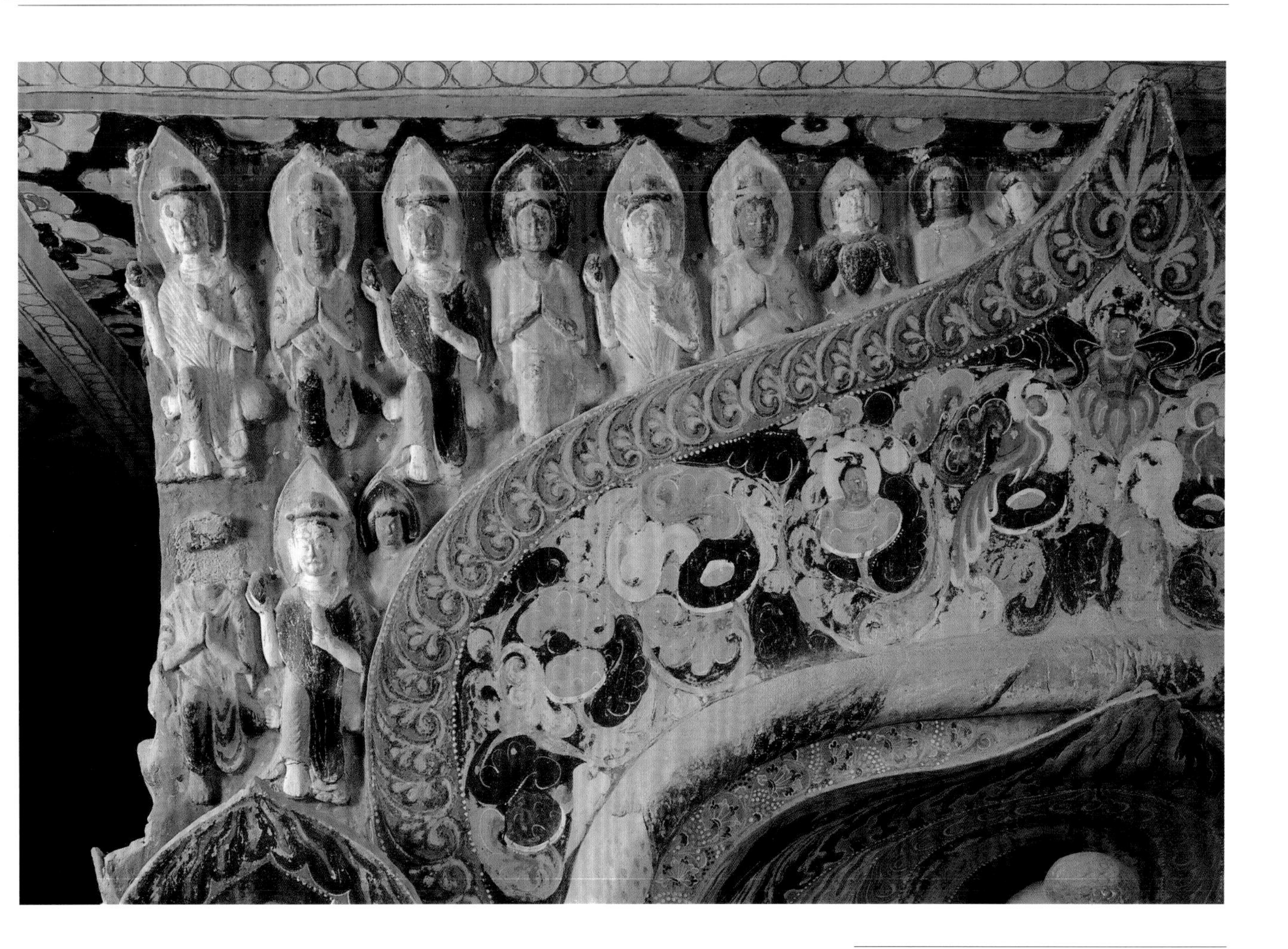

31 影塑供養菩薩

供養菩薩均穿通肩袈裟，或持蓮，或合十，正面單腿盤坐。龕楣頂的外面塑三身化生菩薩，與龕楣中所畫忍冬紋和蓮花化生相呼應。

西魏　莫432　中心柱東向龕上部

30 中原服飾的右脅侍菩薩

菩薩有橢圓形頭光，着交叉天衣，繫腰帶，帶從環中穿出。厚重的衣服裹覆全身，蹬方頭履，是中原服飾在敦煌的反映。菩薩左側的龕柱為束帛式柱頭，龕楣端部為忍冬紋裝飾。

西魏　莫432　中心柱北向龕外東側

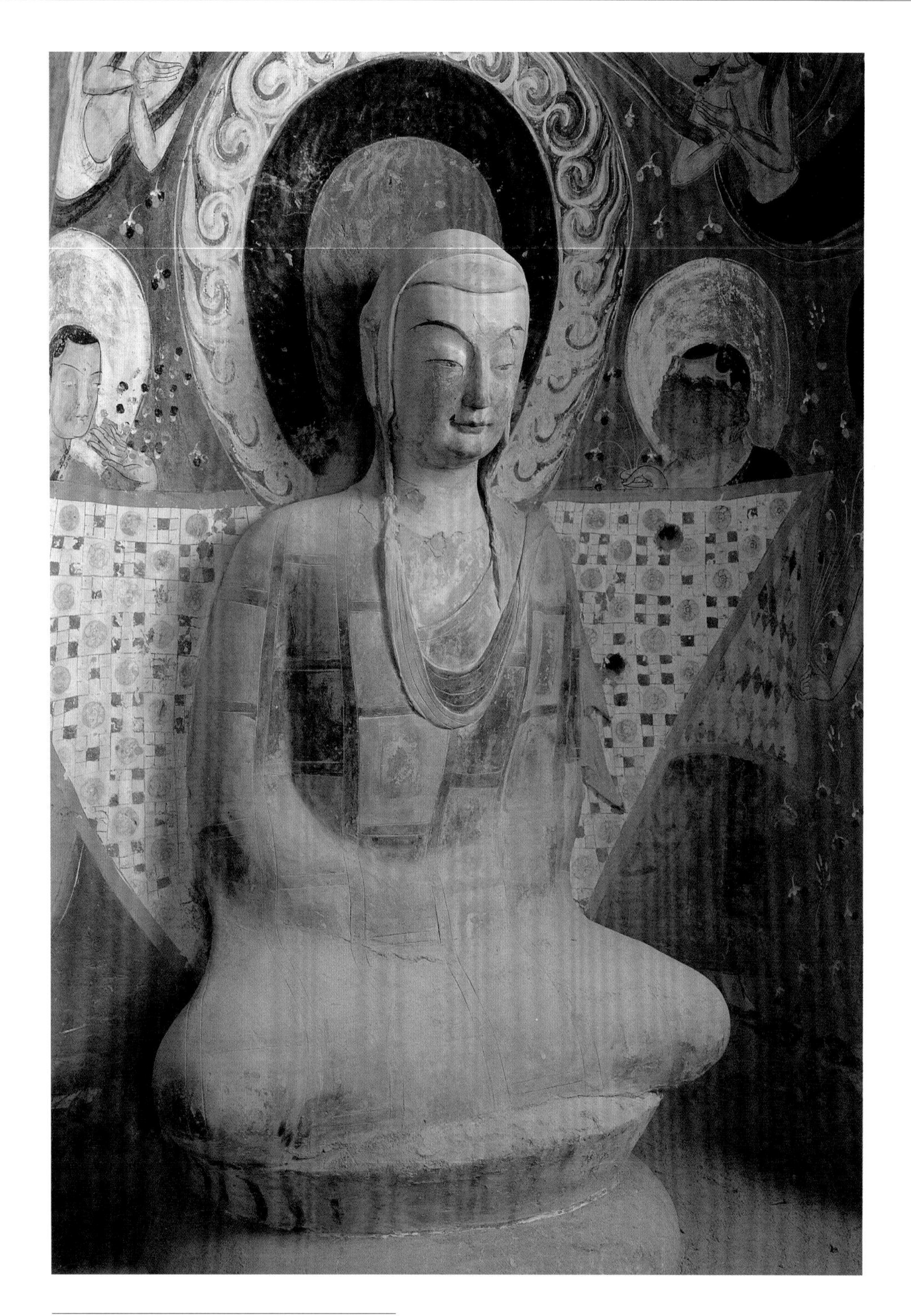

32 比丘禪定像

西壁小龕內塑比丘禪定像。比丘在寂坐修行中似有所悟，露出笑容。着覆頭衣，田相袈裟，身後畫出頭光和三角靠背，頭光兩側畫比丘和飛天。塑像整體造型上實下虛，面部及頸部經近年補修。

西魏 莫285 西壁南側龕內

第三節　富於表現力與個性的北周造像

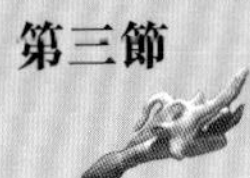

公元565年以後，建平公于義任瓜州刺史。大約在十年後，即北周建德三年（公元574年）武帝斷佛道二教，罷沙門道士。這次滅佛運動也波及敦煌，城東阿育王寺和大乘寺被毀，敦煌的造窟建寺也受到一定的影響。但是敦煌地處邊陲，廢佛洪流波及敦煌已呈弱勢，因此至今還保留了不少北周時期的洞窟。

北周時，中心塔柱窟銳減，取而代之的是覆斗頂窟。

北周的主尊造像承襲前代舊式，依然以倚坐像為主，亦有少數結跏趺坐像。造像大多面形方圓，頭大而身短，兩肩平直肩頭渾圓。兩手大多已失，從揚起的右掌和略見下傾的左臂看，原來應該作施無畏印和與願印，也是自北魏以來主尊倚坐像的固有印相。

菩薩像的表現趨向多樣化，有的如北魏晚期的樣式，頭大而面形方圓，上身長而下身短，身體比例略顯失調；有的卻表現得清純而聖潔，如第438窟的脅侍菩薩，面頰豐圓，口鼻小巧，與其說是一尊菩薩，不如說是一個在洞窟裏行香禮佛的青春少女。

這時期值得注意的是弟子像的出現。第439、290、297等窟在主尊的兩側均出現了弟子像，構成一佛二菩薩二弟子五身像。多數在佛的左邊塑老者迦葉，於對面塑少年阿難，有的還在身後的龕內畫弟子像八身，以繪塑結合的形式共同表現釋迦和十大弟子。弟子像內穿僧衹支外披袈裟，穿方頭履或尖頭烏靴，人物的表現日趨成熟，老者迦葉、少年阿難，依人物年齡性格的不同，面部的表情也各具特色。在敦煌造像史上，弟子像的出現，標誌着造像開始以一鋪的形式面對信眾。究其原因，是由於刺史建平公于義從中原到敦煌，把興起於中原地區的新的佛教藝術帶到莫高窟，也為隋以後莫高窟的造像奠定了基礎。

北周的主尊袈裟，下襬塑造得厚重而繁縟，可從中觀察到內外兩層。僧衹支有斜披和交叉式，有繫帶和不繫帶兩種；以斜披和繫帶的為多。菩薩的衣着更趨多樣化，天衣或呈“X”字形穿環於腹前，或披肩繞臂，亦有於腹前作雙“U”字形，如第297窟菩薩，已近於隋代菩薩的表現形式。但天衣末端均恢復了北魏的表現形式，沒有了西魏期那尖銳的三角形。

第428窟是北周的代表洞窟，據東壁南側供養人題記和藏經洞出土文獻，知該窟創建於公元565～576年間。窟內描繪供養人像一千一百九十八身，是建平公于義與敦煌及附近百姓共同開鑿的大窟。塑像明顯經過後代重新裝彩，但是造型保留了北周的原狀。

中心柱正面龕的結跏趺坐式釋迦牟尼像，披通肩袈裟，胸襟廣開，僧衹支自左肩斜披右肋，無繫帶。袈裟的末端處理，不是拋向左肩身後而是搭在左前臂上。這種袈裟末端結於左前臂的造像還見於第432、439、442、290、297等窟。與中原相比，可謂晚出。在中原和南方地區，早見於四川博物館藏南齊永明元年（公元483年）銘佛坐像，北魏雲崗石窟第16窟以及第5、6、11、13窟，以及洛陽龍門石窟蓮花洞佛立像等。麥積山石窟的北魏造像中，這種形式也比比皆是。

北周的造像更注重一龕像或一鋪像的整體效果。第428窟用繪塑結合的手法表現釋迦和十大弟子；並在龕外浮塑雙樹，以表現釋迦牟尼在樹下説法，雙樹用樹枝為骨架，上面裹敷表泥並施彩繪；在四壁上層一周，分六排黏貼模製千佛列像；使得窟內壁畫中有浮塑，塑像中有彩繪，是運用繪塑結合手法的典範之作。繪塑結合不僅包括塑像身上的色彩，還包括塑像身後的頭光、身光以及佛龕內外的飛天、裝飾圖案等等，使得石窟的主體造像更具表現力。以繪塑結合的手法表現十身以上的人物，既顯得主賓有序，又完整地表現眾多人物，這是以泥塑為造像的石窟的長處所在，是石雕洞窟望塵莫及的。

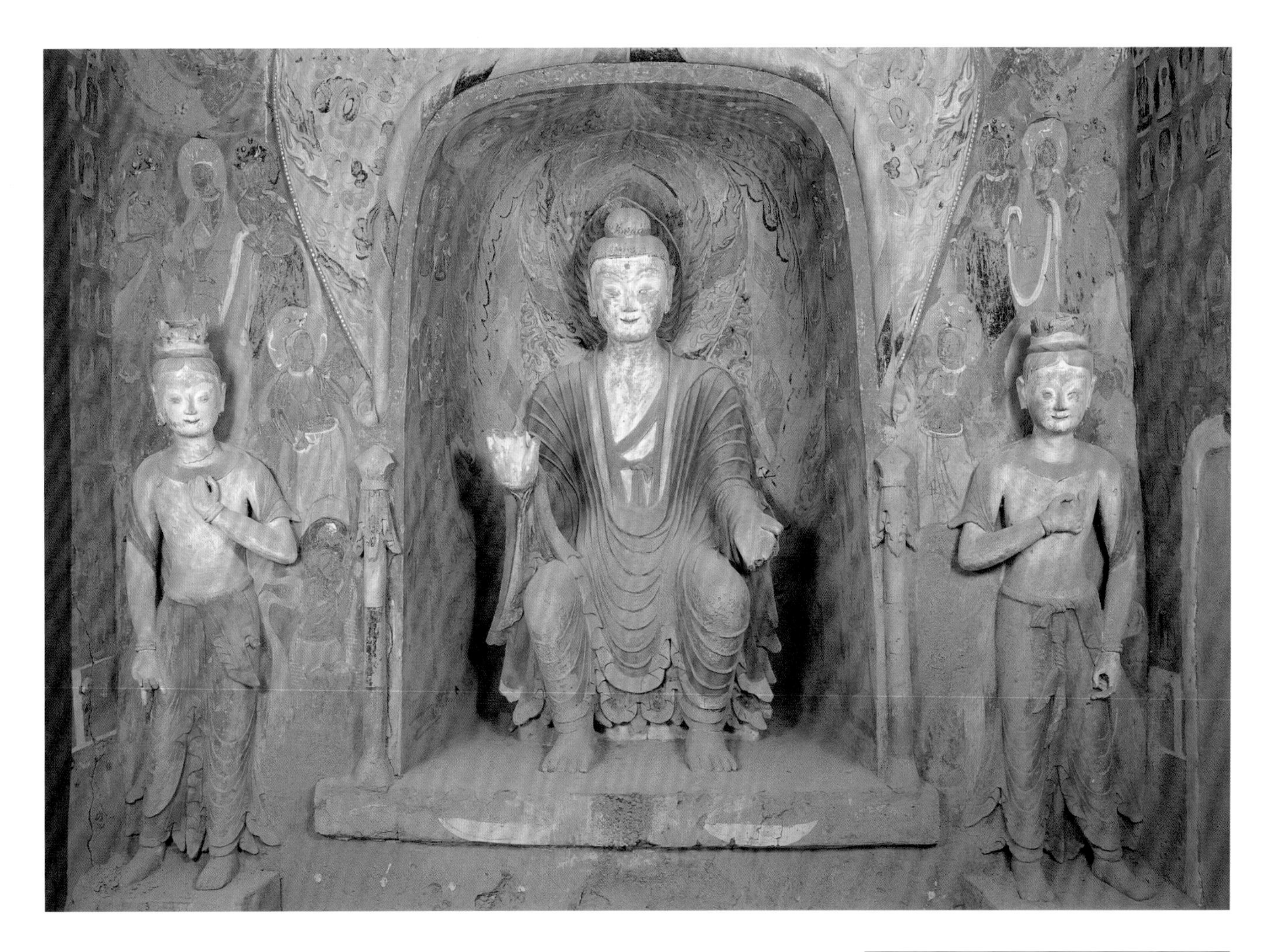

33 釋迦佛一鋪

圓券龕內，塑釋迦佛倚坐像。釋迦牟尼着褒衣博帶式袈裟，並塑出層層疊疊的下襬，僧祇支上繫帶。龕外兩側塑脅侍菩薩。龕柱作束帛形，龕楣畫忍冬紋和火燄紋。

北周 莫438 西壁

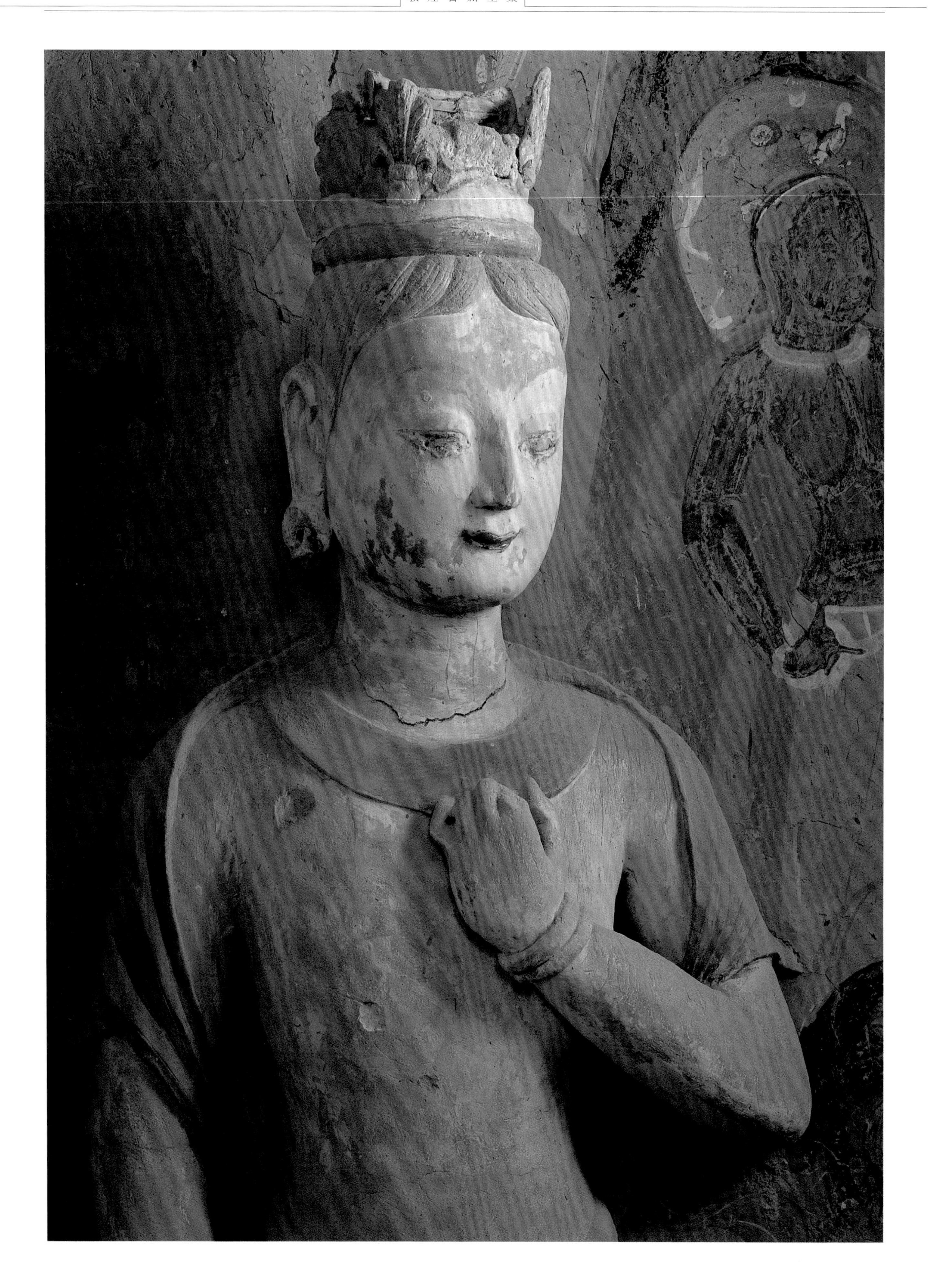

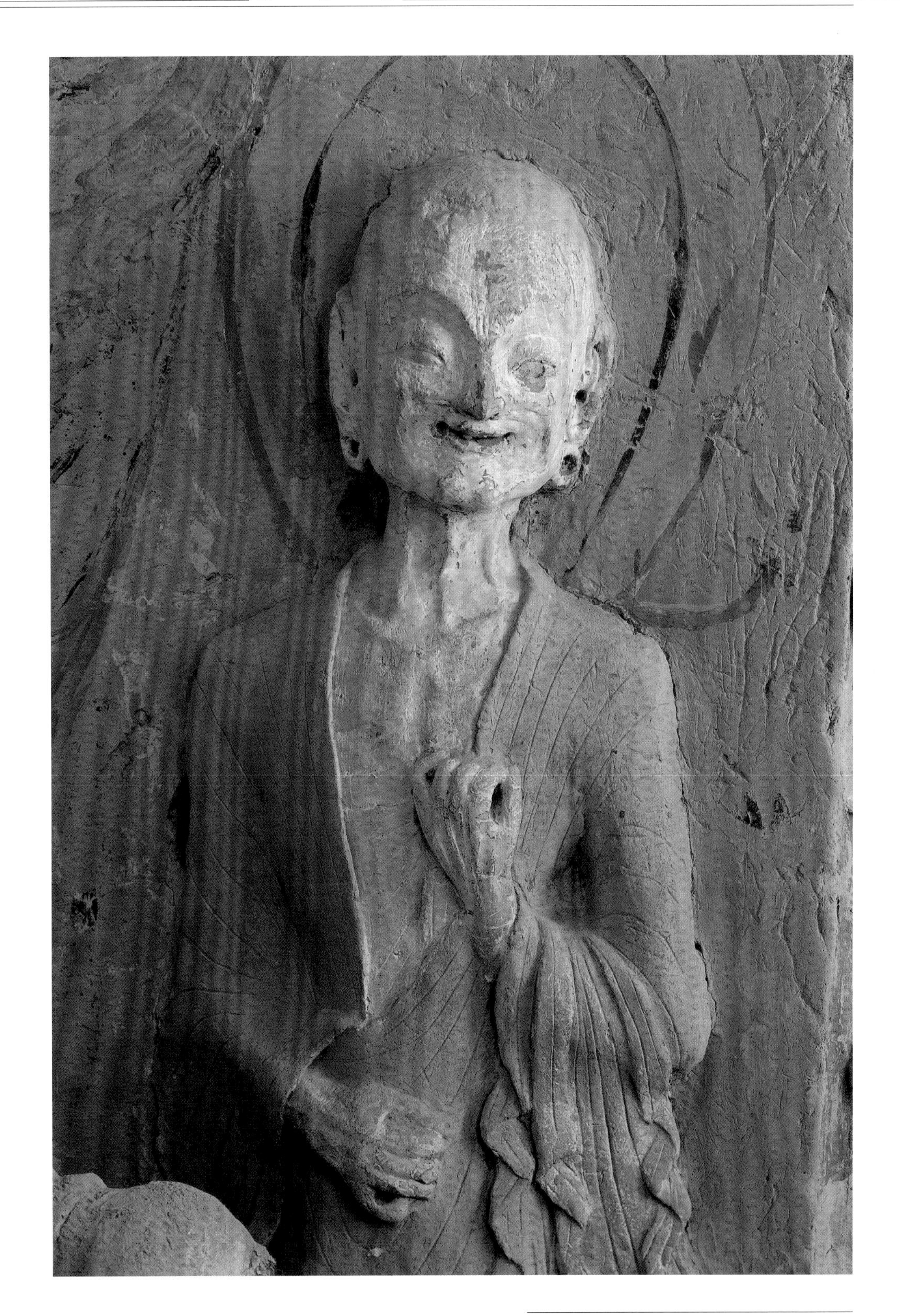

35 **弟子迦葉**

塑像緊貼龕壁，是莫高窟最早的迦葉造像。迦葉消瘦的身形、眉間的皺紋以及突顯的胸骨，體現了苦行僧的艱辛，天真的微笑又流露出一個老者的樂觀和豁達。

北周　莫439　西壁龕內北側

34 **右脅侍菩薩**

菩薩面形豐圓，嘴角略帶微笑，眉宇間露出孩童般的稚氣。從開裂的頸部可以看出頭部原為模製。

北周　莫438　西壁龕外南側

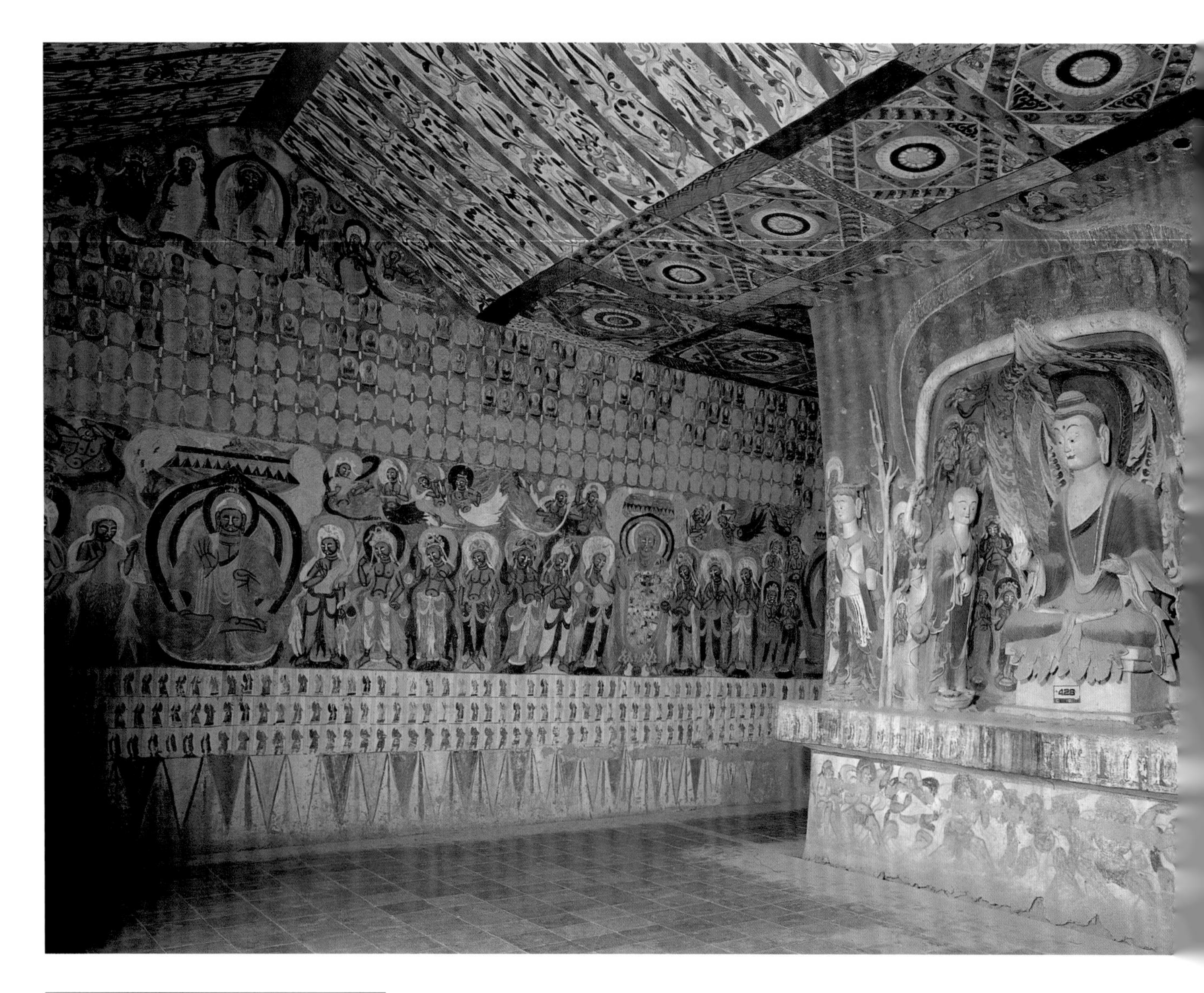

36 中心柱造像

此窟是莫高窟最大的中心塔柱窟，中心柱正面（東向面）開圓券大龕，內塑釋迦說法像和弟子阿難、迦葉。龕外浮塑雙樹（已不存）和脅侍菩薩，表示釋迦牟尼於菩提樹下說法。其他三面的造像與正龕大同小異，造像的色彩為後代重裝。

北周 莫428

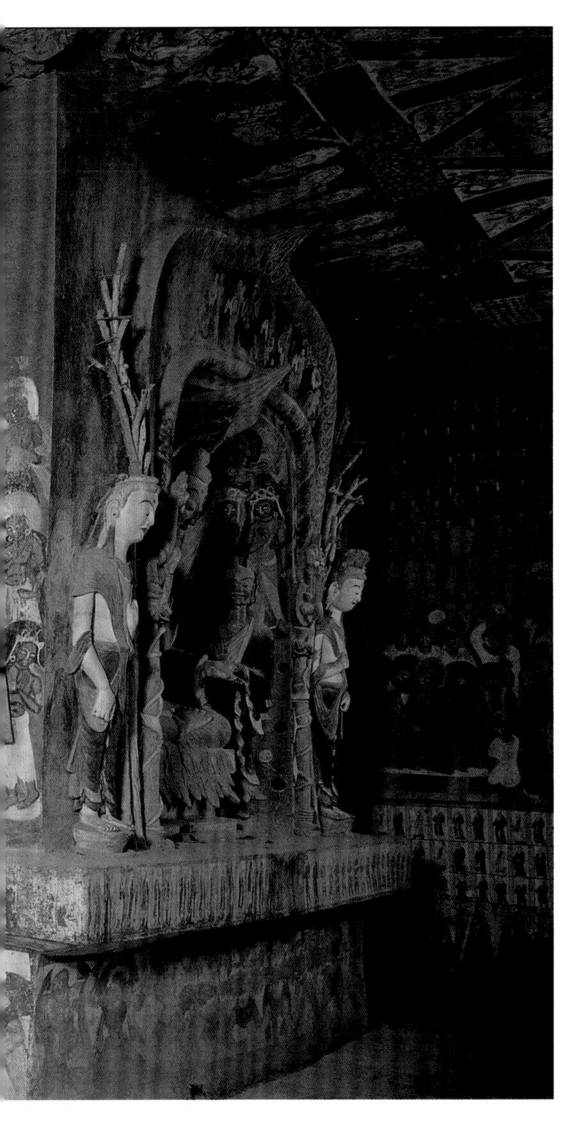

37 影塑千佛

此窟四壁上層分五排貼影塑千佛一千四百八十五身，是莫高窟保存影塑千佛最多的洞窟。千佛為模製，着通肩袈裟，結跏趺坐，作禪定印。右上方留有書寫佛名的榜題。袈裟以白、紅、青、黑四色有規律地重複渲染。

北周　莫428　北壁西側上部

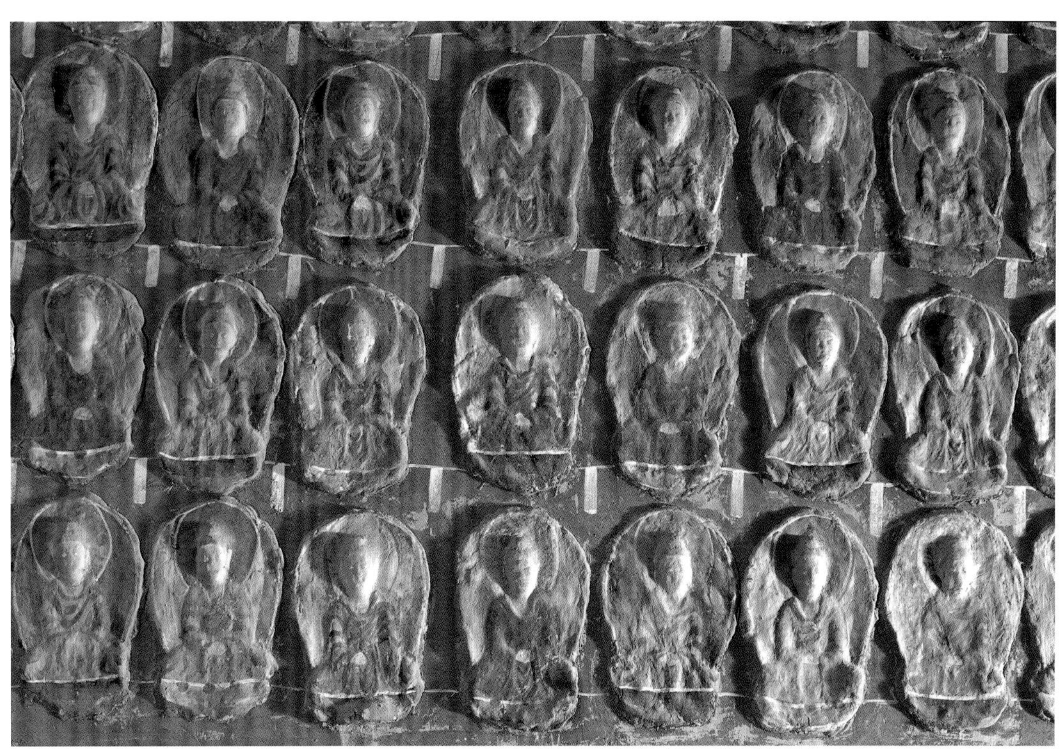

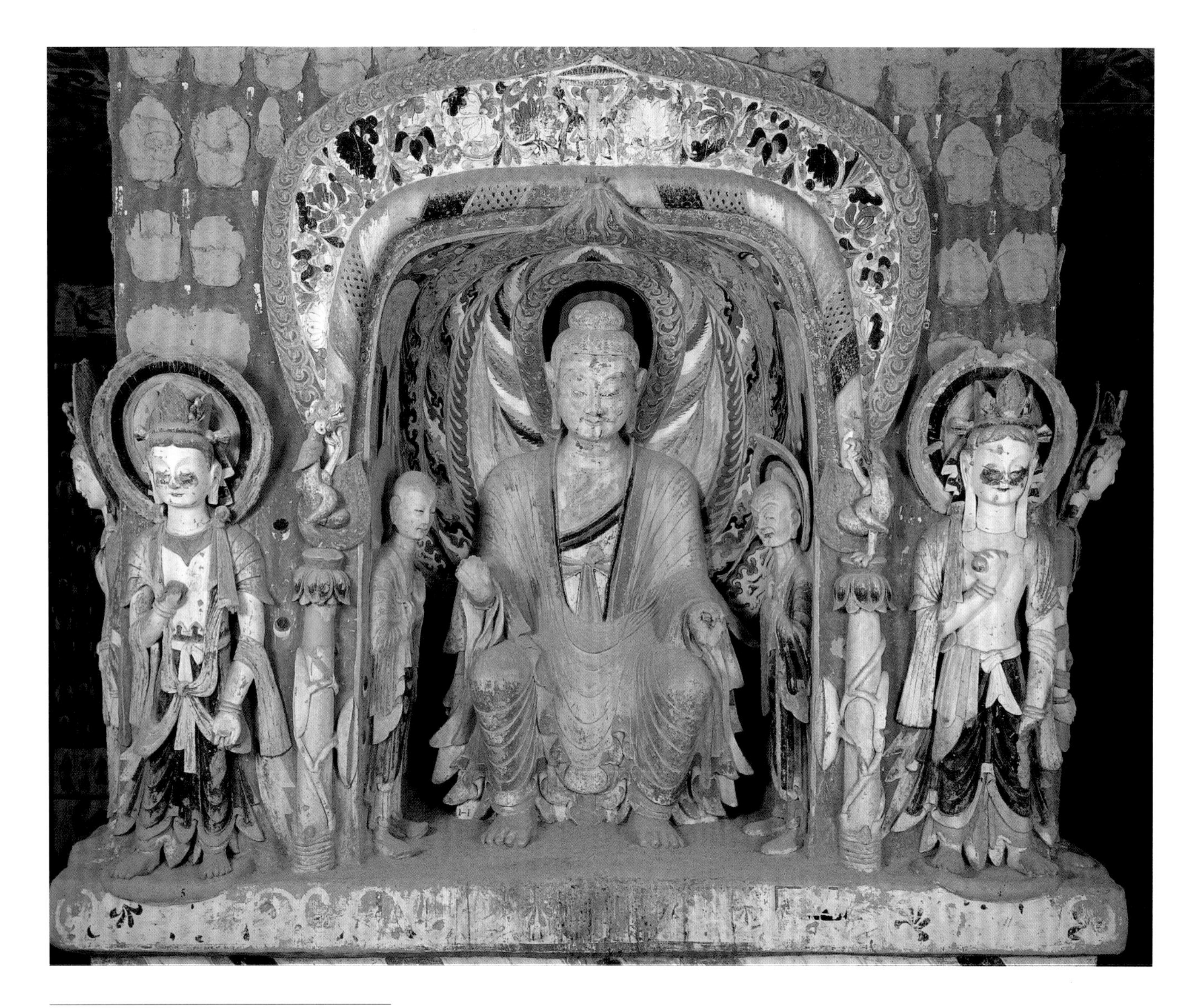

38 中心柱造像

中心柱圓券龕內塑釋迦佛倚坐像，兩側塑弟子阿難、迦葉。龕柱蓮枝纏繞，龕楣兩端為龍頭飾。龕外兩側塑脅侍菩薩，各戴花冠，着天衣束裙。浮塑的龕楣畫蓮花和忍冬紋，龕上方的影塑千佛全部不存。

北周 莫290 中心柱東向龕

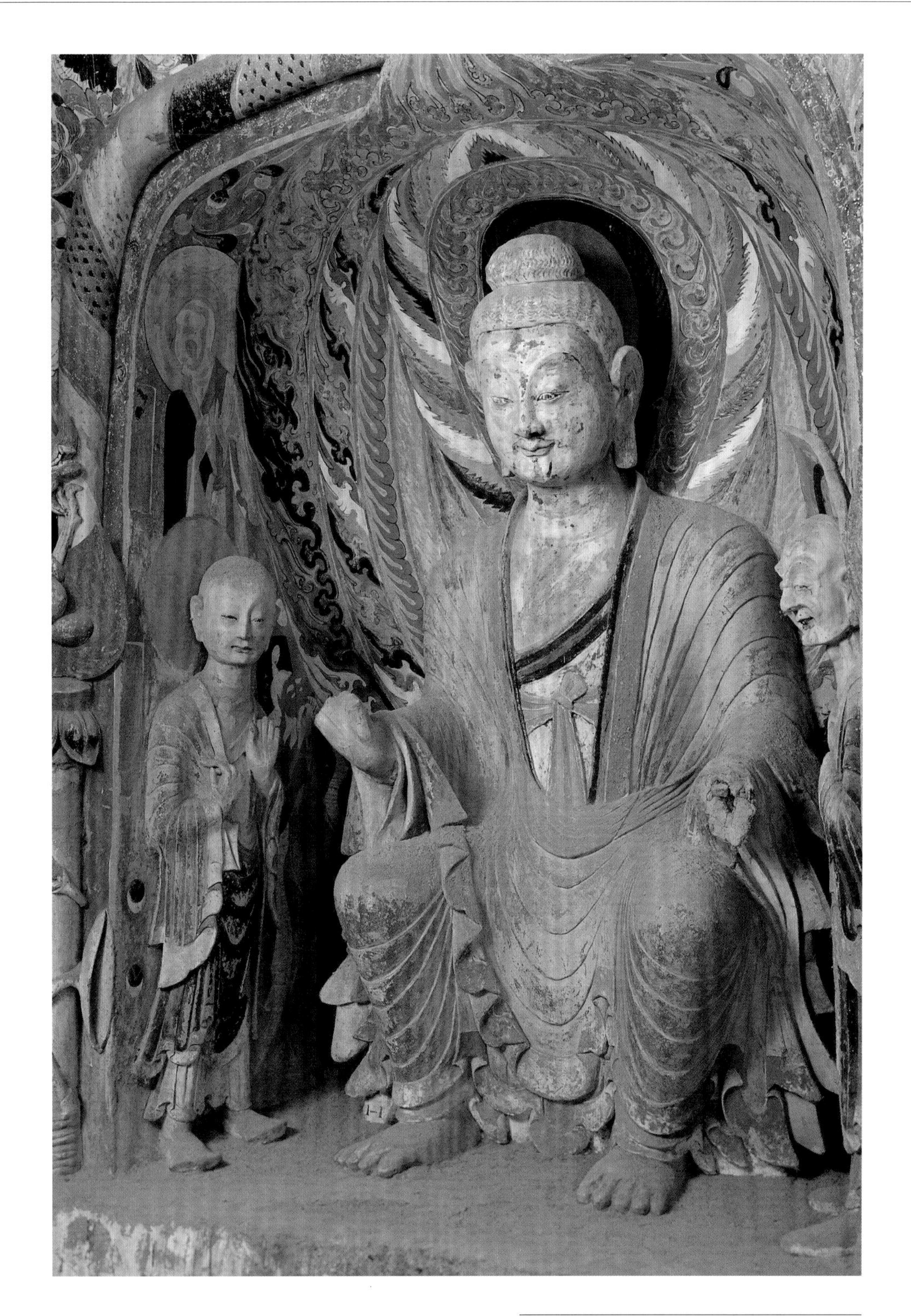

39 釋迦佛與弟子

釋迦牟尼着紅色通肩袈裟，質地厚重，袈裟的衣角呈三角形，以階梯式的手法塑出衣紋。在龕內兩側，依壁塑弟子阿難和迦葉，聰明的阿難和老成的迦葉被塑造得活靈活現，脱壁而出。

北周 莫290 中心柱東向龕內

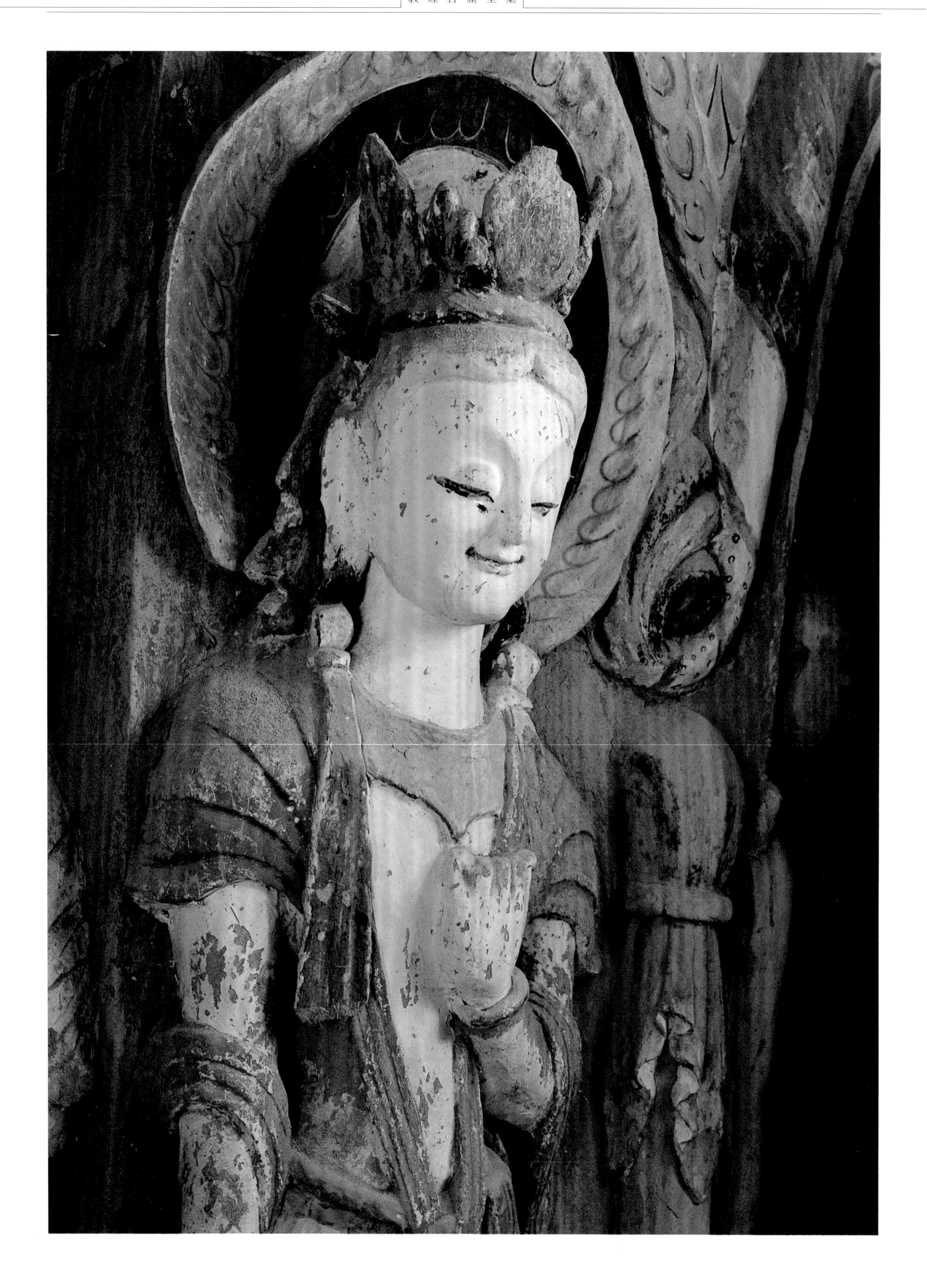

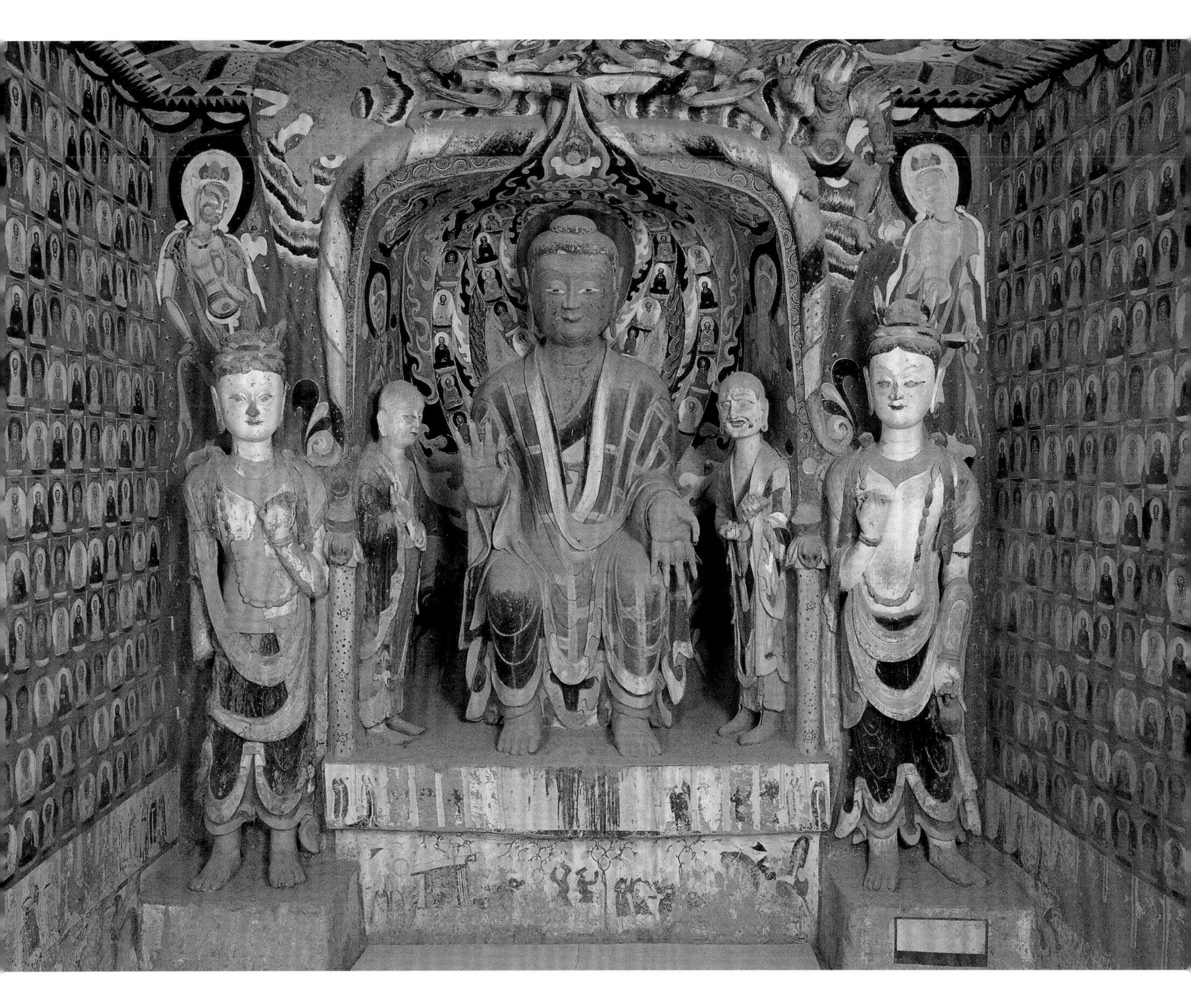

41 **釋迦佛一鋪**

圓券龕內，塑釋迦佛倚坐像和弟子阿難、迦葉，龕外塑脅侍菩薩。釋迦牟尼穿田相袈裟，手指間生縵網，作施無畏印和與願印。頭光、身光中繪千佛帶和火燄紋，龕楣為浮塑，彩繪出龕楣兩端的忍冬紋。龕外菩薩雙“U”字形的天衣已呈現出隋代菩薩的造像特徵。

北周 莫297 西壁

40 **右脅侍菩薩**

菩薩的花冠冠帶長垂。上身赤裸，着交叉天衣，束裙。身體扁平，肌膚及天衣各部的顏色保存鮮艷。衣服質地厚重，以階梯式的手法塑造衣紋。

北周 莫290 中心柱南向龕外西側

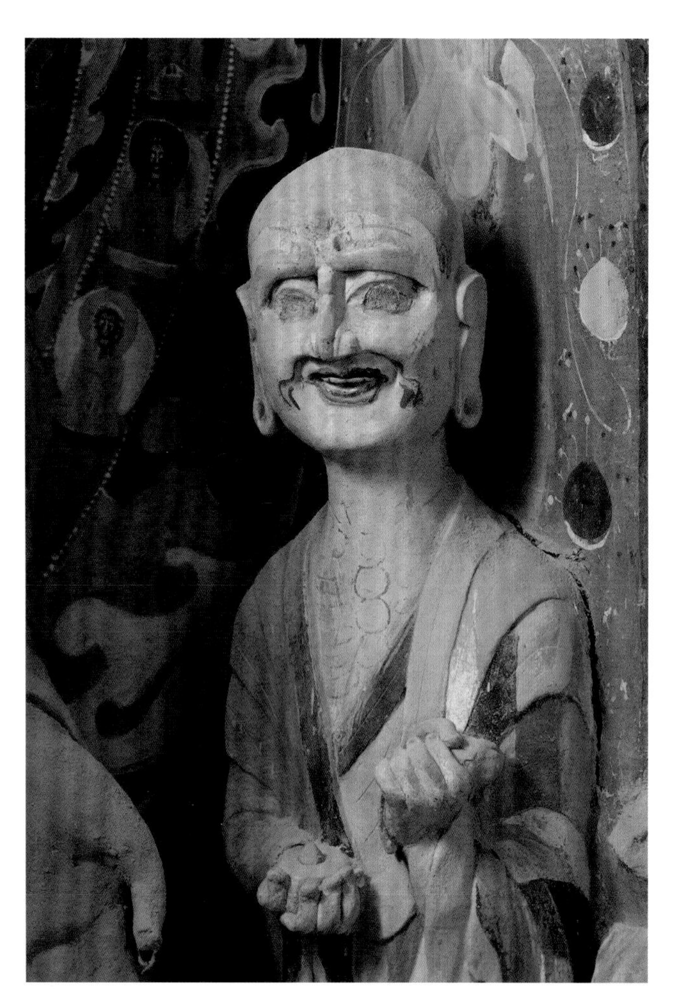

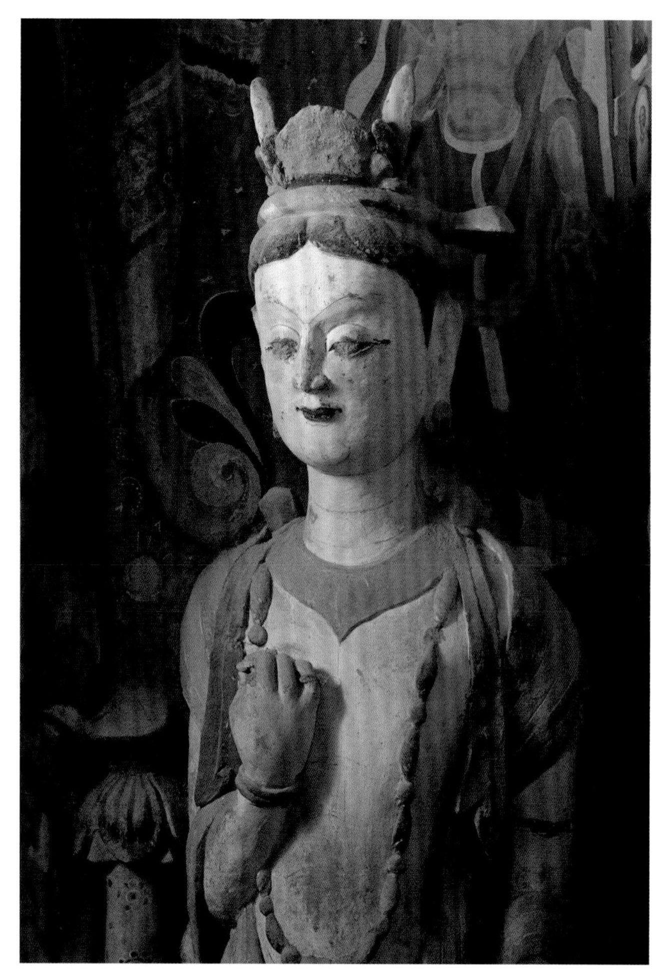

42 **弟子迦葉**

迦葉眉頭緊蹙，兩眼深陷，面帶微笑，啟唇欲語。生動的表情和概括的表現手法體現了塑匠的造型能力。眉上的皺紋和頸下的胸骨用土紅色描繪，衣紋用階梯式的手法塑造。

北周 莫297 西壁龕內北側

43 **左脅侍菩薩**

菩薩戴花冠，細眉上揚，表情莊嚴。右手似拈枝，胸前垂掛瓔珞。

北周 莫297 西壁北側

44 **神王**

神王人面而豎兩角，肩生羽翼，帶腕釧項飾，胸腹部畫旋毛。手生四爪，足分兩趾，奮臂淩空飛翔，護衛佛法。

北周 莫297 西龕龕楣北側

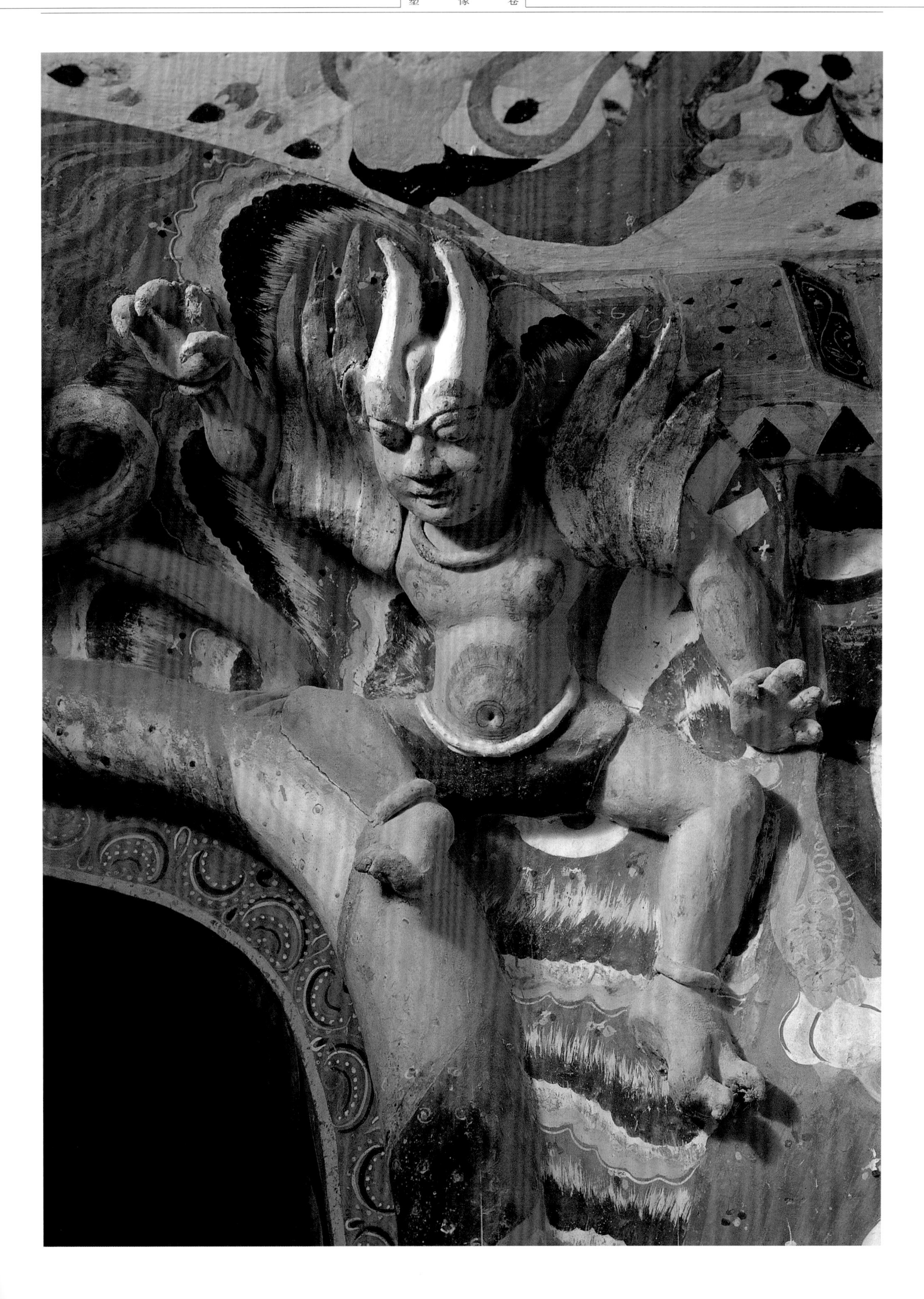

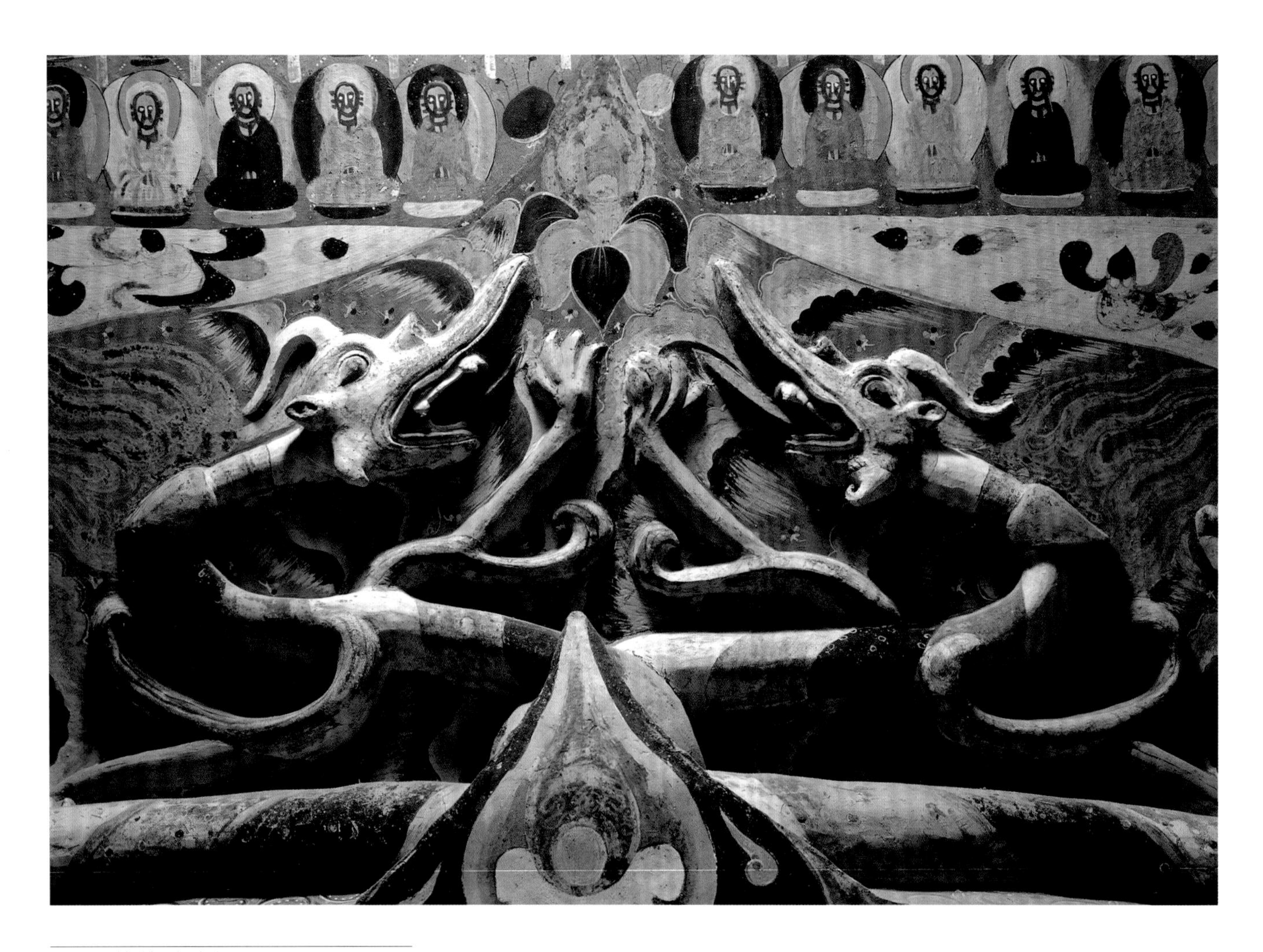

45 雙龍捧珠龕楣

龕楣的頂端畫一蓮花，花上生出摩尼寶珠，二龍張口立爪托舉寶珠，龍身相交又化作龕梁。以雙龍捧珠浮塑於龕楣極富創意，是莫高窟最具表現力的龕楣之一。

北周 莫297 西龕龕楣中部

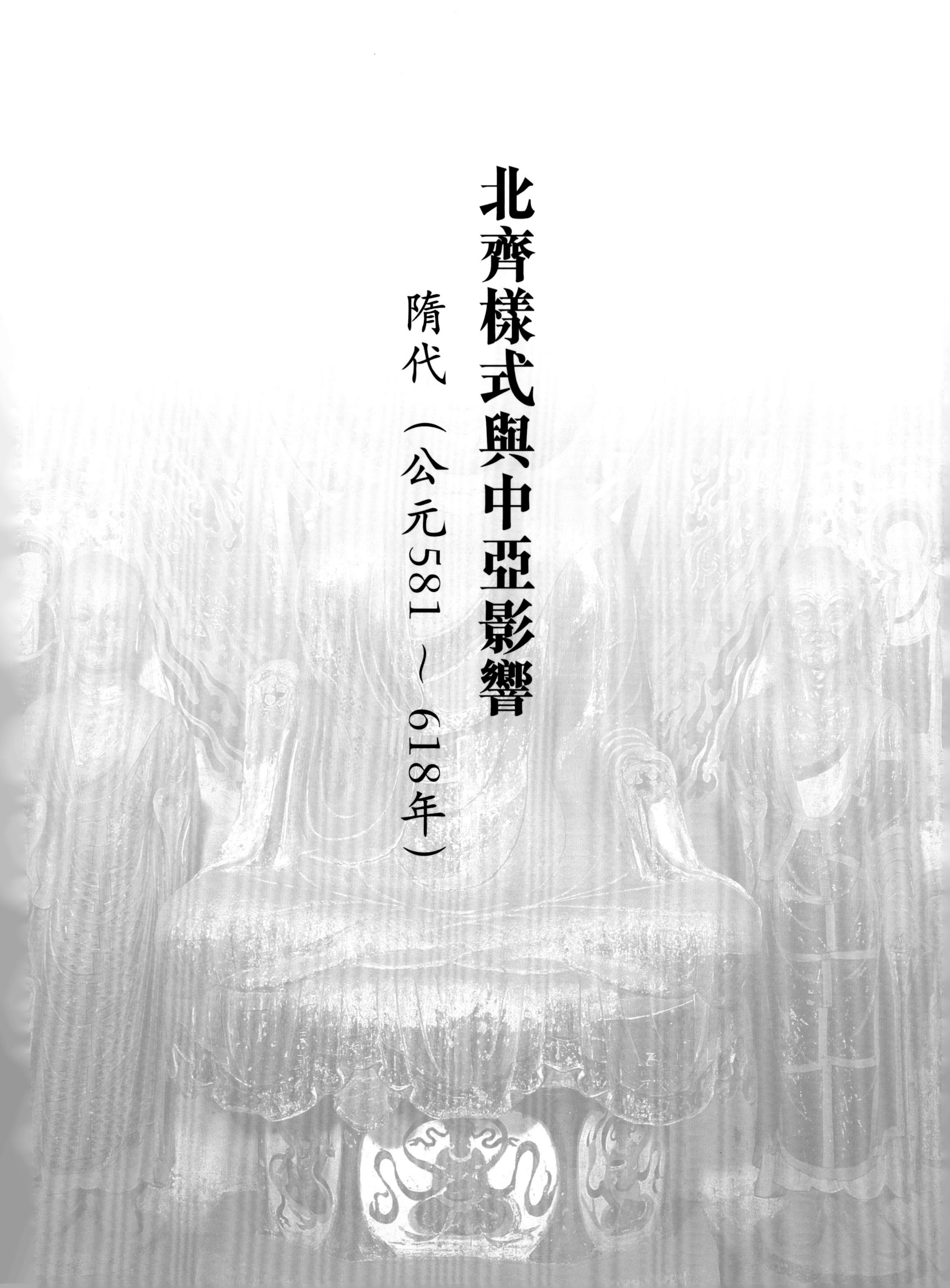

隋代（公元581～618年）

北齊樣式與中亞影響

公元581年，隋朝統一中國，結束了近三百年的南北分裂局面和戰爭之苦，對內舉均田、薄賦税，對外廣開門戶，積極經營河西及西域。大業初年，隋煬帝派裴矩到敦煌招致胡商，並在張掖、武威一帶舉行盛大的國際交易會，可見隋代是一個“人物殷阜，朝野歡娛”的時代。

對佛教，隋朝亦極崇信。仁壽元年（公元601年），隋文帝令天下廣造靈塔，此間亦於瓜州建崇教寺，説明隋朝的崇佛活動曾遠被敦煌。短短的三十七年間，隋代於莫高窟開鑿的洞窟就達七八十個之多，也出現了一些新的佛教題材和造像。

隋代的洞窟幾乎已都是殿堂式，窟頂作覆斗頂或人字坡。在造像上承北朝餘風，下啟初唐先緒。根據石窟斷代研究，隋代洞窟可分成三期，即以開皇初年的七個洞窟為第一期（早期），第二期（中期）有洞窟三十四個，大致建於開皇九年至大業九年（公元589～613年），此後至唐代初年為第三期（晚期），有洞窟三十九個。早期主尊造像仍以倚坐像為主，開皇年間出現了立像和結跏趺坐像。中期以後出現了極富體積感的巨像。造像的題材也有增加，還出現了天王和力士像。絲路的暢通促進了東西方之間的文化交流，敦煌的造像反映出馬圖拉和北齊造像的特徵。

第一節　承先啟後的隋中晚期造像

隋代早期的洞窟塑像以一佛二弟子二菩薩的形式構成一鋪，多被後代重修。主尊的造型，倚坐像和結跏趺坐像約各佔一半，並且出現佛禪定像。在第305窟中，出現了依據《佛觀三昧海經》塑造的以釋迦牟尼為中心的四方佛造像，說明在隋代初期觀像修禪的信仰依然很盛。

這一時期的塑像明顯具有北周時的特徵，主尊造像大都頭大、肩寬、面部方圓，下肢較短。菩薩戴花冠，裸上身，繫長裙，天衣或垂於身體兩側或交叉於胸前。從造像風格看，把這幾個洞窟歸置到北周晚期亦無不當。

至隋代中期，西壁開一龕的窟室形制得到發展，少量的石窟在南西北壁開三龕（第419窟），還有中心塔柱窟（第427、292窟）並存。在隋代中、晚期的洞窟中，覆斗頂窟佔相當大的比例，這類洞窟以中型居多，西壁開方口龕或圓券龕，塑一佛二弟子二菩薩五身像。有的西龕作內外兩層，一般稱作重層龕或雙層龕。內層龕塑主尊，兩側塑弟子和脅侍菩薩，外層龕同樣塑菩薩立像。自隋代中期，倚坐像的數量逐漸減少，代之而起的是結跏趺坐像，此外也出現了大型立像。

隋代的造像題材多樣，有釋迦佛、彌勒佛（彌勒菩薩）、三世佛造像，弟子、菩薩之外，又新出現天王、力士。造像上呈現兩種樣式，即頭大而面形方圓、身體較短的北周樣式和面形端莊秀麗、身體頎長的北齊樣式，不僅造像如此，在壁畫的畫風上也可以看出這種傾向。在主尊造像上，除了北齊樣式的扁平肉髻外還出現了螺髻造像（第304、401、390窟），袈裟作內外兩層。菩薩戴花冠，天衣作雙"U"字形。以浮雕表現龕楣、龕楣以及龕柱的手法逐漸減少，而變為半塑半繪或以壁畫代之。凡此均為大統一以後新的氣息。

第412窟是隋代為數不多的大型洞窟。洞窟前部已經崩塌，從殘存的洞窟前部看，原應為覆斗頂窟，這種窟多為方形，窟室寬6.5米，開窟之初的深度也應在6.5米左右。西壁開大龕，內塑釋迦牟尼坐像和十大弟子、二菩薩，龕外兩側塑兩身高大的菩薩。第412窟是莫高窟遺存至今唯一以塑像形式表現釋迦牟尼和十大弟子的洞窟，其造型和第427窟中心柱前面三組一佛二菩薩三身像同屬北周樣式。

第419窟是隋代中期的代表窟，塑像基本上保存了原貌。西壁開方形大龕，內塑一佛二弟子二菩薩五身像。主尊釋迦牟尼面形方圓，着田相袈裟，安坐在須彌座上，頂部生扁平肉髻，兩肩平圓，身體頎長，腰兩側內收，右腿曲盤壓在左腿上。寬大的袈裟裹覆周身，下襬呈"U"字形整齊地排列在佛座前。

造型上與上海博物館藏北齊白玉佛坐像、美國維多利亞博物館藏北齊佛坐像一脈相承，可以看出來自中原地區造像的影響。除了第419窟以外，此類風格的造像還見於第420、423窟主尊，第427窟中心柱南、西、北三面的主尊等等。

主尊兩側的阿難、迦葉着袈裟，穿烏靴或方頭履。不難想像，當時敦煌的僧侶也一定以同樣的裝束在莫高窟參佛禮拜。在弟子像的外側塑兩脅侍菩薩，均戴花攏冠，冠帶自兩耳後垂至胸前。面部和胸腹部的塑造飽滿圓潤，且富有肌膚之感。這種上身飽滿下身略顯單薄的造型還沒有脱離北朝以來重上身塑造、輕下身表現的傾向。

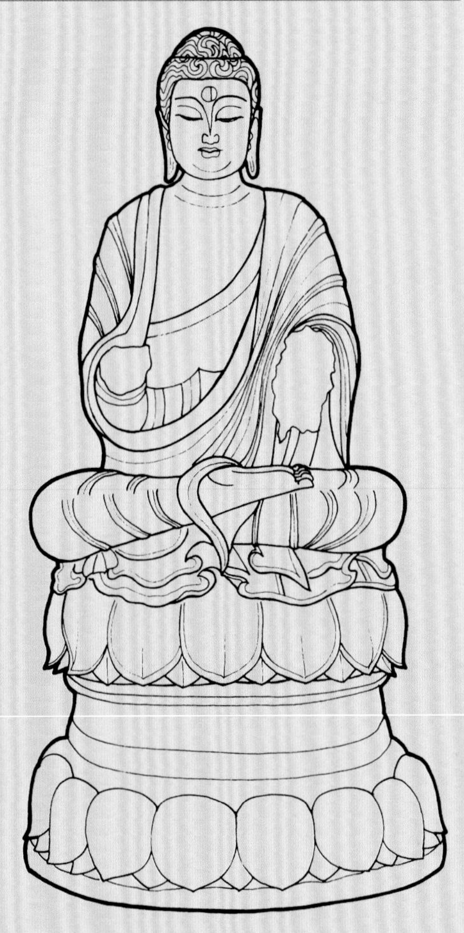

北齊白玉佛坐像

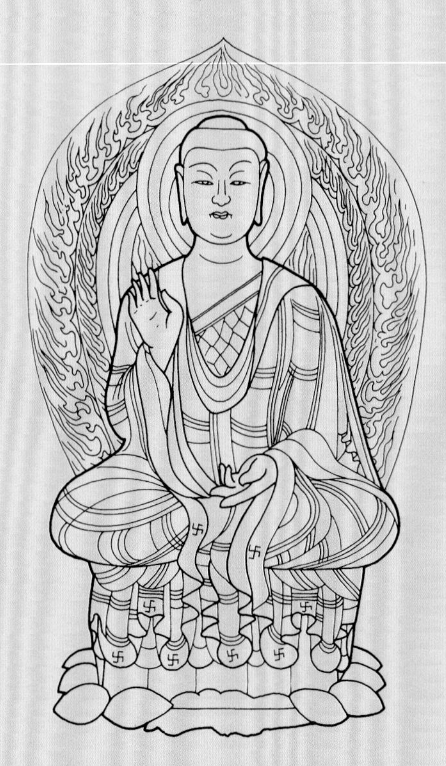

第419窟釋迦牟尼坐像

第420窟於西壁開方口重層大龕，內塑一佛二弟子四菩薩。主尊釋迦牟尼結跏趺坐於須彌座上，座的邊緣飾聯珠紋。兩肩微聳，右手揚掌，左手平伸，手心向上置左膝上。穿內外兩層袈裟，僧祇支上繫帶，並飾豬頭圓環聯珠紋。豬頭圓環聯珠紋見於伊朗克捷吉風出土的豬頭紋翻模飾板，阿弗拉阿勃宮殿壁畫，以及新疆阿斯塔那的豬頭紋錦。此外，在隋代的菩薩衣裙和龕的邊緣部還飾有聯珠紋、翼獅紋、翼馬紋、對馬紋、狩獵紋等波斯紋樣，這些都是隋朝統一後與西域諸國積極通商和文化交流的明證。

隋代所開鑿的石窟比較注重洞窟主題。敦煌石窟是以泥塑為造型手段的石窟，不似中原石窟有許多造像題記和發願文，因此隋代以前的石窟，造像的主題不甚明朗。到了隋代，開始注意龕內塑像以及龕內外裝飾的結合，又注意塑像與窟內壁畫的照應，依此表現造窟的主題思想，也就是說，在洞窟開鑿之前已經有較為縝密而完整的構想。如第402、404、405窟，西壁龕內塑釋迦牟尼像，南北兩壁畫過去佛迦葉和未來佛彌勒，以此來表現三世佛。第244窟正面不開龕，而在靠近南、西、北三壁下方的一周作低矮的佛壇，上塑過去、現在、未來三世佛，在塑像身後的壁面上畫過去諸佛樹下説法，這種表現形式乍一看並不像是在石窟，倒有一種在寺廟裏的感覺。第390窟西壁開重層龕，龕內塑彌勒菩薩倚坐像及四脅侍菩薩，南北壁也畫相同的菩薩倚坐像各一鋪；在東、南、北壁分三層畫過去諸佛樹下説法。上述各窟的造像均與未來佛彌勒相關，是隋代流行的末法思想在莫高窟的直接反映。

隋代的坐像的製作與北朝沒有多少差別，不同的是以強烈的對比色渲染主尊的頭光和身光，並在上方描繪火燄紋，有的還一直延伸到窟頂。製作較大的立像時，是先在牆壁上橫向楔入一至兩個木樁，木樁用小木楔固定。之後將木樁與塑像的木芯主骨架固定在一起，再用芨芨草或蘆葦捆紮出人物的大體結構，最後依次敷着粗泥、中層泥和表層泥。塑像的賦彩艷麗而熱烈，以紅、綠、青、黑為主並兼施金色。有些塑像還用尊像畫的暈染法描繪面頰、眉棱、鼻樑和下頜（第420窟），使人物更富立體感，在造像的裝飾和賦彩上為唐代做了有意義的探索。

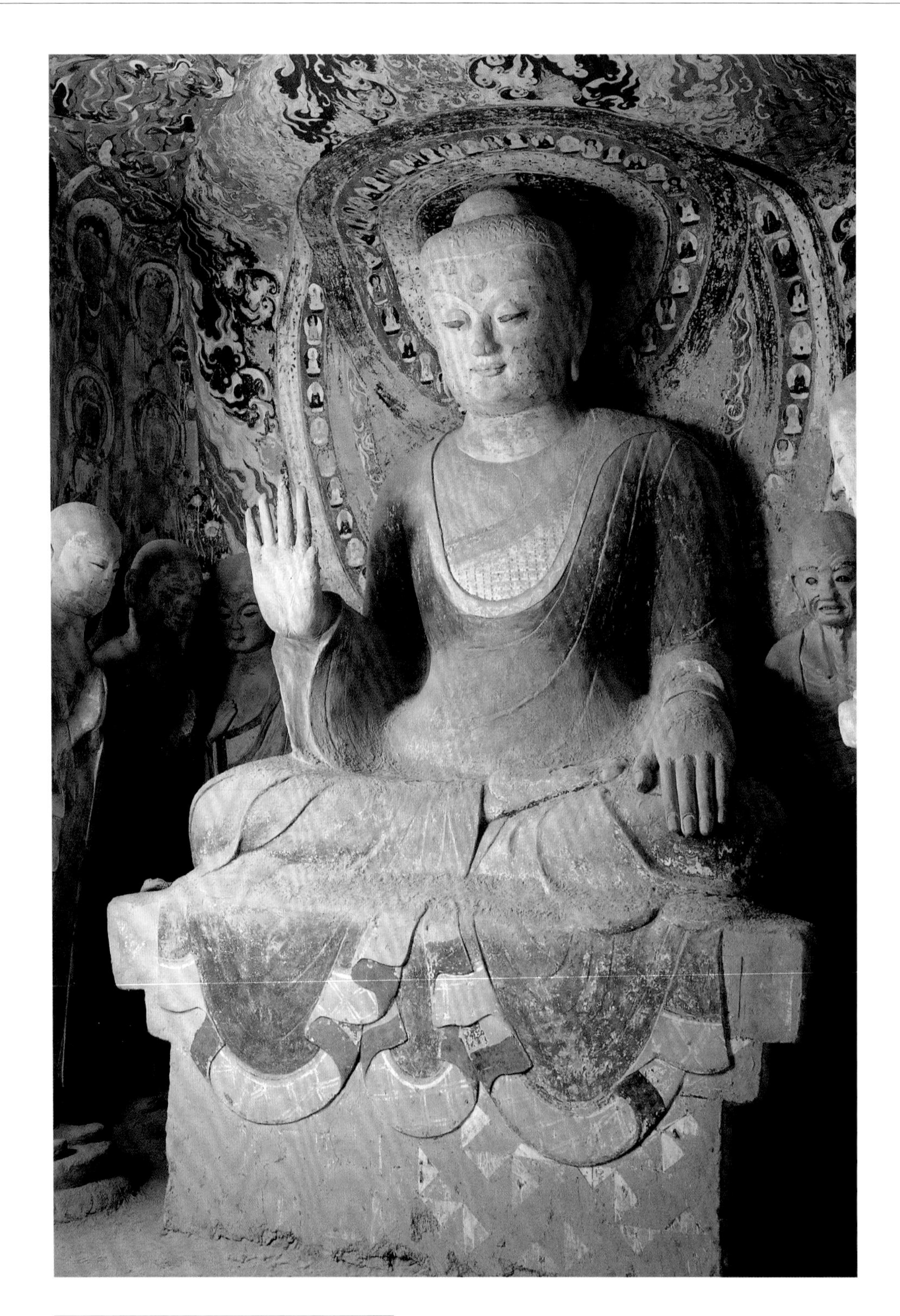

46 釋迦佛

釋迦牟尼身形敦厚碩壯，繼承了北周時期的造像特徵。袈裟下緣在佛座前形成弧線，以淺浮雕的手法表現袈裟皺摺。兩側塑阿難、迦葉等十大弟子。

隋 莫412 西龕內

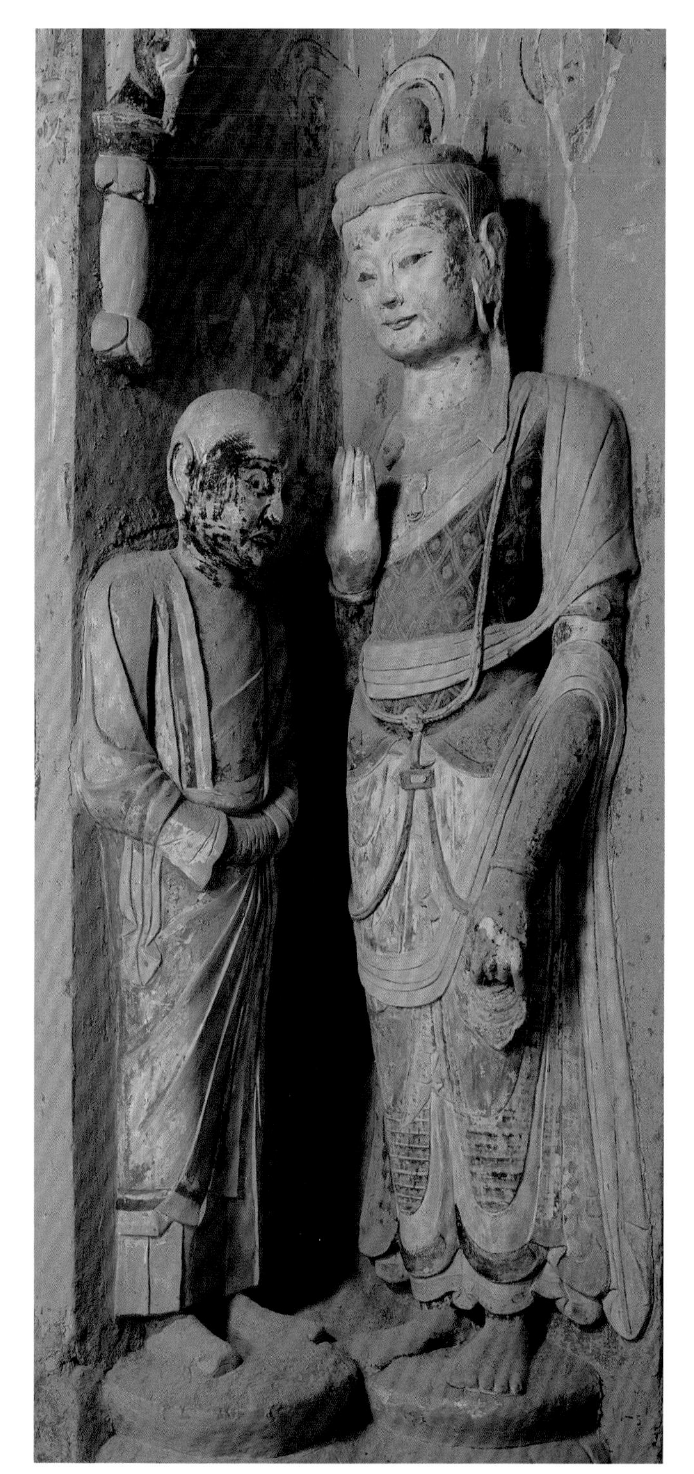

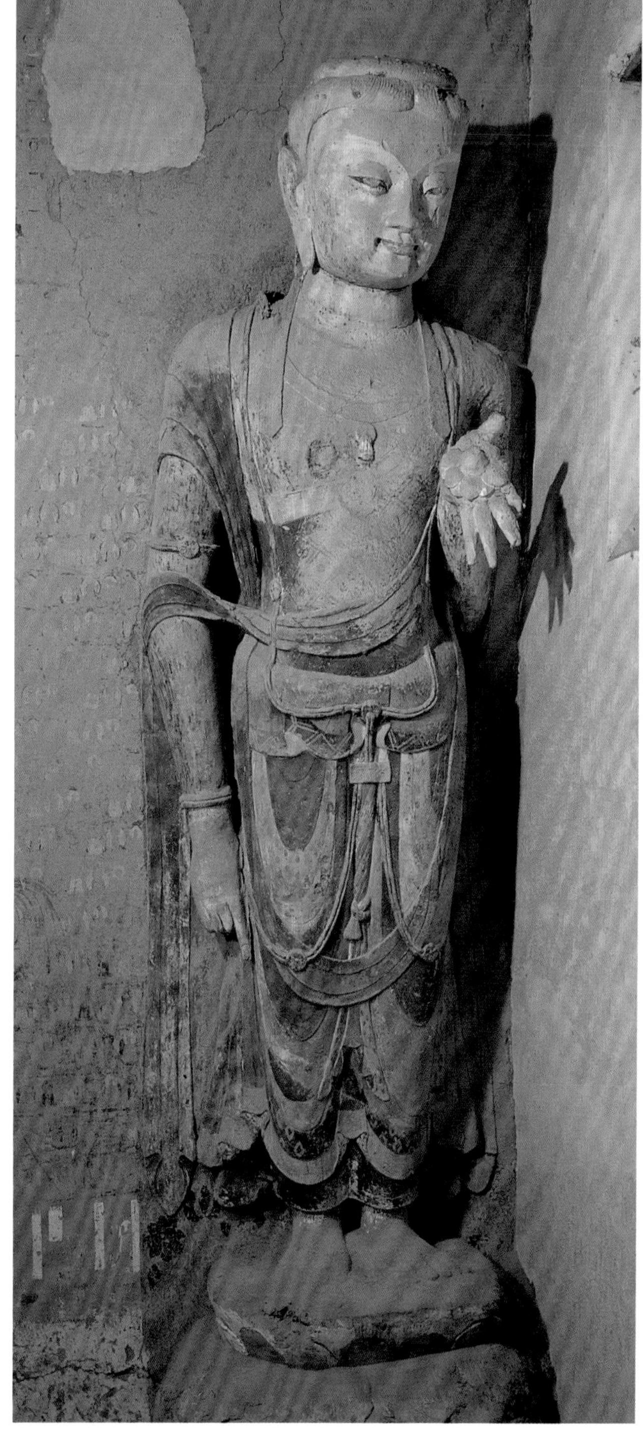

47 **弟子與菩薩**

弟子身旁的脅侍菩薩，神態安詳，微露笑意，溫文爾雅。由於窟前部崩塌後，原來未安裝窟門，致使塑像長期暴露在日光下，褪色嚴重。

隋　莫412　西龕北側

48 **脅侍菩薩**

菩薩身形雄健，方頤闊肩，長臂至膝，手托蓮花。其形體如魁偉男子，但面容卻塑得眉目清秀，顯示出女性的柔美，有剛柔並濟之感，是隋代大型彩塑的代表作，高241厘米。

隋　莫412　北壁

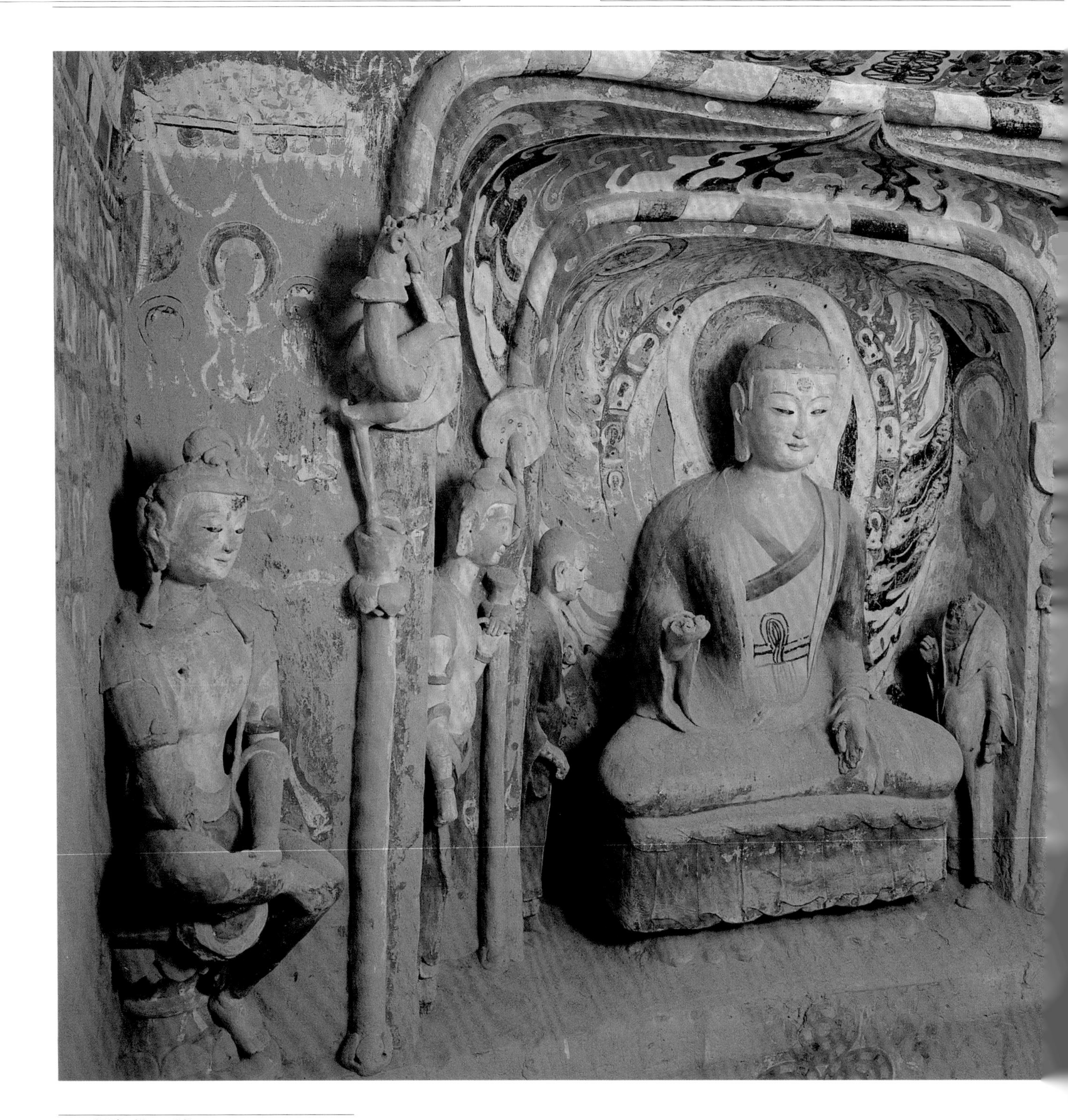

49 釋迦佛一鋪

西壁開重層圓券龕，內龕塑釋迦牟尼及弟子阿難、迦葉三尊，外龕塑脅侍菩薩，龕外兩側塑思惟菩薩。以簡潔明快的手法表現了一鋪清新淡雅的塑像，給人耳目一新的感覺。

隋 莫417 西龕

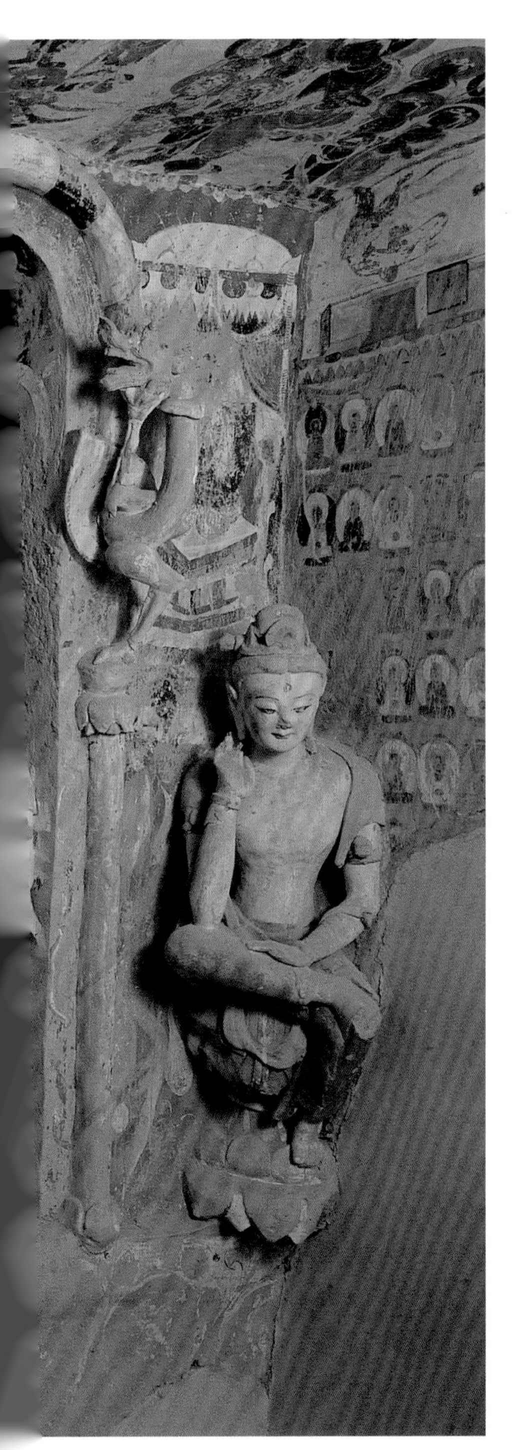

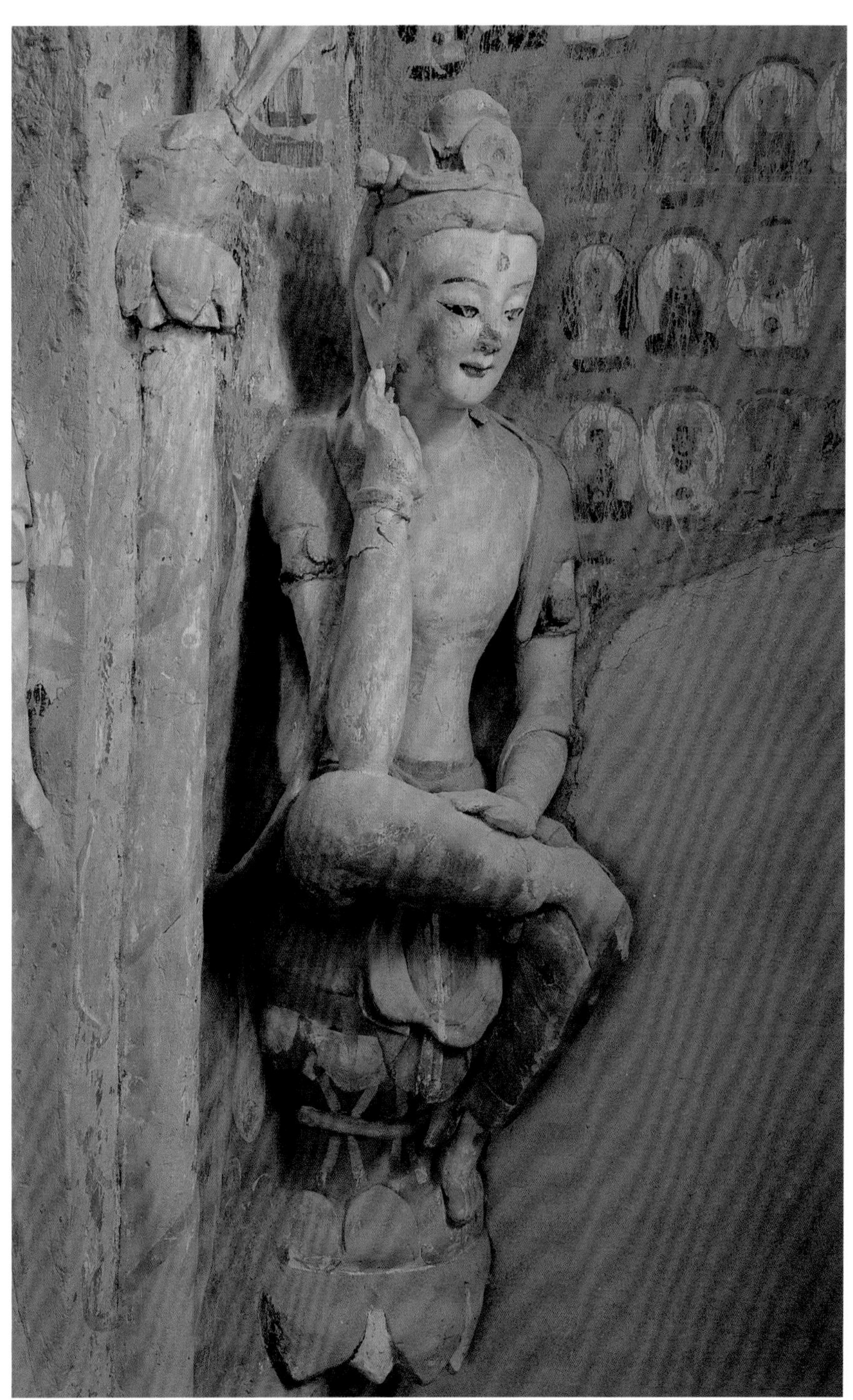

50 思惟菩薩

彌勒菩薩神情怡然，一手支頤作思惟之相。坐在名為“筌蹄”的束腰仰覆蓮座上，坐具不是起於地面，而與西龕地面同高，凌空懸塑而成。

隋　莫417　西龕外北側

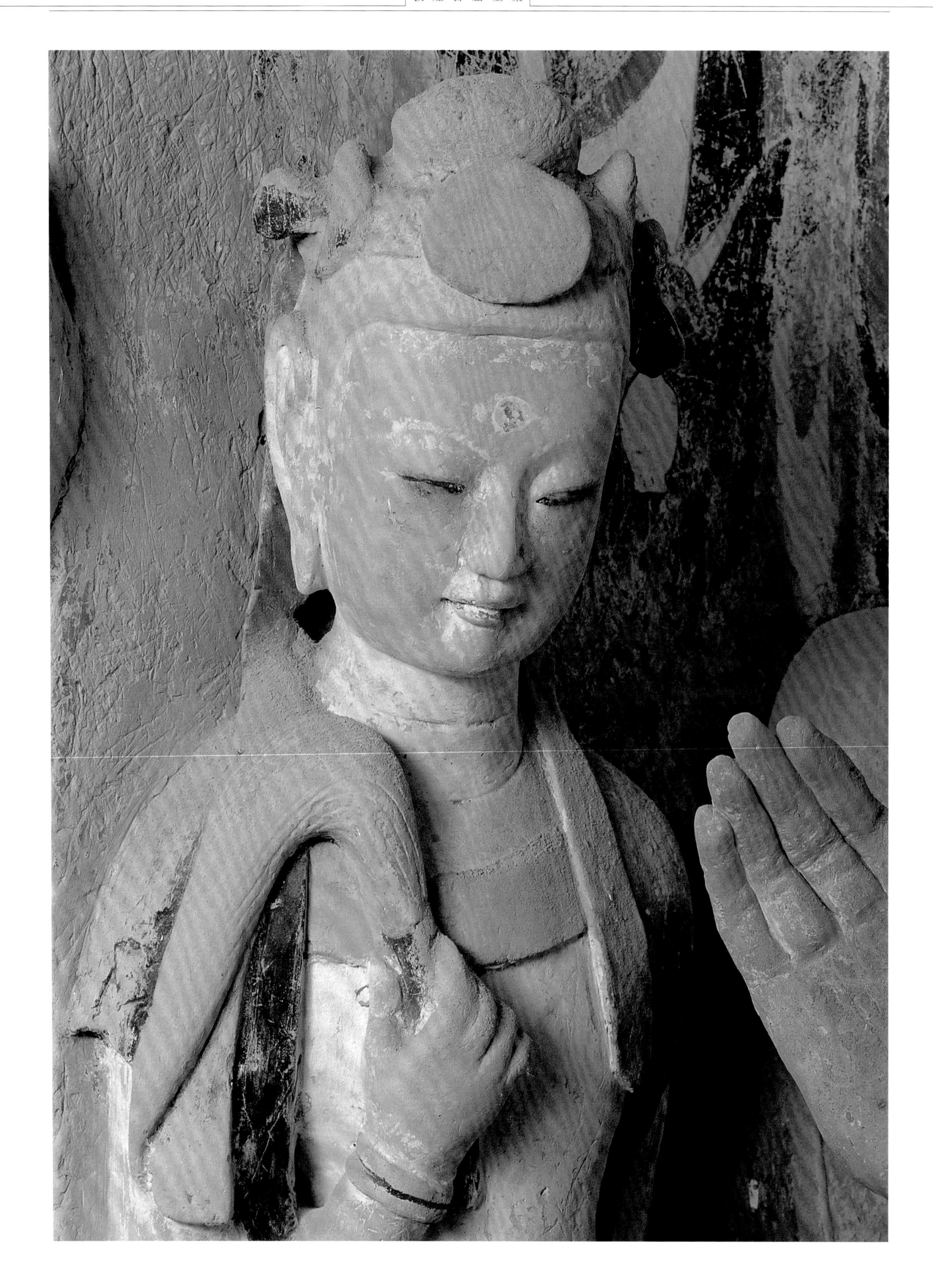

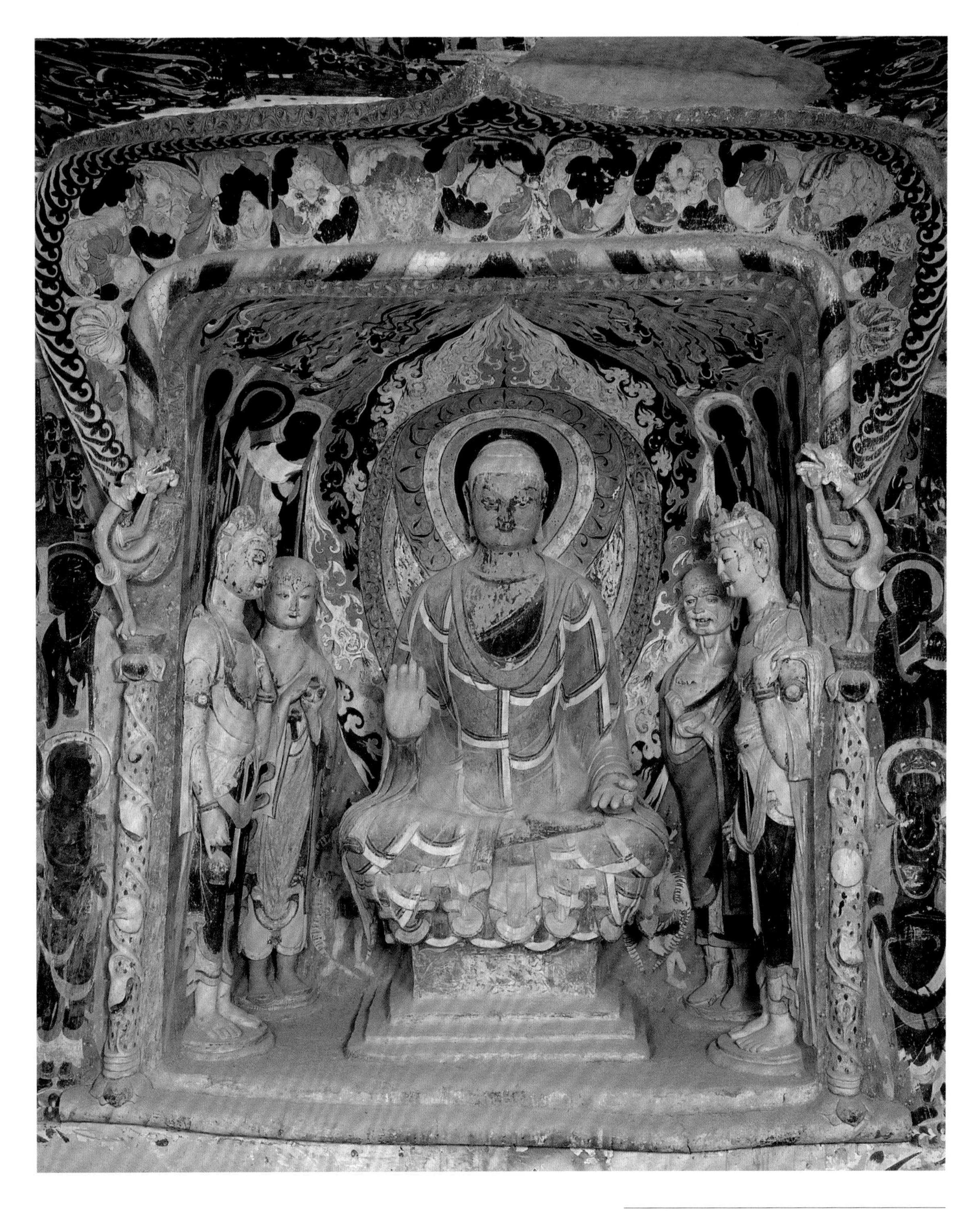

52 釋迦佛一鋪

方形龕內，塑釋迦牟尼和弟子阿難、迦葉，並以繪畫的形式表現佛的背光及十大弟子中的其他八人，弟子外側塑脅侍菩薩。龕楣、龕柱和龕楣為浮塑，龕楣內畫火燄紋、蓮花和化生童子。釋迦牟尼穿田相袈裟，結跏趺坐於須彌座上，袈裟垂懸於座前，呈現流暢的弧線，顯示出北齊時期的造像特徵。塑像保存完好，色彩鮮艷如新。

隋　莫419　西龕

51 右脅侍菩薩

菩薩的寶冠冠帶長垂，眉清目秀，手持拂塵，衣飾簡練，樸實無華，猶如一位溫和內向的少女。

隋　莫416　西龕內南側

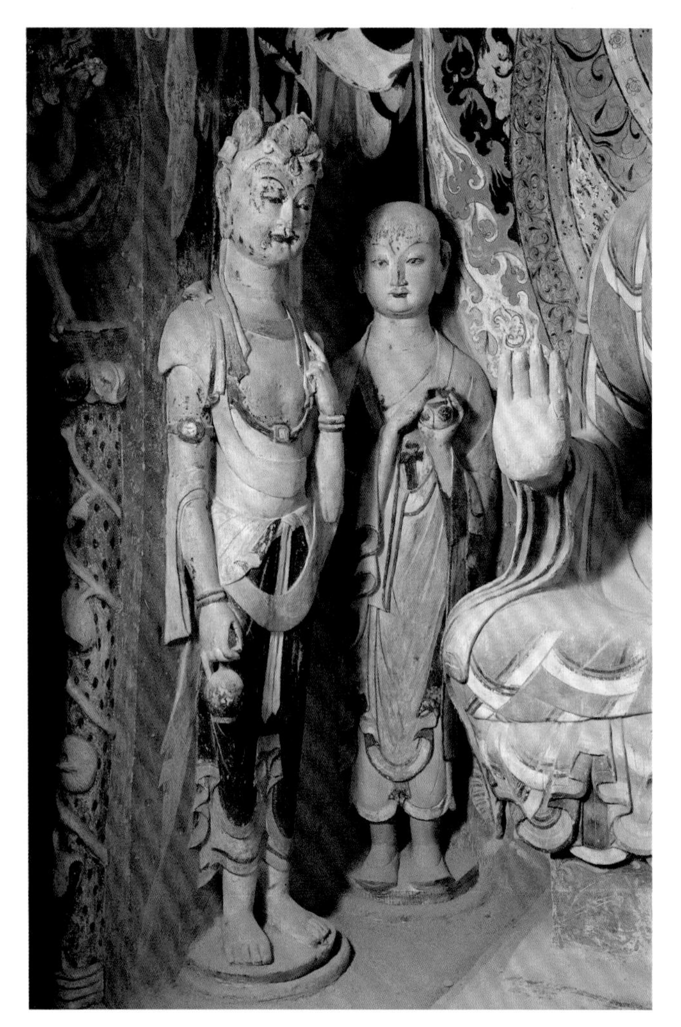

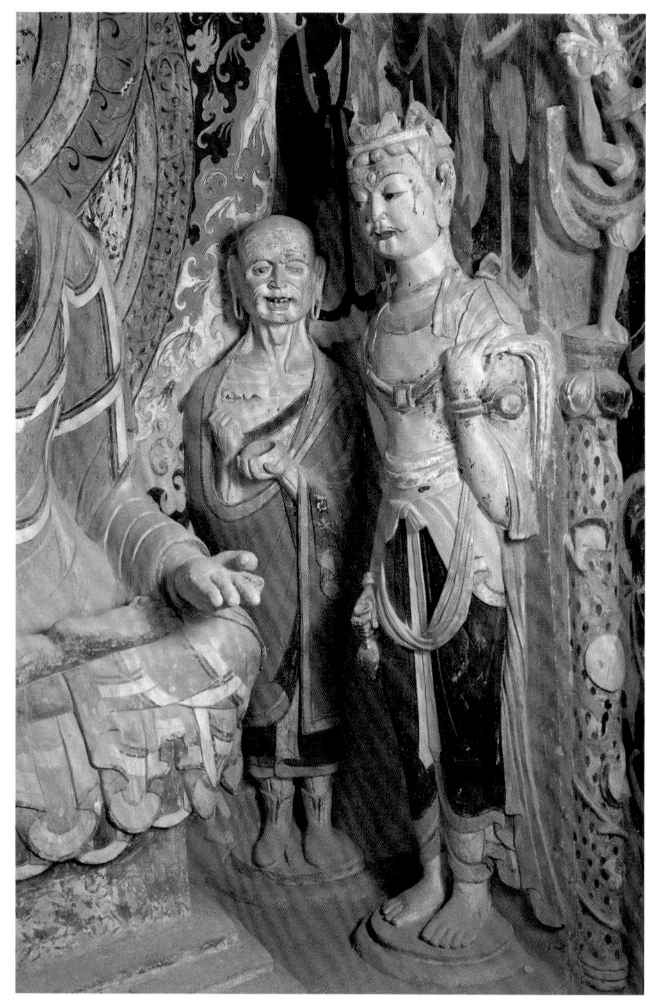

53 **弟子阿難與右脅侍菩薩**

阿難面相豐圓，眉額舒朗，穿袈裟，蹬方頭履。菩薩戴花冠，慈祥微笑，持淨瓶，上身赤裸，披天衣，束長裙，立於蓮台上。

隋　莫419　西龕內南側

54 **弟子迦葉與左脅侍菩薩**

迦葉面形方圓，皺紋深陷，持鉢握拳，着袈裟，蹬烏靴，顯得老成持重。菩薩一手持水瓶，一手上舉持柳枝，跣足立蓮台上。

隋　莫419　西龕內北側

55 **右脅侍菩薩**

菩薩曲眉細眼，兩唇深陷，戴花冠，冠帶自頭後垂於胸前。有簡潔的項飾、胸飾、臂釧、腕釧，兩肩渾圓，胸部的塑造飽滿，是隋代菩薩像的代表作。

隋　莫419　西龕內南側

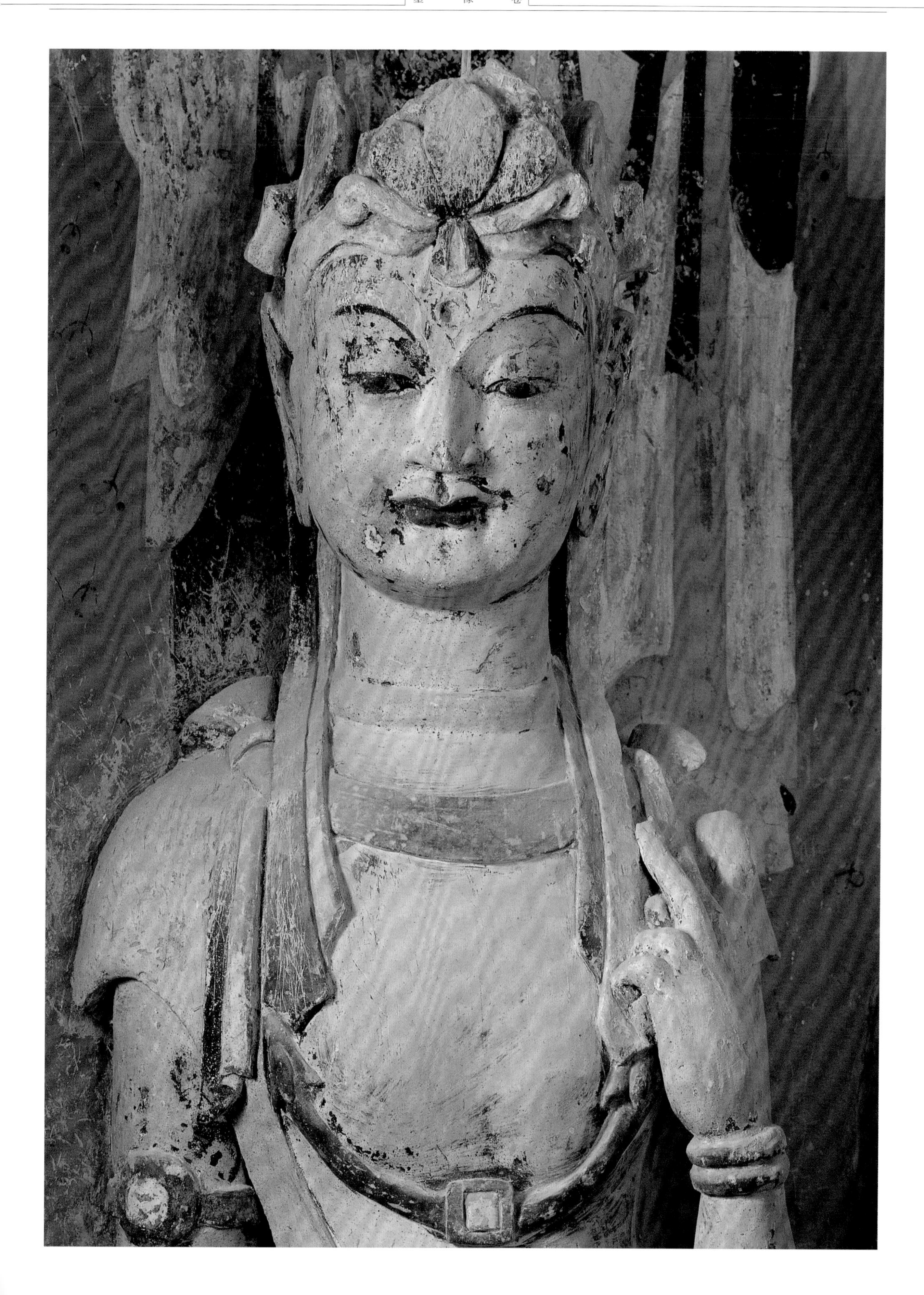

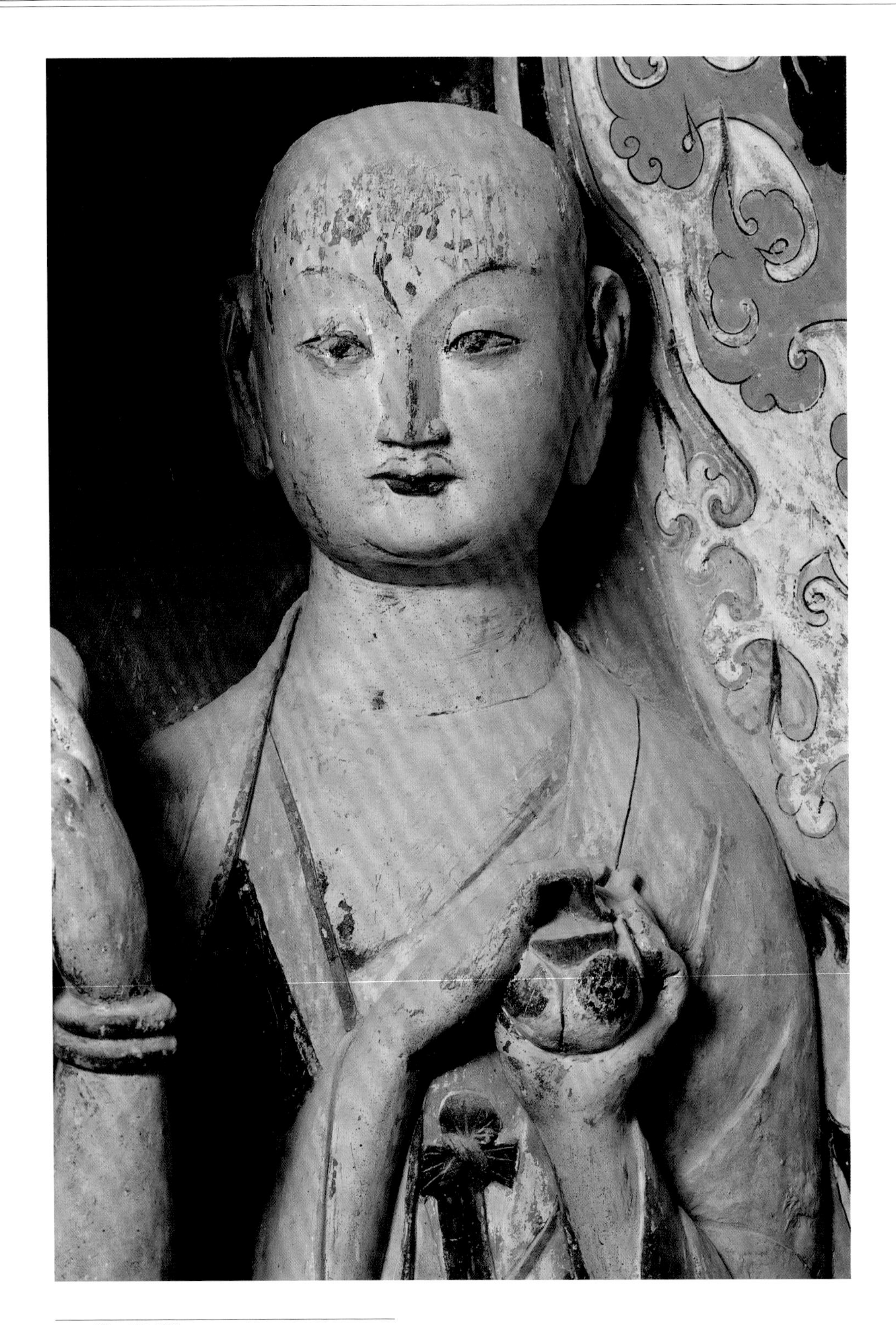

56 弟子阿難

阿難雖然年少，在弟子中稱“多聞第一”。此像額頭飽滿，曲眉直達兩鬢，兩眼凝視似靜心思索。雙手捧蓮，外服袈裟，內穿繫帶式僧衹支。

隋 莫419 西龕內南側

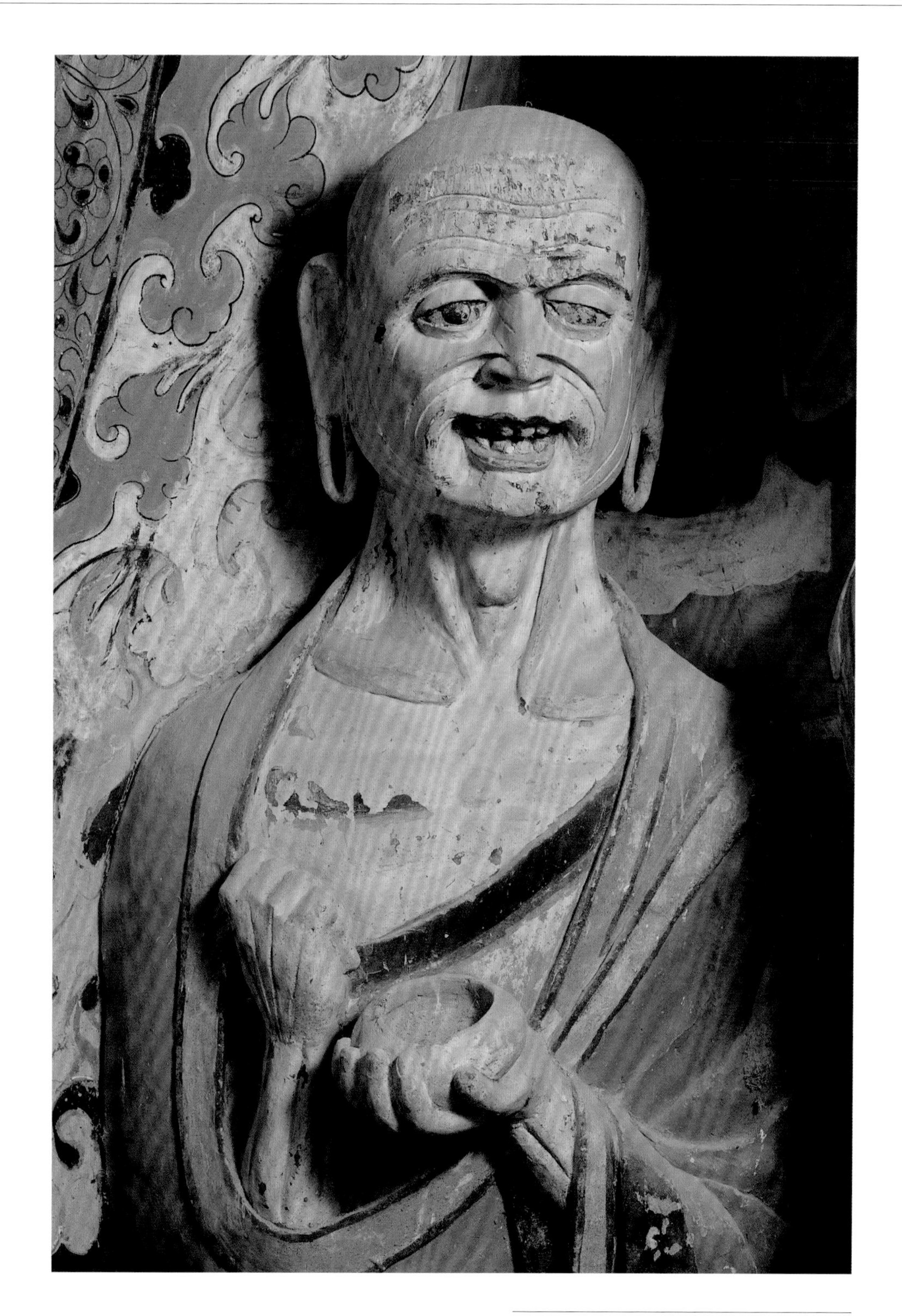

57 **弟子迦葉**

迦葉在弟子中以“頭陀第一”而聞名，此像兩眼深陷，額頭、鼻翼及兩腮皺紋密佈，道出了一個苦行僧不平凡的人生經歷。在造型上，用托缽和握拳的手姿來表現激言述説的情景，與對面緘口不語、靜心思索的阿難形成鮮明的對比。

隋　莫419　西龕內北側

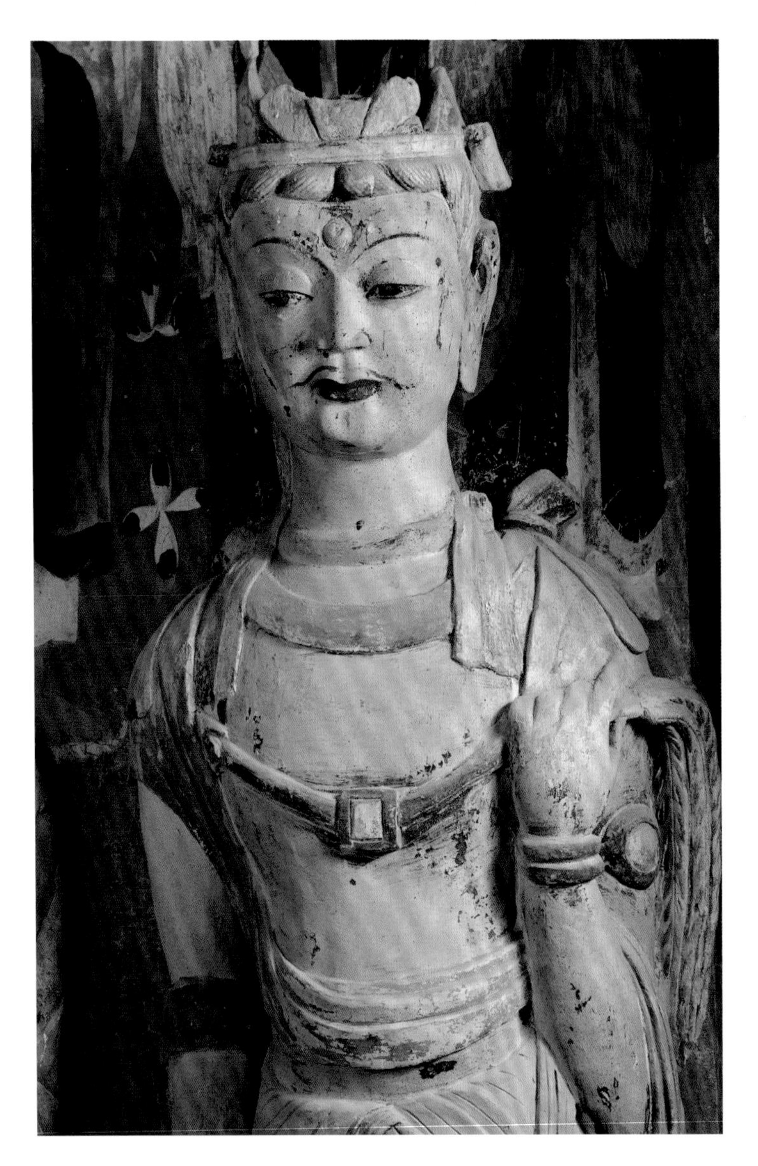

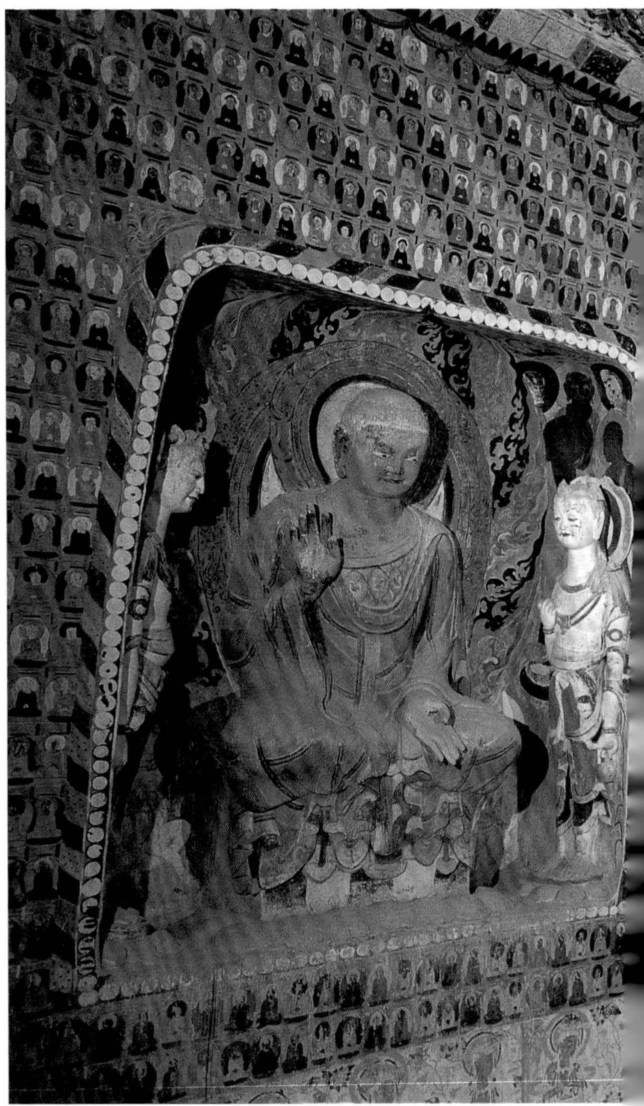

58 左脅侍菩薩

菩薩的面部刻畫細緻入微，眉棱、眼瞼、人中線轉折清晰，又以繪的手法點描眼球、鼻翼和髫鬚，使人物生動自然。肩旁的柳枝刻畫精細。

隋 莫419 西龕內北側

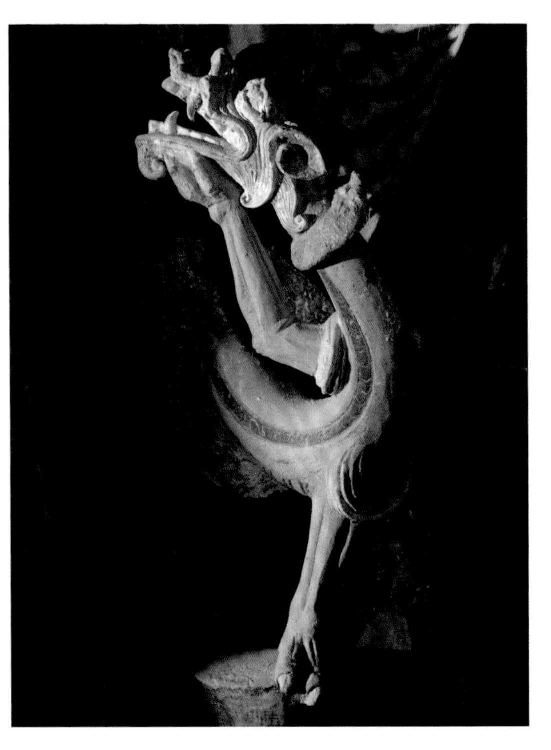

59 龍首龕飾

該窟的龕楣兩端為圓塑的龍頭。龍昂首張口，一爪立蓮柱上，一爪騰空托舉下頜，顯示出特有的內在威力。以突顯的雙眼、曲捲的髫鬚和緊張的筋脈，塑造了一個現實中沒有但卻栩栩如生的神獸。

隋 莫419 西龕南側

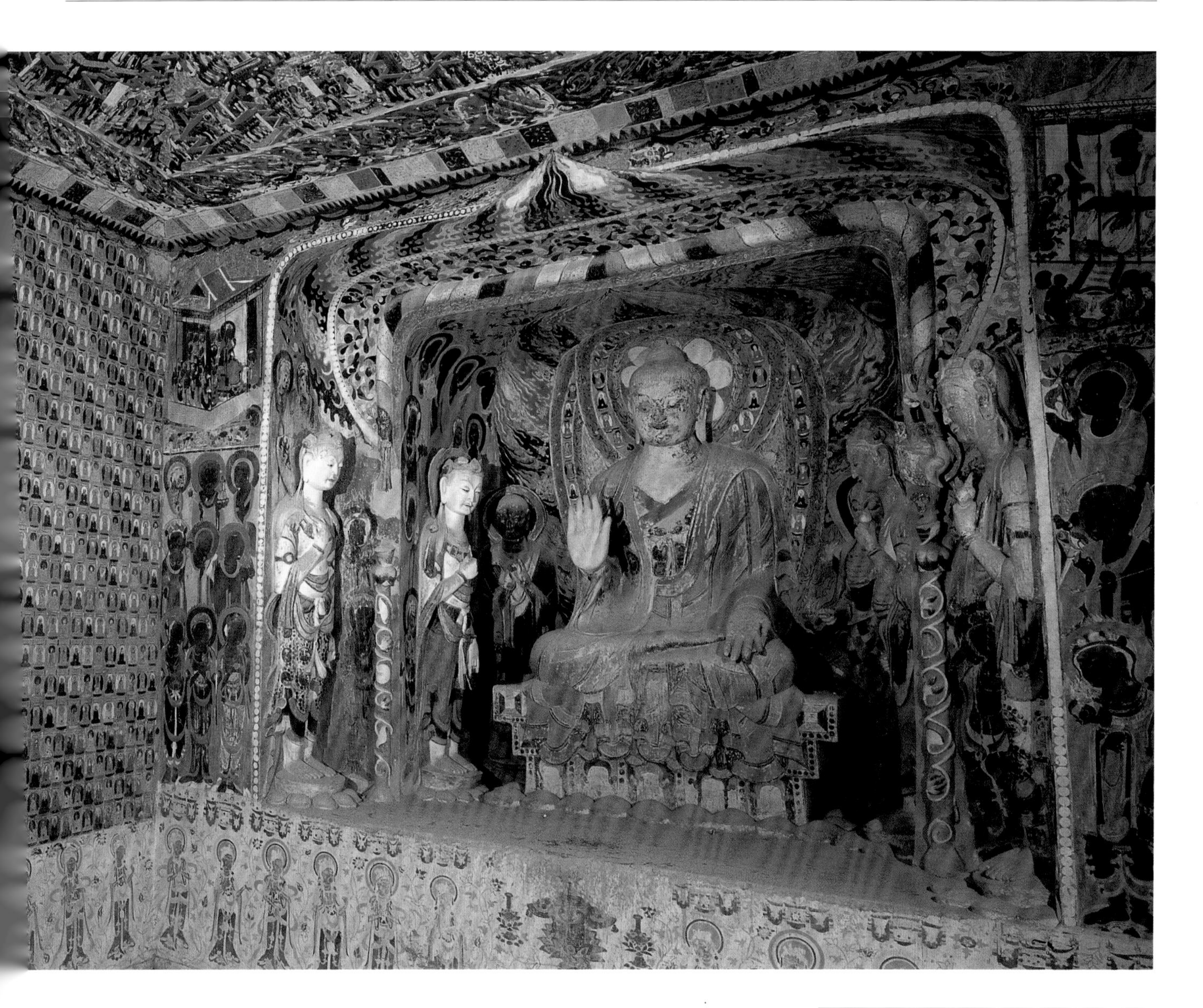

60 窟室內造像

此窟西、南、北三壁各開一龕，西壁開重層方口龕，內塑釋迦五尊。南北兩壁各開一方口龕，內塑釋迦牟尼和二脅侍菩薩。各龕塑像保存完好，無一缺損，色彩鮮艷如新，是莫高窟隋代造像的代表作。

隋　莫420

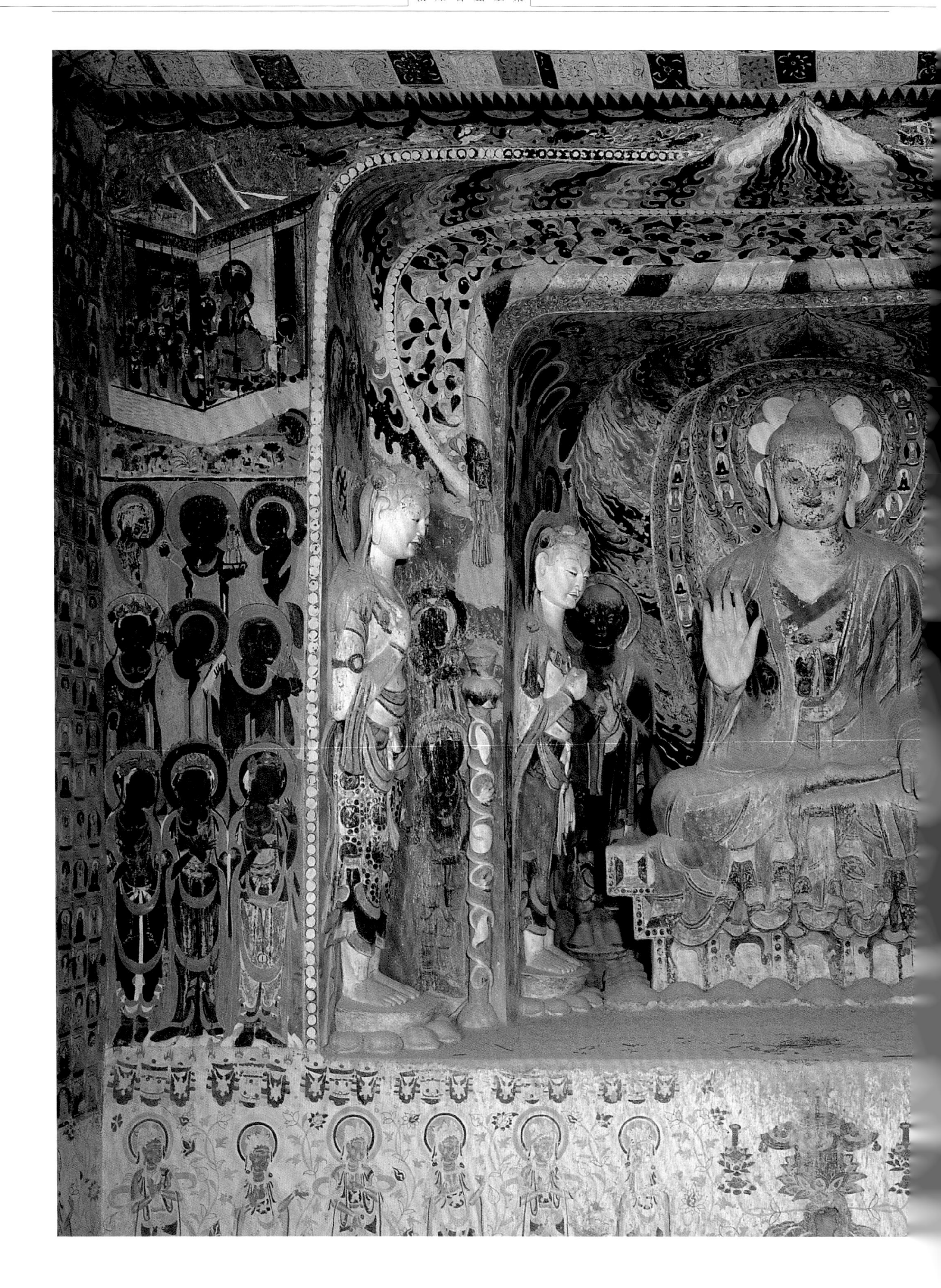

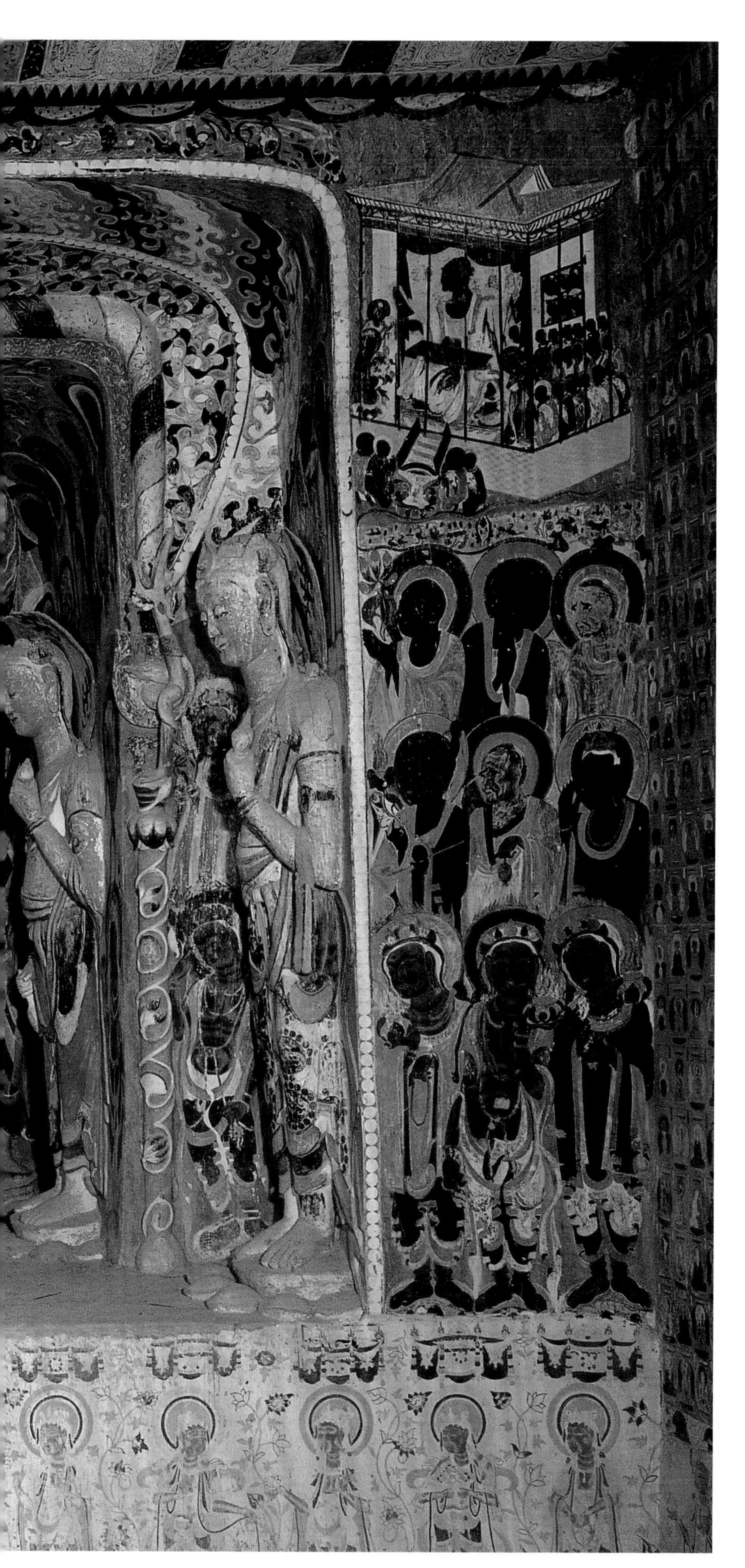

61 釋迦佛一鋪

龕內塑釋迦牟尼，穿通肩袈裟，衣領廣開，內服繫帶式僧祇支，作施無畏印和與願印。龕內畫巨大的頭光、背光、火燄紋以及弟子、菩薩。內龕浮塑龕楣、龕柱、外龕龕沿畫聯珠紋。

隋 莫420 西壁

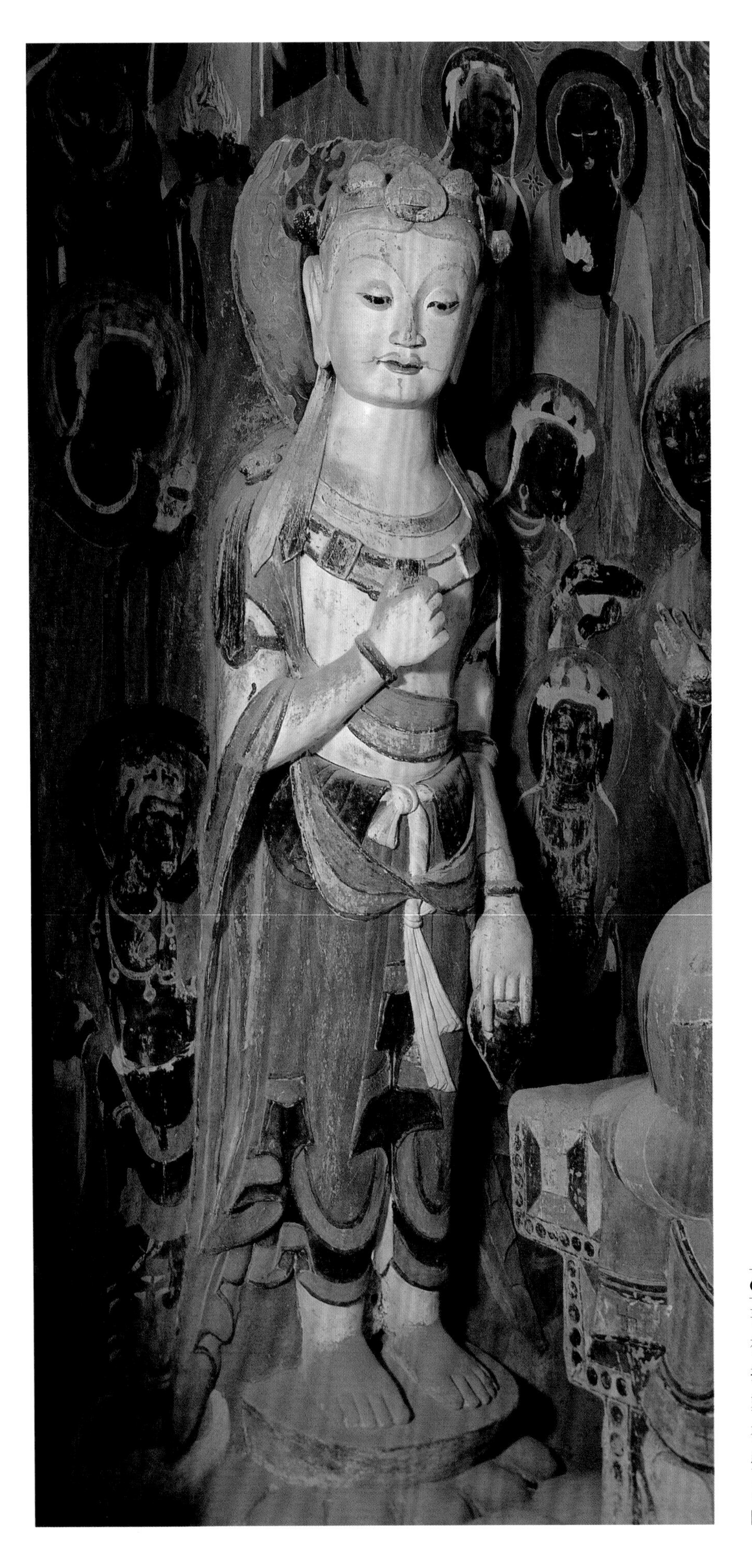

62 **右脅侍菩薩**

菩薩面相清秀而文靜，上身赤裸，着裙，跣足立蓮台上。一手放胸前，一手持璧，天衣在腹前形成雙曲線。身形的塑造骨肉並具，充分表現了健康美與內在美。塑像賦彩除了瓔珞和外翻的裙邊變成褐色外，肌膚的白色、衣裙的紅色以及天衣的青色都保存了隋代的原狀。

隋　莫420　西龕內南側

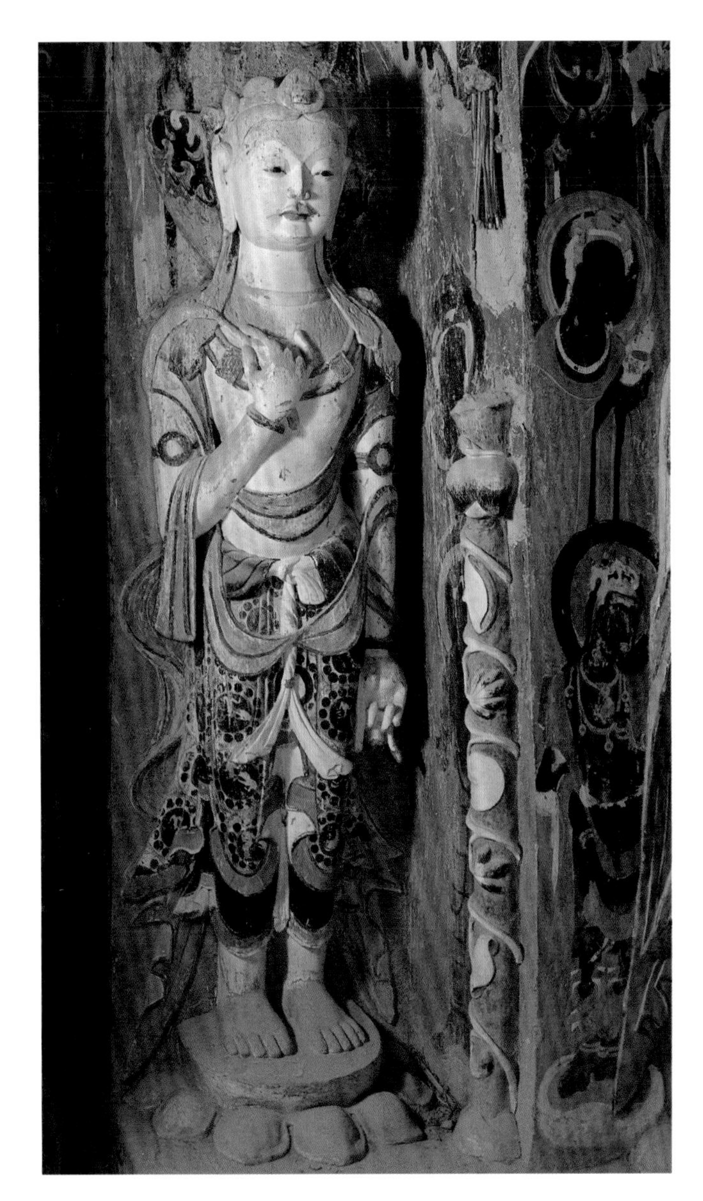

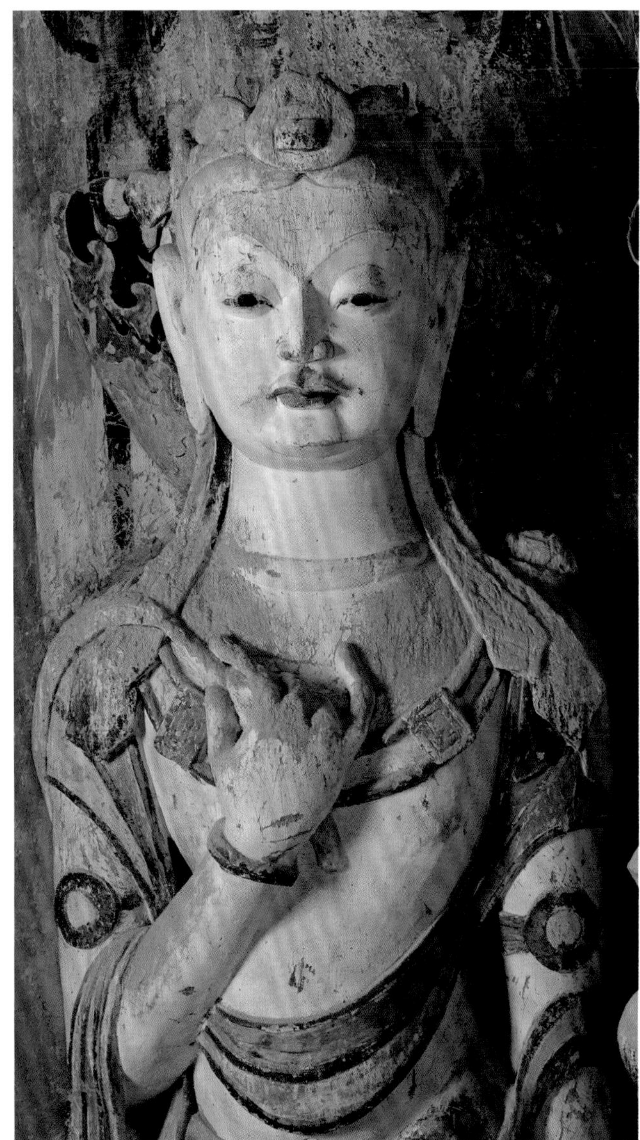

63 脅侍菩薩

菩薩戴花冠，一手持柳枝，另一手所持瓶殘損，上身赤裸，裙上畫圓環聯珠狩獵紋。聯珠紋是波斯紋飾，在隋代的洞窟中常見，此窟主尊的僧祇支上亦畫圓環豬頭紋，是與波斯諸國通商和交流的明證。

隋　莫420　西龕外龕南側

64 脅侍菩薩特寫

此圖是前像的局部。菩薩神情恬靜，右手舉持柳枝。以白色渲染肌膚，石綠色點描兩眉和鬍鬚，石青色描繪天衣，色彩和諧而凝重。

隋　莫420　西龕外龕南側

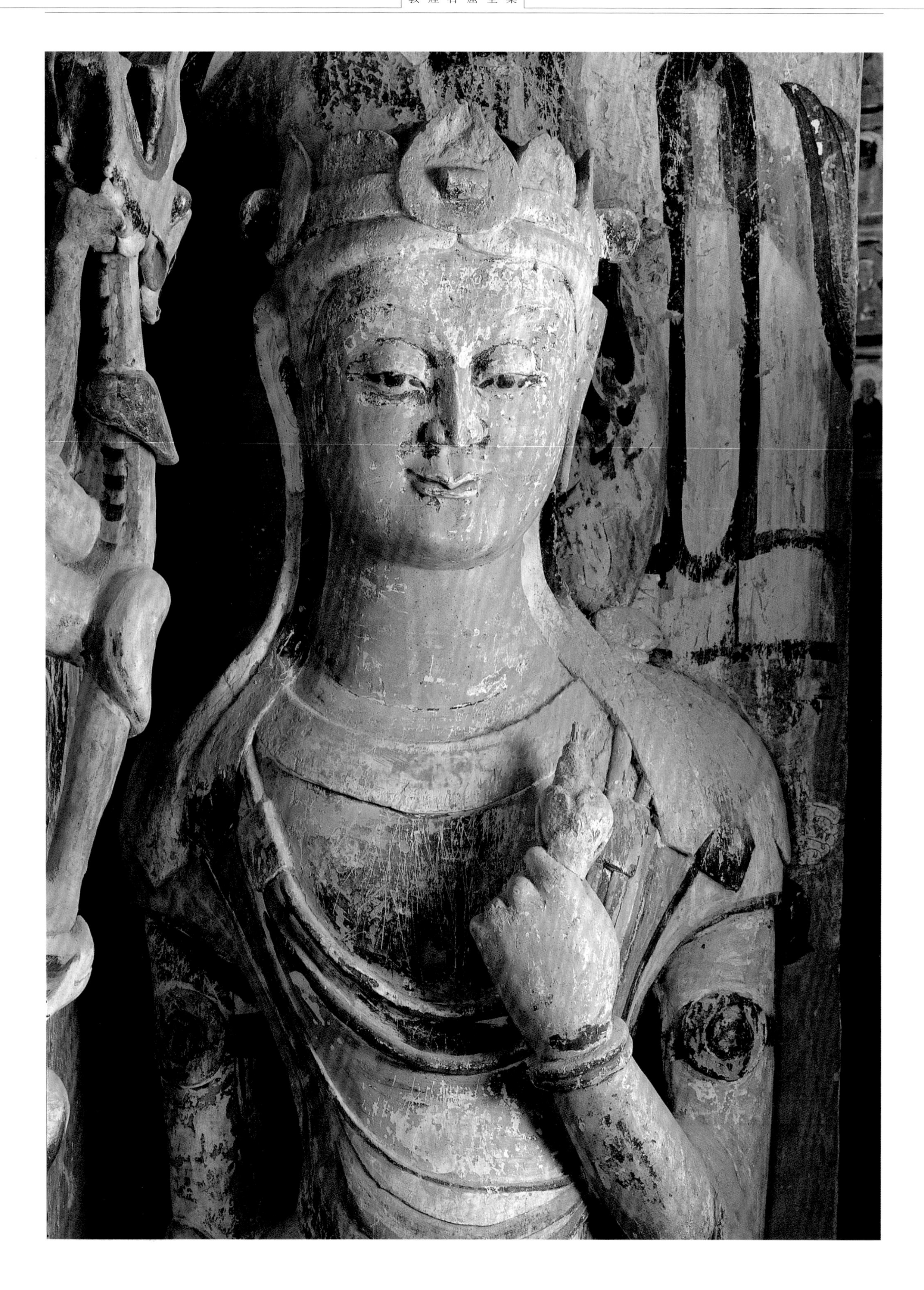

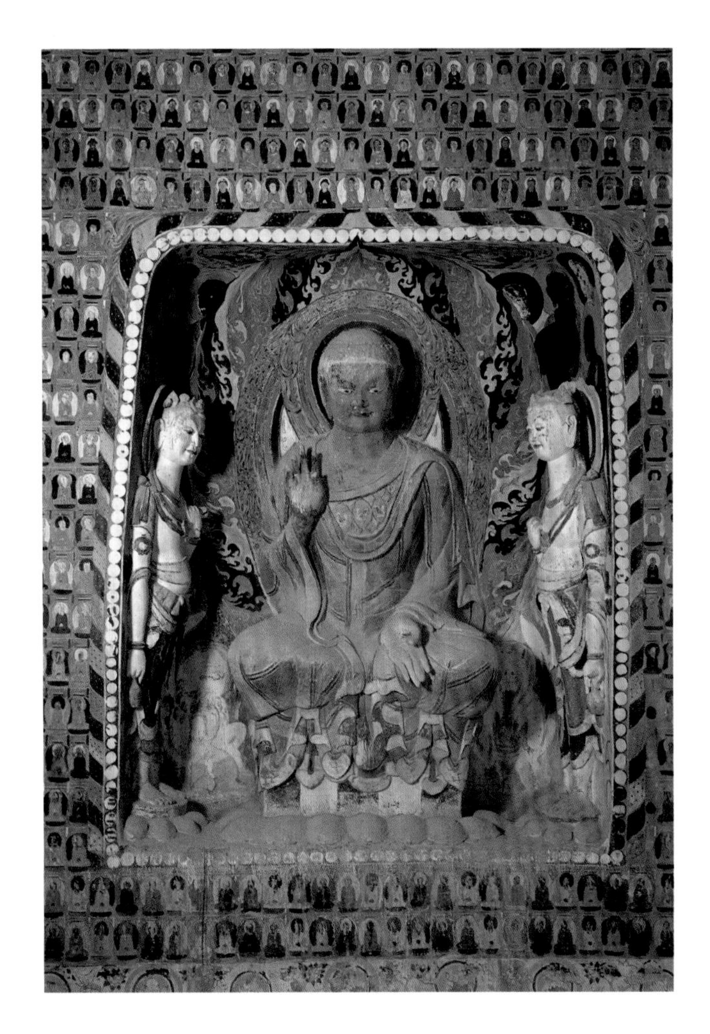

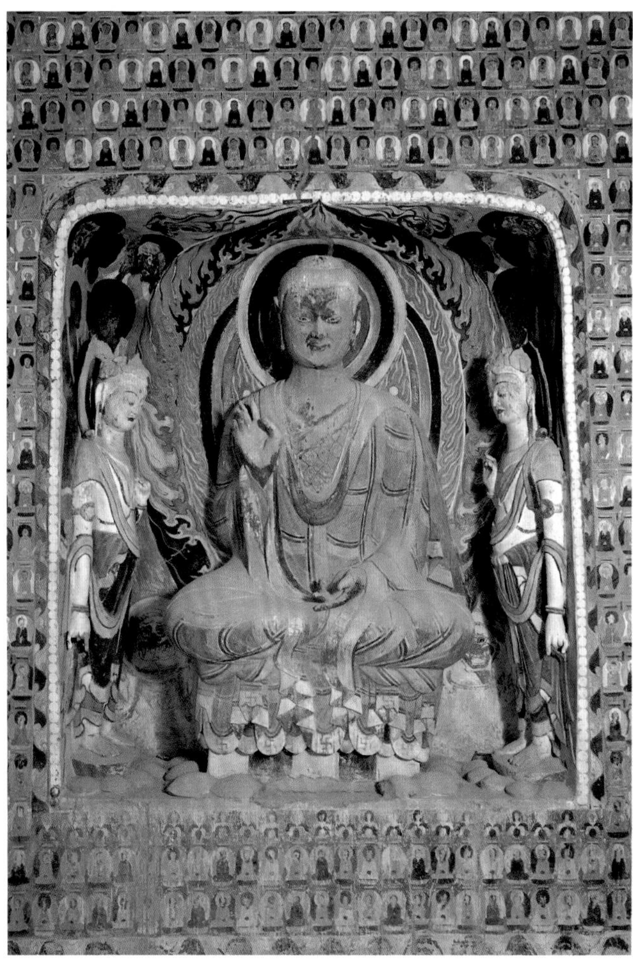

66 釋迦佛一鋪

釋迦牟尼穿田相袈裟，結施無畏印和與願印，結跏趺坐，金剛座兩側各畫一獅，示意釋迦牟尼坐獅子座上，說法時聲如獅子吼。座兩側塑脅侍菩薩，手持淨瓶。

隋 莫420 南壁

67 釋迦佛一鋪

此鋪與前鋪相對應。釋迦牟尼結跏趺坐於金剛獅子座上，袈裟於胸前低迴，僧祇支上畫菱形紋飾。兩側塑脅侍菩薩。龕口畫白色聯珠紋，龕外畫千佛。

隋 莫420 北壁

65 脅侍菩薩

菩薩左手舉胸前持蓮蕾，頭冠衣飾保存完好。但面部和胸腹部的白色多有剝落，從中可以看出賦彩前的塑造細密而光滑，說明當時已能夠處理好因水分蒸發而造成塑像乾裂這一難題。

隋 莫420 西龕外龕北側

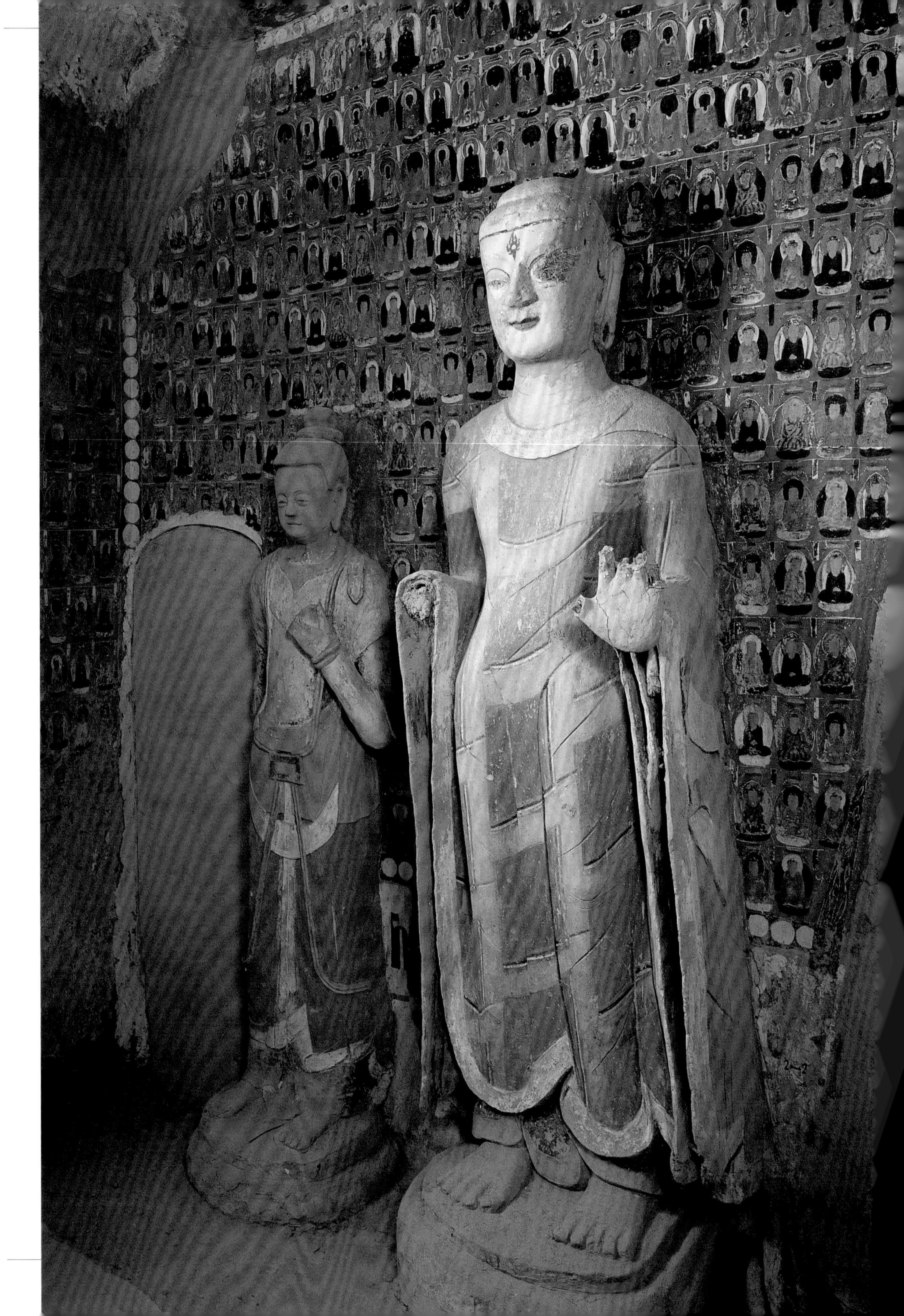

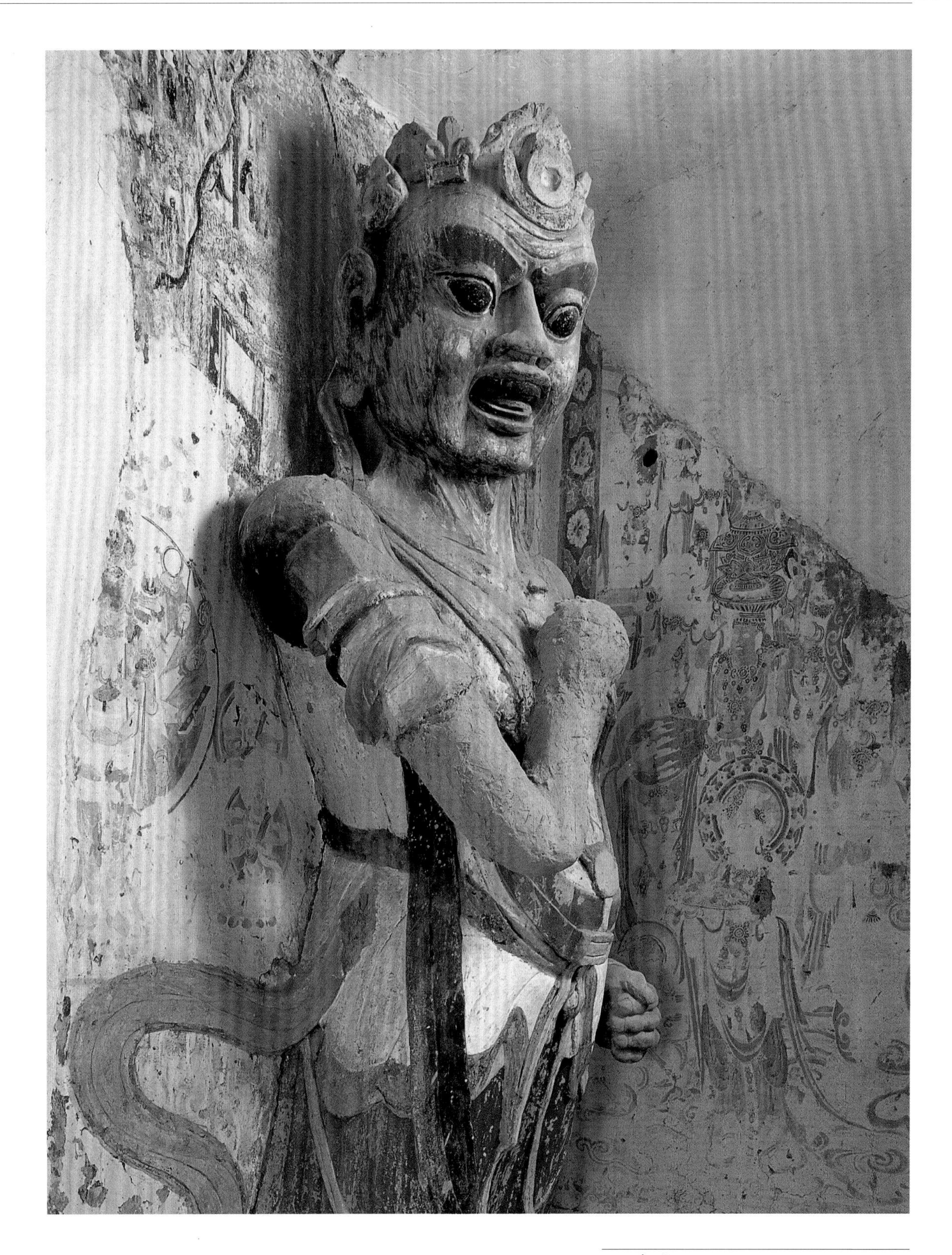

68 彌勒三會之一

彌勒面形方圓，眉間生白毫，着田相通肩袈裟，胸部平坦，兩腰側內收，跣足立於蓮台上。兩側塑脅侍菩薩。在西、北兩壁也塑同等規模的三尊巨像，表示彌勒於閻浮提三會說法。

隋　莫292　南壁

69 力士

身形高大的力士，戴花冠，橫眉怒目，作大吼狀。右臂屈舉至胸前，左臂於腰間握拳，腳面跖骨突起。造型誇張，頭身比例不協調，手臂、兩腿的塑造顯得單薄。這種巨型塑像的出現反映了隋代佛教的興盛。

隋　莫292　前室西壁北側

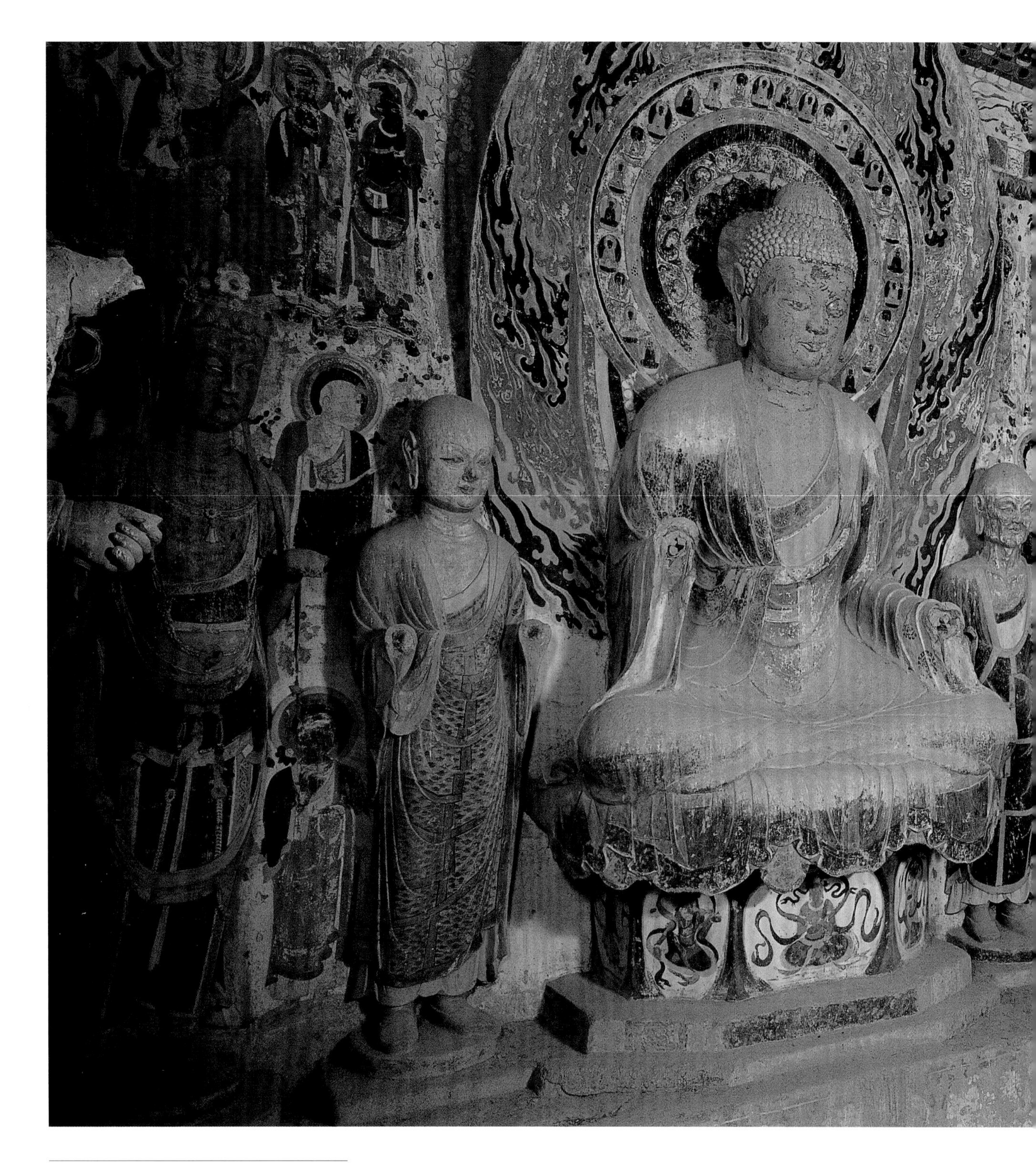

70 窟室內造像之現在佛及未來佛

窟室內四壁不開龕，在南、西、北壁設低壇，上塑三世佛，即過去佛迦葉、現在佛釋迦牟尼以及未來佛彌勒，佛兩側塑有弟子及脅侍菩薩。四壁分三列畫過去諸佛樹下說法。圖中可見西壁的現在佛釋迦牟尼和北壁的未來佛彌勒，釋迦牟尼為如來形坐像。

隋 莫244 西壁與北壁

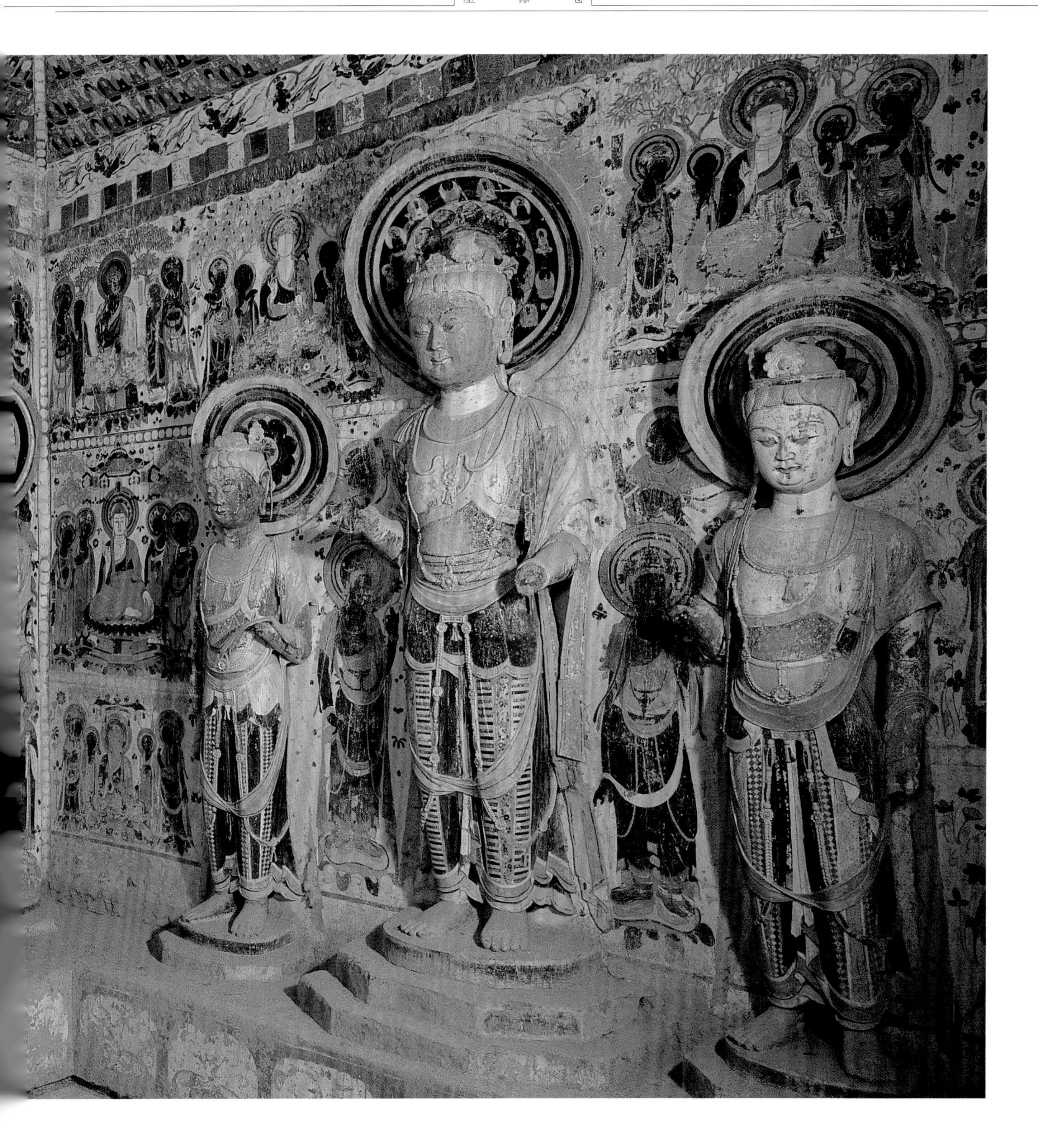

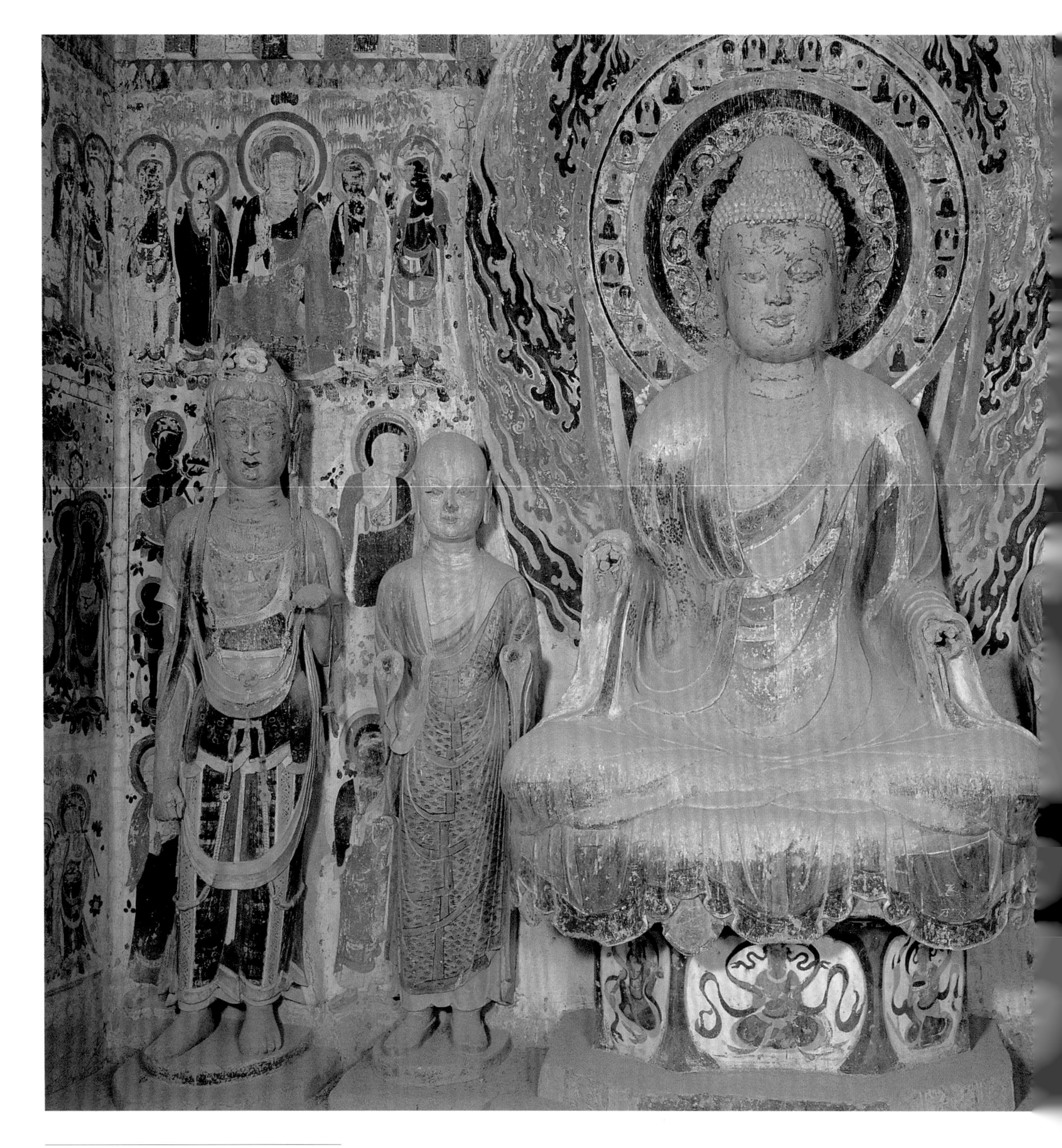

71 釋迦佛一鋪

釋迦牟尼頭生螺髻，披袈裟，結跏趺坐於須彌座上。兩側有弟子阿難、迦葉及脅侍菩薩，弟子的袈裟和菩薩的衣裙繪製細密。造型已具備初唐的造像特徵。

隋 莫244 西壁

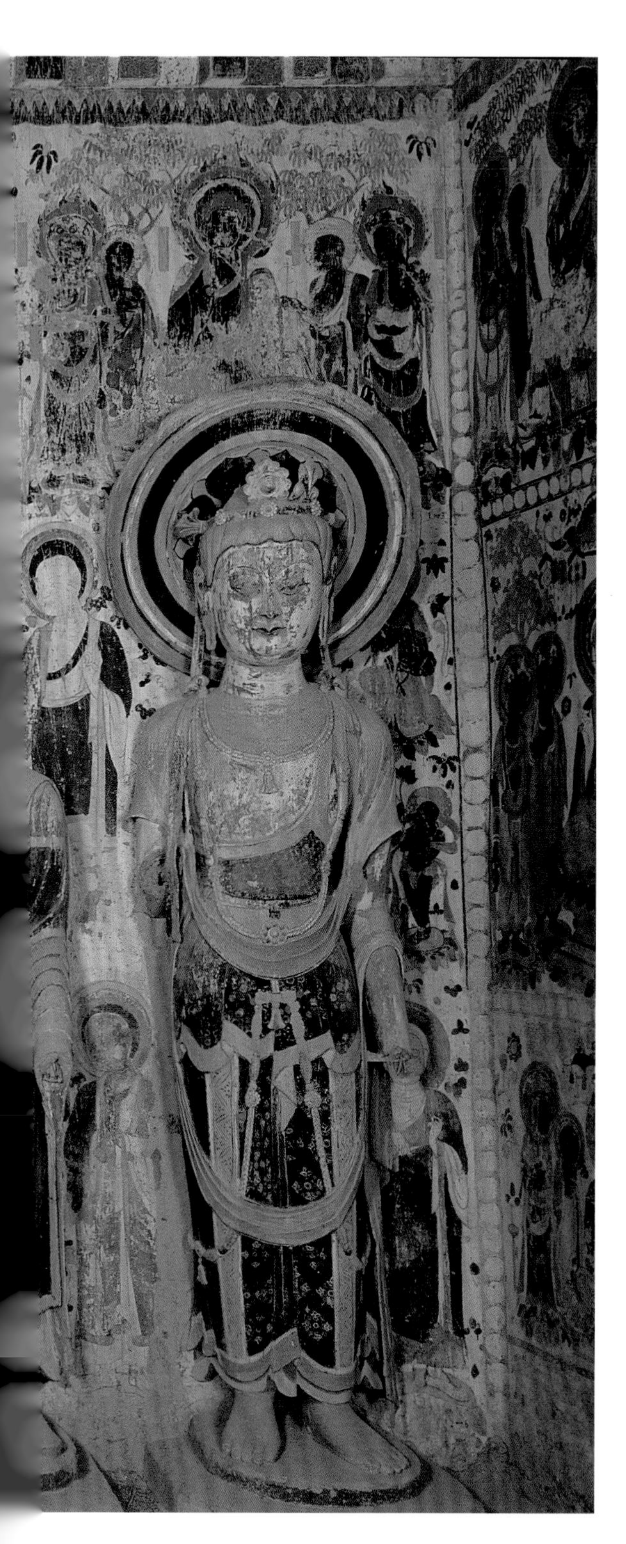

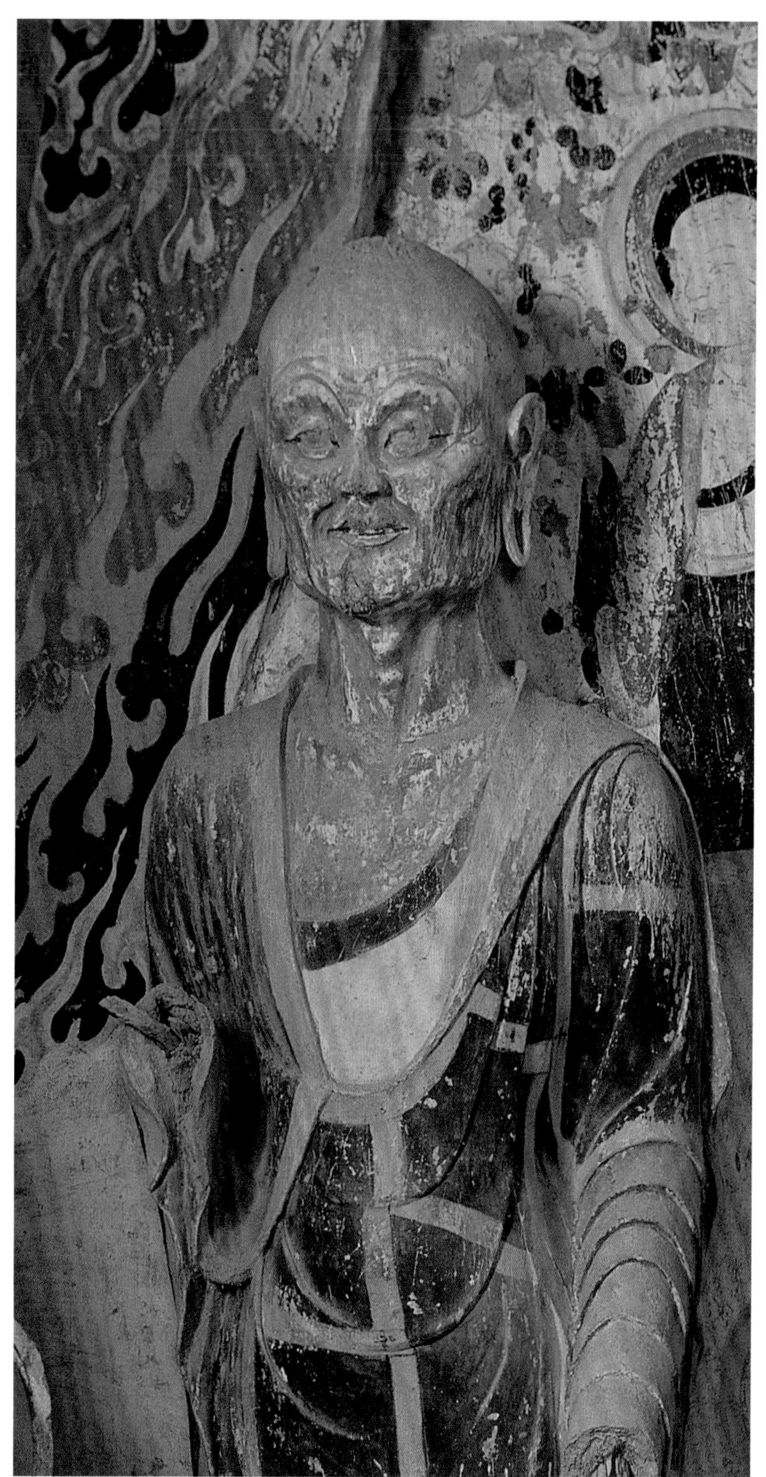

72 **弟子迦葉**

迦葉面相蒼老，皺紋密佈，兩腮塌陷，下頷突出，比較寫實。唯兩耳碩大略見誇張，身着田相袈裟。

隋 莫244 西壁北側

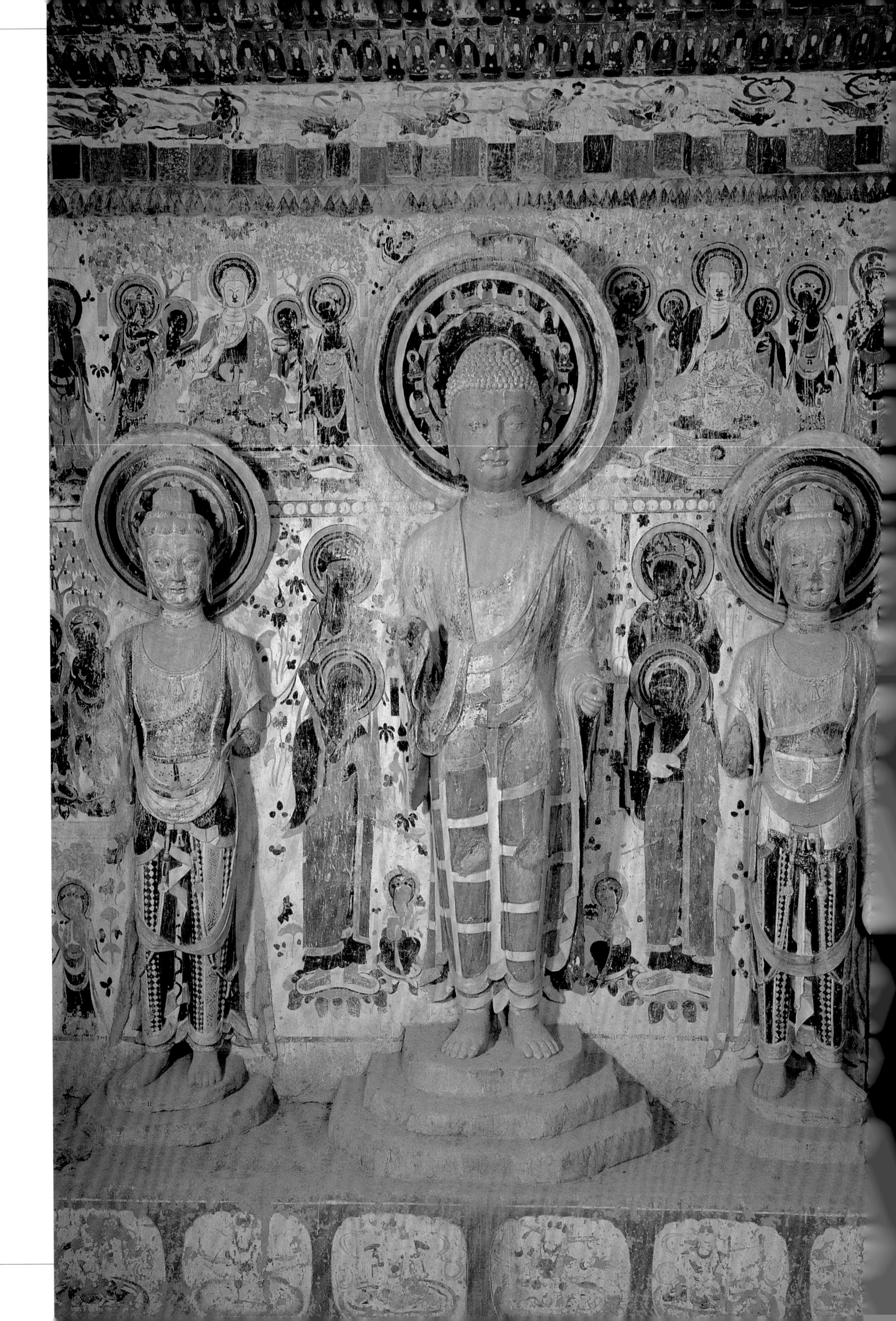

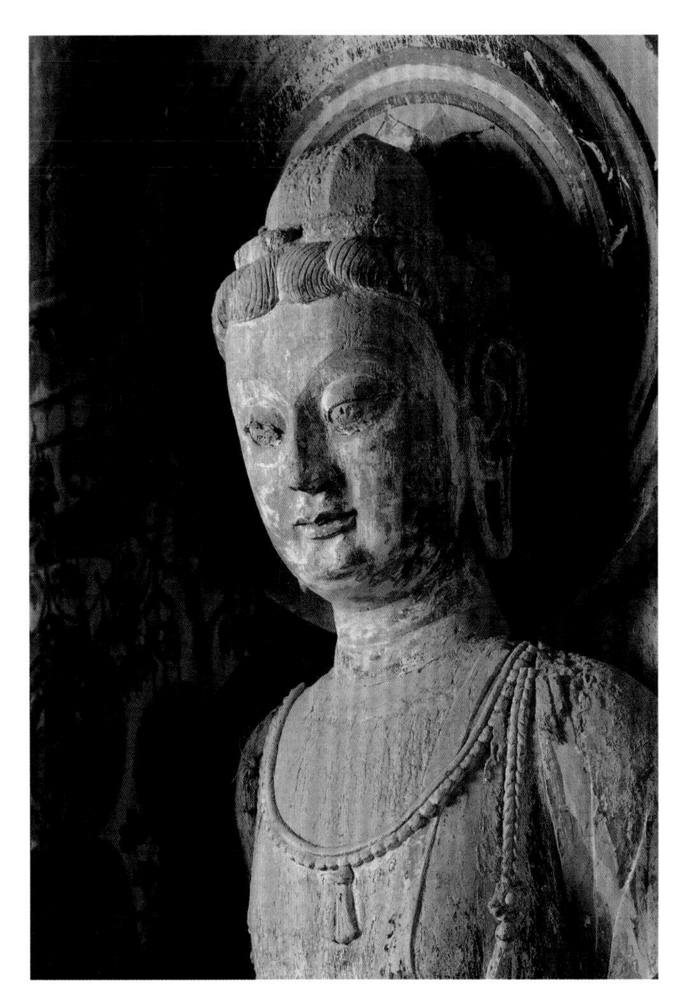

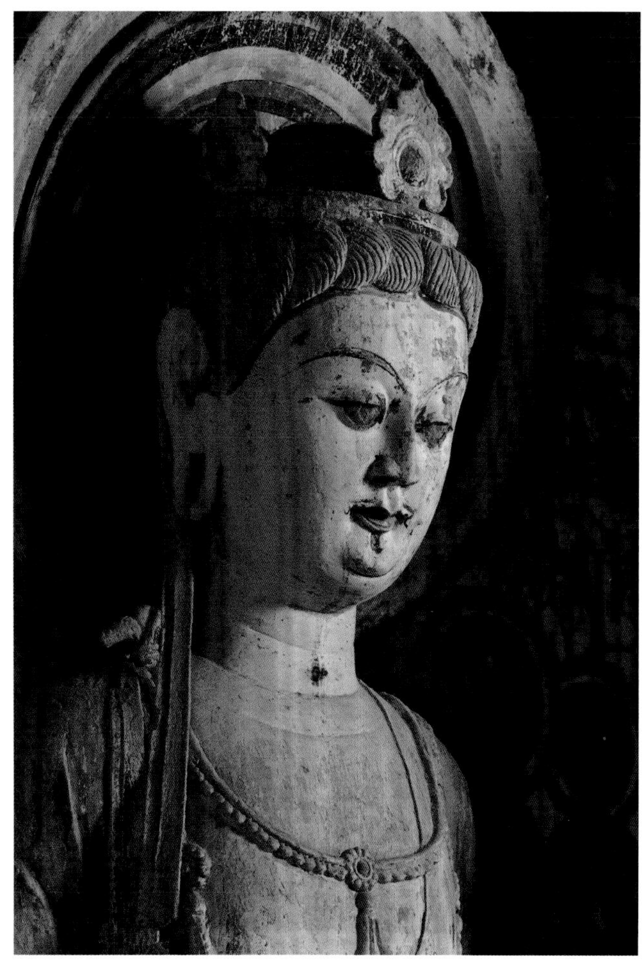

74 **右脅侍菩薩**

迦葉佛的右脅侍菩薩，面形長圓，端莊清秀。項飾塑得細緻簡潔，在胸前形成優美的弧線。塑像雖然有殘損，但仍不失為一尊優雅的作品。

隋　莫244　南壁東側

75 **左脅侍菩薩**

彌勒的左脅侍菩薩戴寶珠冠，微微下視，似與彌勒菩薩一樣在體味人間諸般苦難。以刻繪相結合的手法表現頭髮，以石青色點描兩眉和髫鬚，以白色表現肌膚，使造像有一種高貴和超凡脱俗的感覺。

隋　莫244　北壁東側

73 **迦葉佛一鋪**

過去佛迦葉着田相袈裟，立於蓮台上。袈裟的邊緣上施以花葉，頭光中心畫蓮花，花葉飽滿，外飾千佛帶。脅侍菩薩兩臂殘損，天衣長垂於腳的兩側。

隋　莫244　南壁

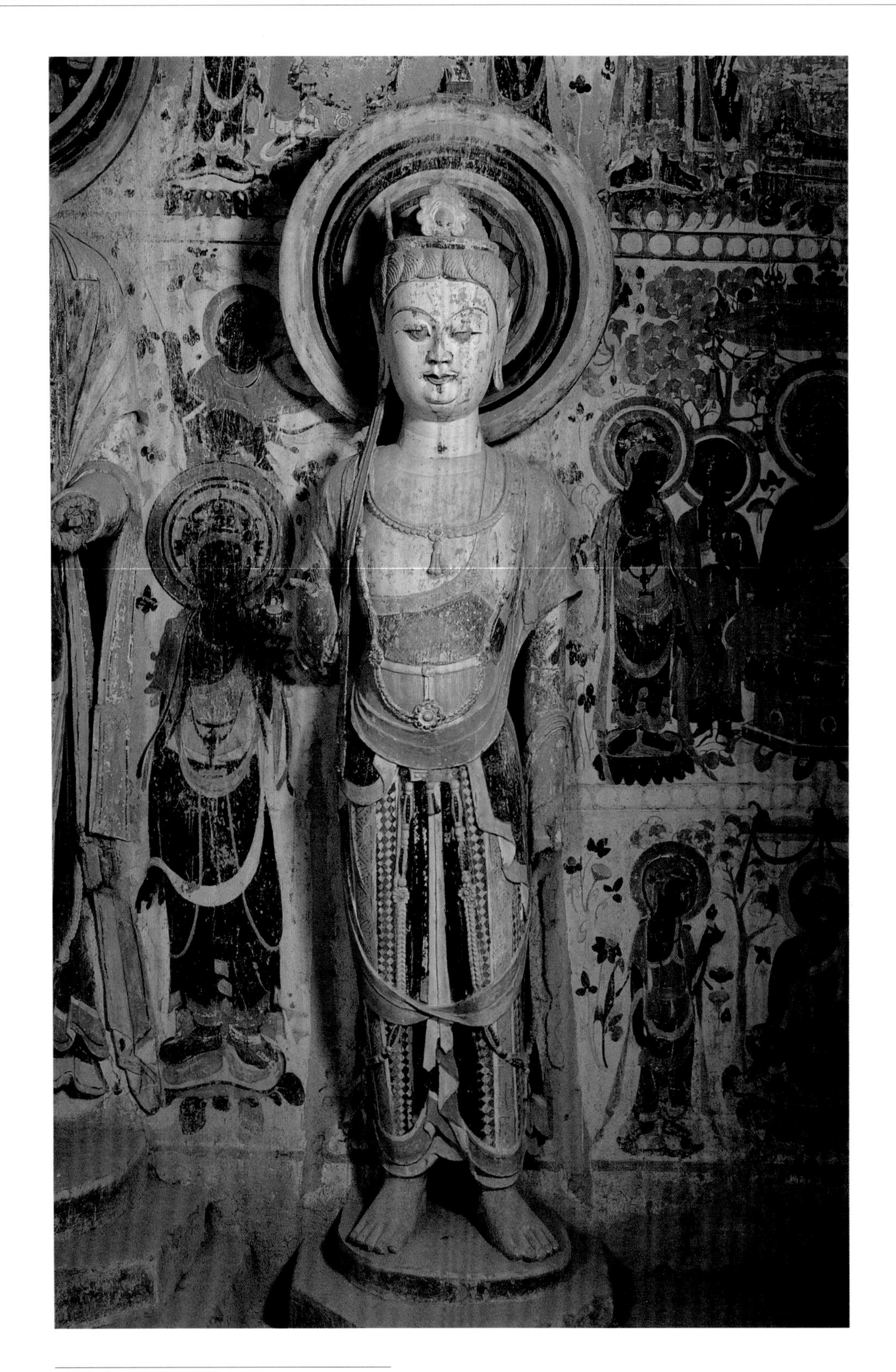

76 左脅侍菩薩

彌勒的左脅侍菩薩，是第244窟菩薩中最美的一身，曲眉細眼，肌膚白皙。略帶曲線美的身形，顯現出初唐早期的造型特徵。

隋 莫244 北壁東側

第二節 中西合璧的典型——第427窟造像

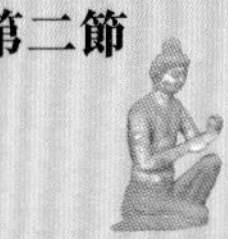

第427窟是隋代中期具典型意義的大型洞窟，是莫高窟各時代洞窟中前後室均保存完好，塑像無一缺損，且基本未經後世重修的洞窟，因此在敦煌的佛教造像史上有特殊的意義。

第427窟塑像規模大，前後室共塑造像二十八身之多。該窟主室中央鑿出方形塔柱，方柱正面不開龕，倚壁塑一佛二菩薩立像，人字坡下方的南北兩壁也造同大小同樣式的三身立像。中心柱的其他三面各開一龕，塑結跏趺坐式佛像和弟子、菩薩。

前室亦有塑像，南北兩側分別塑四天王和二力士像，東北角天王的左手作托舉狀，原來應有一佛塔，當為北方毗沙門天。據此可推知南側兩身為東方持國、南方增長二天王，北側的另一身為西方廣目天王。門兩側塑力士像，裸上身，着天衣，足踏山巒。

隋代以前，敦煌石窟中不見有佛立像，菩薩立像也是重頭部而輕身體，重上身而輕下身，不重視造像的人體結構。第427窟通過天王、力士表現出肩部、胸腹部以及腿部的肌肉。儘管還只是概念性的，但這種身形的起伏變化無疑是敦煌造像史上的一大進步。此外，第292窟前室也塑有二力士，在其他隋代洞窟中，東壁南北兩側多畫四天王像，天王力士的出現是新的信仰題材在洞窟裏的反映，應予關注。

第427窟三組三尊大像，為彌勒三會説法像。有的學者認為是三世佛，在敦煌石窟中，表現三世佛時通常用佛與菩薩的區別（第244窟），或坐式的不同（第158窟）來表現彌勒菩薩。第427窟的三尊像均為如來形立像，在造型上無任何區別，所以應該是同種尊格的彌勒三會説法像。按照佛教的教義，無論是作為太子的悉達多，還是佛教祖師的釋迦牟尼，涅槃都是一個時代的終結。在釋迦涅槃之後，當有彌勒佛下生説法。第427窟前室畫涅槃經變，與主室的彌勒三會像一起，構成了釋迦涅槃後彌勒下生濟度眾生這一主題。

在造型上，方頤寬額的彌勒像和天王、力士像都繼承了北周以來的造像特徵，然而在形體的塑造上還接受了來自馬圖拉造像的影響。馬圖拉造像的特徵是，身形的表現極富體量感，袈裟輕薄，透過袈裟可清晰地看到身體的各部結構。三尊立像的袈裟表現不算輕薄，但是略微隆起的胸部和兩腿輪廓，極富體量感的造型表現，為此前的敦煌雕塑所不見。衣紋線的處理流暢而舒展，不是北朝時期常見的貼泥條式，而是僅採用陰刻線。從周身斑駁的刮削痕迹看，原來都應該是金像。兩側的脅侍菩薩，僧祇支及下裙的裝飾繁縟而細密，菱格獅鳳紋、方格連珠紋很明顯是來自波斯的影響。較之主尊，脅侍菩薩的比例較合理，略見下視的目光，兩側內收的腰肢，給人以柔美和靜謐之感，是自敦煌開窟以來，集東西方各地各時代之長所創造的有東方美的雕塑作品。

中心柱南、西、北三面龕內塑三組一佛二弟子像，與中心柱前面的三組大像相比，風格迴異。主尊坐須彌座上，頭生扁平形肉髻，方頤，但絕不是寬額。立像中兩肩敦厚、極富體量感的造型表現不見了，代之以端莊中帶幾分秀麗，表現出北齊造像的特徵。弟子像的塑造也頗具特色，用圓的面形、圓的兩肩表現阿難，而與之相對，則用方頜，塊面式的表現手法塑造迦葉，成功地突出了一對不同年齡的弟子的特點。

在佛教石窟寺中，塑像或雕刻技術的交流、相互傳授，較之壁畫的傳移摹寫為困難，加之敦煌地處邊陲、路途遙遠，需更多時日。通常一種新樣式傳入敦煌需要三五十年，甚至更長時間。然而北齊樣式和馬圖拉風格的造像卻出現得很快，説明統一後的隋王朝大力推行佛教，敦煌與中原間的交流進一步加強。由於當時中原造像已流行馬圖拉風格，因此影響了敦煌。

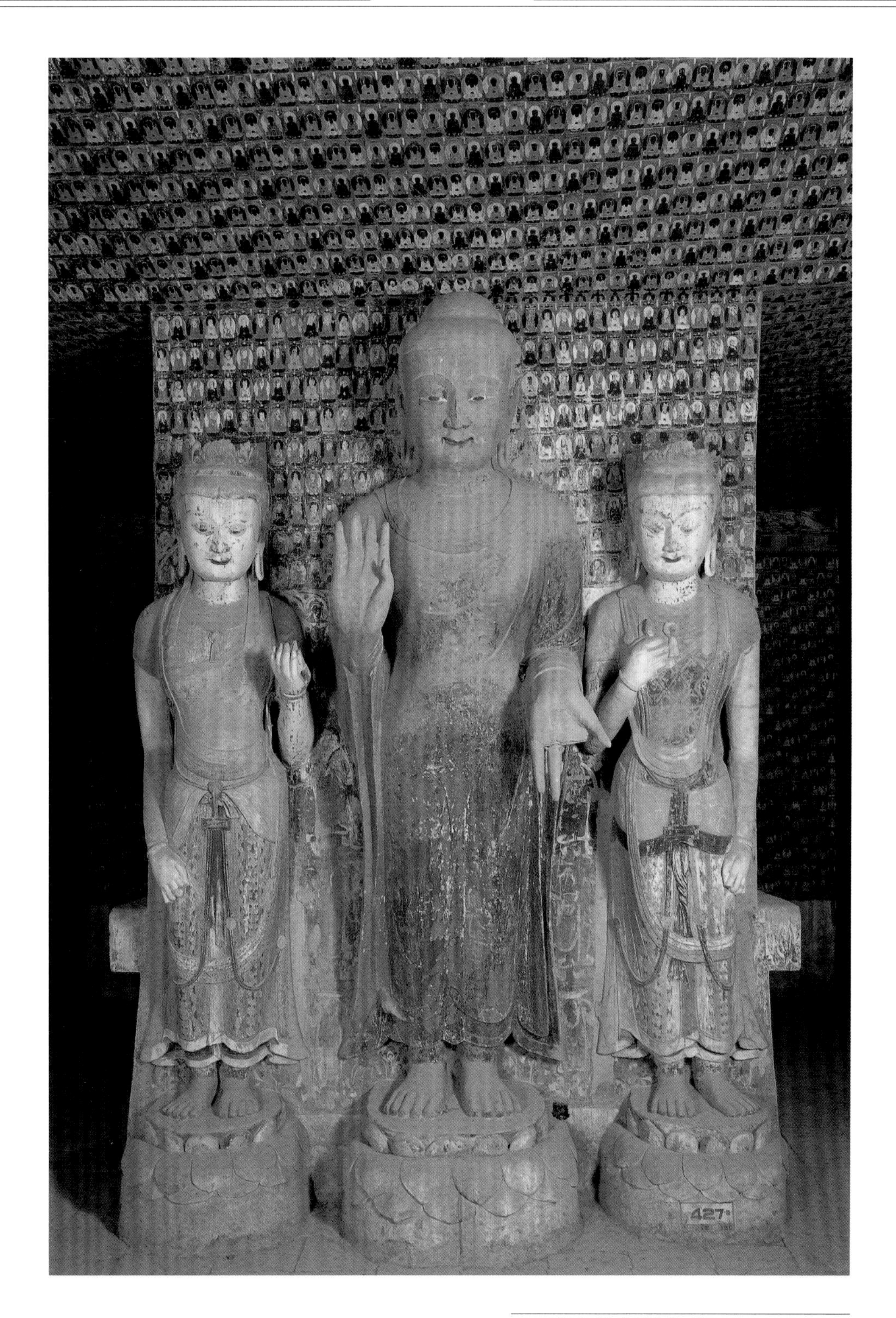

77 中心柱彌勒立像

彌勒頭生肉髻，方頤，着通肩袈裟。兩肩渾圓，腰間內收，胸腹部有起伏。兩手經後代重修，右手作施無畏印，左手作與願印。塑像頭大身短，微微前傾，俯視下界，給禮拜者以神聖之感。

隋 莫427 中心柱東向龕

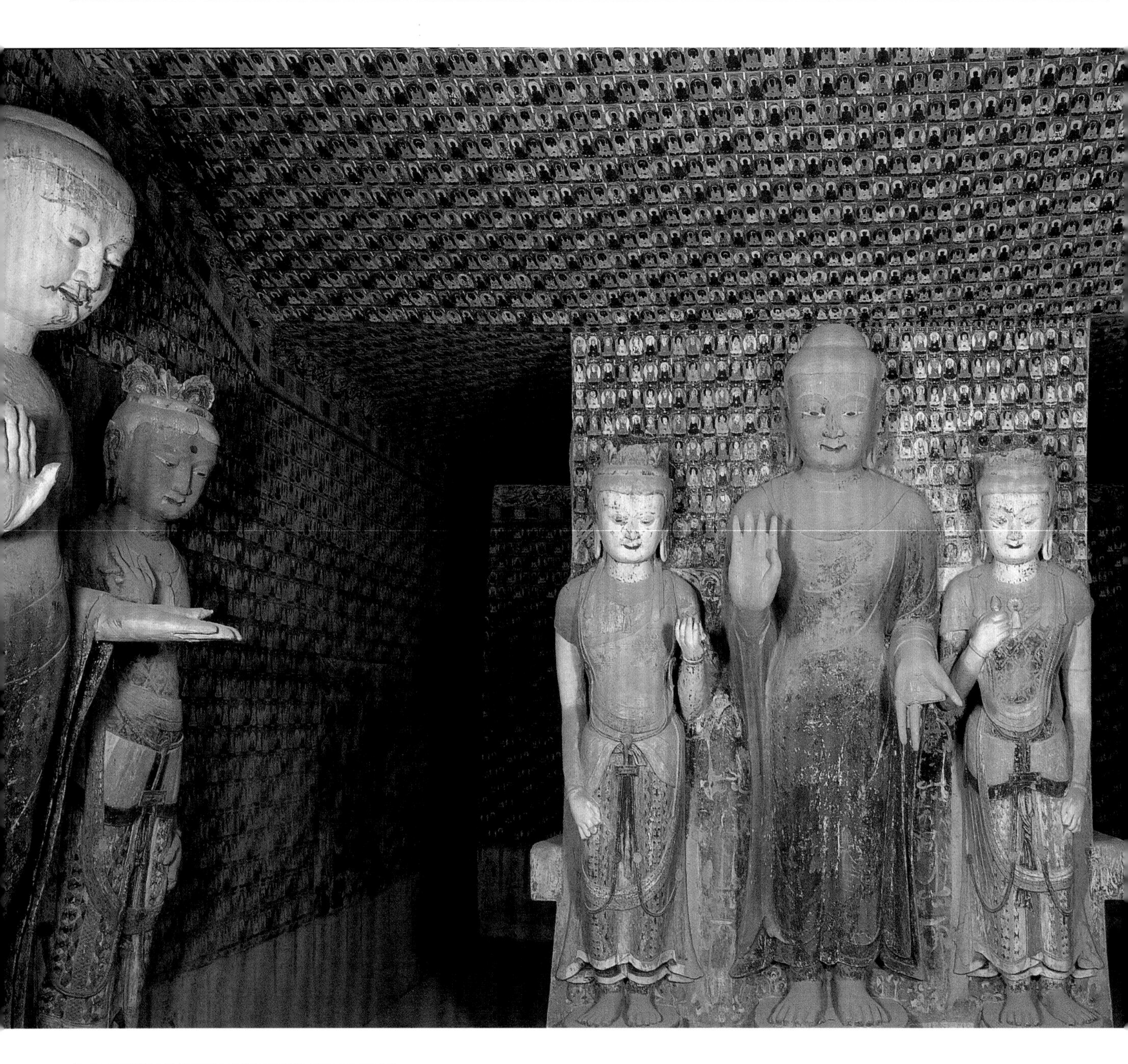

78 **中心塔柱窟造像**

此窟中心柱正面不開龕，依壁塑彌勒三尊，在南北兩壁人字坡下亦塑同樣造型的三尊像，表示彌勒佛於未來世三會說法。主尊像高4米有餘，為莫高窟現存最大的佛立像。

隋 莫427

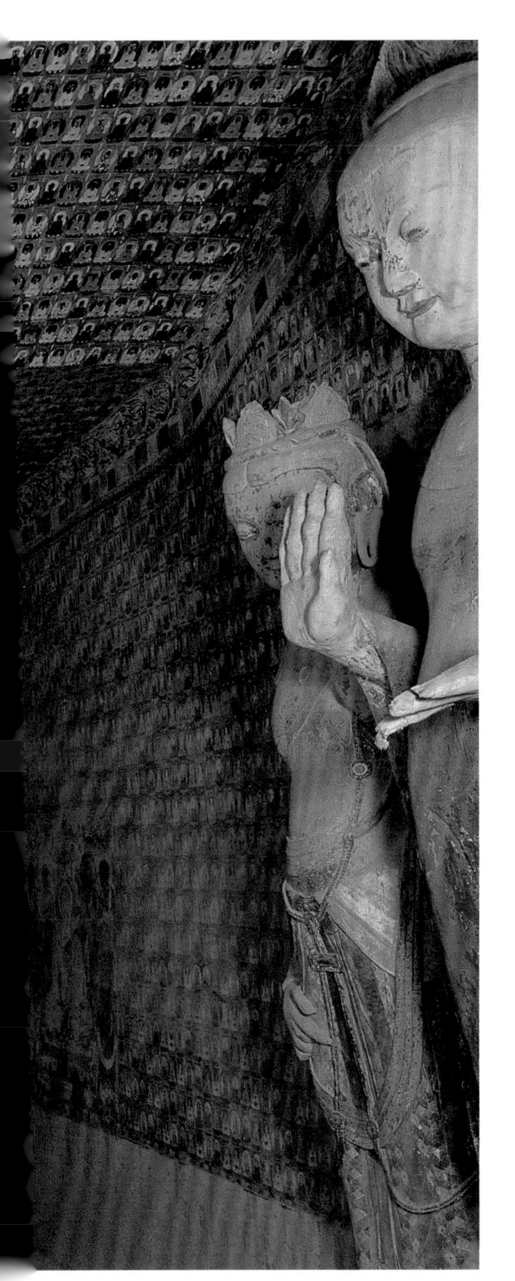

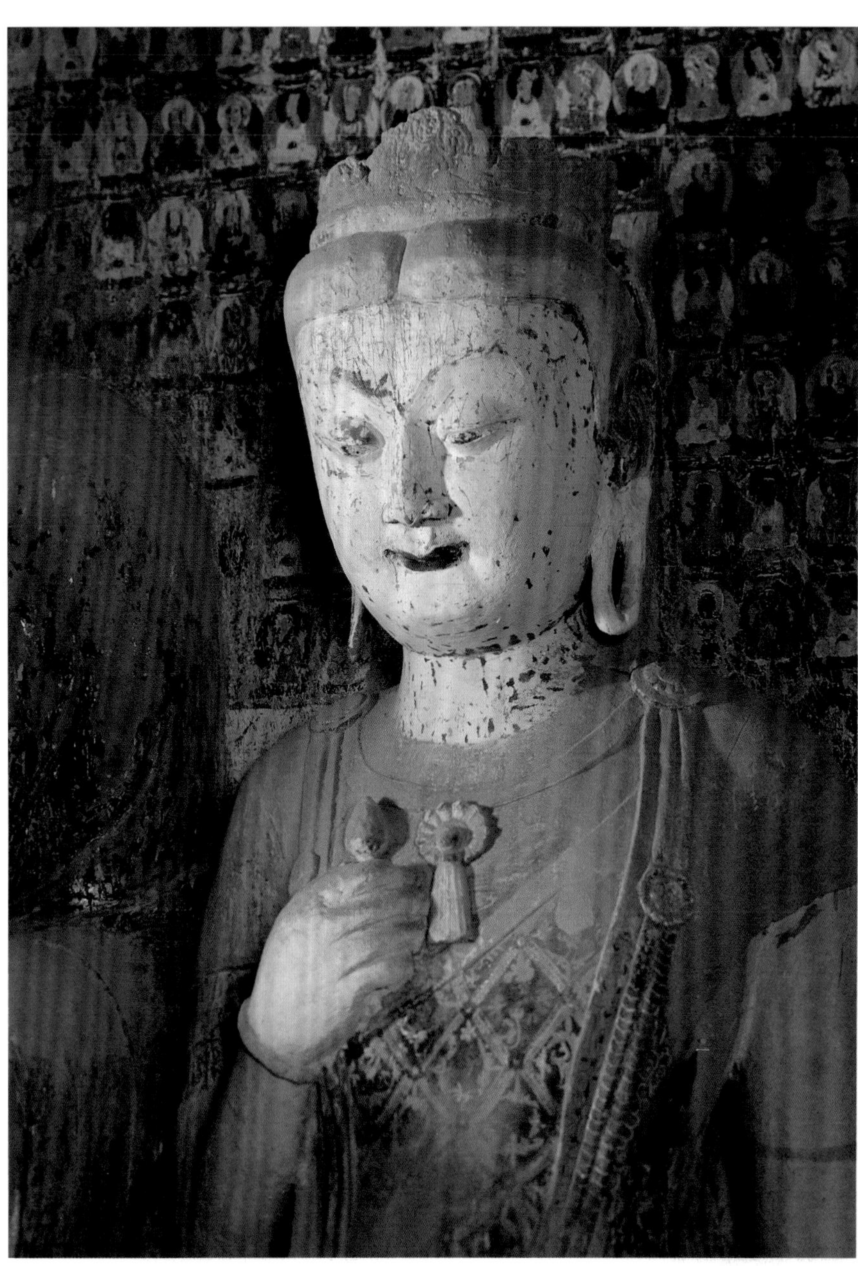

79 **左脅侍菩薩**

菩薩戴花冠，手持蓮蕾，儀態莊重。斑駁的痕迹説明原來的面部和手臂曾塗裝金色，惟已全遭刮掉，露出底白。斜披的僧衹支上畫菱格獅鳳紋，為波斯特有的紋樣。項飾及瓔珞佩飾為模製。

隋　莫427　中心柱東向龕北側

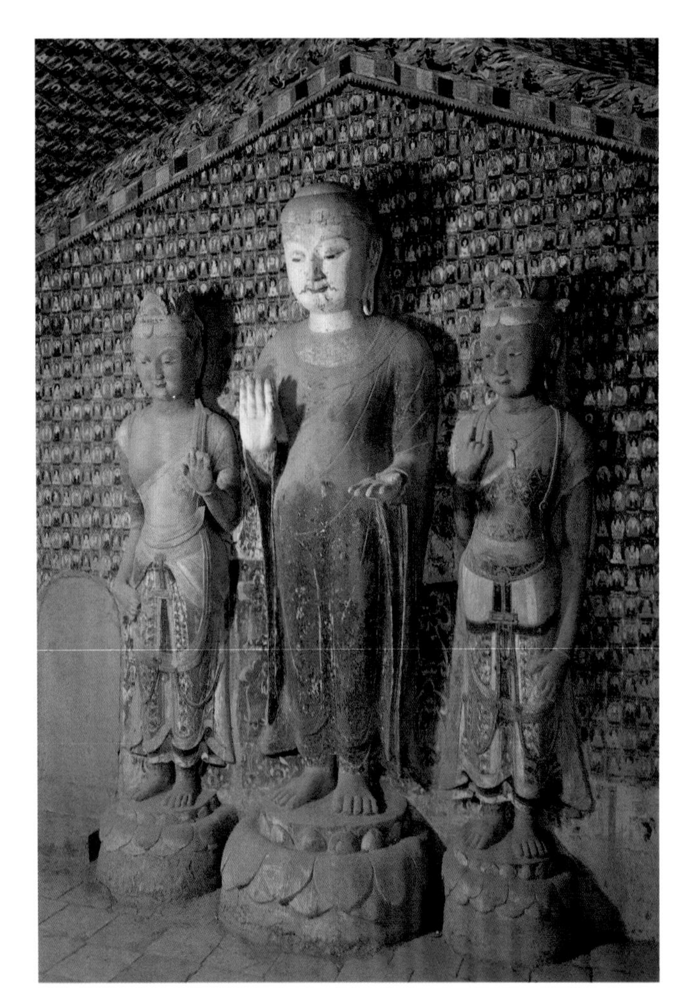

80 **南壁彌勒立像**

南壁人字坡下的彌勒立像，規模、造型與中心柱正面大致相同。菩薩僧祇支上的菱格獅鳳紋、方格蓮花紋以及裙飾的圖案、顏色保存良好。

隋 莫427 南壁人字坡下

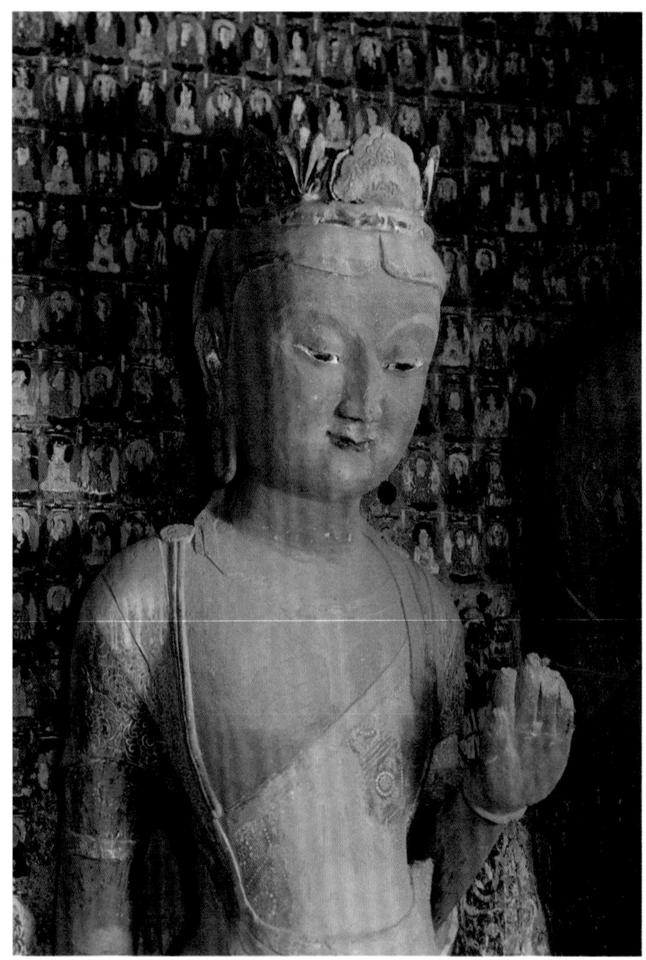

81 **右脅侍菩薩**

菩薩戴花冠，曲眉直達兩鬢，直鼻細眼，嘴角微微上翹，是該窟六身脅侍菩薩中面部保存較好的一身。天衣紋樣亦清楚。

隋 莫427 南壁人字坡下

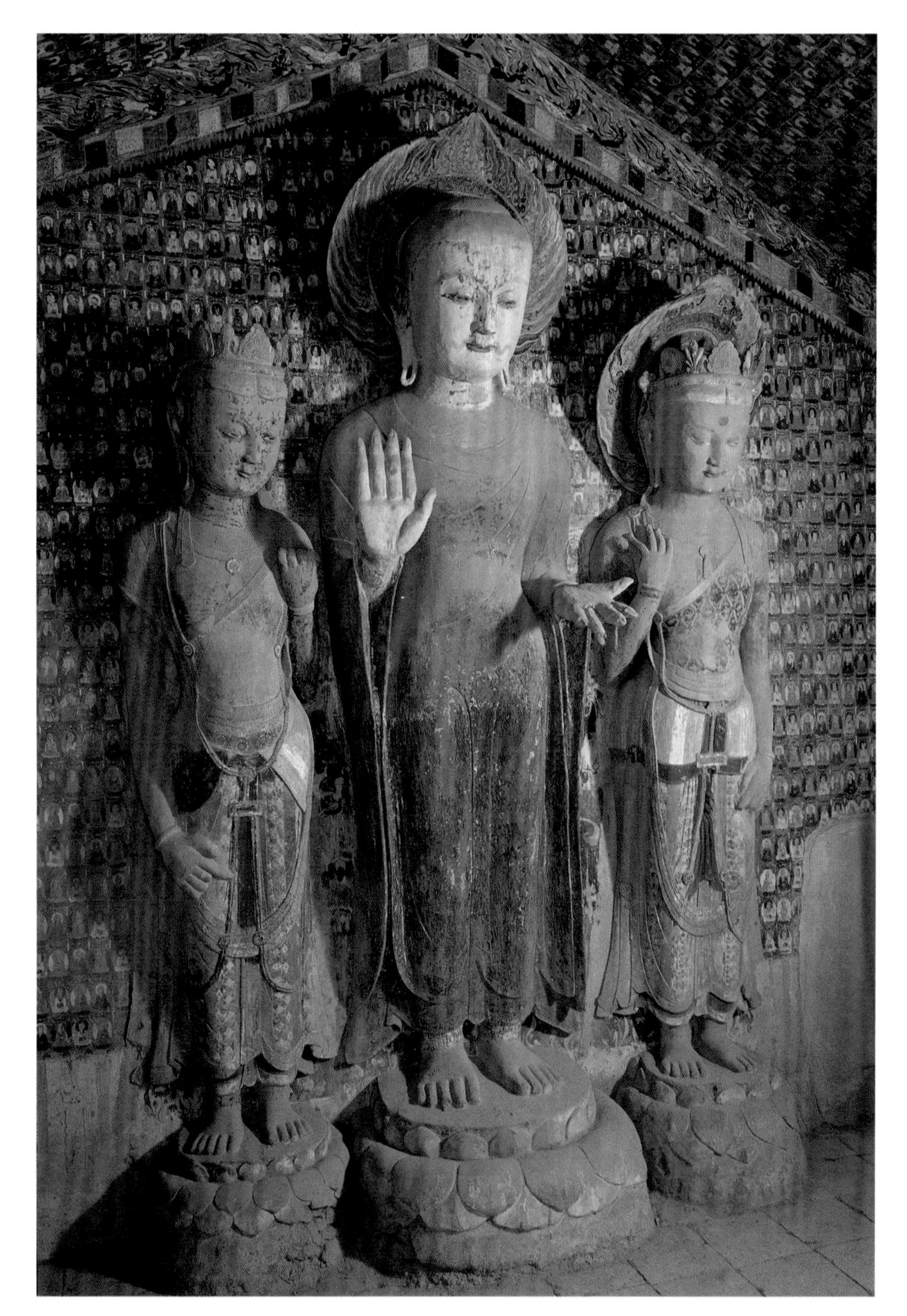

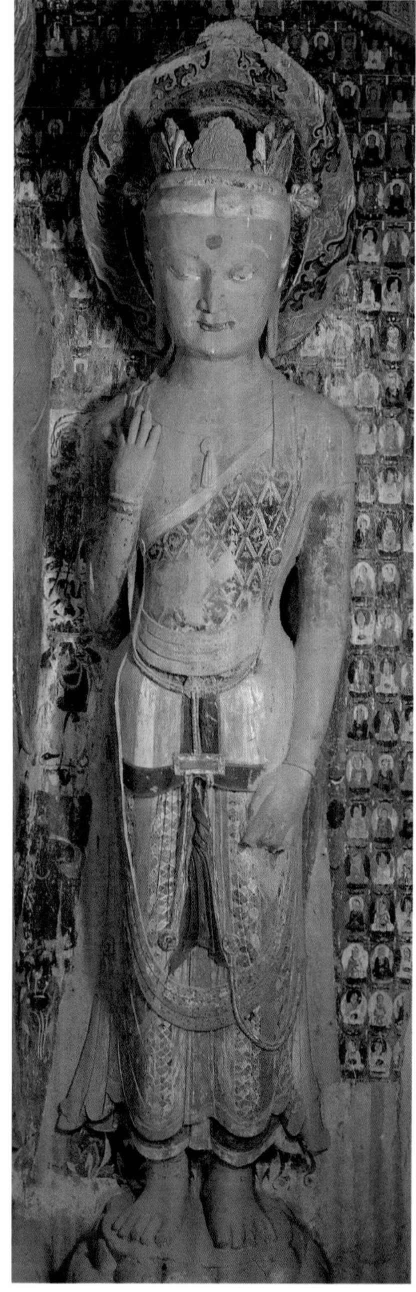

82 **北壁彌勒立像**

主尊和左脅侍菩薩有浮塑的頭光，上畫火餤紋，説明其他彌勒造像原來都附有頭光。

隋　莫427　北壁人字坡下

83 **左脅侍菩薩**

彌勒的左脅侍菩薩儀態端莊，一手舉於肩一手下垂，天衣於腹前膝下作“U”字形。僧衹支上畫菱格獅鳳紋，下裙畫菱格紋，裙襬略見外張。花冠上的花葉為模製，瓔珞佩飾為貼塑。

隋　莫427　北壁人字坡下

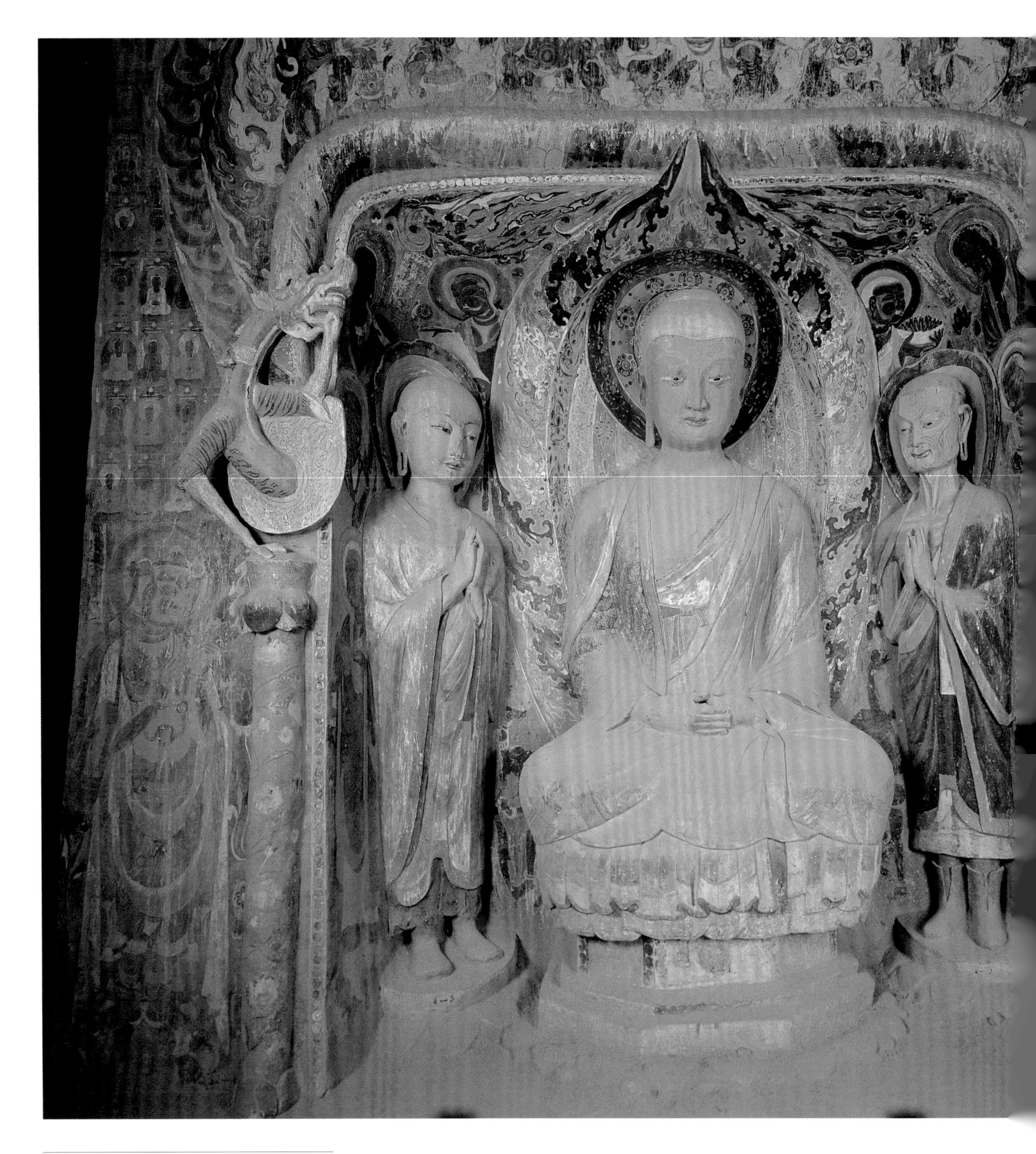

84 **中心柱釋迦三尊**

龕內塑釋迦三尊。釋迦牟尼佛頭生肉髻，作禪定印，結跏趺坐，通肩的田相袈裟裹覆全身，下垂於座前。背光繪製細密。身旁兩弟子迦葉、阿難着袈裟，合十，穿長靴立蓮台上。

隋 莫427 中心柱西向龕

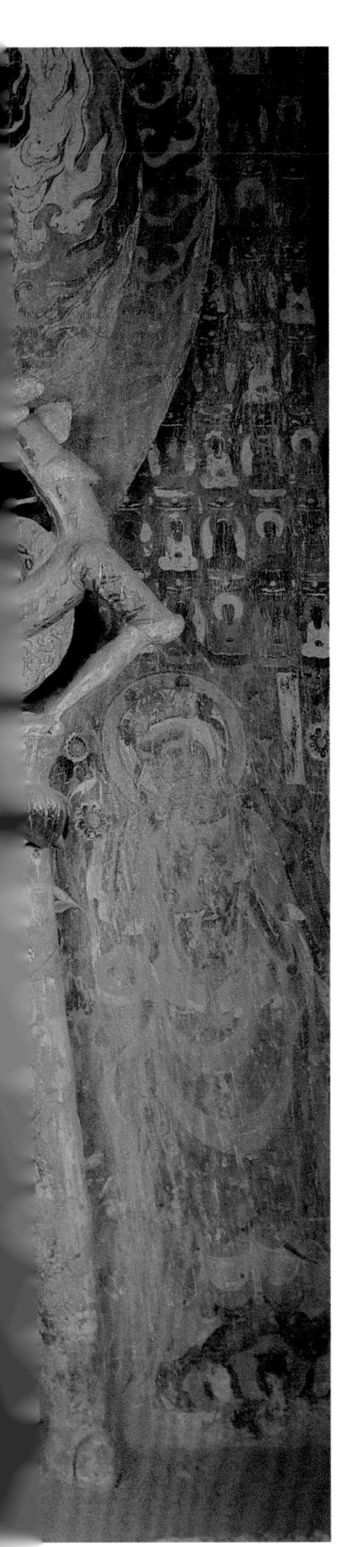

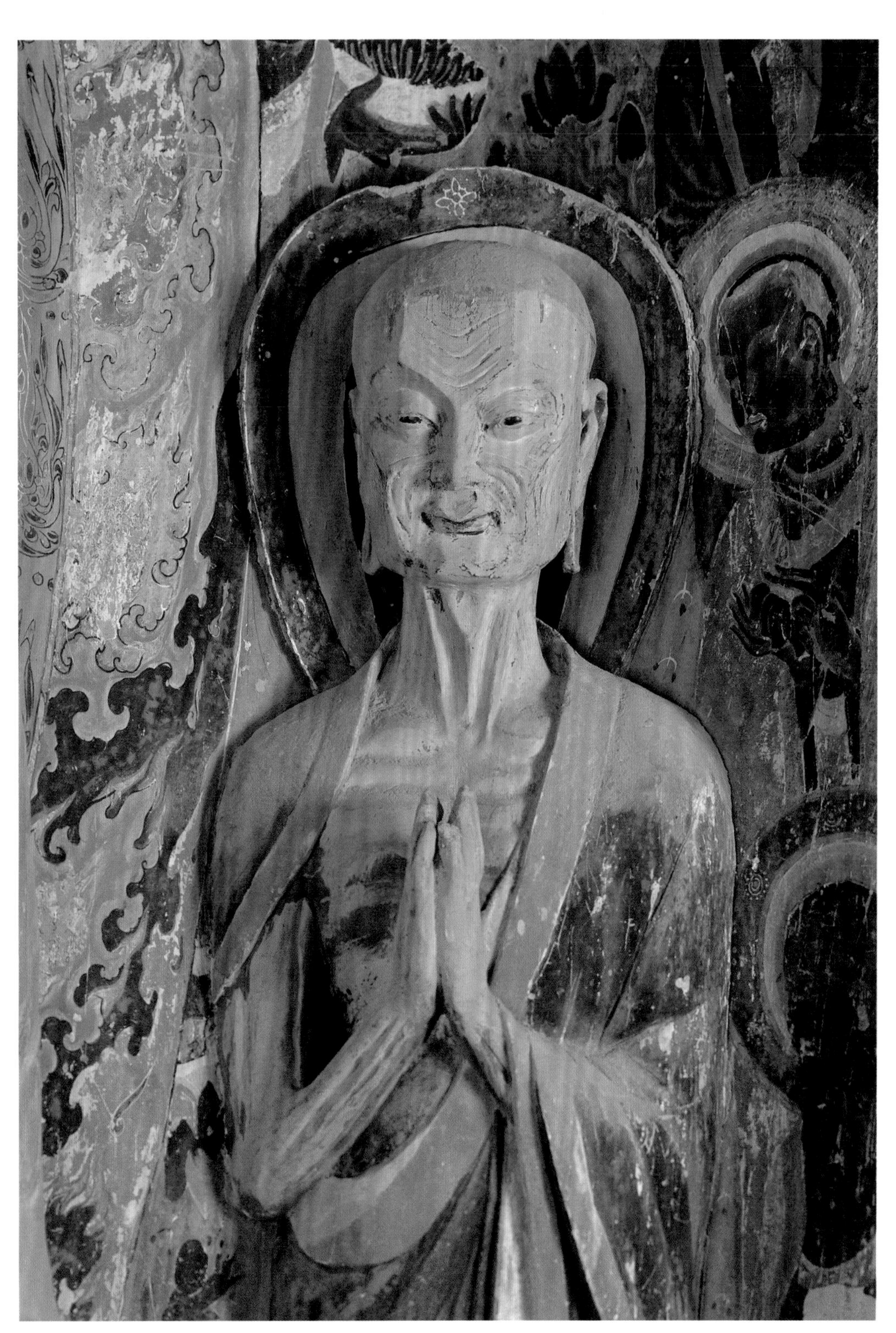

85 **弟子迦葉**

迦葉細眼直鼻，嘴唇塌陷，下頜骨突出，用陰刻線表現額頭、嘴角和眼旁的皺紋。脖頸處塑出喉頭筋脈，鎖骨、胸骨突出。頭部基本以塊面的形式表現，頗有創意。

隋 莫427 中心柱南向龕東側

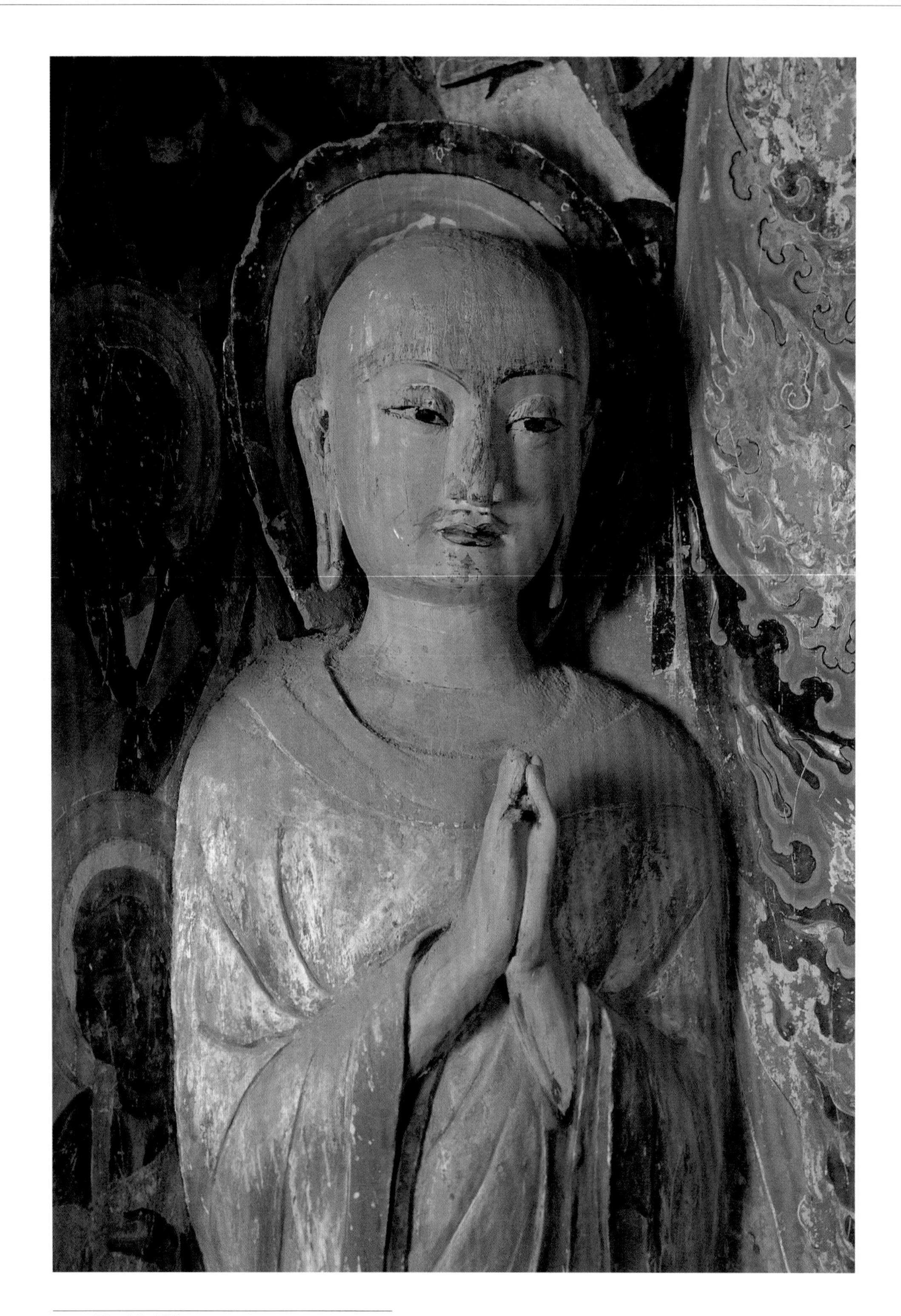

86 **弟子阿難**

與迦葉的塊面表現手法相比，阿難的造型突出了一個“圓”字。以圓的頭部，圓的面龐和渾圓的兩肩，塑造了一個稚氣未脫的少年阿難。

隋 莫427 中心柱南向龕西側

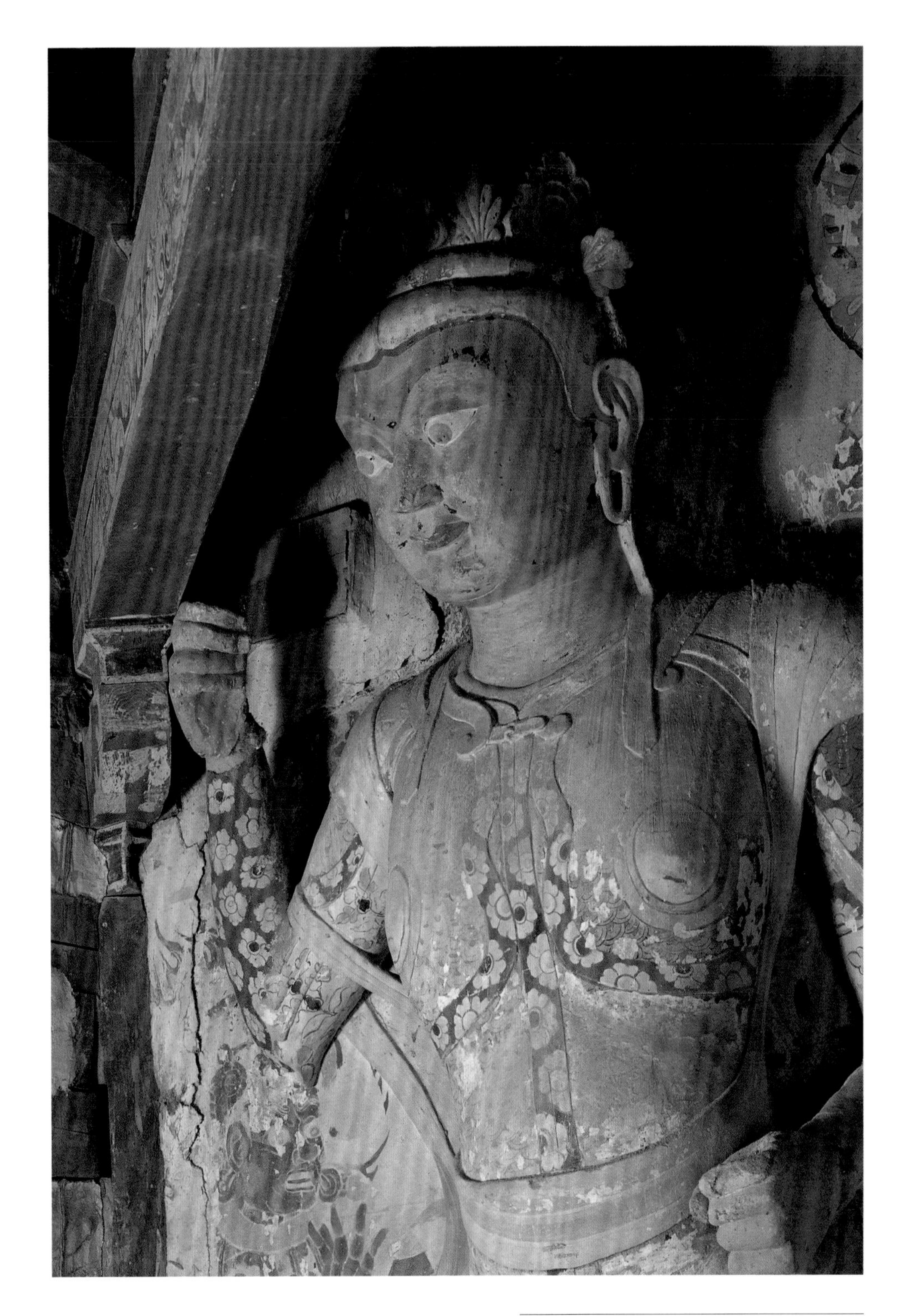

87 **持國天王**

持國天王居須彌山東方，手中似持器物。從形體塑造上看，四天王的身形魁梧，手臂和兩腿略顯單薄。但是作為莫高窟首次出現的四天王造像，與主室的彌勒三會像同樣是研究隋代造像的珍貴資料。

隋　莫427　前室南壁

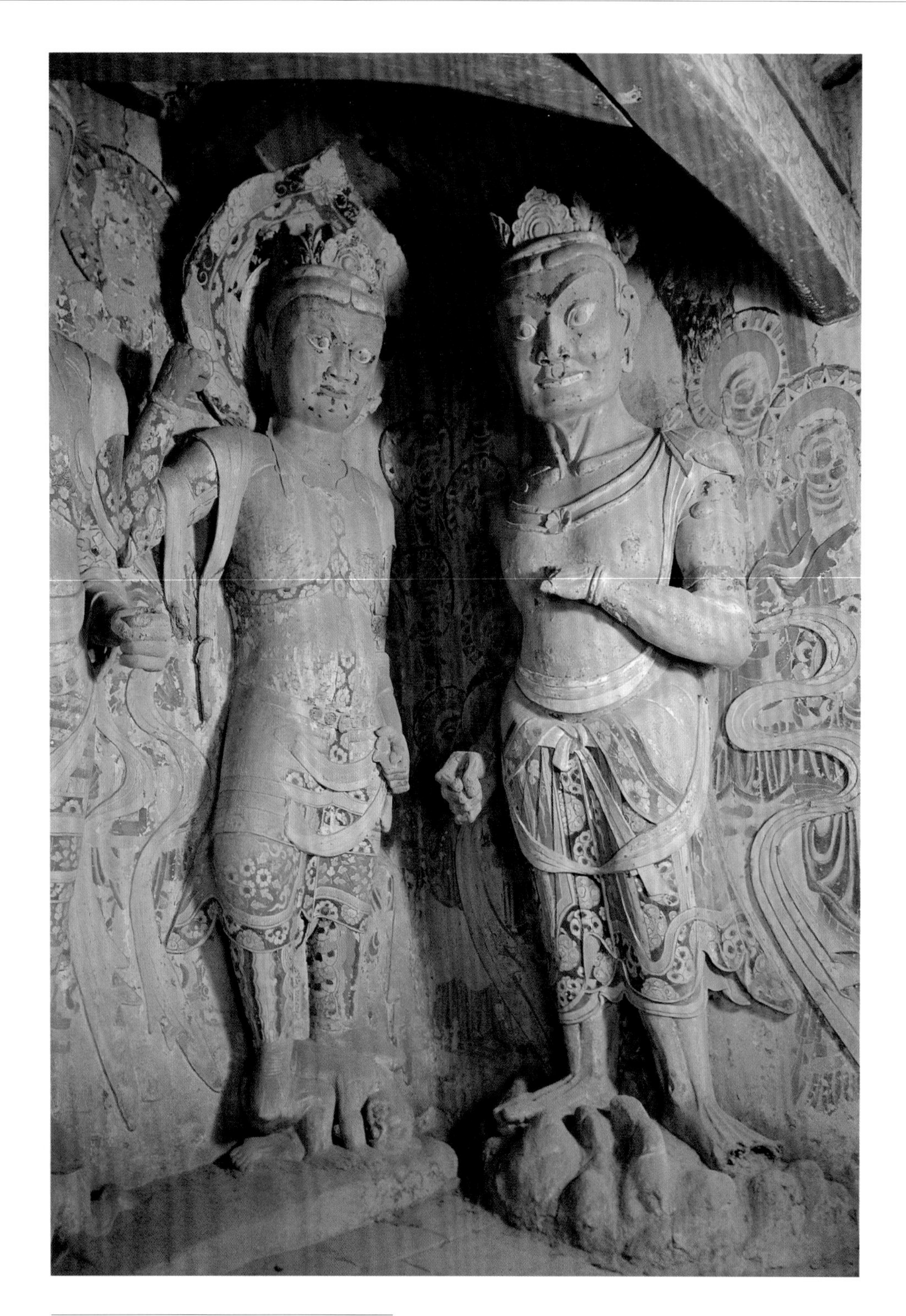

88 **增長天王與力士**

增長天王為四大天王之一，居須彌山南方。天王戴花冠，一手舉拳，一手似持劍，束鎧甲，蹬烏靴，立於藥叉身上。除面部的紅色為隋代原有塗裝外，其他紋飾為宋代重新彩繪。身旁的力士怒目齜牙，上身赤裸，着裙，立山巒上。

隋 莫427 前室南壁

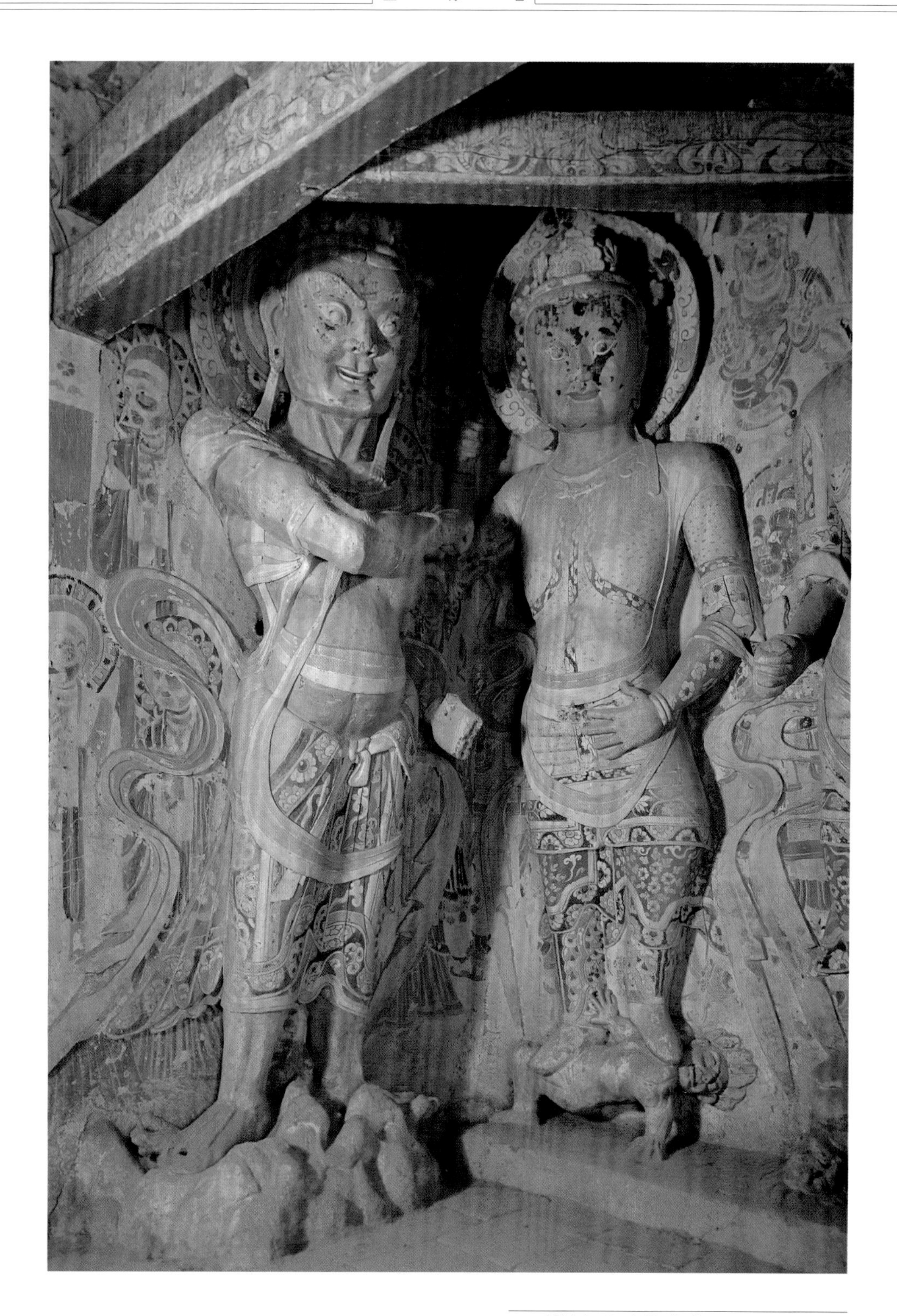

89 廣目天王與力士

廣目天王亦是四大天王之一，居須彌山西方。天王戴冠束甲，一手叉腰，一手似持戟，踏藥叉，威武雄壯。力士戴花冠，張口大喝，腳踏山巒，有雷霆萬鈞之勢。

隋 莫427 前室北壁

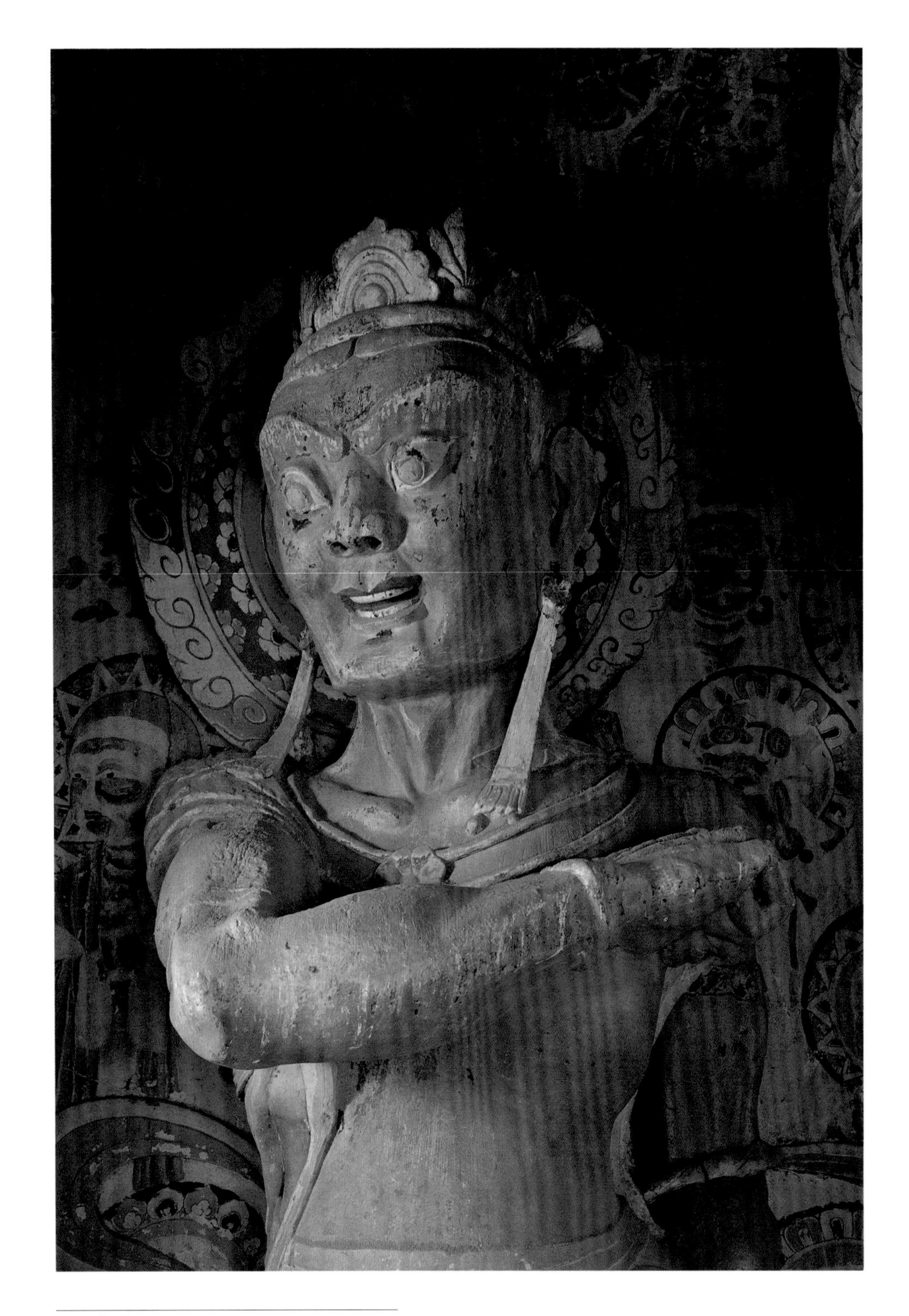

90 力士

力士面染紅色，兩眉相連，眼球青綠，具有西域人的特點。肌肉隆起，給人力拔千鈞之感。

隋 莫427 前室西壁

塑造盛世的「貞觀樣式」

初盛唐（公元618～781年）

唐代初年，河西地區的政局動盪，莫高窟雖有開窟但規模不大，造像多承襲隋代舊式。唐貞觀年間（公元627～649年）來自長安、洛陽的“貞觀樣式”傳入敦煌，造像表現為頭生螺髻，兩腳呈降魔坐式，造型豐腴飽滿，線條舒緩自然，正是受長安風格影響所致。這一時期的造像氣韻生動，彩繪富麗堂皇。在藏經洞的出土經卷中，發現了自咸亨二年至儀鳳二年（公元671～677年）的寫經近三十件，均為長安傳向敦煌的宮廷寫經，説明初唐的敦煌佛教是由朝廷指導的。因此，無論是一般的窟龕造像還是巨型雕塑，都顯示出與長安造像同步調、同樣式的時代特徵，這種影響一直延伸到盛唐。

初盛唐的石窟規模多為中型，造像整體感強。一般在西龕正中塑釋迦牟尼坐像，兩側分列阿難、迦葉二弟子，以及脅侍菩薩、天王，與龕內壁畫共同組成八大菩薩、十大弟子。塑像等人大，技法寫實。武則天時期以及開元天寶時期，還出現了依壁開鑿的彌勒巨像。莫高窟的唐代造像在中國雕塑史上佔有重要的一頁。

由於敦煌的政治情況，敦煌石窟的歷史分期，劃分與中原略有不同。初唐自武德元年至長安四年（公元618～704年），盛唐自神龍元年至建中二年（公元705～781年）。

第一節　貼近世俗的初唐雕塑風貌

唐代初期莫高窟開窟不多，其造像與隋末無大差異。自貞觀年起，中原地區的佛教造像發生了明顯變化，其審美貼近世俗，造型豐滿，富有生氣。為了強化這一特點，本文稱之為"貞觀樣式"。貞觀以後，長安的"貞觀樣式"傳到敦煌，開鑿了以第220窟為代表的一批洞窟，這種樣式世代相傳，直至盛唐。武則天時期，武后令天下各州造大雲寺；唐延載二年（公元695年，即武則天證聖元年）莫高窟開鑿了第96窟，並塑彌勒巨像。

初唐時期，覆斗頂的殿堂式石窟是主要潮流，西壁龕內於一佛二弟子二菩薩五身像之外，有些加塑二天王成為七身像，有的還在龕外塑供養菩薩和力士。造像大多有周密的整體設計，並且注重刻畫人物內心世界。除個別的巨型雕塑外，一般的窟龕造像多為等身大小，造像的風格注重寫實。主尊以結跏趺坐式為主，服飾已經完全中國化，原來風度瀟灑、儒雅清高的塑風，變成了雍容華貴、莊嚴肅穆風尚。在主尊兩側，謙恭沉穩的迦葉、貌美睿智的阿難，以及亭亭玉立的菩薩、威武的天王等，形成了莊嚴的佛國世界。

初唐早期，隋代風尚仍有遺痕但變化亦已漸顯，重層龕仍依稀可見；第204窟西龕北側的菩薩像，身形及面部雖然保留隋代餘風，但斜披的僧祇支已變成初唐以後的絛帛；第57窟西壁開淺重層龕，塑像經後代重新裝彩，但基本造型仍保留原狀，主尊釋迦牟尼坐須彌座上，右手揚掌左手置左膝上，袈裟裹覆雙腿兩腳，可見是右腳在外、左腳在內，造型已明顯表現為初唐樣式。較之隋代，弟子和菩薩像明顯變小。

第322窟也是淺重層龕，龕內塑釋迦牟尼坐像和二弟子二菩薩，外龕塑二天王。主尊盤坐的雙腿為作降魔坐，與此前的結跏趺坐像明顯不同。在隋代以前，莫高窟的結跏趺坐像都是右腳外左腳內，即所謂的吉祥坐，自第220、322窟開始出現了右腳內左腳外的降魔坐。在中原，降魔坐早見於河北曲陽修德寺出土的北齊武平二年（公元547年）釋迦多寶並坐像，以及山東益都駝山隋代石雕佛像，波斯頓美術館藏隋開皇十三年（公元593年）銘文造像等。弟子袈裟的衣紋線簡潔流暢，內層袈裟的下緣平齊，邊緣處飾捲草紋。這種初唐樣式的袈裟頗具普遍性，還見於第220、328窟以及第386等窟。脅侍菩薩面部塑造生動，鼻樑隆直，上唇微翹，富有個性。這種個性化的塑造淡化了聖人與俗人之間的距離，表明這一時期的佛教造像進一步中國化、世俗化。而天王像的裝束和面相，更儼然是唐軍中一位胡人將領。

第220窟開鑿於貞觀十六年（公元

642年），是初唐時期有造窟紀年且具代表性的洞窟，也是現在比定和研究唐代洞窟的標準窟，遺憾的是塑像曾被後代改修過。該窟西壁開敞口大龕，內置一佛二弟子二菩薩五身像，主尊頭部因重修而失去了原來的風采，軀幹和台座基本上保留了原貌。弟子阿難像雖有較大的改動，但是從流利的衣紋線以及大致完好的身形中，還可以觀察到初唐的一些痕迹。弟子迦葉像是第220窟塑像中最接近原作的一身，基本完好，只是斜披的僧祇支和兩肘的衣紋線稍有改動。從緊蹙的雙眉和凝視的兩眼，可以看出是一個歷盡艱辛、飽受風霜之苦，且又信念堅定的老者形象。這組塑像雖被重修，但整體感覺尚好，從依稀可辨的初唐塑風上看，原來一定和壁畫同樣，是最具大唐風采的上乘之作。

第328窟開鑿於初唐晚期，西壁開一方口大龕，內塑一佛二弟子二菩薩四供養菩薩，遺憾的是龕內北側的一身供養菩薩於1924年被美國人華爾納竊走。其餘各尊塑像整體上保存完好，顏色鮮艷如新。主尊頭生螺髻，面形長圓，胸腹部的塑造豐腴飽滿，作降魔坐式，與此像相似的有日本藤井有鄰館藏馬周造像，以及日本書道博物館藏景雲二年（公元711年）銘佛坐像。馬周像於貞觀十三年（公元639年）造於長安，其螺髻和坐式與第328窟主尊驚人地相似，就連五官、身形，以及頭光中的千佛（第328窟背光中的浮雕千佛已失），舒緩而流暢的衣紋塑造表現都酷似。然而從形體表現上看，第328窟主尊像要遠遠優於馬周、景雲二像。由上可見，來自長安的貞觀樣式影響了敦煌，而且這種影響是從中原迅速地向四面八方傳播。造像之外，第220窟出現的壁畫新題材和技法也證明了這一點。

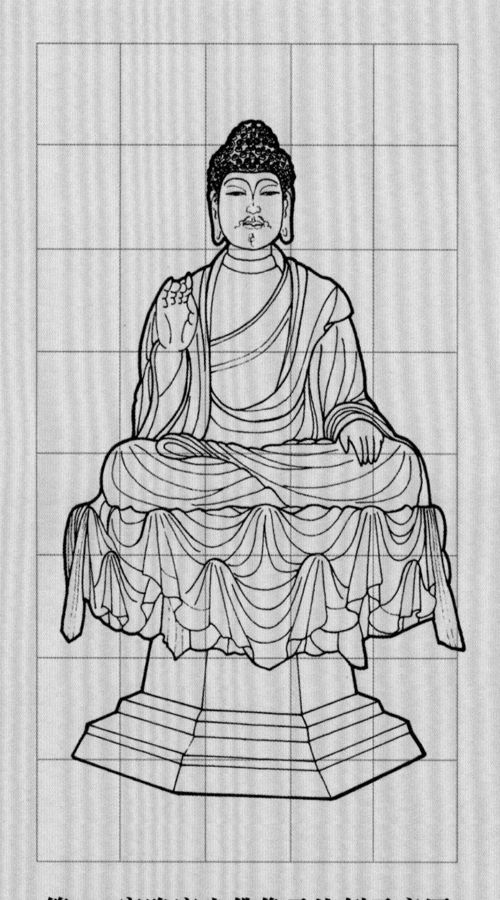

第328窟降魔坐佛像及比例示意圖

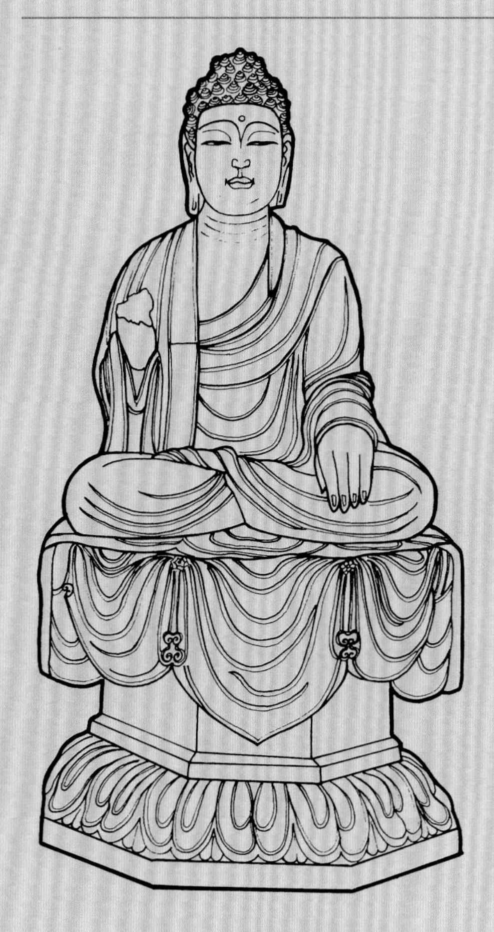

貞觀十三年馬周造像

莫高窟最後一個中心塔柱窟是第322窟，據《李懷讓重修莫高窟佛龕碑》記載，該窟開鑿於武則天聖曆元年（公元698年），在這一時期，莫高窟開鑿了許多洞窟，如第123、335窟等，説明莫高窟的開鑿已見盛勢。第322窟的中心柱四面不開龕，但與隋代第427窟類似，於正面和人字坡下的南北兩壁塑大型彌勒三尊像，可見造窟主題也是釋迦牟尼涅槃與彌勒三會説法，中心柱後的西壁開佛龕塑釋迦涅槃像，南壁畫涅槃經變，可以作為旁證。三尊像在體量上與第427窟亦相類，但是造型上已擺脱了隋代頭大身短的舊式。衣紋線及五官的塑造已頗具初唐特徵，胸腹肌肉表現豐腴而不肥滿。

初唐最巨大的塑像在第96窟，內塑彌勒倚坐像，古稱北大像，通高34.5米，是敦煌石窟第一大佛像。唐代初年，彌勒信仰在武則天的推動下形成潮流。據《舊唐書》記載，載初元年（公元689年）僧人造《大雲經》，説皇后武則天“當王國土”。武則天以彌勒自詡，稱帝後令洛陽白馬寺造大佛“高九百尺”，並令全國造大雲寺。據佛經説，彌勒身長三十二丈，而釋迦只有一丈六，因此全國多處造有彌勒大像。莫高窟第156窟前室北壁《莫高窟記》記載，武則天稱帝當年（公元695年）“禪師靈隱共居士馬祖等造北大像，高一百四十尺。”藏經洞文獻中也曾提及大雲寺之名，疑大雲寺即是今第96窟。塑像為石胎泥塑，安置大佛的建築原為五層樓。清末時樓頂被人搗毀，大佛頭部暴露在第四層以上。據1924年美國人華爾納在莫高窟所拍攝的照片可知，塑像為波狀髮髻，與洛陽龍門奉先寺大佛近似，面部仍是初唐的原作。因此可以推測，該窟雖經晚唐、宋初，以及西夏、元、清多次重修，但修的都是建築部分，塑像並無改動。唯民國重修時，重新敷泥和裝彩，使得整個塑像面目全非，故本卷未收錄。如此巨像的施工，亦值得關注，開窟時，由洞窟下方的入口處、各層的明窗以及頂部，分多層位同時施工，明窗當初是用來出沙石的窗口。樓建成後，禮拜者可以循梯盤旋而上，觀瞻大像。

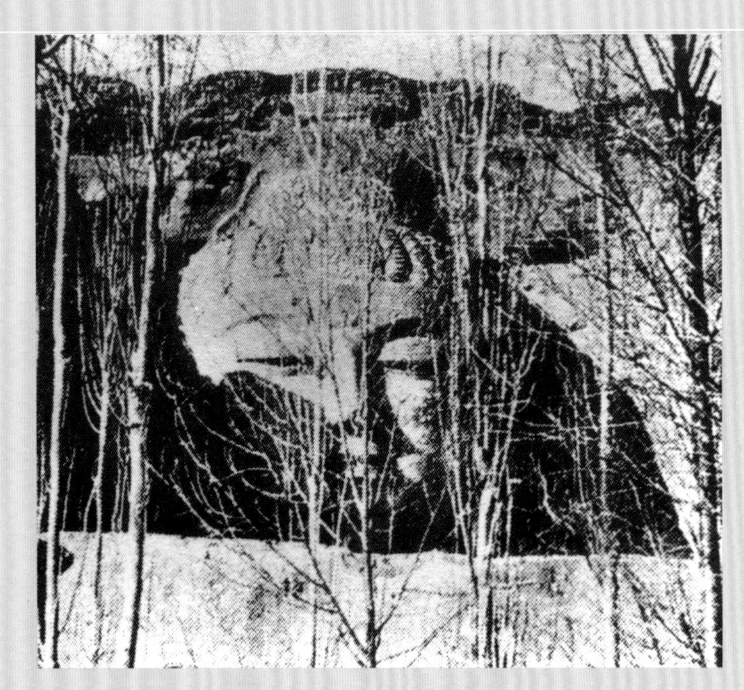

第96窟唐代塑彌勒像

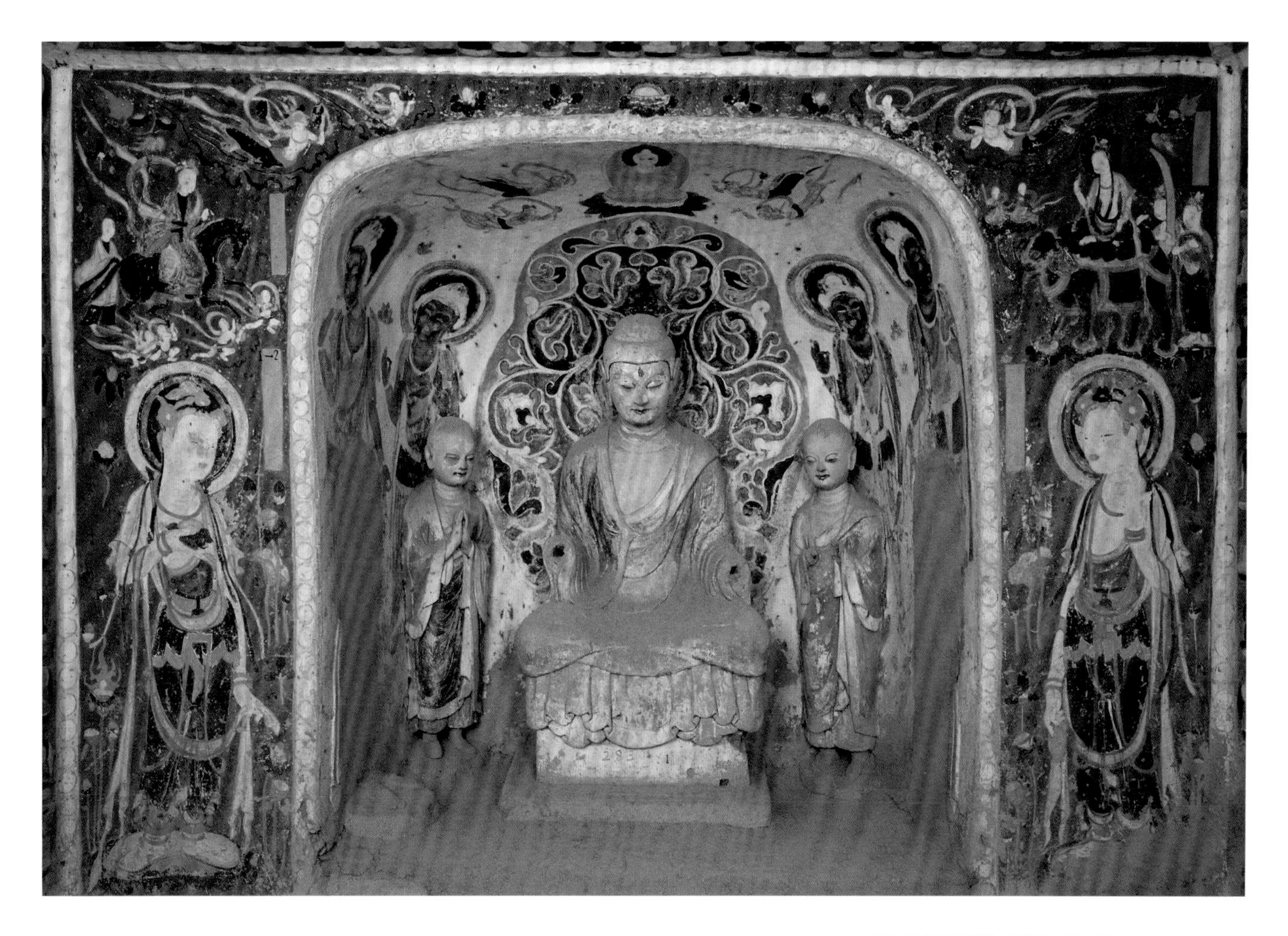

91 **釋迦佛一鋪**

敞口龕內塑釋迦佛坐像和阿難、迦葉，脅侍菩薩已不存。釋迦牟尼比例勻稱，神情謙和，弟子身形乖小，似一對天真的童子。造像以寫實的手法塑造，展示了新時代世俗性的審美取向。龕外繪有佛傳故事“乘象入胎”、“夜半出城”與塑像相呼應。

初唐　莫283　西壁

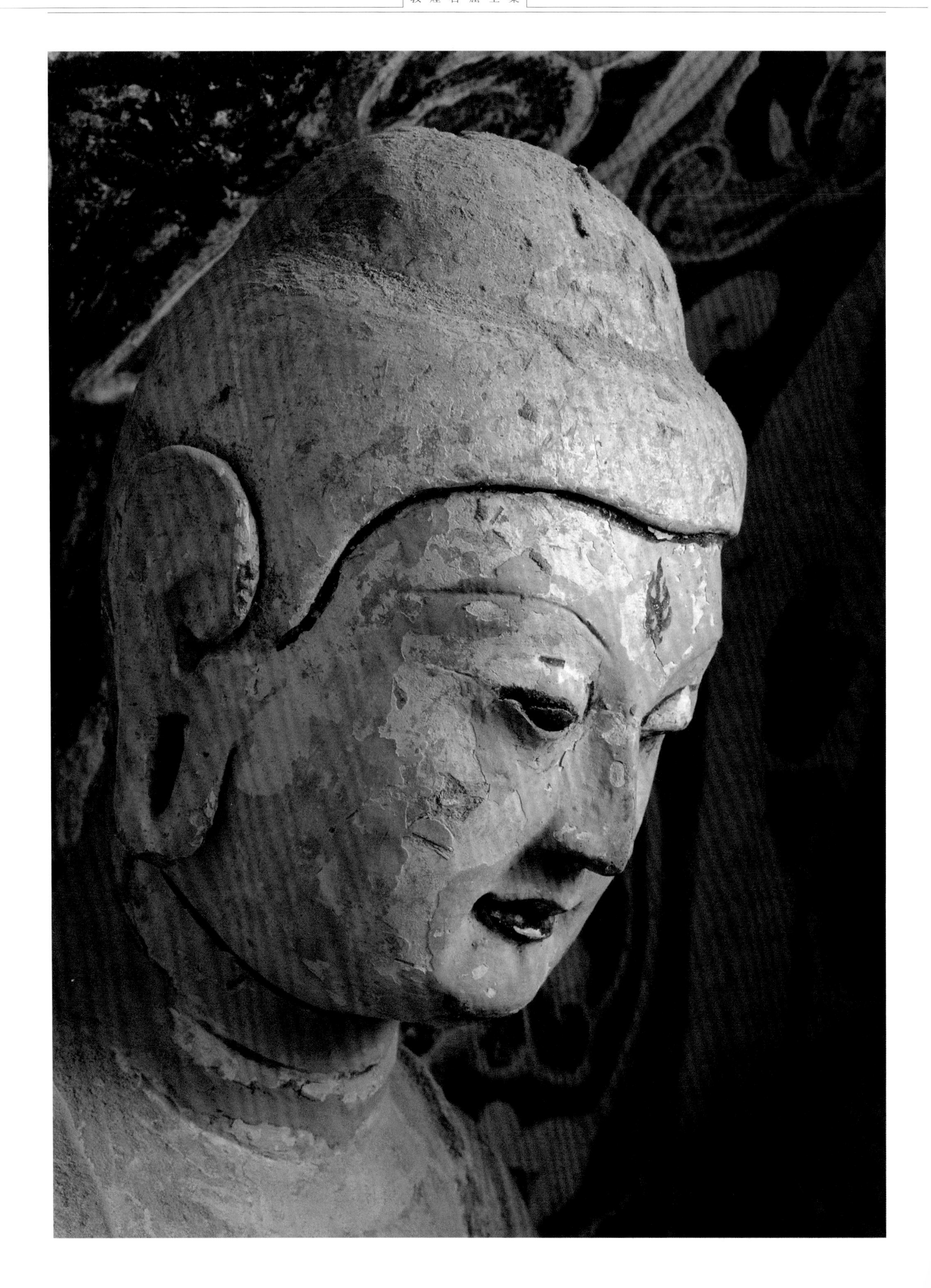

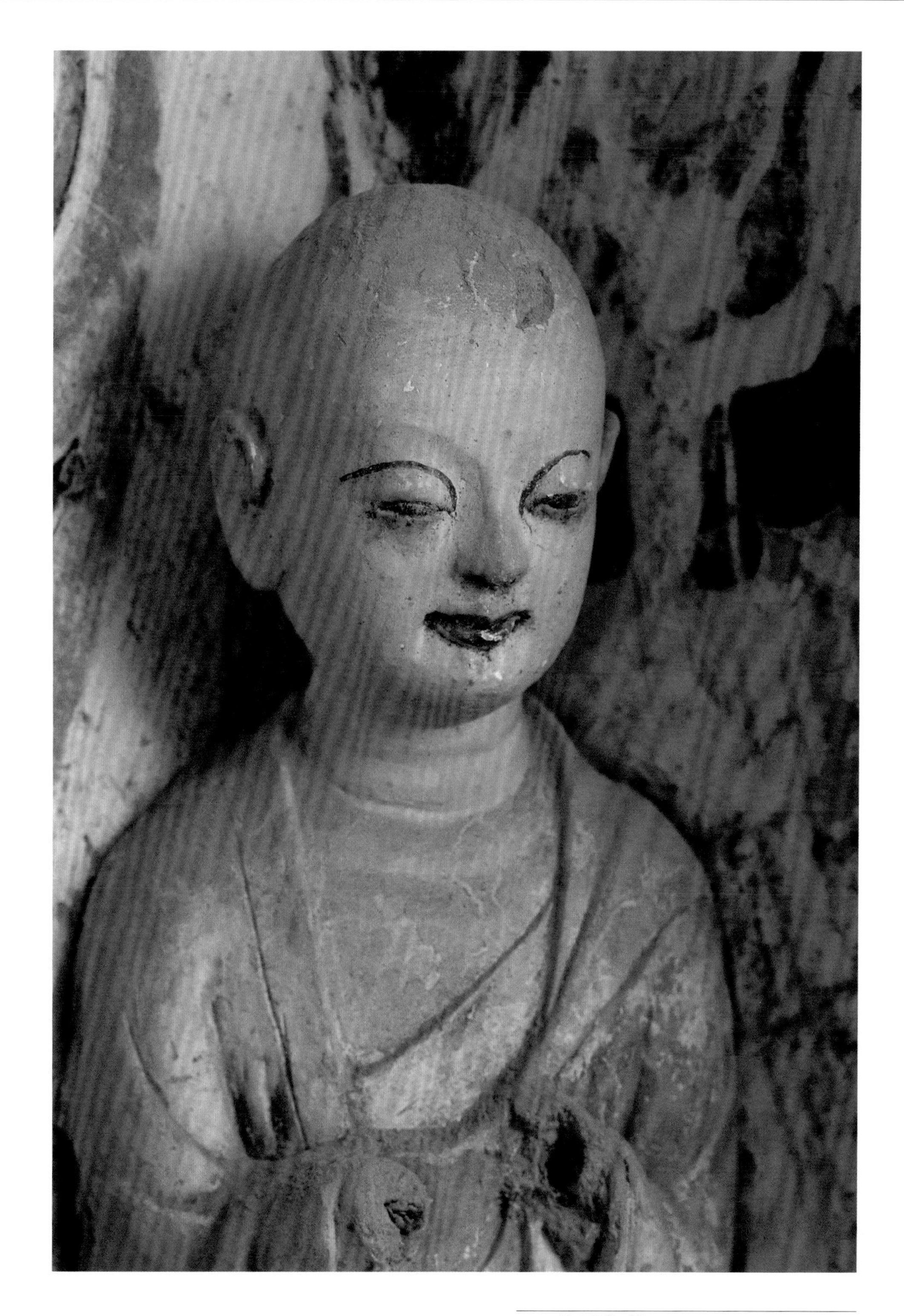

93 弟子迦葉

與阿難相對，迦葉亦塑成美貌少年，與“頭陀第一”的苦行僧的形象相去甚遠。雙手雖然已失，但可以看出原來的姿態仍是在合掌禮佛。衣着厚重，用色簡單，予人淳樸之感。

初唐　莫283　西龕內北側

92 釋迦佛側面

此圖是前像的特寫。釋迦牟尼頭生肉髻，修眉長目，面相沉靜，慈祥中透出幾分嫵媚，極富人情味，猶如一位正在修持的貴婦。

初唐　莫283　西龕內

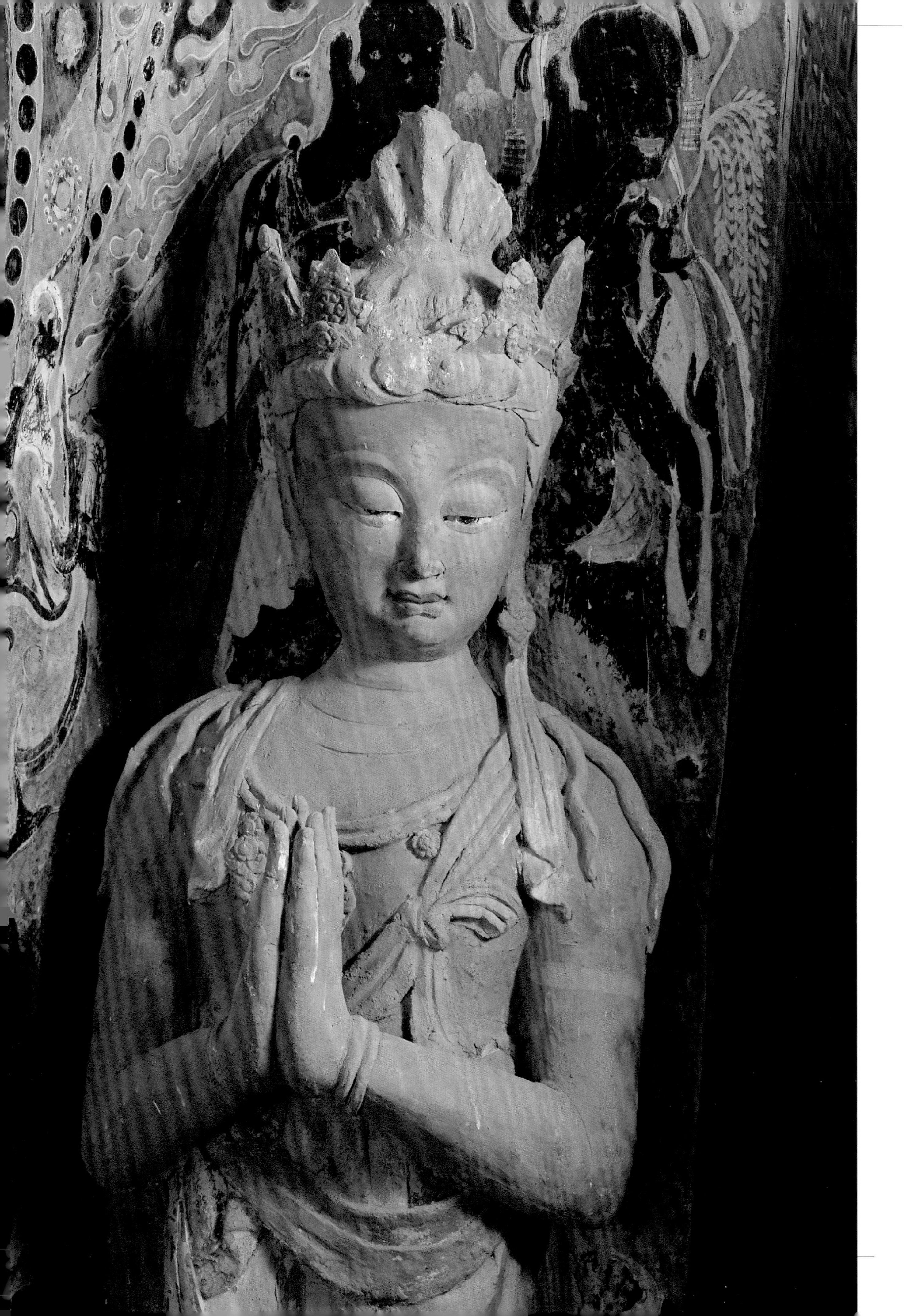

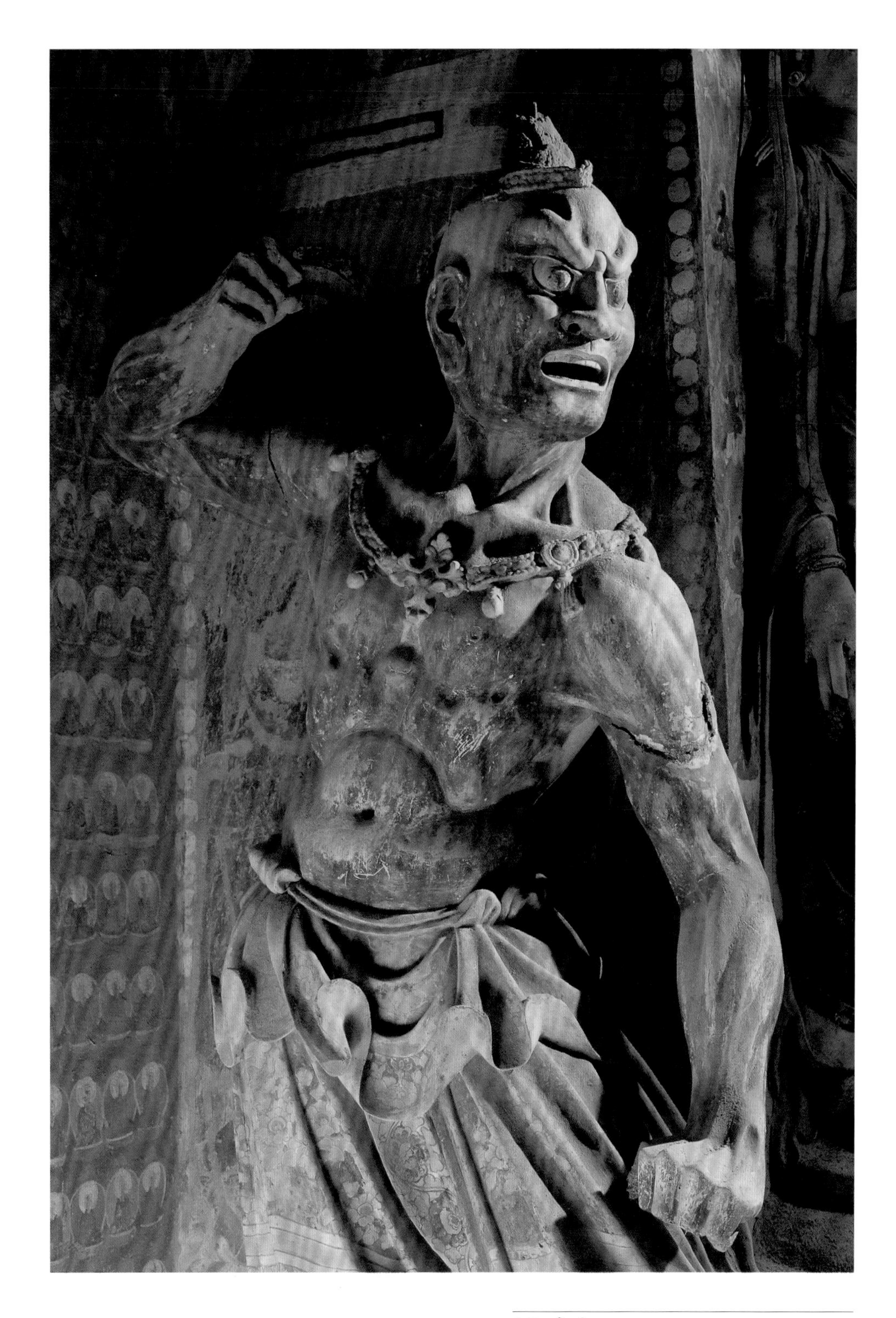

95 力士

力士蹙眉怒目，作大吼狀，一手舉一手下按，奮臂握拳，兩臂和胸腹部肌肉隆起，誇張而又顯得合理。身體的重心在直立的右腳上。揮動的手臂，前伸的左腳以及飛動的戰裙上下呼應，都表現了一個“動”字。

初唐 莫206 西龕外南側

94 脅侍菩薩

菩薩面相矜持，戴花冠，長垂的冠帶保留隋代的造像特點，唯斜披的僧祇支變成初唐時代的帛帶。除鬚眉及身飾略施綠色外，通體為肉紅色，顯得深沉而含蓄。

初唐 莫204 西龕外北側

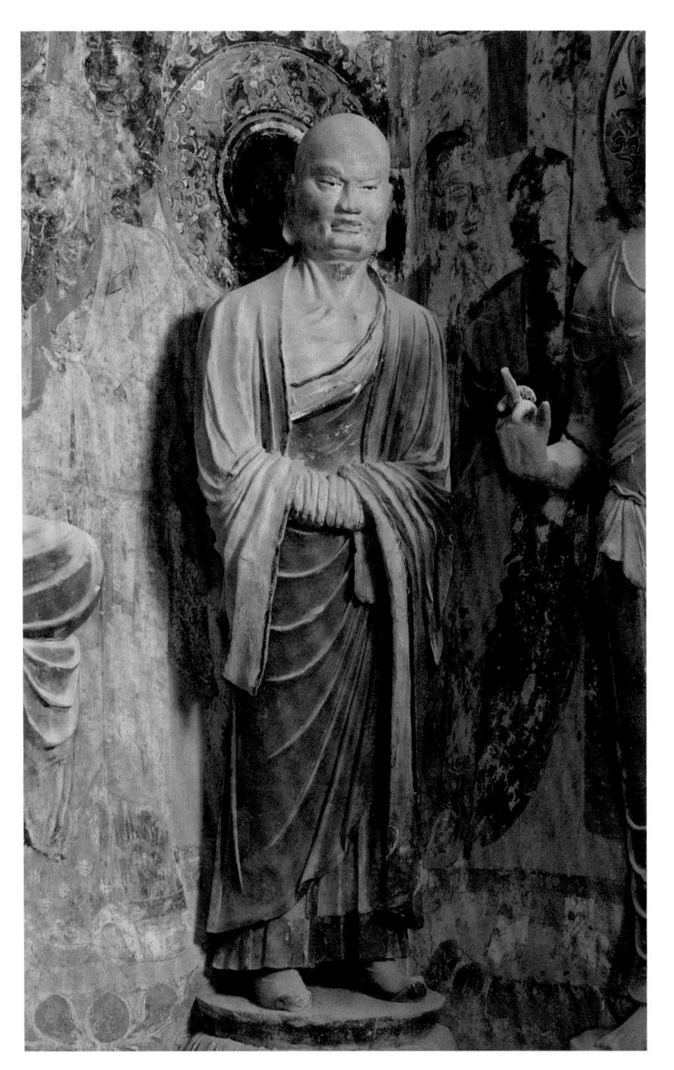

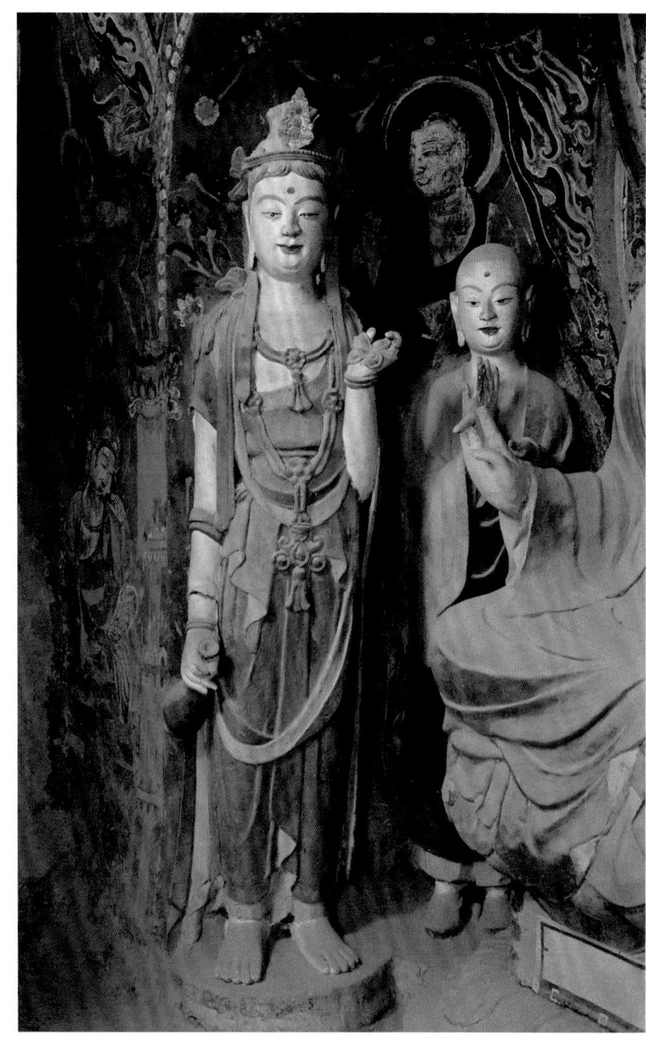

96 **弟子迦葉**

迦葉額頭飽滿，目光炯然卻又緘口不語，再現了一個深諳佛理而又老成持重的迦葉。隋代往往以瘦骨嶙峋的身形和微笑的表情表現迦葉作為苦行僧的人生經歷，但初唐時卻一反舊式，更注重精神面貌的塑造。

初唐 莫220 西龕北側

97 **弟子阿難與菩薩**

阿難和菩薩的服飾及持物等都與隋代無異，但盛裝之下已換新人。這兩身造像身形秀麗，比例勻稱，頗具寫實技巧。雖被後世重新裝彩，但仍不失初唐風貌。

初唐 莫57 西龕內南側

98 **釋迦佛**

釋迦牟尼穿通肩袈裟，兩肩外張略呈方形，右手作施無畏印。右腳內左腳外的降魔坐，是初唐時代新由長安傳入的造像樣式。密集的衣紋線作尖棱形，火燄紋背光上原應浮塑千佛，已失。

初唐 莫322 西龕內

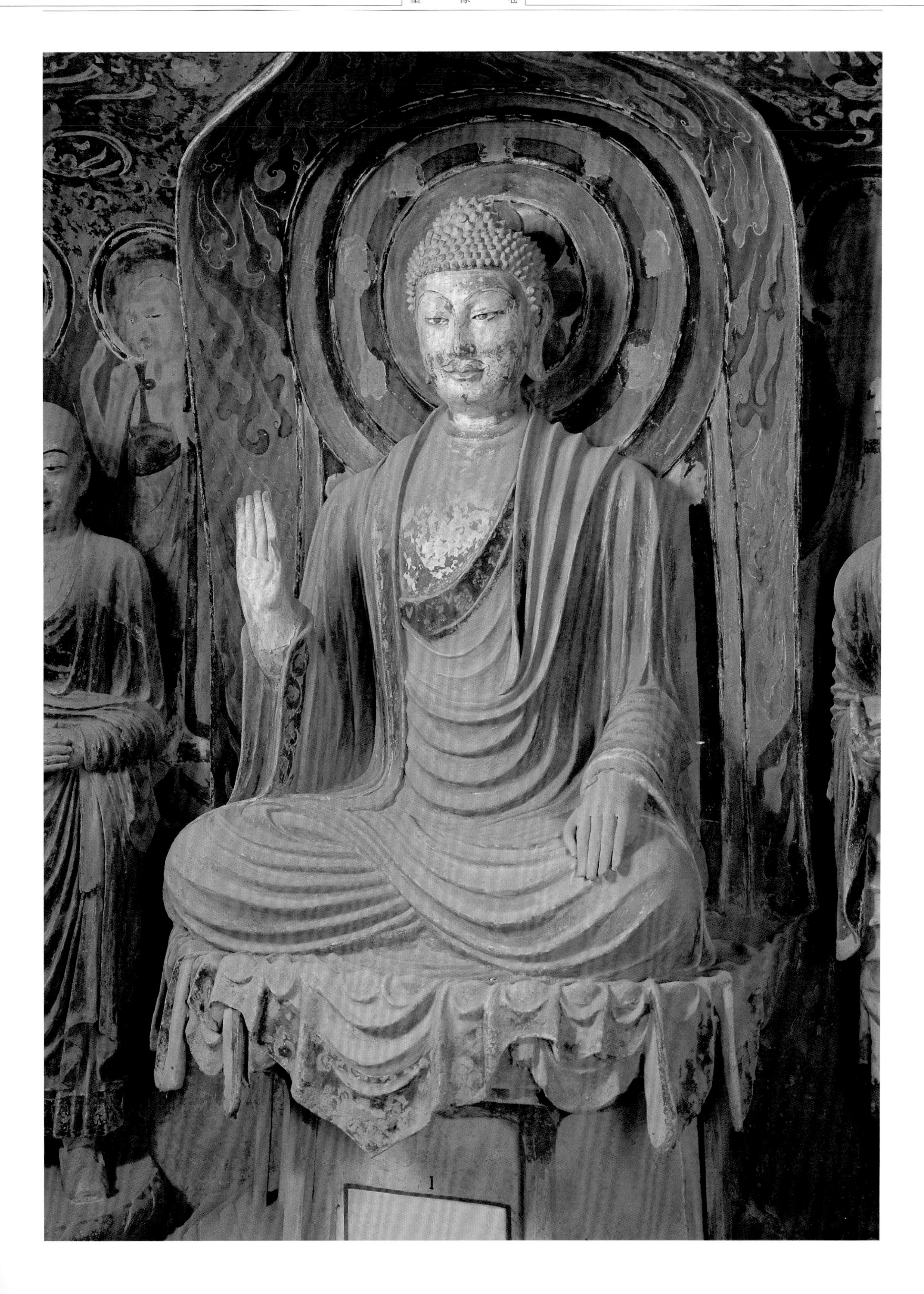

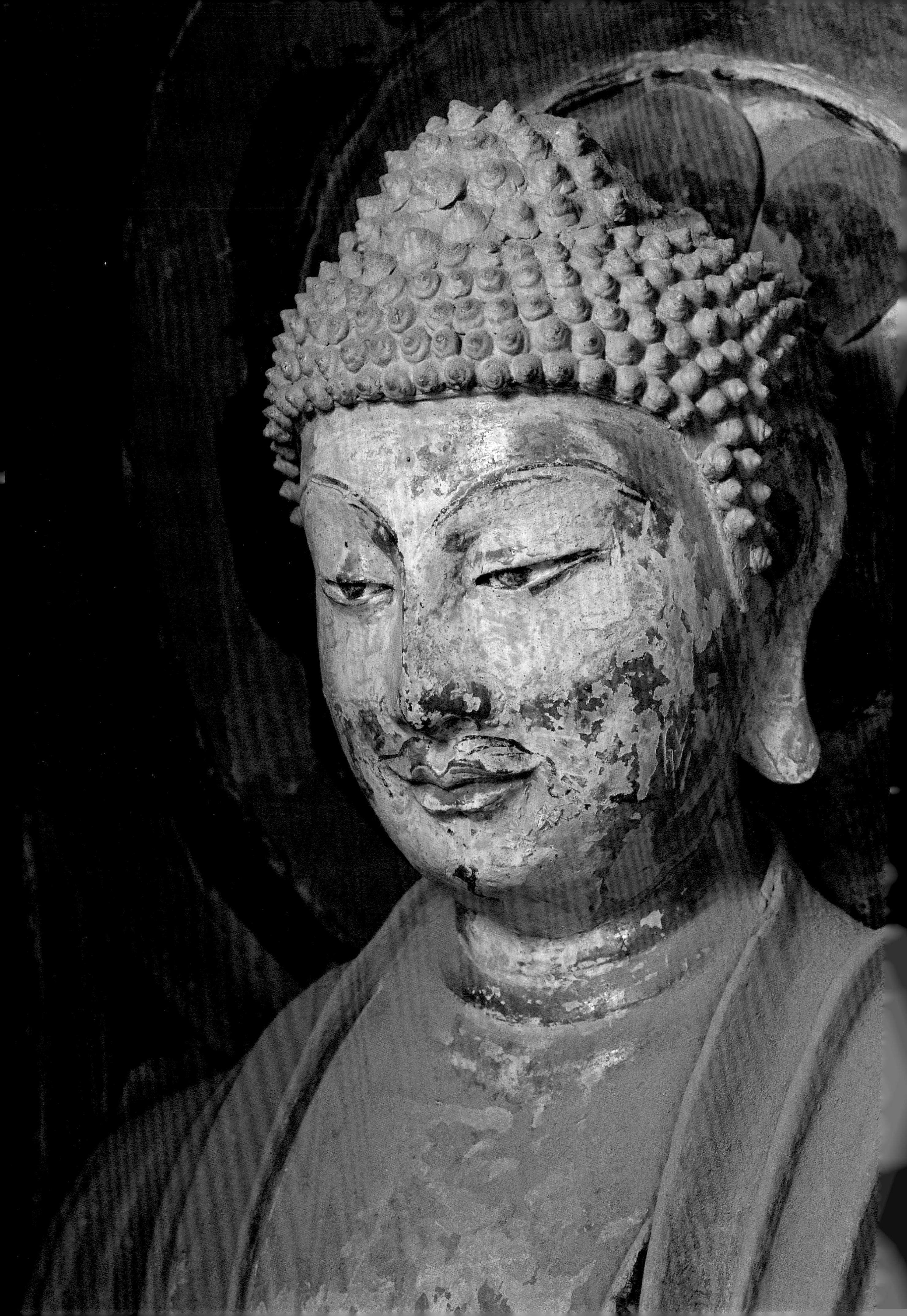

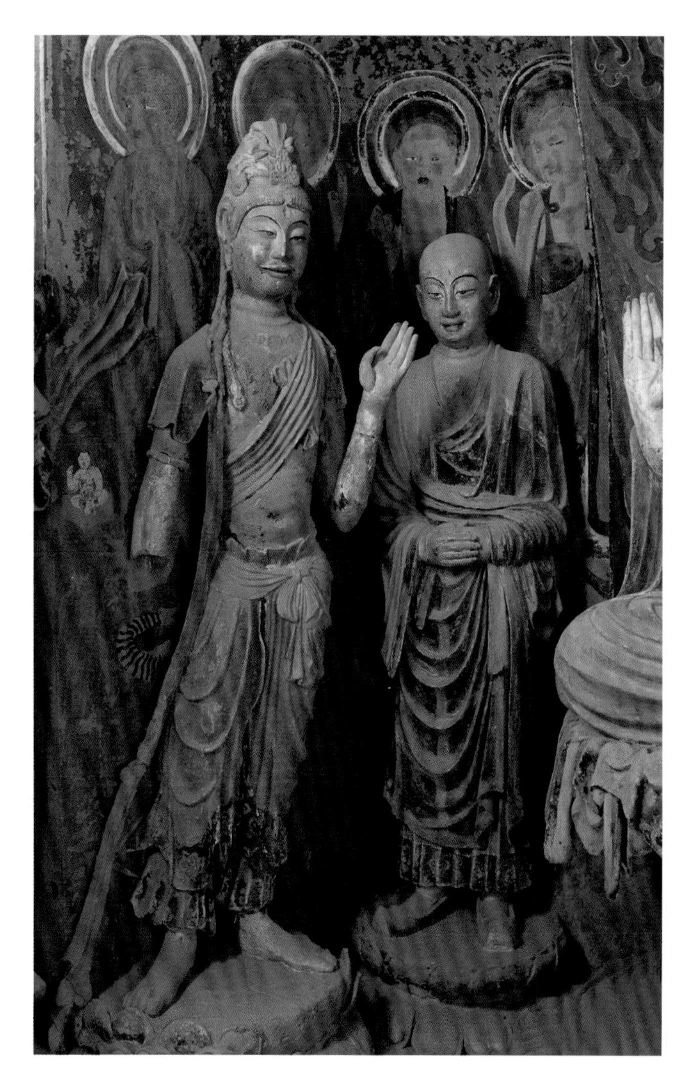

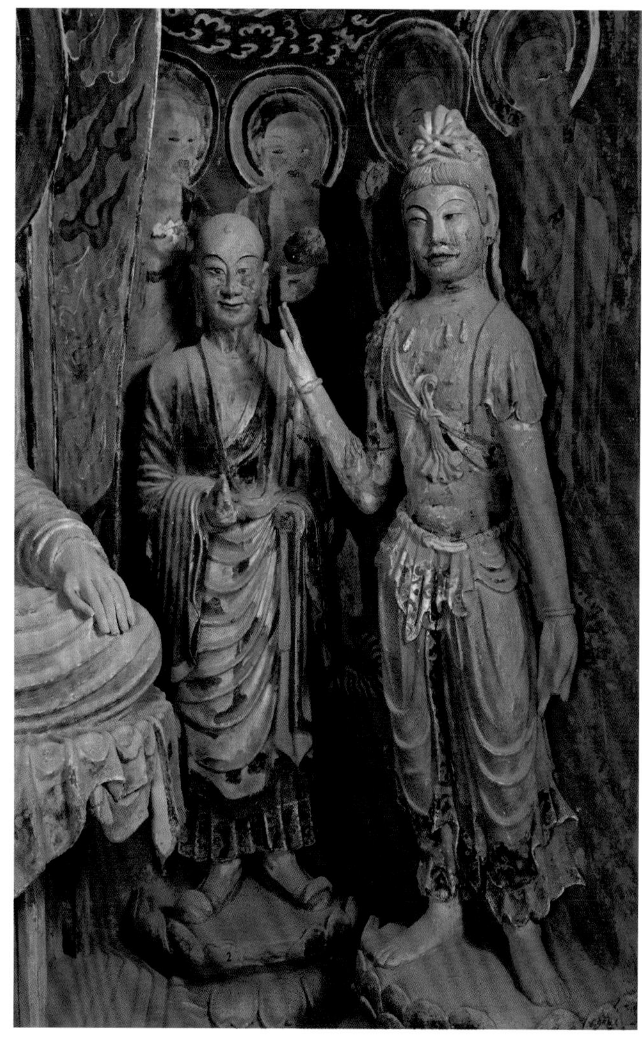

100 **弟子阿難與菩薩**

主尊兩側塑繪十大弟子。阿難穿袈裟，內着僧祇支，袈裟下緣平齊，上飾捲草紋。菩薩辮髮高聳，斜披條帛、冠帶，天衣長垂。阿難的袈裟略有變色，菩薩的衣裙及其裙帶仍保存初唐時的紅綠色，衣紋的塑造呈現出波浪式的特徵。

初唐　莫322　西龕內南側

101 **弟子迦葉與菩薩**

迦葉身穿山水袈裟，面相和悅，頸部塑出喉頭筋脈，從挺直的身形上可以看出是一個樸實憨厚的中年男子的形象。菩薩闊口留鬚，亦呈男子相，手臂塑造有些僵直，腹部的肌肉表現得較為自然。

初唐　莫322　西龕內北側

99 **釋迦佛頭部特寫**

釋迦牟尼頭生螺髻，面相豐潤，修眉長眼，兩耳低垂，神態莊重而沉靜。從肌膚上留有的裝金殘迹，可以想見當年造像的輝煌。

初唐　莫322　西龕內

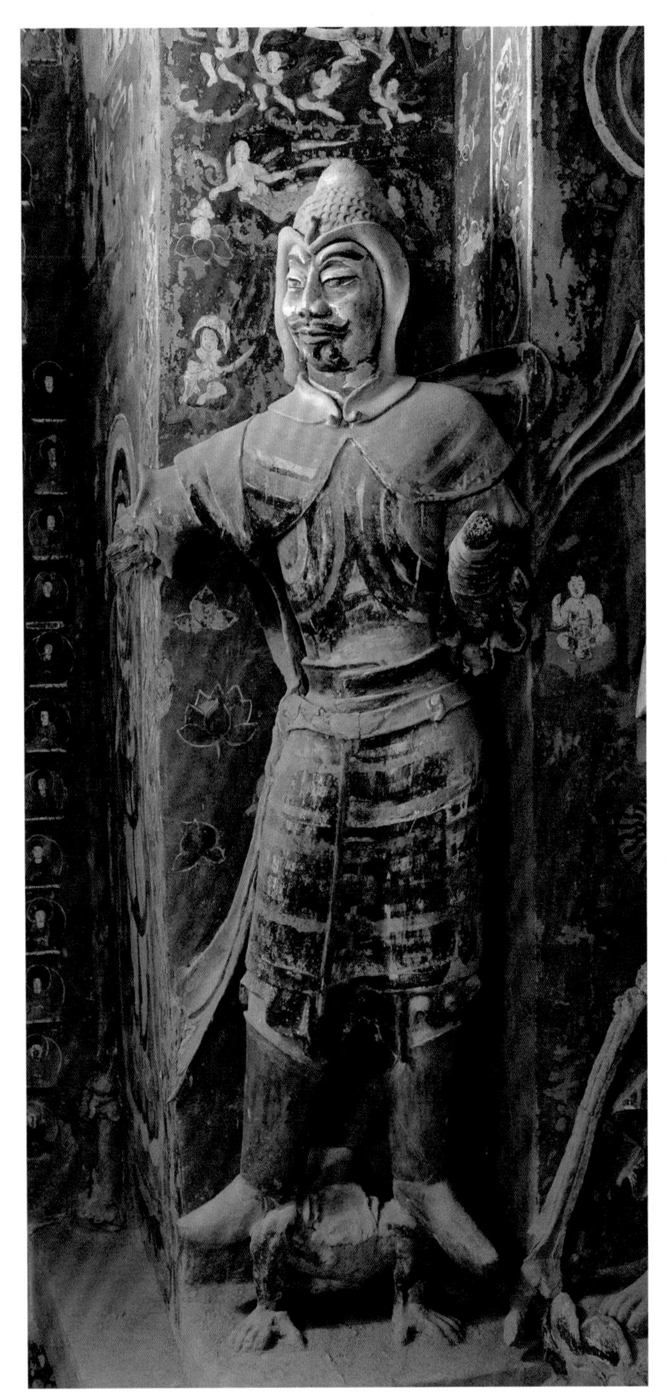

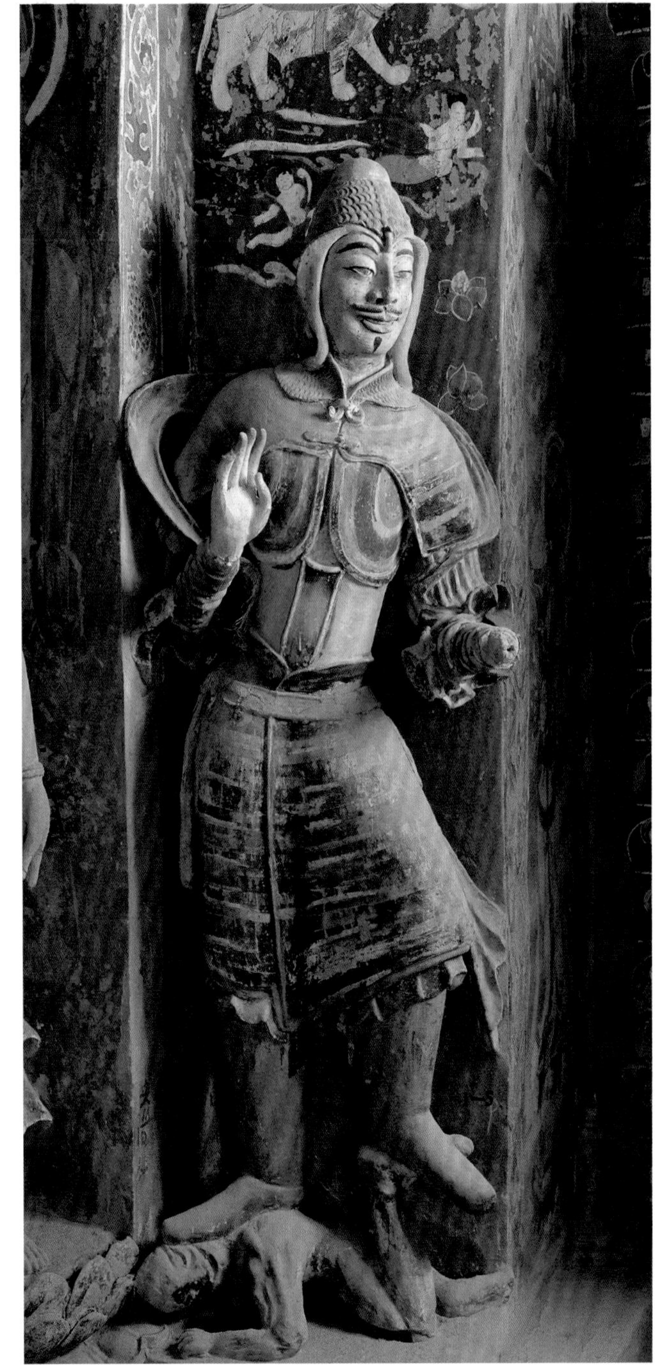

102 南方增長天王

天王戴兜鍪，身覆頓項、掩膊，穿胸甲戰裙，裹行縢烏靴，儼然一副唐代武士的裝扮。此窟內造像皆隆鼻闊口，身形纖瘦。塑造手法趨向寫實，形體與人等高，與其説是"神"，不如説更貼近現實生活中的"人"。

初唐 莫322 西龕外龕南側

103 北方多聞天王

天王戴盔束甲，穿烏靴立藥叉身上。天王的形象説明初唐不是在簡單地承襲前朝，而是以現實生活為基礎，不拘一格地努力創造英雄的偶像。

初唐 莫322 西龕外龕北側

104 北方多聞天王特寫

天王濃眉長眼，直鼻厚唇，蓄八字鬍，具有西域胡人的特徵。由此反映了唐王朝軍旅中多有胡人將領的現象。

初唐 莫322 西龕外龕北側

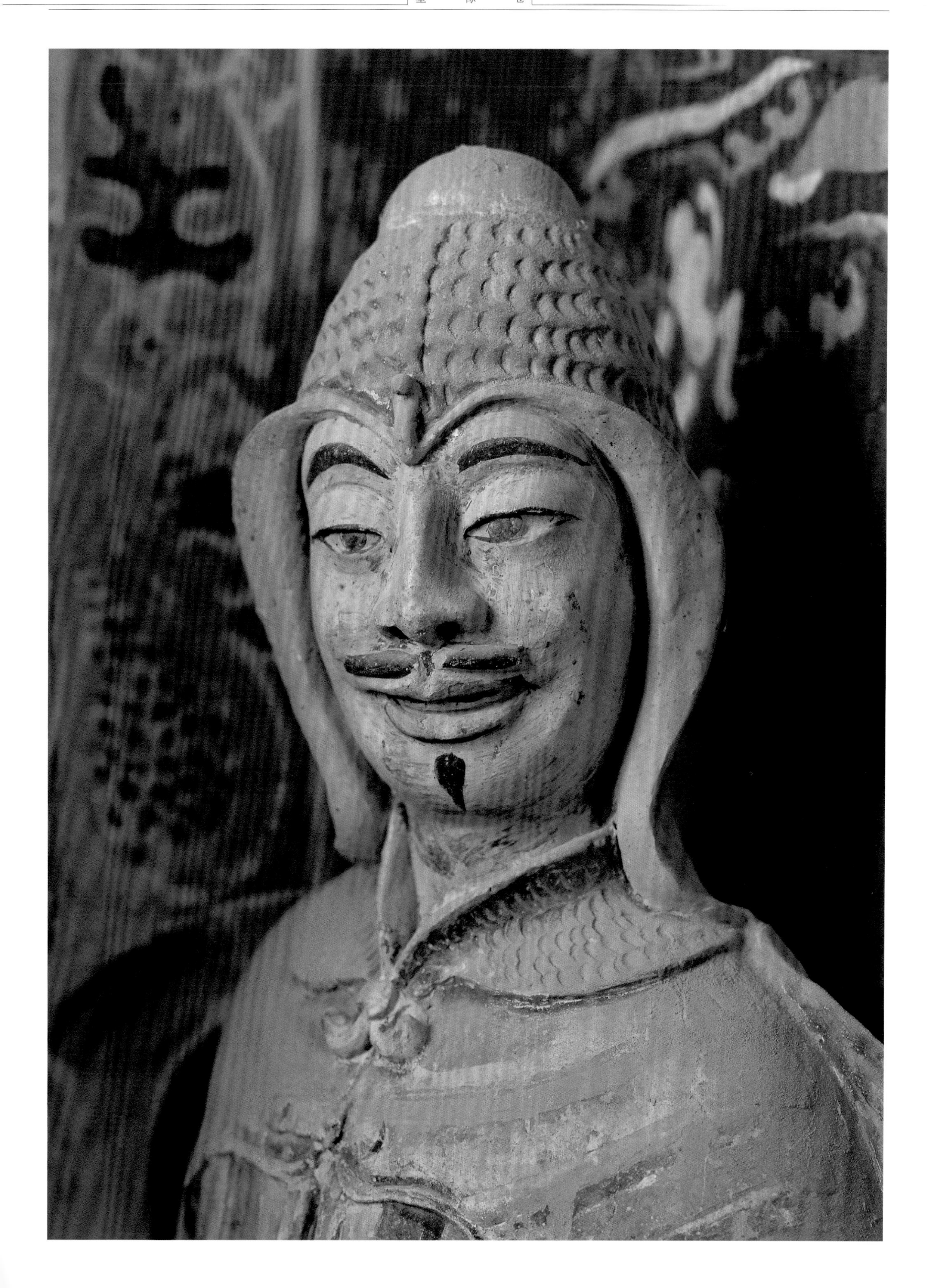

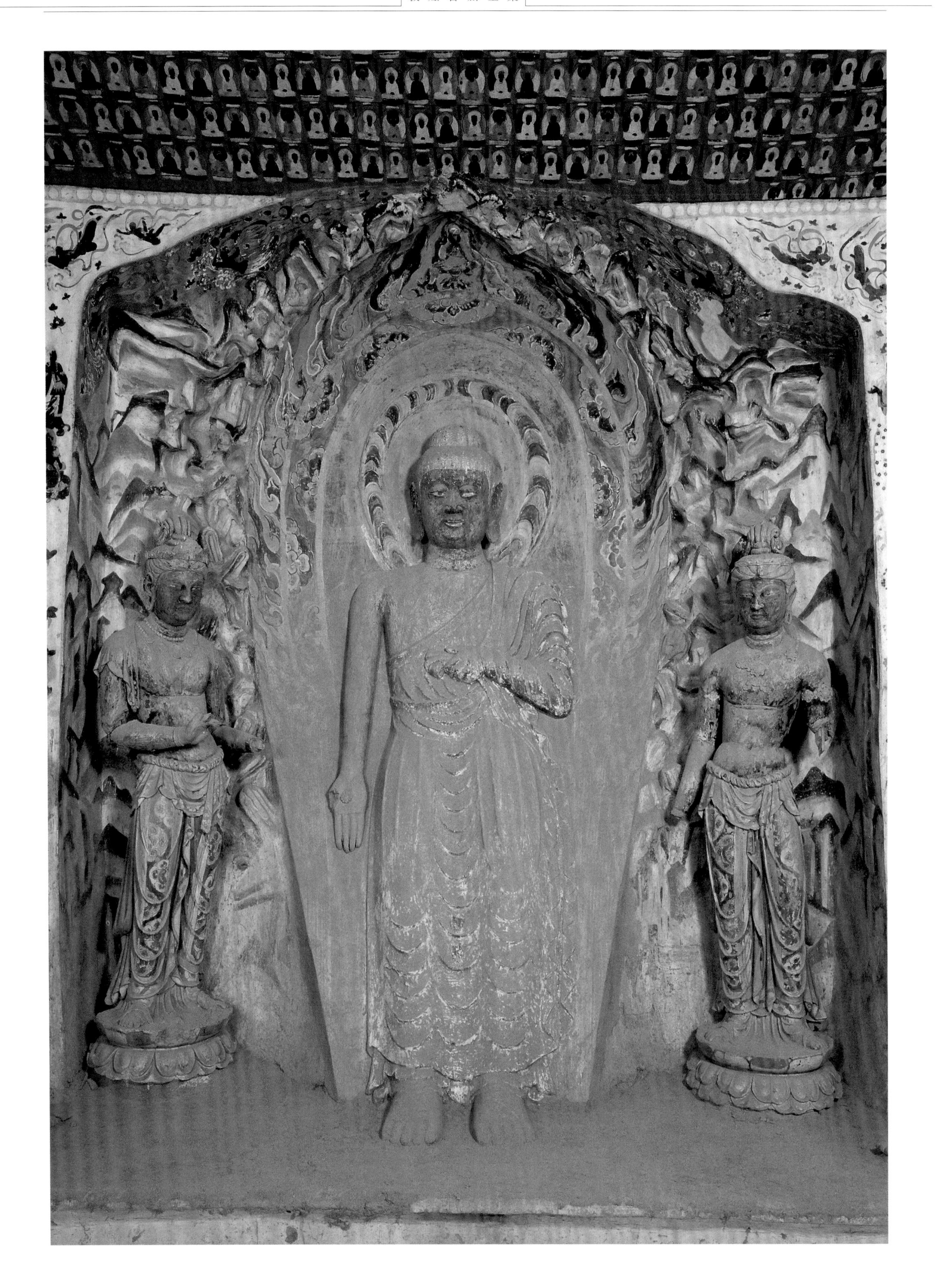

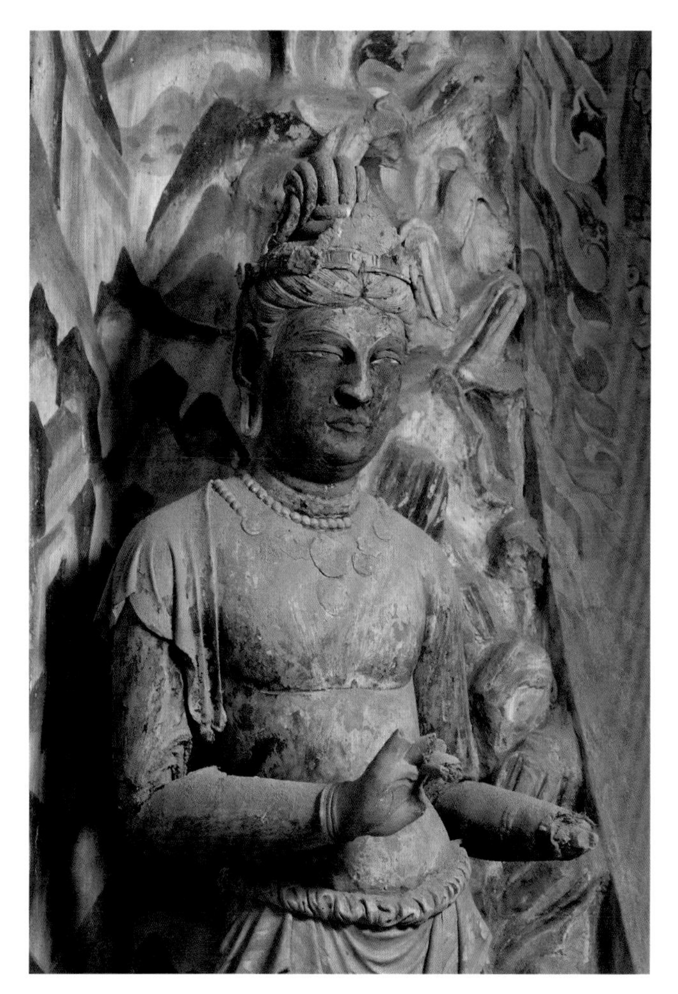

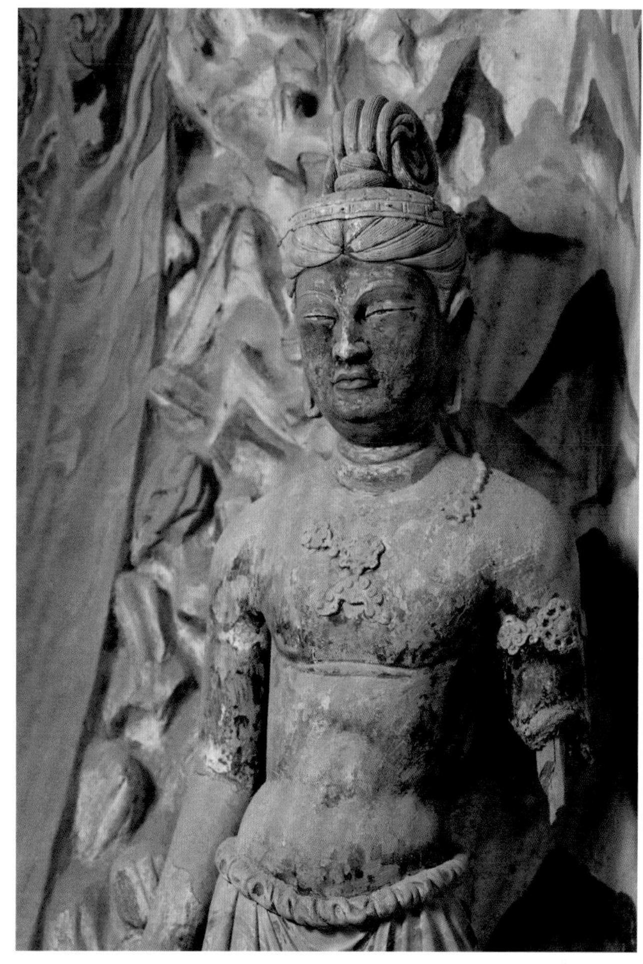

106 **右脅侍菩薩**

菩薩束高髻，曲眉細眼，上身赤裸，腰部略向內傾，肌膚多有變色。

初唐　莫203　西龕內南側

107 **左脅侍菩薩**

菩薩的髮髻冠以及面部保存完好，手臂殘損，項飾、臂釧塑造得十分精細。胸部、腹部的肌肉表現符合人體結構，尤其是腹前至腰間肌肉塊面的過渡自然而合理。

初唐　莫203　西龕內北側

105 **涼州瑞像**

西壁開拱形龕而不塑龕楣，正中浮塑巨大的桃形背光，周圍浮塑山岩塑壁，於中央塑涼州瑞像。據説北魏名僧劉薩訶於涼州預言：御谷將出佛像，後果然山崩而像出。瑞像依山而立，左手於胸前握袈裟一角，袒右臂長垂。

初唐　莫203　西龕內

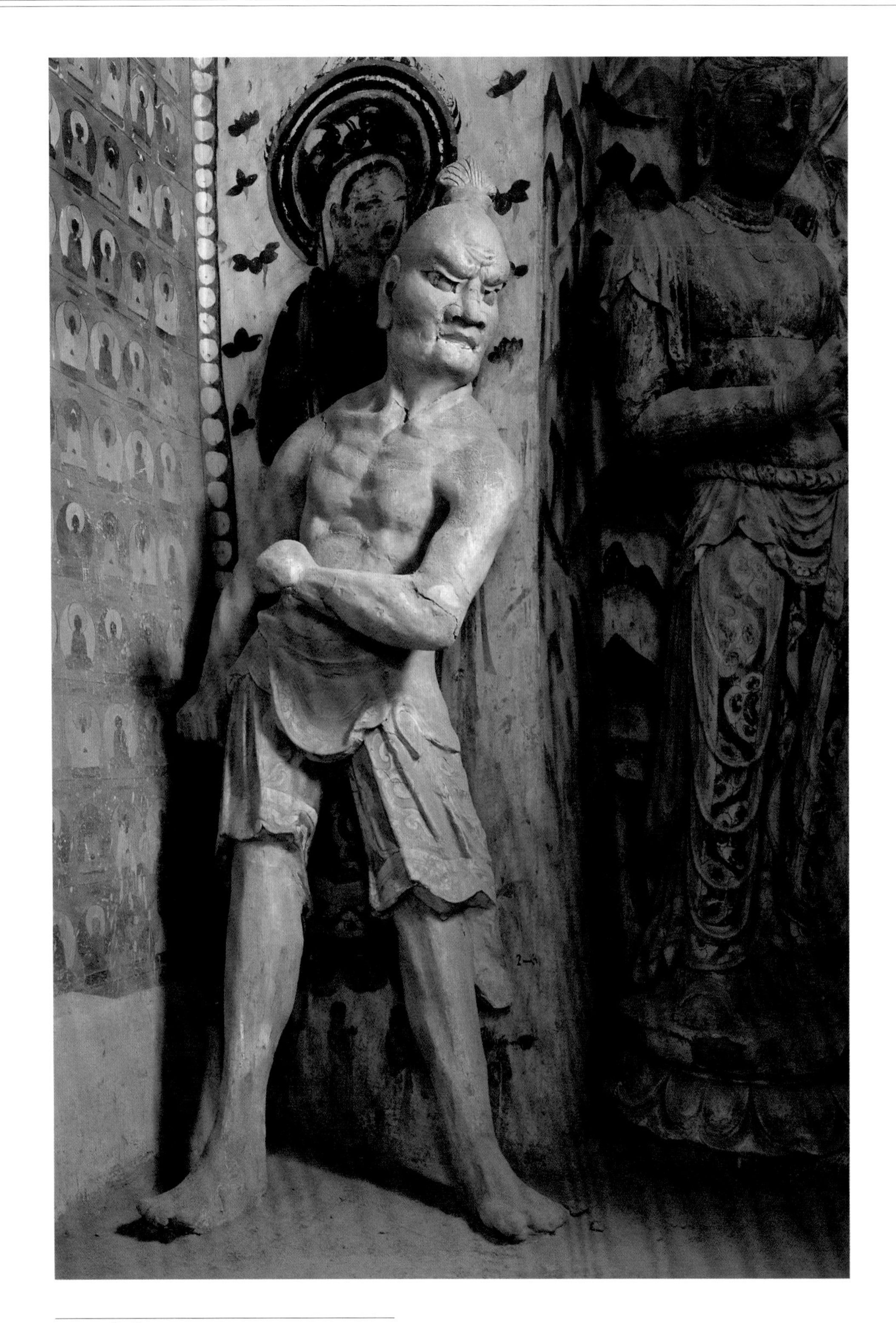

108 **力士**

力士束髮髻，兩眉上挑，眉棱突出，闊鼻，以上齒咬下唇。裸上身着裙，胸腹部的骨骼肌肉明顯，形體和肌肉的塑造十分寫實而略有誇張。兩臂和雙腿的塑造有很強的力度感。

初唐 莫203 西龕外南側

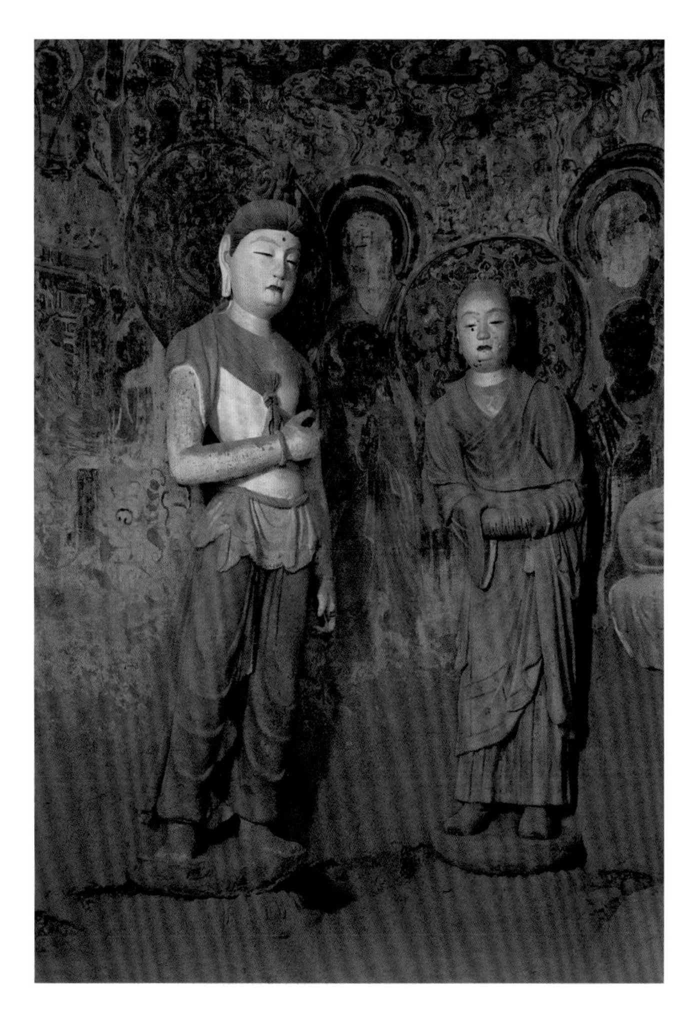

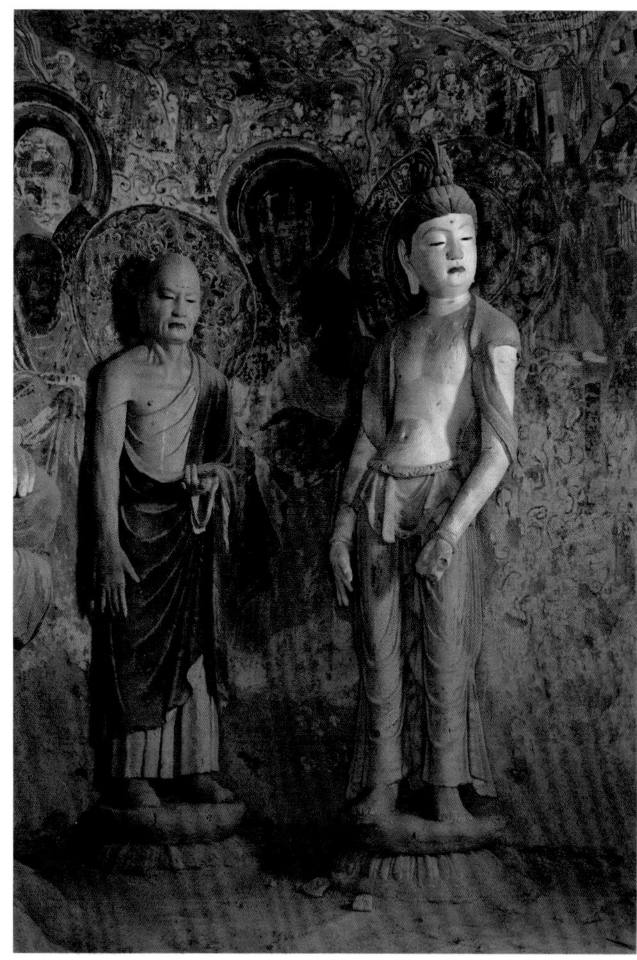

109 **弟子阿難與菩薩**

阿難穿袈裟，兩手袖在棉製的袖筒中恭身而立。菩薩裸上身着裙，跣足立於蓮台上。豐滿的面容及身形，充分體現出初唐的造像特徵。

初唐 莫68 西龕南側

110 **弟子迦葉與菩薩**

迦葉着袈裟，面部表情平和自然，袒露的右臂表現出肌肉的機理，手則為後補。頭光內的捲草紋描繪細緻。菩薩兩臂下垂，回首眺望。下裙極貼體，可以看出採用柔軟而輕薄的絲綢製成，體現了唐代文化的繁榮和經濟的富庶。

初唐 莫68 西龕北側

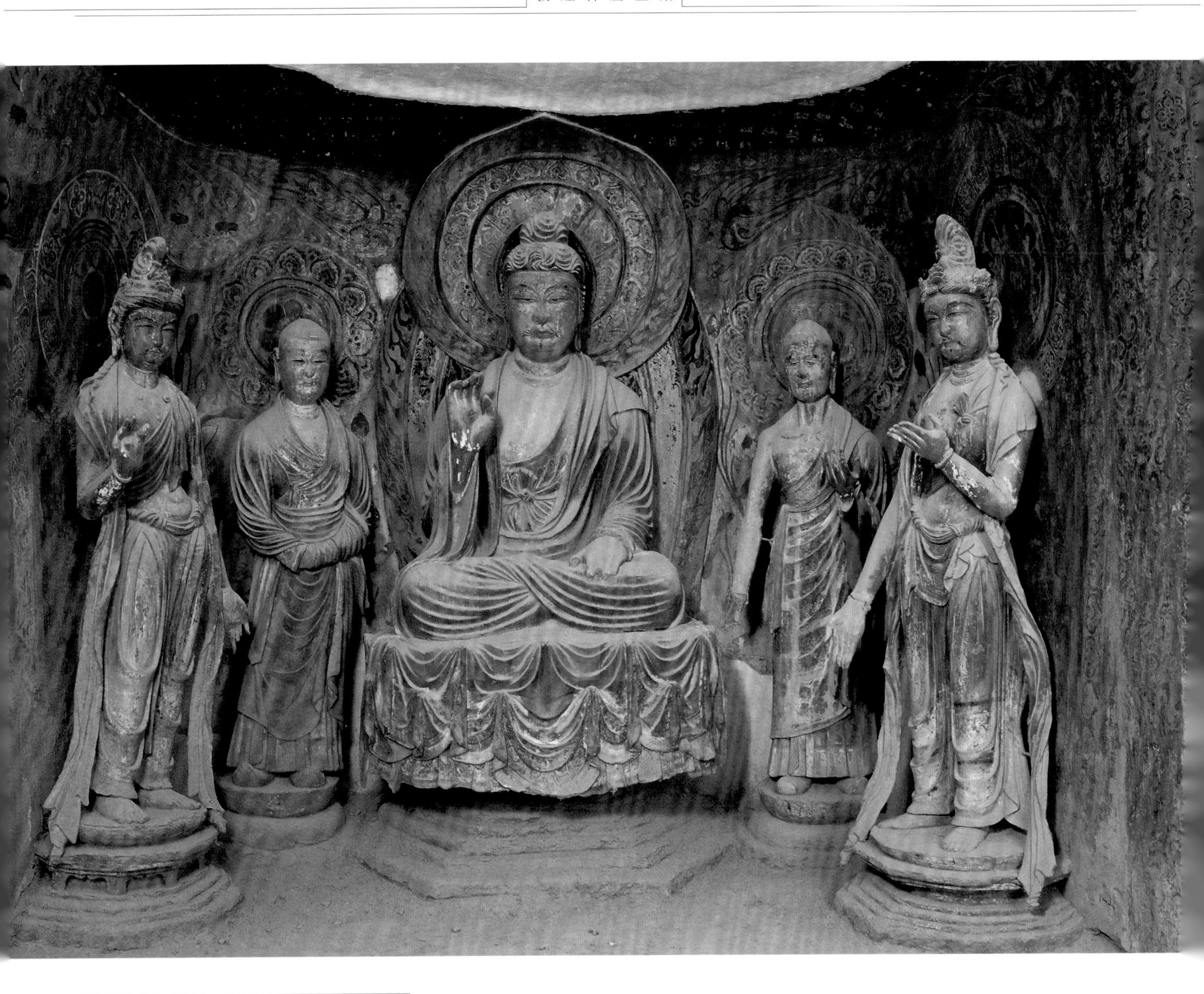

111 **釋迦佛一鋪**

龕內塑一佛二弟子二菩薩五身像。釋迦牟尼穿袈裟，呈降魔坐式。兩側侍立阿難、迦葉及脅侍菩薩。該窟原來曾被煙熏，塑像壁畫色彩難辨。在20世紀80年代，經藥物清洗，得以見到初唐時的鮮麗色彩。

初唐 莫71 西龕

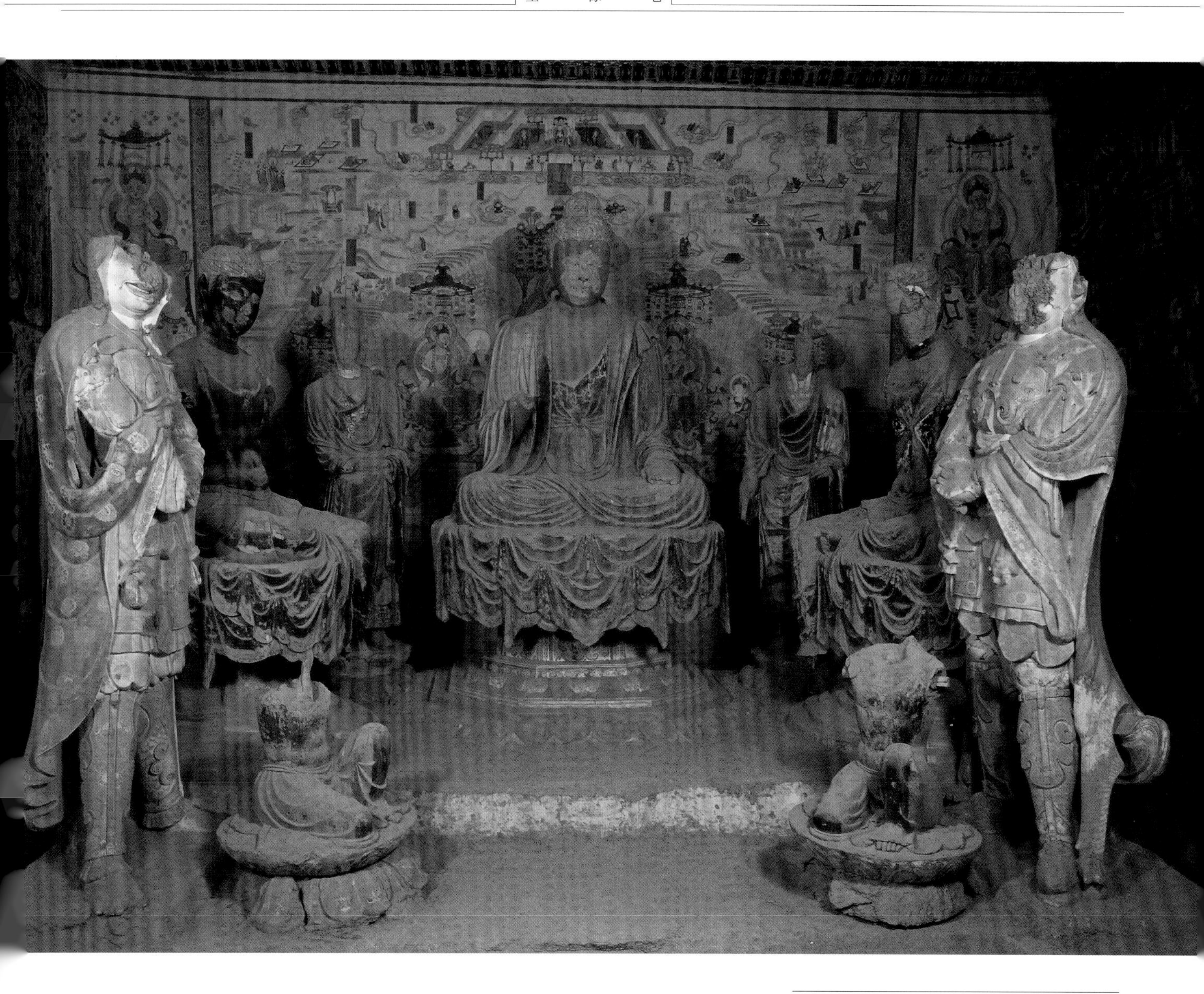

112 釋迦佛一鋪

中心佛壇上塑趺坐蓮台上的釋迦牟尼，兩側塑阿難、迦葉以及脅侍菩薩、供養菩薩等，是莫高窟不多見的圓雕羣塑。塑像比例準確，造型優美，塑造手法寫實，特別是弟子像，連身上袈裟的絲綢紋理都描繪得細緻入微。此鋪塑像雖嚴重殘損，但仍不失為初唐時的傑作。前方二天王像為中唐作品。

初唐　莫205　中心佛壇

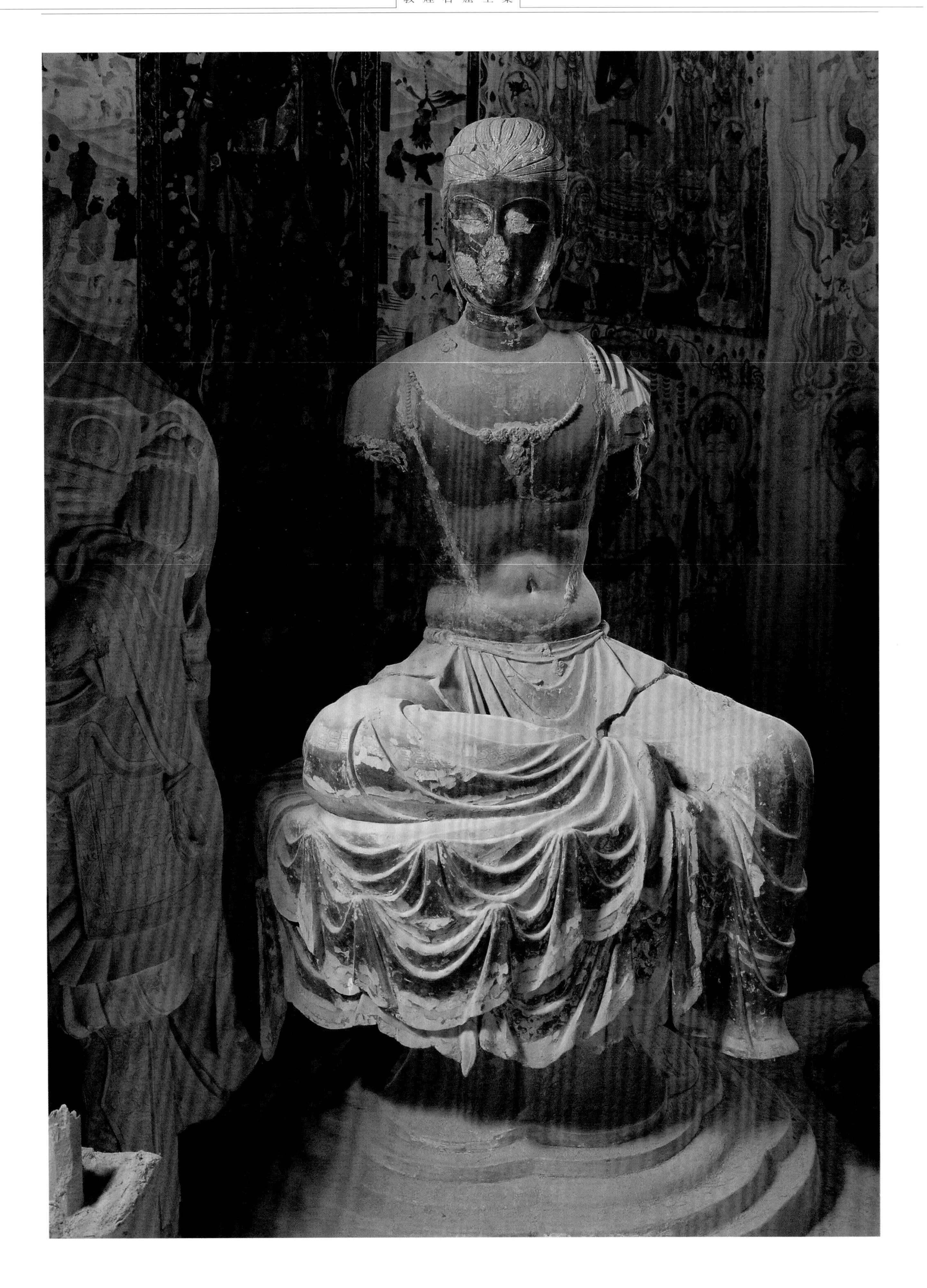

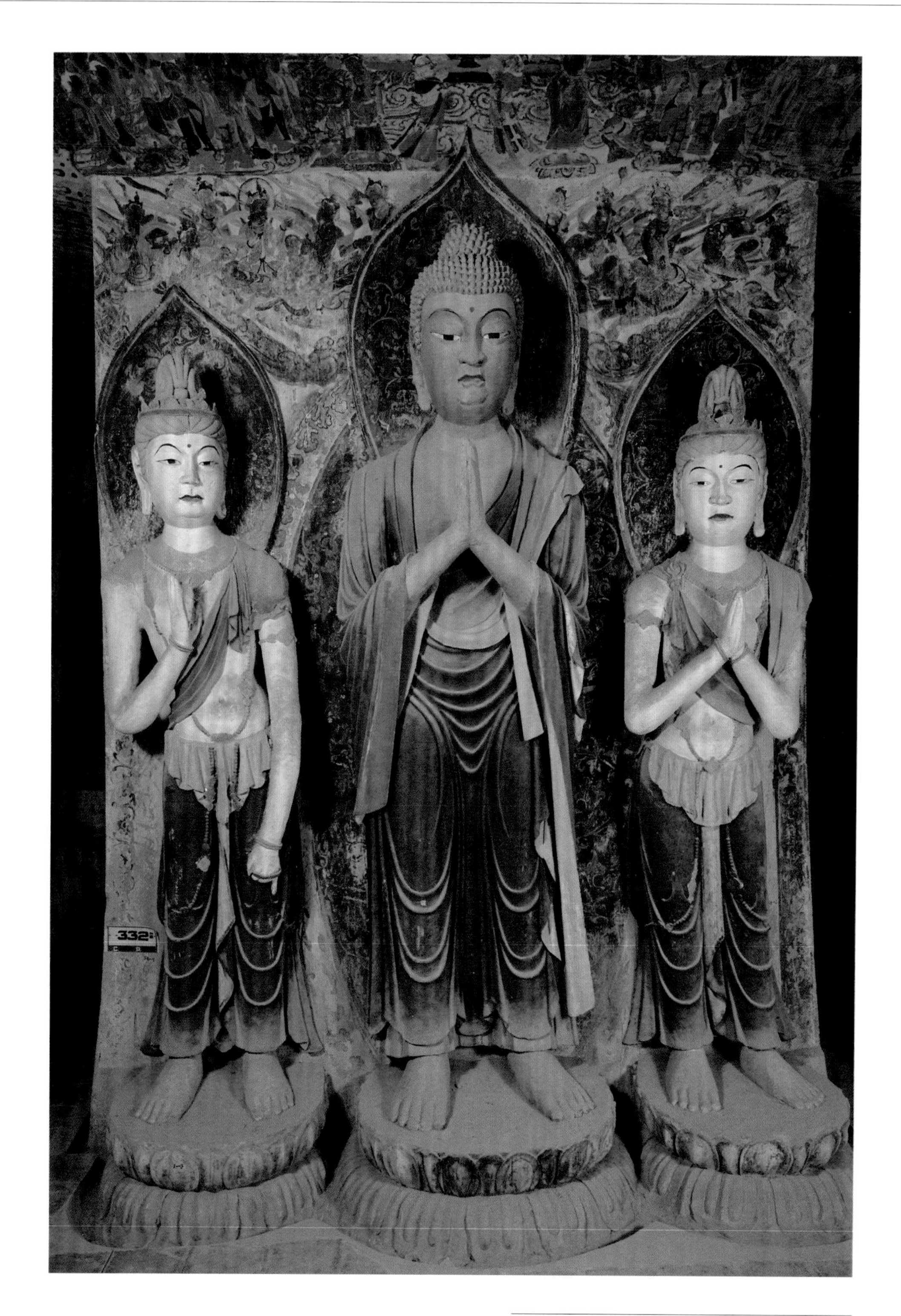

113 右脅侍菩薩

菩薩體魄雄健，挺胸收腹，半跏趺坐於束腰蓮座上。胸、腹、背各部的結構合理，肌肉圓潤而富有彈性，皮膚細膩，可以看出塑造時曾用塑刀反覆而有力地收壓過。輕柔的下裙密貼腰間兩腿，衣側紋線舒展自然，表現了塑匠高度的寫實技巧和敏銳的觀察力。

初唐　莫205　中心佛壇南

114 彌勒三會

彌勒位於中心柱正面，着通肩袈裟，合十立蓮台上，與南北壁人字坡下的三尊像共同表現彌勒於未來世三會說法。雖經後代重新裝彩，但三尊像的身形五官仍保留初唐時代的原狀。

初唐　莫332　中心柱東向面

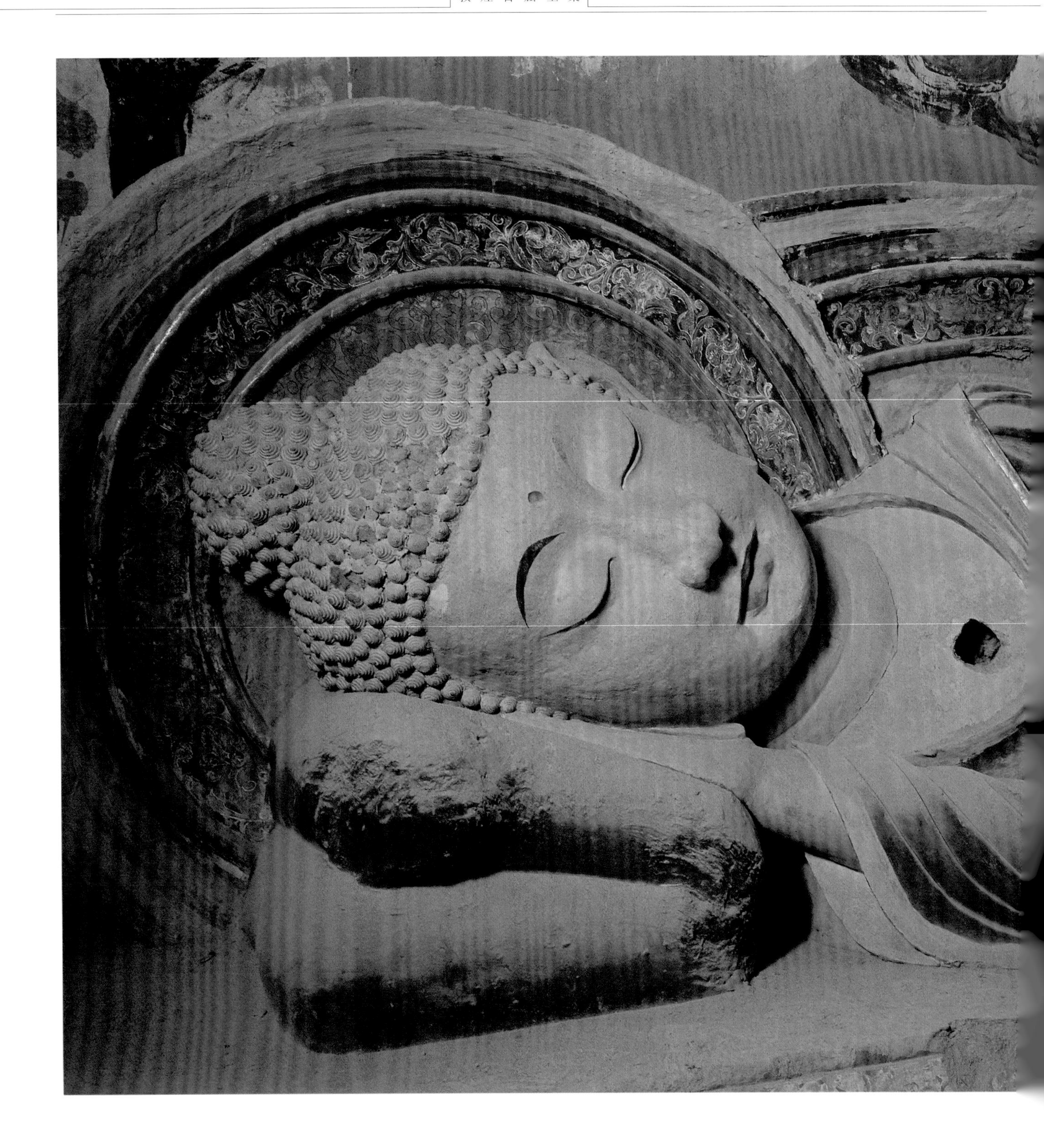

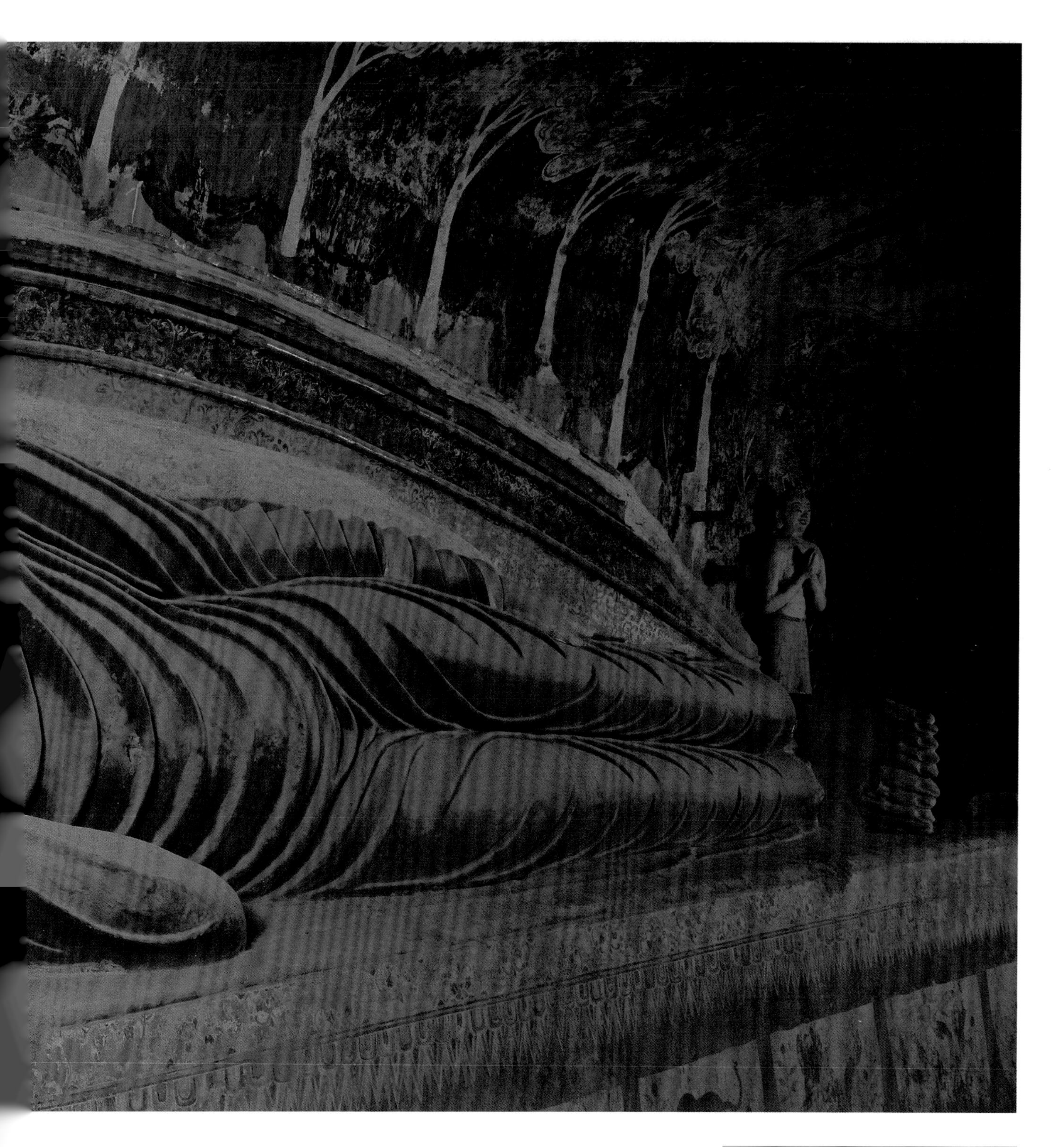

115 涅槃像

釋迦牟尼面相圓潤祥和，枕右手，累足而臥，表現釋迦佛於拘尸那城圓寂的情景。在背光的上方原來應該有許多哀悼的聖眾，現僅存的兩身也是後代重修。

初唐　莫332　西壁龕內

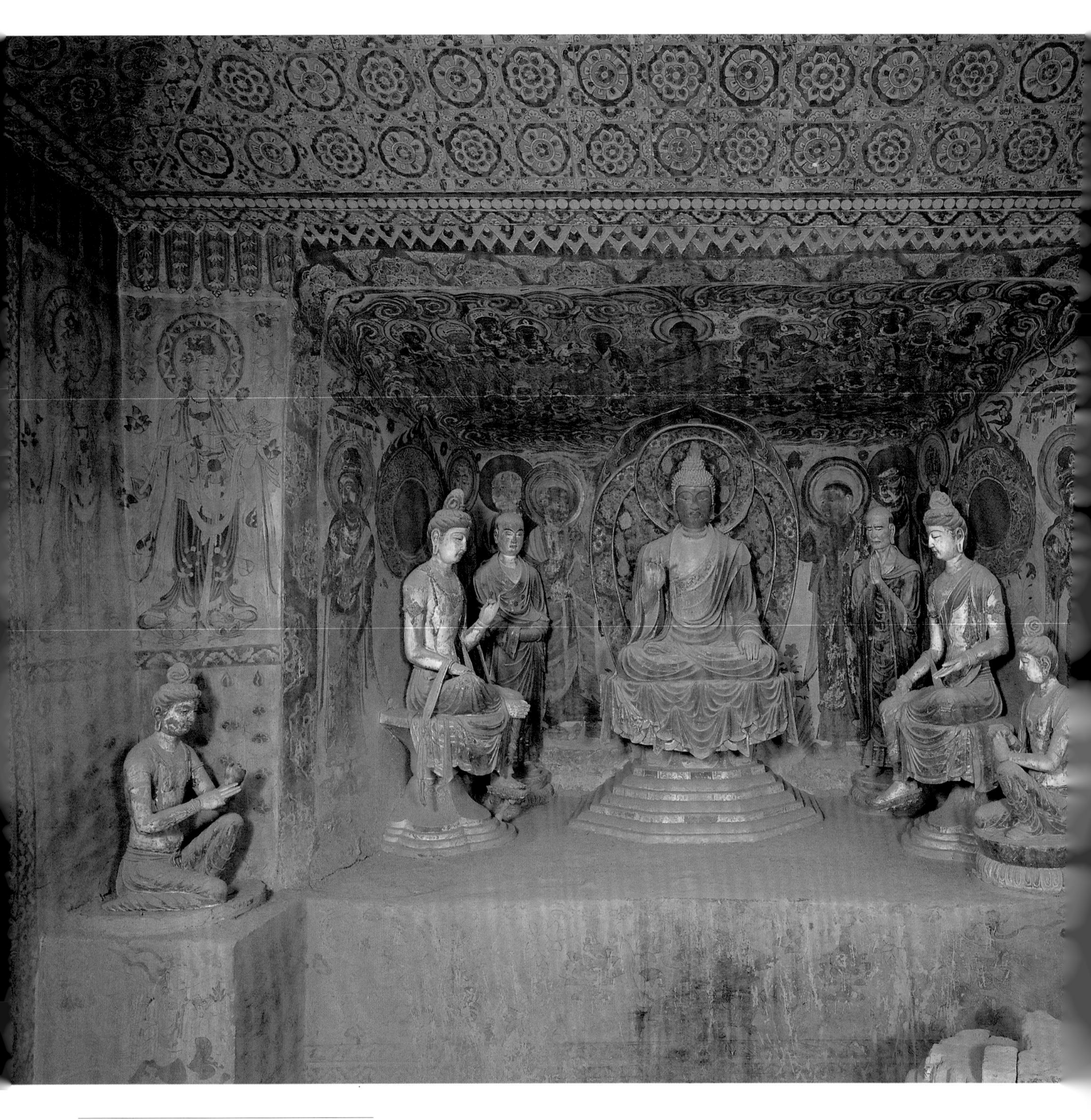

116 釋迦佛一鋪

敞口龕內塑釋迦、弟子、菩薩五身，並在龕內西壁畫另外八弟子。脅侍菩薩外側塑供養菩薩，龕外兩側亦塑供養菩薩。整龕塑像保存完好，只色彩為後代重裝，從優美的造型、流麗的衣紋塑線和繁縟的紋飾，顯示出唐代塑像雍容大度的非凡氣勢。

初唐 莫328 西壁

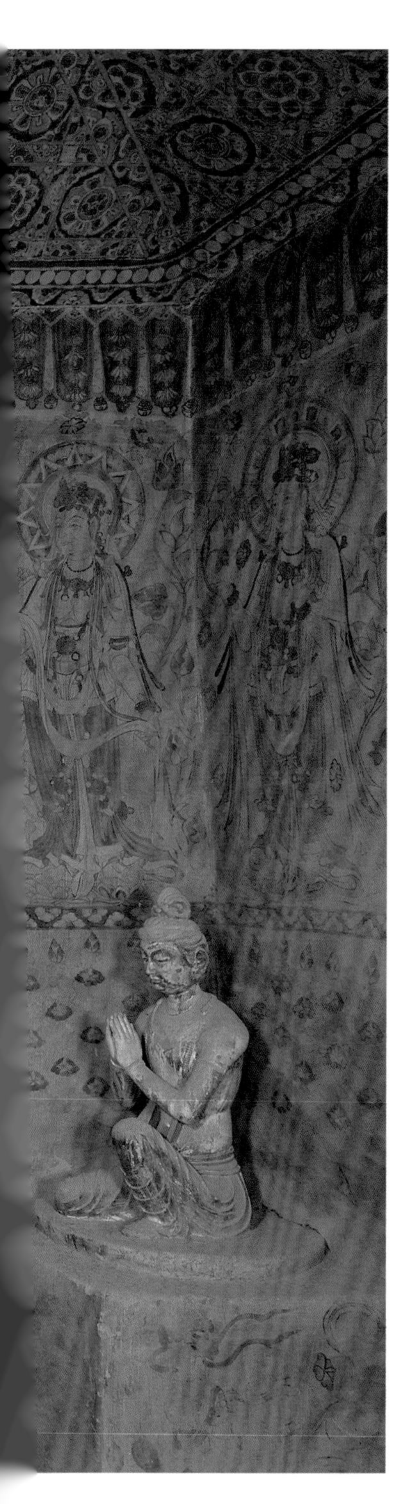

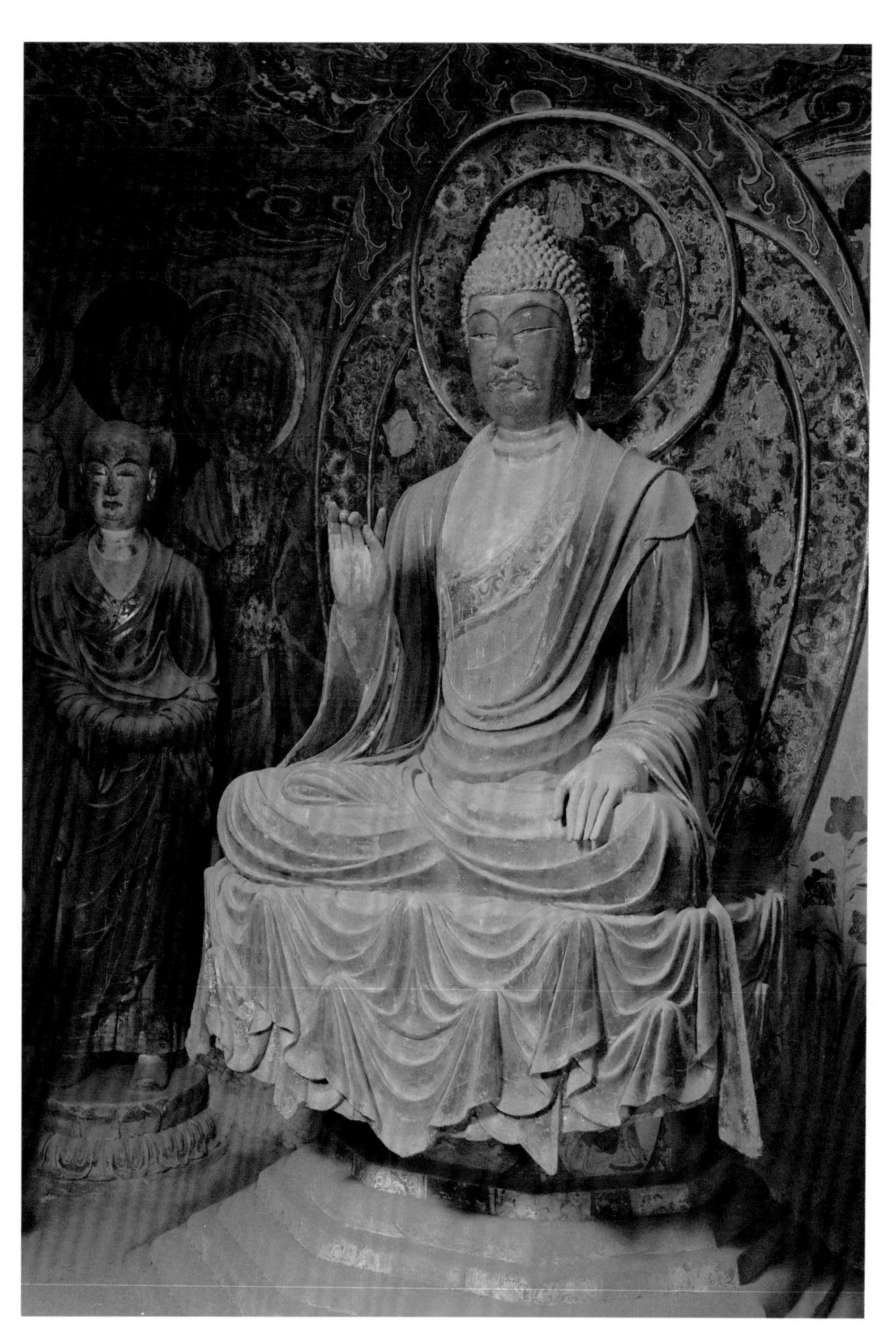

117 **釋迦佛**

釋迦牟尼頭生螺髻，面形略長，作施無畏印，左手放左膝上，着田相袈裟，結跏趺坐。袈裟質地輕柔，可以看到裹覆着的雙腳，衣紋表現得簡潔而又舒緩流暢。此像造型，受來自長安貞觀時期造像的影響。垂懸在八棱形須彌座上的袈裟，中間略長兩側稍短，並塑有“U”字形的衣紋線。

初唐　莫328　西龕內

118 弟子阿難與半跏坐菩薩

阿難像兩道曲眉恰似彎月，直鼻朱唇，兩手袖在棉製的袖筒內，傾身恭立在佛的右側。身旁的菩薩束高髻，翠眉細眼，注視着龕內下方，若有所思。懸鼻小口，唇邊畫有綠色的髭鬚，半跏趺坐於蓮座上，超然而灑脱。半跏坐菩薩像在莫高窟雖非孤品，但如此造型優美且保存完好的佳品卻不多見。

初唐 莫328 西龕內南側

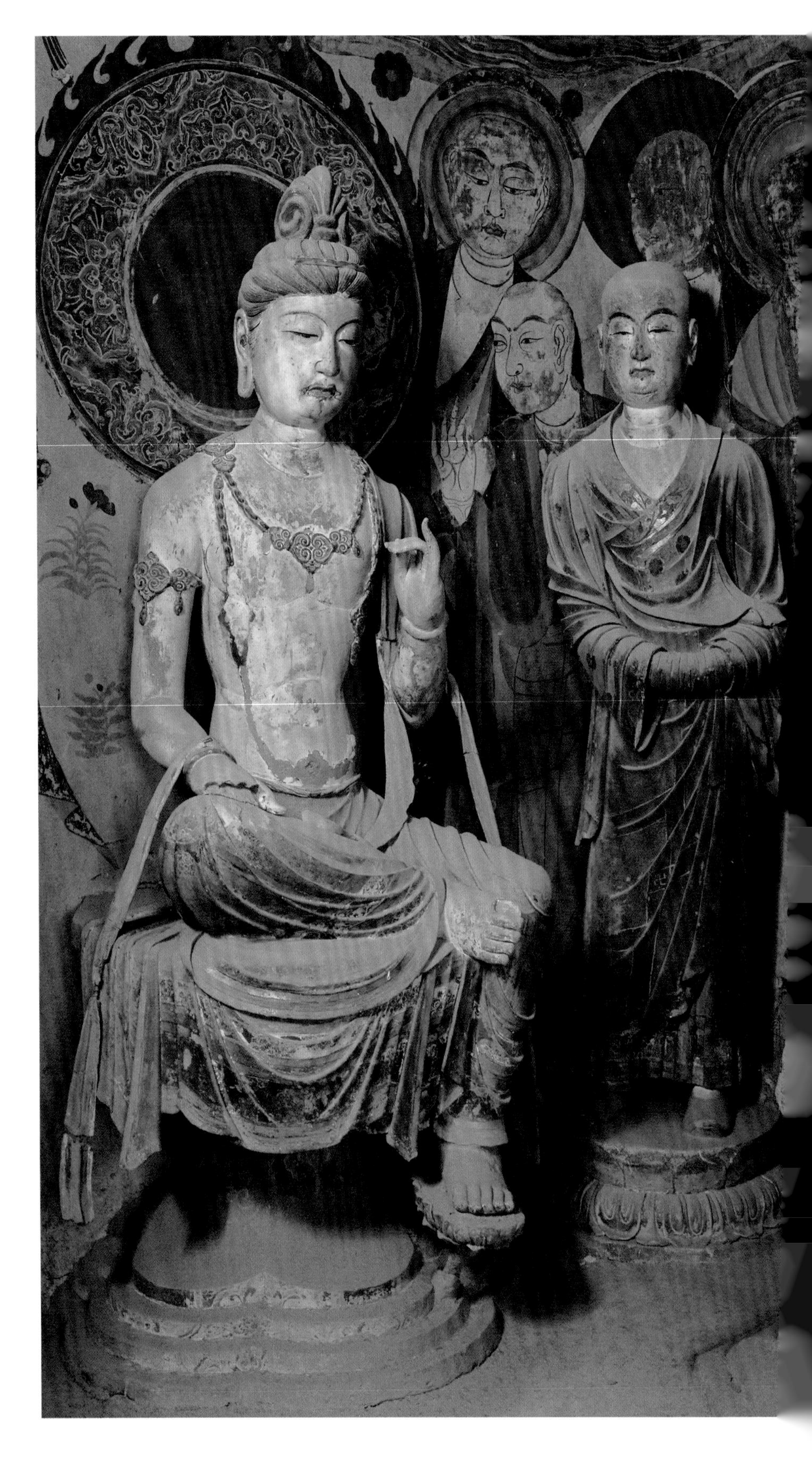

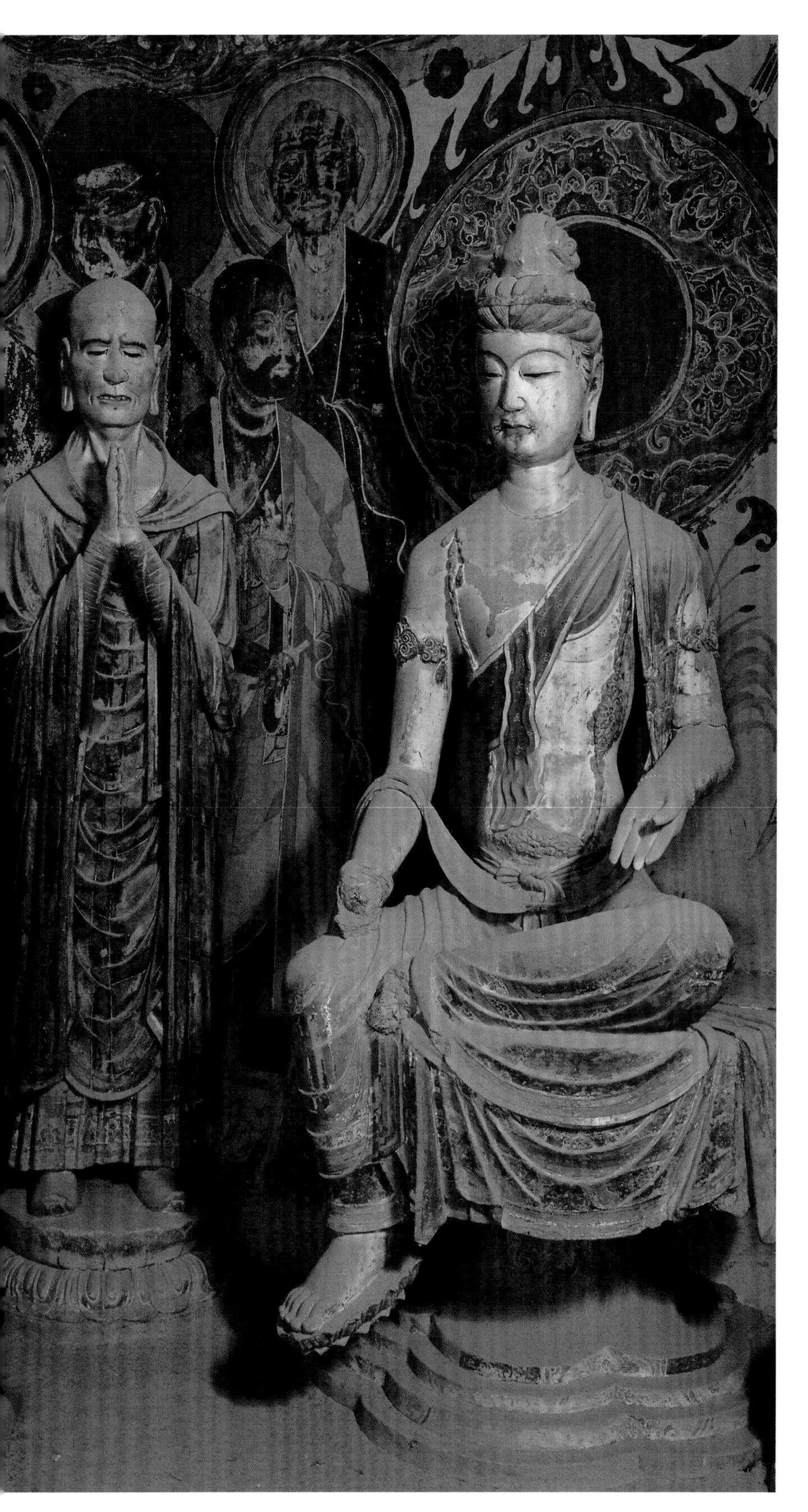

119 弟子迦葉與半跏坐菩薩

迦葉雙眉緊鎖，兩眼微開，張開的嘴邊露出一絲苦澀，合十直立在蓮台上。菩薩肌膚豐腴白淨，上身修長，腹部兩側形成和諧的曲線。裙飾華麗，上面的青紅金綠色彩艷麗。

初唐 莫328 西龕內北側

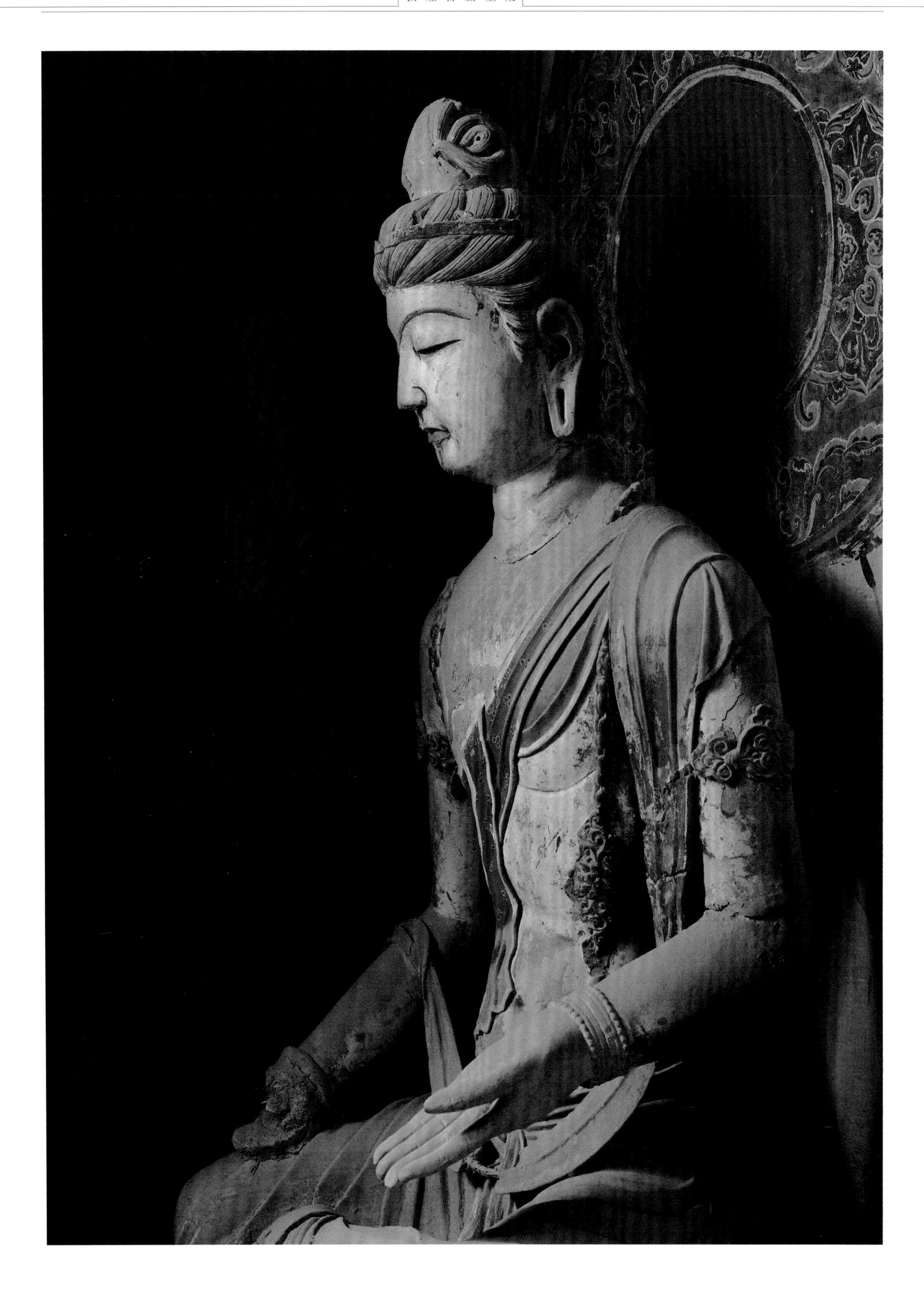

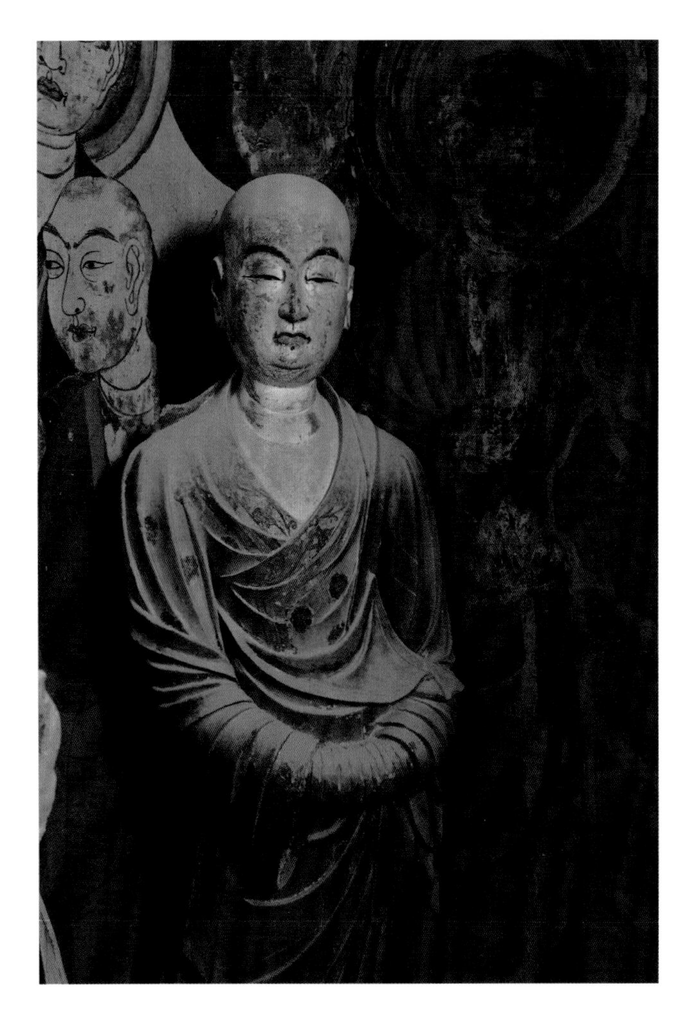

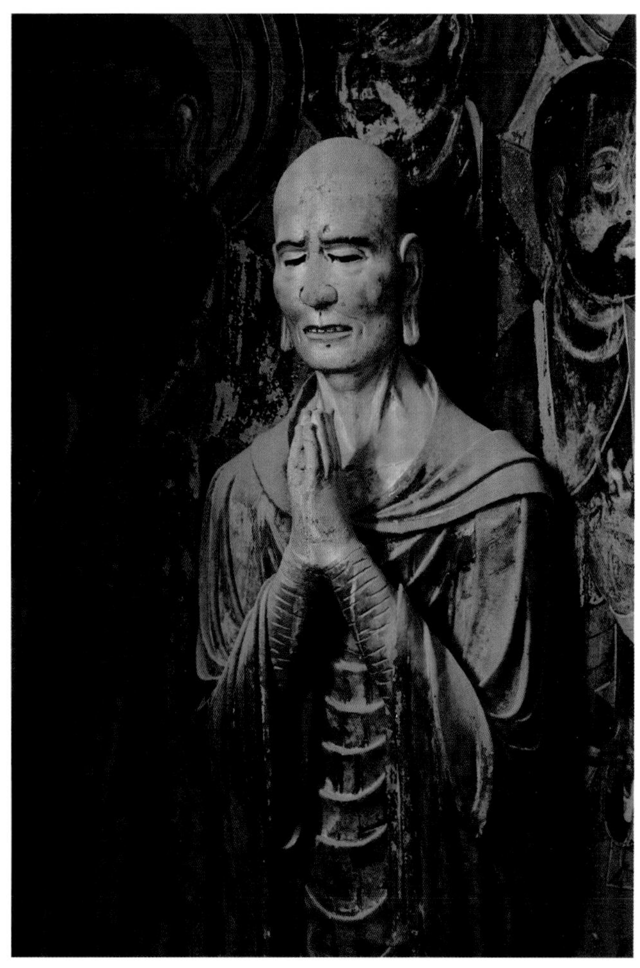

121 **弟子阿難**

阿難內穿交領僧祇支，上飾團花，外服田相袈裟，袈裟的一角懸繫左胸。綠色的僧祇支、華麗的金箔、鮮艷的袈裟紅色，無一不是初唐時代的原貌，是莫高窟最具代表性的阿難像之一。

初唐　莫328　西龕內南側

122 **弟子迦葉**

與眉清目秀的阿難相比，迦葉則顴骨突出，兩腮塌陷，低眉垂眼，啟齒欲語。加上合十的兩手，筆直的身形，無一不在述説迦葉那充滿苦難的人生經歷。

初唐　莫328　西龕內北側

120 **左脅侍菩薩側面**

從側面看，菩薩彎眉修目，儀態端莊。一手伸出，似在啟迪信眾的覺悟。

初唐　莫328　西龕內北側

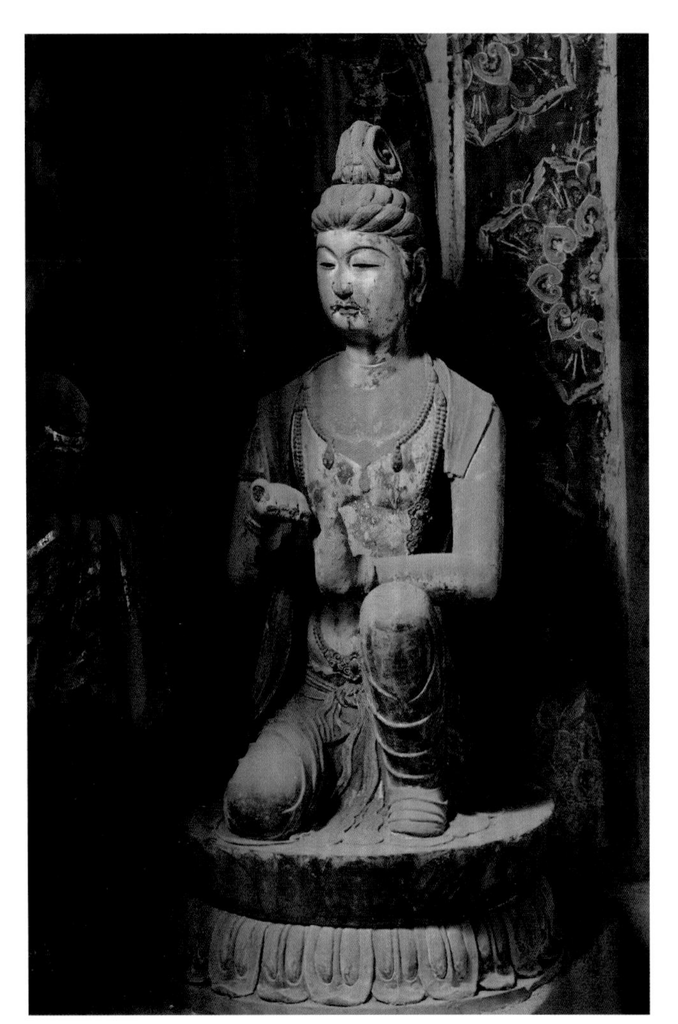

123 **供養菩薩**

供養菩薩束高髻，項飾華麗，右膝跪地虔誠禮佛。與之相對的一身，於1924年被美國的華爾納竊走，現藏美國哈佛大學賽柯勒美術館。

初唐 莫328 西龕內北側

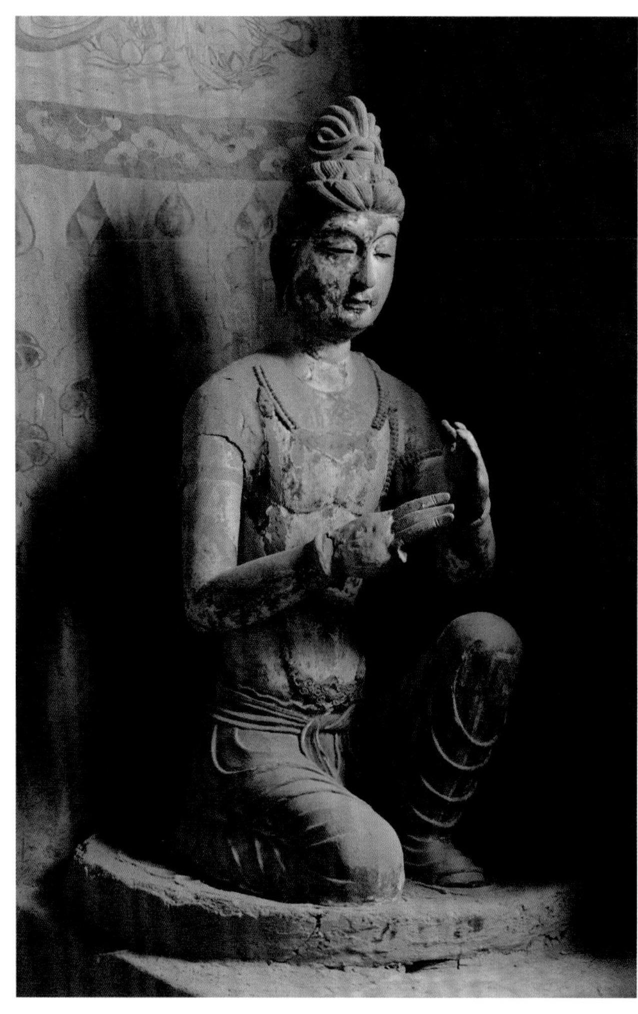

124 **供養菩薩**

菩薩束高髻，上身赤裸，着裙，胡跪在蓮台上。除胸前的項飾略有殘損，兩手為後代重修外，其他各部保存完好。

初唐 莫328 西龕外南側

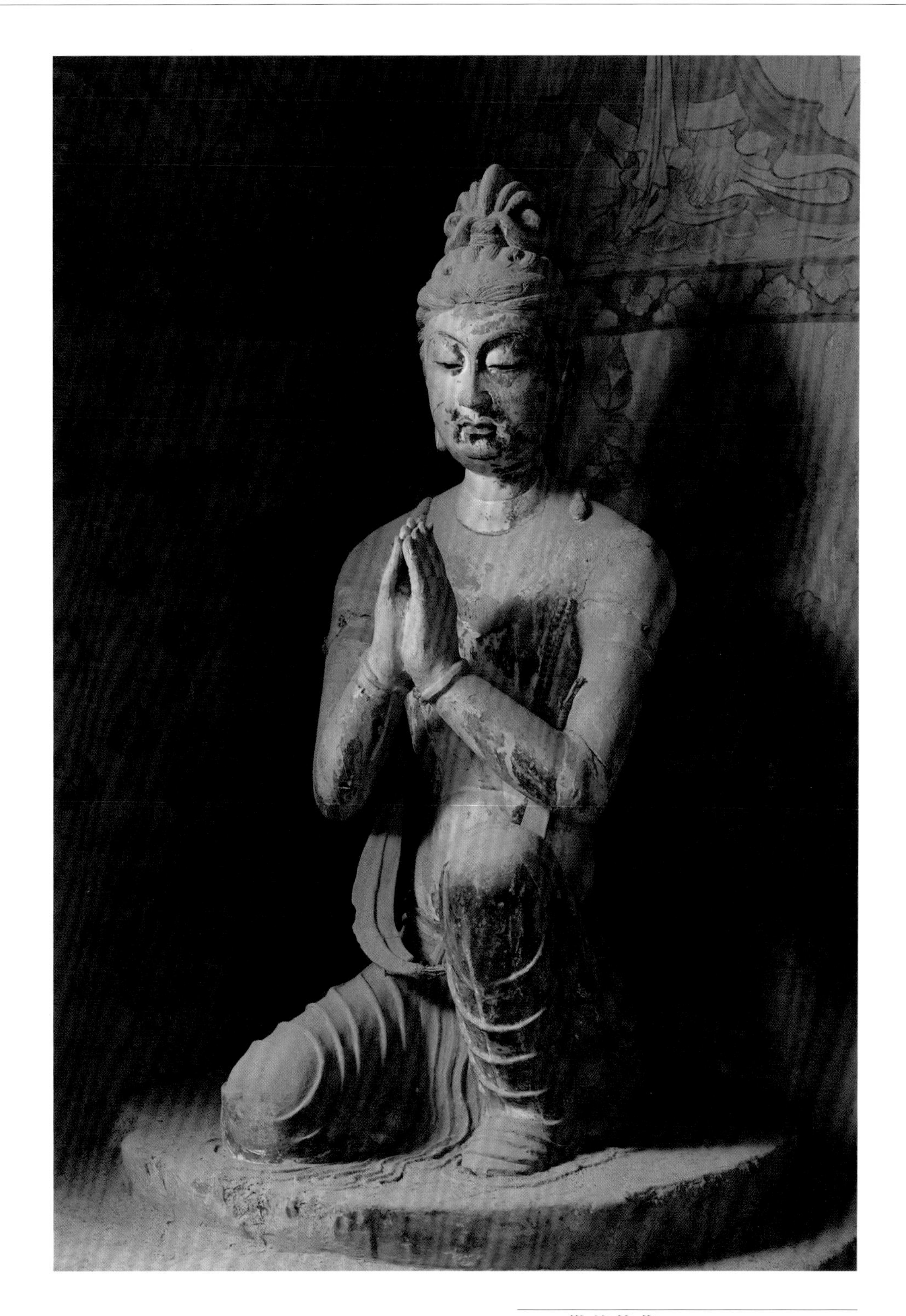

125 供養菩薩

菩薩束高髻，上身赤裸，着裙，正在虔誠地合十禮佛。項飾、天衣殘損。衣裙裹覆至兩腳，衣紋突顯，舒緩而自然。

初唐 莫328 西龕外北側

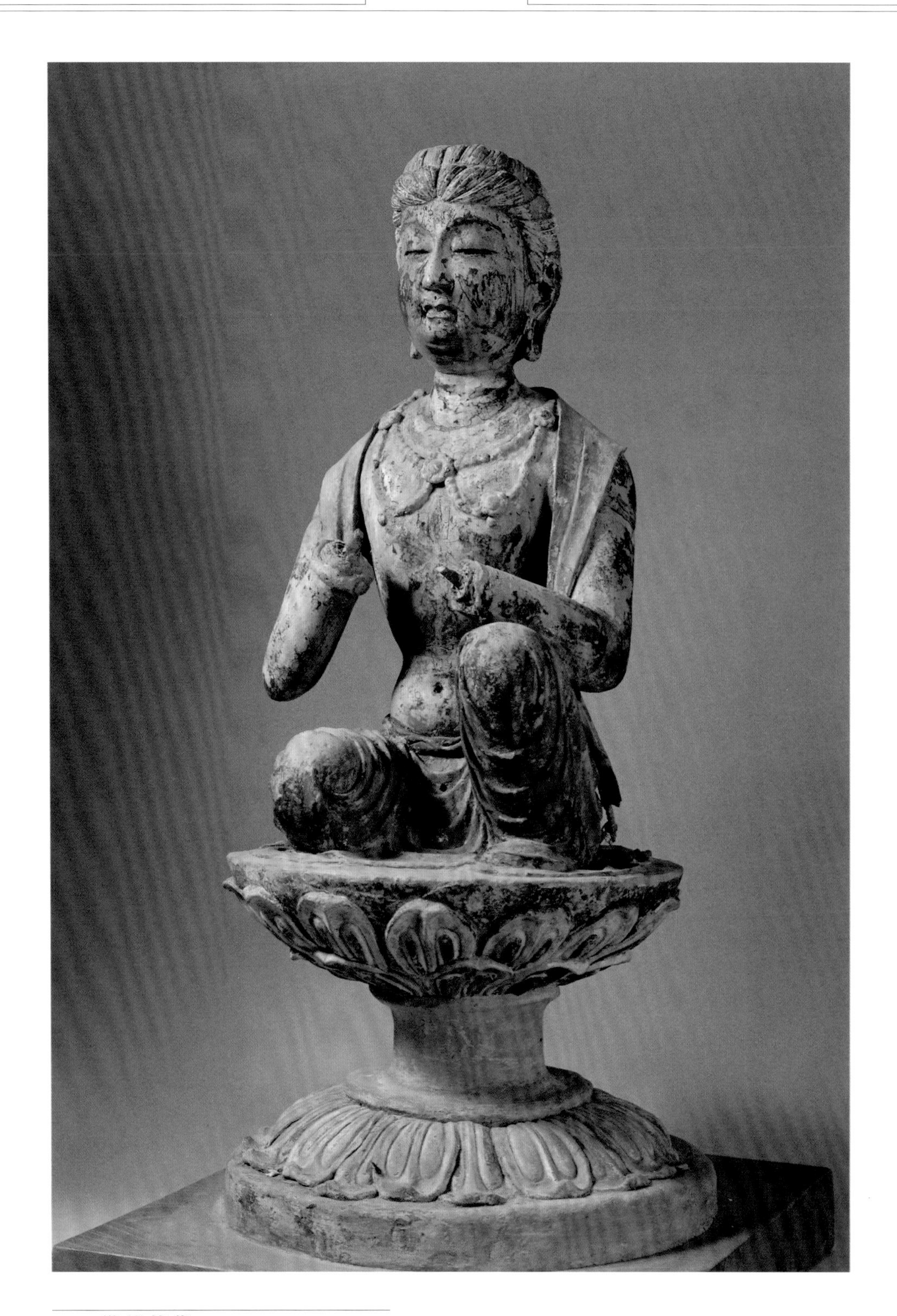

126 **供養菩薩**

菩薩面相豐圓，彎眉修目，身材嬌小，披紅色天衣，束紅色長裙，胡跪於束腰仰覆蓮台座上。以寫實的手法，生動地塑造一位唐代少女的形象。

初唐 陳列中心

第二節　巔峯上的盛唐彩塑

自神龍元年（公元705年）莫高窟步入了盛唐。覆斗頂窟是盛唐時期的主要形式，基本上是於西壁開敞口大龕，塑一佛二弟子二菩薩二天王的七身像，有的還在龕外南北設一方台，另塑力士像各一身。開元、天寶（公元713～756年）之際，由於一些洞窟"開鑿有人，圖素未就"，留下一批只塑一龕、僅畫一頂的洞窟。主尊造像在繼承初唐貞觀樣式的同時，長安又出現新的表現形式——倚坐像，受中原佛教的直接影響下，亦在敦煌洞窟中迅速地出現。弟子及菩薩、天王像，大多是模仿初唐樣式，亦有力作面世，造像個性鮮明，裝彩華麗，彷佛是典型化的人間英才，具有很強的感染力。作為距長安萬里之遙的邊地，仍可感到大唐王朝的盛氣。

盛唐亦塑有巨像，即第130窟倚坐大佛，古稱南大像，與初唐的第96窟相似，也是彌勒造像。佛像通高26米，為石胎泥塑。據《莫高窟記》記載："開元中僧處諺與鄉人馬思忠等造南大像，高一百二十尺。"又據窟內發現的數十件絹幡，以及該窟甬道南北壁的供養人題記，可知第130窟初創於開元，功畢於天寶（約公元8世紀前半葉），為樂庭瓌與夫人太原王氏共同出資開鑿。洞窟經晚唐、西夏多次重修，但是，除了作施無畏印的右手和腹部略有補塑外，其他均為盛唐時的原作。從人體比例上講，大佛頭大身小，有些不合理，但是在狹小的空間裏仰視，極富體量感的造型和高大而威嚴的神情淡化了比例上的不協調，可以看出唐代工匠有效地利用了人的視覺差的效果。

最能代表盛唐之盛的洞窟，應推只屬中型的第45窟。該窟西壁開敞口龕，塑一佛二弟子二菩薩二天王。主尊釋迦佛作降魔坐式，面形豐圓，軀幹自腋窩、胸部和腹部基本上呈一條垂線，胸部的塑造較為平坦，與初唐貞觀樣式的主尊造像有明顯的承繼關係。袈裟裹覆的兩腳輪廓清晰，且極度內收，可以透過袈裟清晰地判明各部的關節和肌肉。在莫高窟，還有開元十四年（公元726年）的第41窟，以及第46、131、384

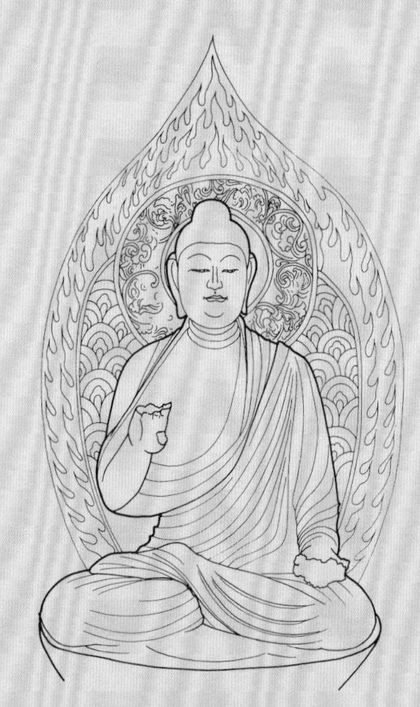

第41窟降魔坐佛像

窟，與之同時期的山西太原天龍山石窟造像、美國福格美術館藏佛坐像，造型也十分相似。無須贅言，貞觀年前後的馬周、景雲二像，以及開元、天寶年間的天龍山造像，這種降魔坐式且極度內收的造型，都代表了初唐、盛唐期間的流行趨勢。初唐時代的第220、328窟的降魔坐佛像以及盛唐第45窟塑像呈極度內收的造型，就是這種流行趨勢下的產物。

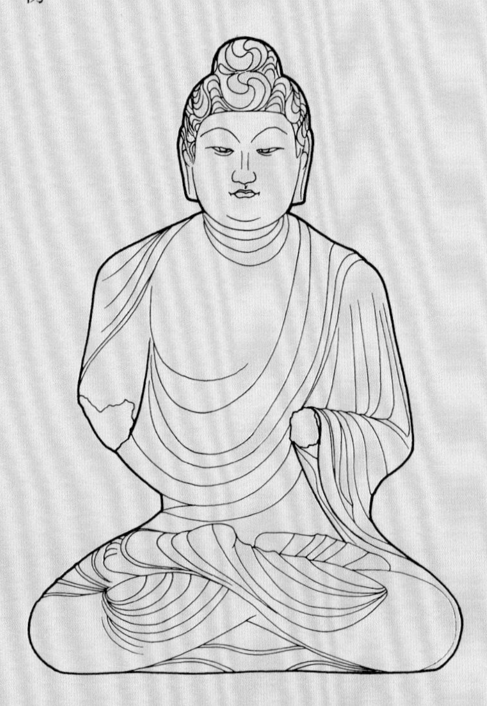

山西太原天龍山石窟
第4窟降魔坐佛像

在西龕一鋪七身塑像中，阿難、迦葉的塑造頗具匠心。阿難腰肢微微內傾，兩手於腹前拱立，表現了一個年輕、貌美、聰慧的小和尚。與阿難相對，迦葉像卻塑造得老成持重瘦骨嶙峋。他兩肩微聳，緊縮的雙眉下目光炯炯，眉骨、顴骨、下頜骨、鎖骨、胸骨突出，透過袈裟看到的是“骨”而不像阿難是“肉”。我們看到的不是一個用黏土堆塑的泥胎，而是一個有思想、有意志、有血有肉的智慧老者。再看兩身菩薩，高髻危聳，頭部略見內傾，目光矜持而面帶微笑，看着參拜者，動人心魄，身體作“S”形，肌肉圓潤而豐腴。在菩薩像外側，天王甲冑嚴身，叉腰握拳立藥叉身上。尤其是北側一身，雙眉緊鎖橫眉怒目，臉部肌肉緊張。甲冑的雕刻細緻且有厚度，給人以金屬或皮質之感。在敦煌石窟中，“傳神”二字當然可以用來描述那些呼之欲出的壁畫，但是，較之平面繪畫，描述像這樣富有體積感的彩塑佳作，“傳神”二字的分量則更重十倍。總而言之，這組塑像的整體感強，有效地利用了殿堂窟寬敞的建築空間，當人進入洞窟以後，視線自然而集中到敞口龕的中心塑像佛陀身上。與此同時，在一個展開的弧面上，映入眼簾的是自內向外呈高低高低走勢的脅侍聖眾。人物的性格，如佛陀的莊嚴、弟子的謙恭、菩薩的柔媚、天王的威嚴都表現得恰如其分。

第384窟主室開三龕，西龕塑一佛二弟子四菩薩二供養菩薩，龕外天王像，南壁塑一倚坐佛二菩薩像，北壁塑

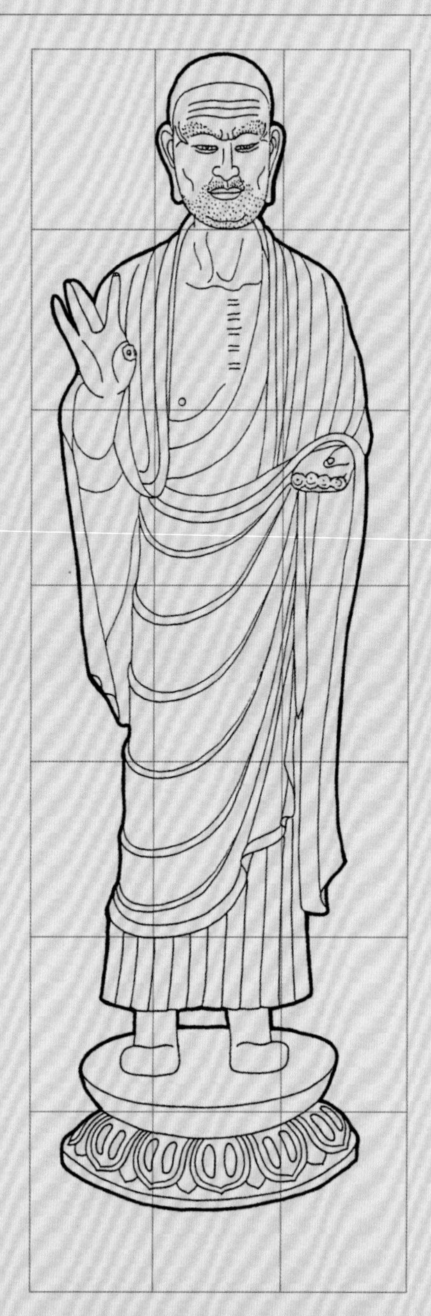

第45窟迦葉造像比例示意圖

一趺坐佛二菩薩像。各龕塑像雖被後代重修，但只是重新裝彩，從優美的造型、流麗的衣紋塑線和繁縟的紋飾上依然可以觀察出盛唐的風範。主尊坐須彌座上，透過輕薄的袈裟可以看到裹覆着的雙腳。凸起的衣紋線明顯而流暢，垂懸在方座上的袈裟，中間略長兩側稍短，並塑有"U"字形的衣紋線。阿難的衣着、身形均與上述第45、328窟相似，與北側謙恭而立的迦葉形成鮮明的對比。菩薩中以龕內北側的供養菩薩保存較好，與初唐晚期的第328窟的供養菩薩十分相似。

第205窟有莫高窟不多見的圓雕羣塑。低矮的中心佛壇上，塑一佛二弟子二半跏坐菩薩二供養菩薩，二天王像則為中唐作品，共九身。雖然塑像不知在何時受到破壞，頭部和肢體已近乎面目全非，但依然能觀察到唐代塑像優美的造型和華奢的裝飾。主尊釋迦牟尼結跏趺坐在蓮台上，面部嚴重毀損，手臂也有殘缺，背後有兩根突出的橫木，上有榫眼，可知原來應有另行製作的背光。弟子像分立左右，袈裟的衣紋線前後連貫，清晰而流暢。南側菩薩像，面部和上肢也殘毀，頭髮紺青，膚色褐紫，坐圓形的蓮座上。蓮瓣挑起的衣裙輕柔而自然，兩胸及腹部、背部的肌肉圓潤而皮膚細膩，可以看出塑造時曾用塑刀反覆而有力地收壓過。各部關節的塑造合理，透過肌膚可以體察到各部的骨骼。整個羣像作為宗教聖眾的威嚴減少了，俗人與聖人之間的距離縮短了，可謂是現實社會中“人”的再塑。唯是比起初唐的五尊像，外側的天王像甲胄嚴身並披虎皮，顯得有些不堪重負，與其說威武莊嚴倒不如說有些繁瑣累贅。

至於重又流行的倚坐像，可見於第66、131、194、320等窟，然而，這種造型的倚坐像是源自同時期的中原地區，與山西太原天龍山石窟第4窟的佛倚坐像比較，無論是形體塑造還是衣紋表現都類似。旁證以第79窟的半跏坐菩薩像，此像雖經後代裝彩，其泰然自若的姿態、豐腴的肌肉表現亦與天龍山石窟第14、17、18窟的菩薩造像極度相似。似可認為，在開元、天寶至盛唐末年，中原的石窟造像給敦煌以直接而及時的影響。

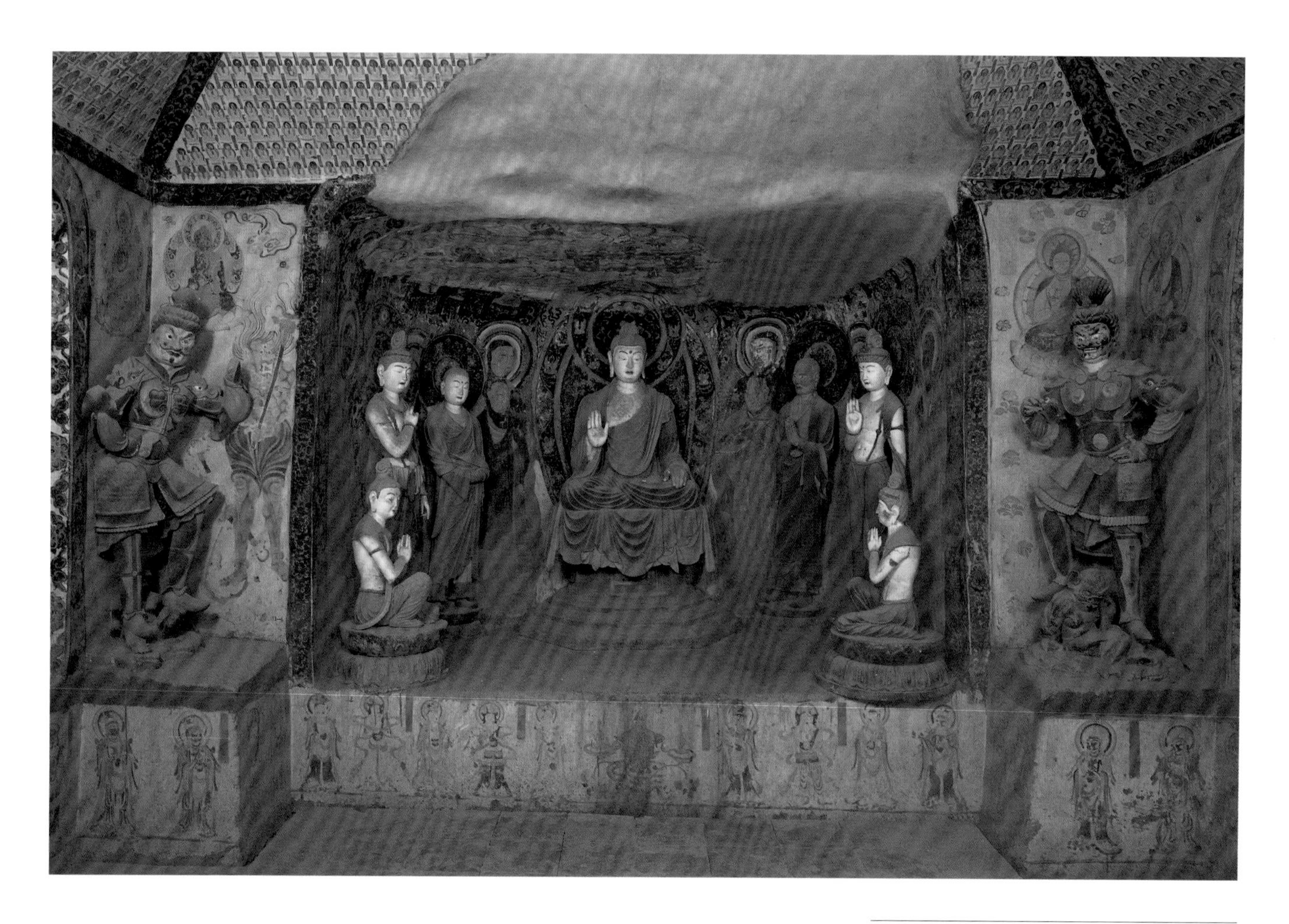

127 釋迦佛一鋪

方口龕內塑一佛二弟子二菩薩和供養菩薩，龕外塑南、北天王，一鋪九身，為石窟造像完備的形式。塑像的色彩雖是經後世重裝，但造型依舊保存盛唐的原貌。

盛唐 莫384 西壁

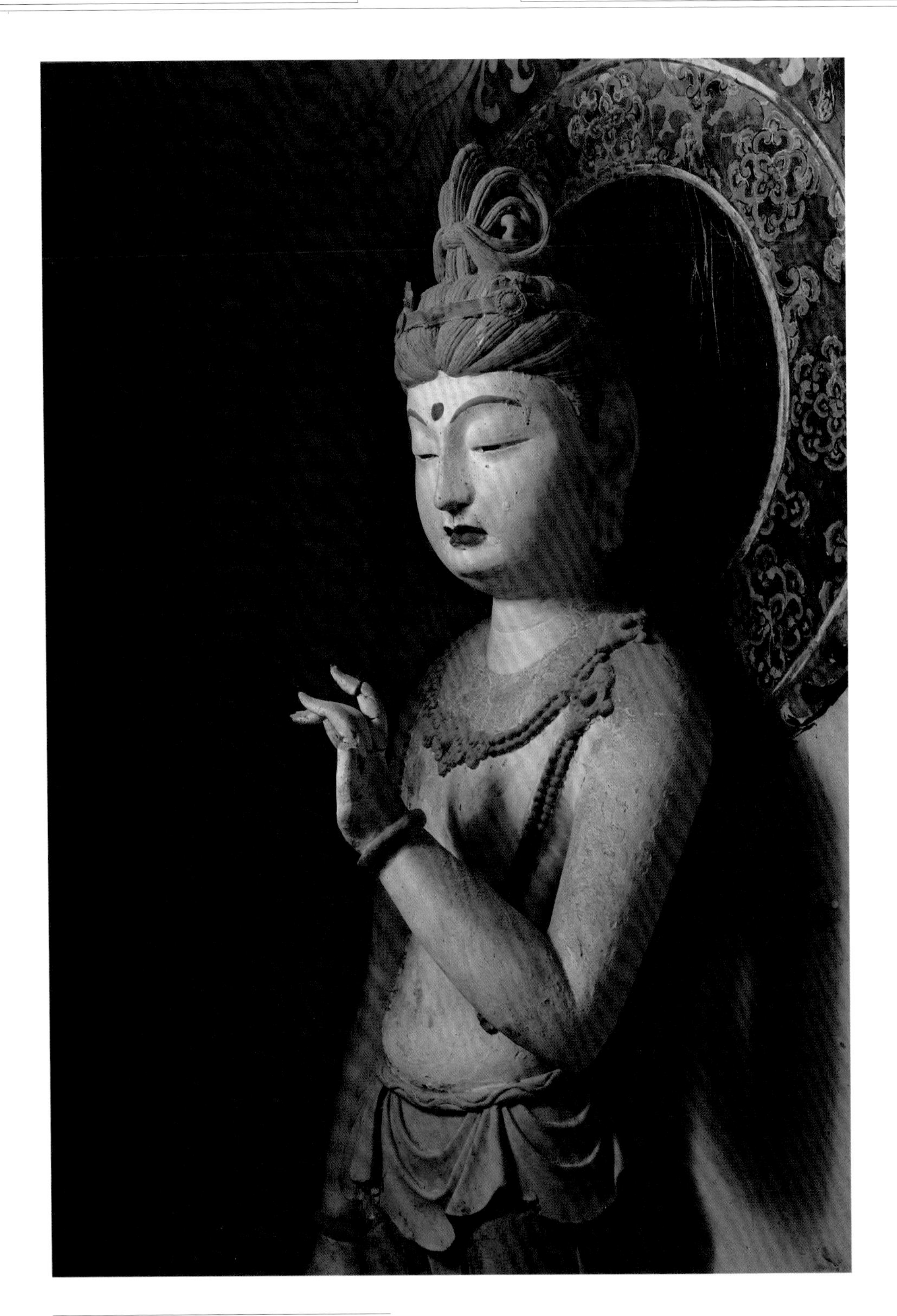

128 **脅侍菩薩**

菩薩素面如玉，彎眉細眼，眉間施白毫，直鼻小口。豐肌秀骨，姿態文靜優雅。身上的色彩為後代重新補繪，但從身後捲草紋頭光中，還可以看出盛唐時那瑰麗的色彩。

盛唐 莫384 南龕內西側

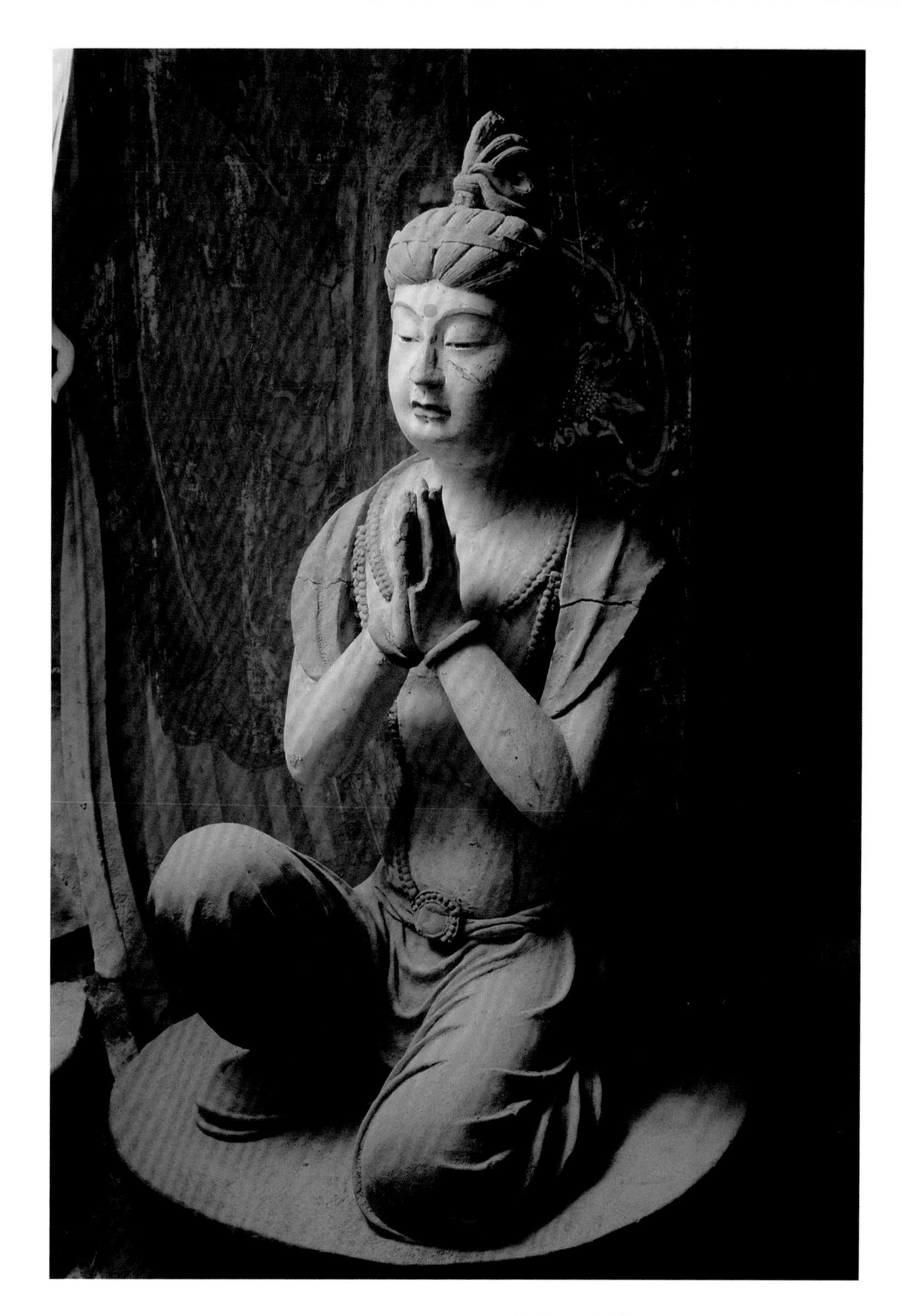

129 供養菩薩

菩薩束高髻，面形豐圓，披天衣單膝胡跪在蓮台上。合十的兩手緊收胸前，衣裙上的皺褶自然而舒緩。

盛唐　莫384　西龕內北側

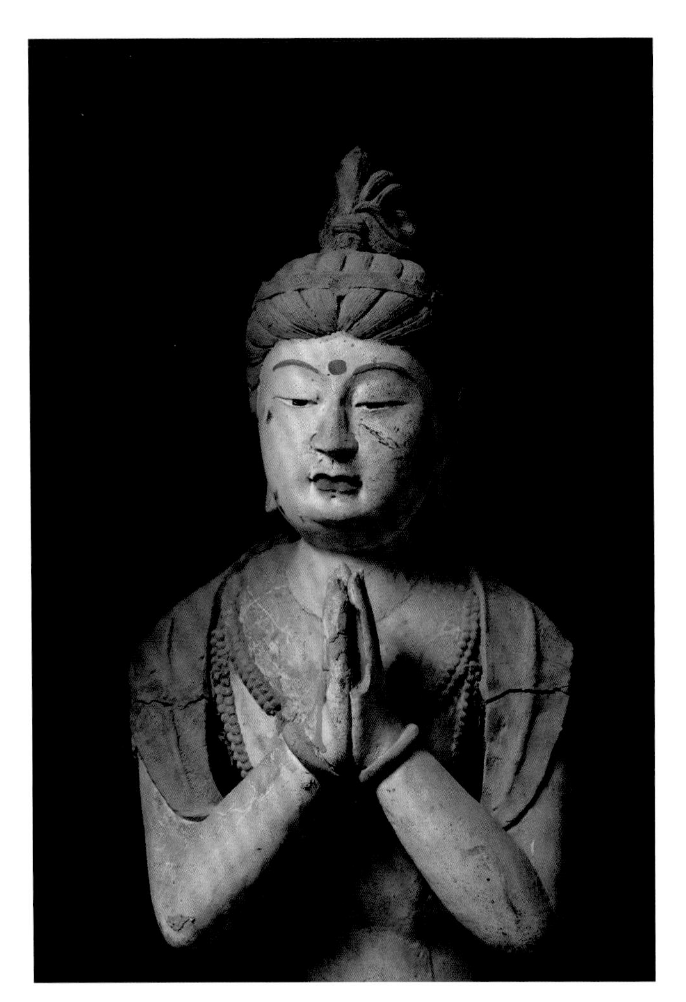

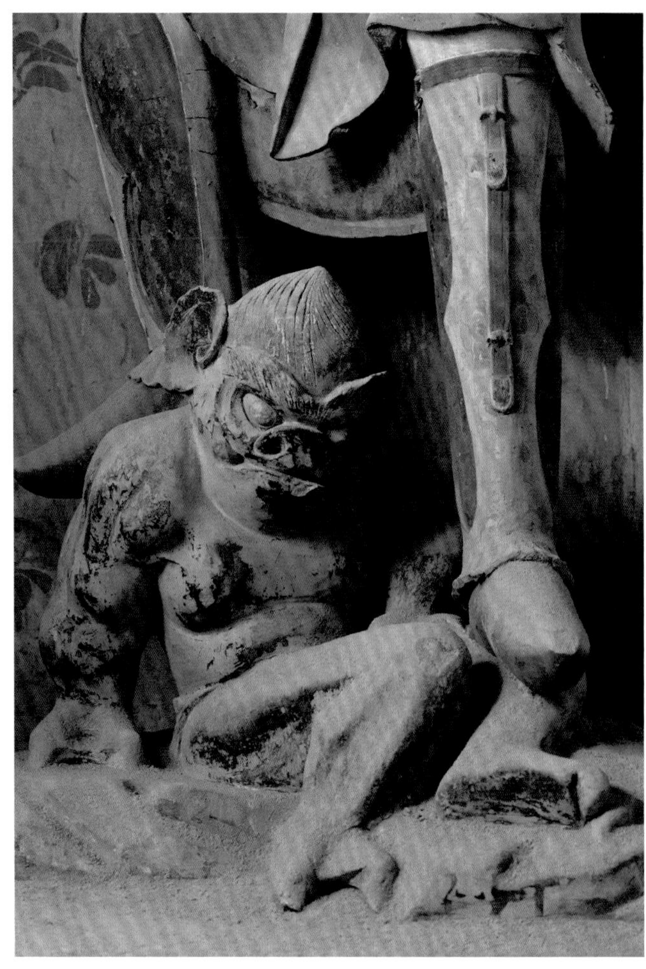

130 **供養菩薩特寫**

此圖是前像的正面。菩薩五官勻稱，眉間點染白毫，眼角微微上翹。若有所思的面部表情和合掌的兩手，表現出菩薩對佛的敬仰和虔誠。

盛唐 莫384 西龕內北側

131 **藥叉**

藥叉鬃髮倒立，象耳豬鼻，上身壯碩，下身乾枯，手腳作兩趾，坐地奮力支撐着天王，以反襯的手法塑出天王的雄健強大和藥叉的渺小卑微。

盛唐 莫384 西龕外北側

132 **北方多聞天王**

天王束大髮髻，雙眉直立，兩眼暴突，張口作大吼狀。着胸甲，穿烏靴，一手指示佛龕，一手叉腰，立於藥叉身上。動勢協調，渾然一體，表現出天王氣宇軒昂的氣概。

盛唐 莫384 西龕外北側

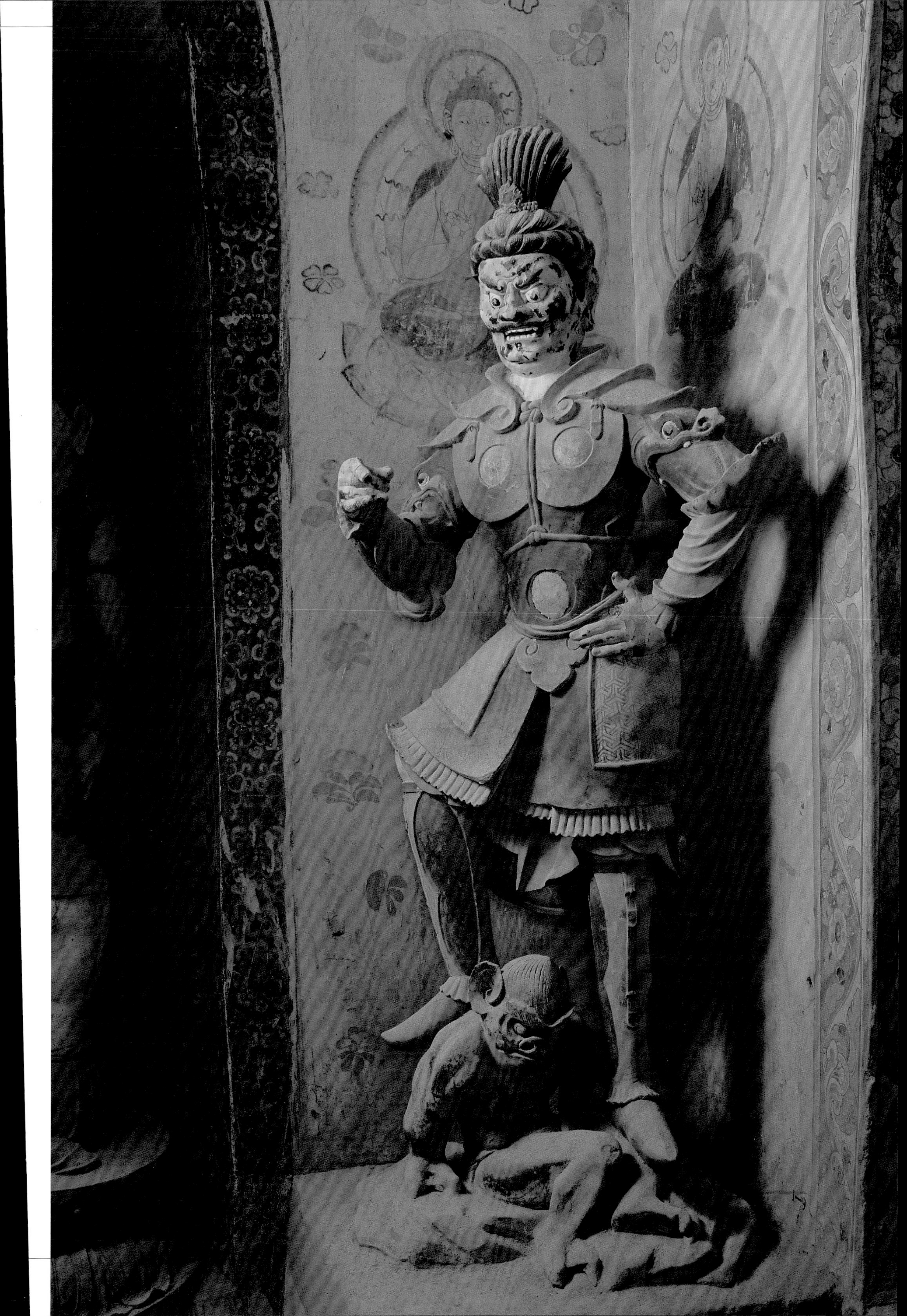

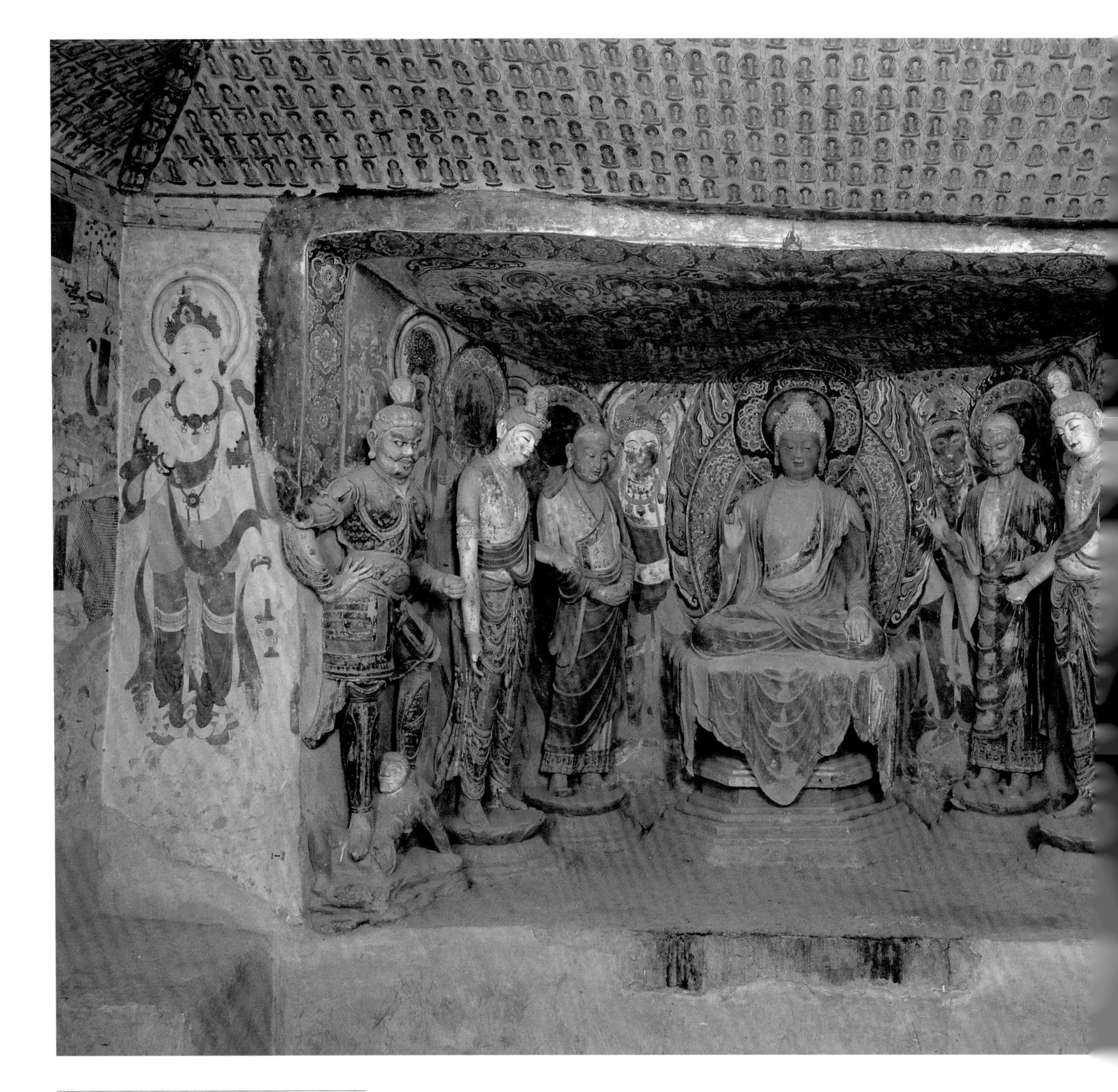

133 釋迦佛一鋪

方口龕內塑七身像。無論是正襟危坐的釋迦、細心聽法的弟子，還是虔誠侍立的菩薩、威嚴護衛的天王，除了臂膊和手指有個別補修外，整體保存完好，色彩亦少有褪變，很接近盛唐時的原色。這組塑像的整體感強，是莫高窟盛唐時期最具代表性的一鋪彩塑。

盛唐 莫45 西壁

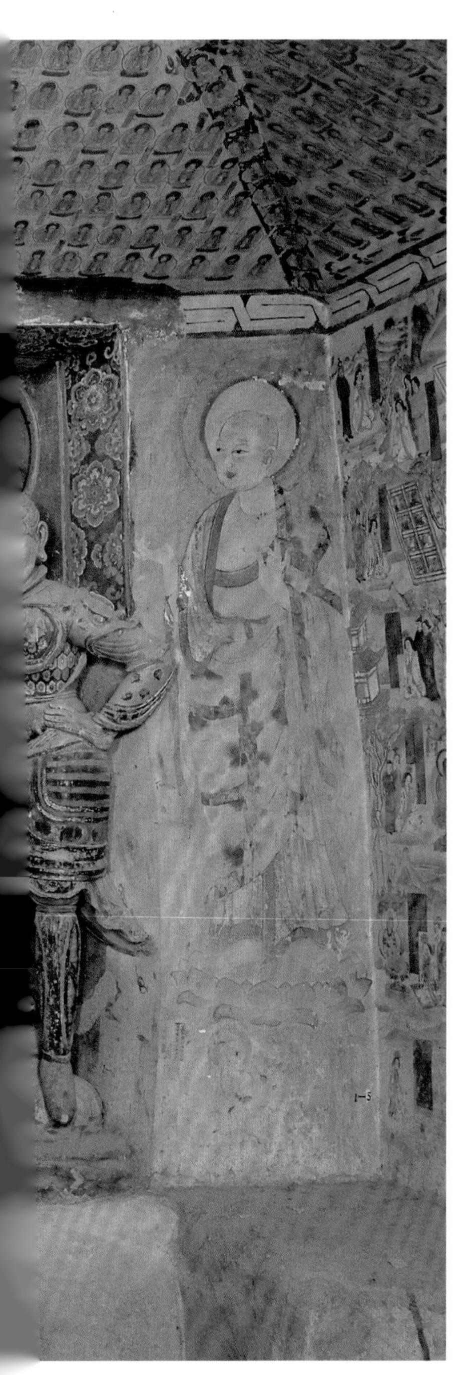

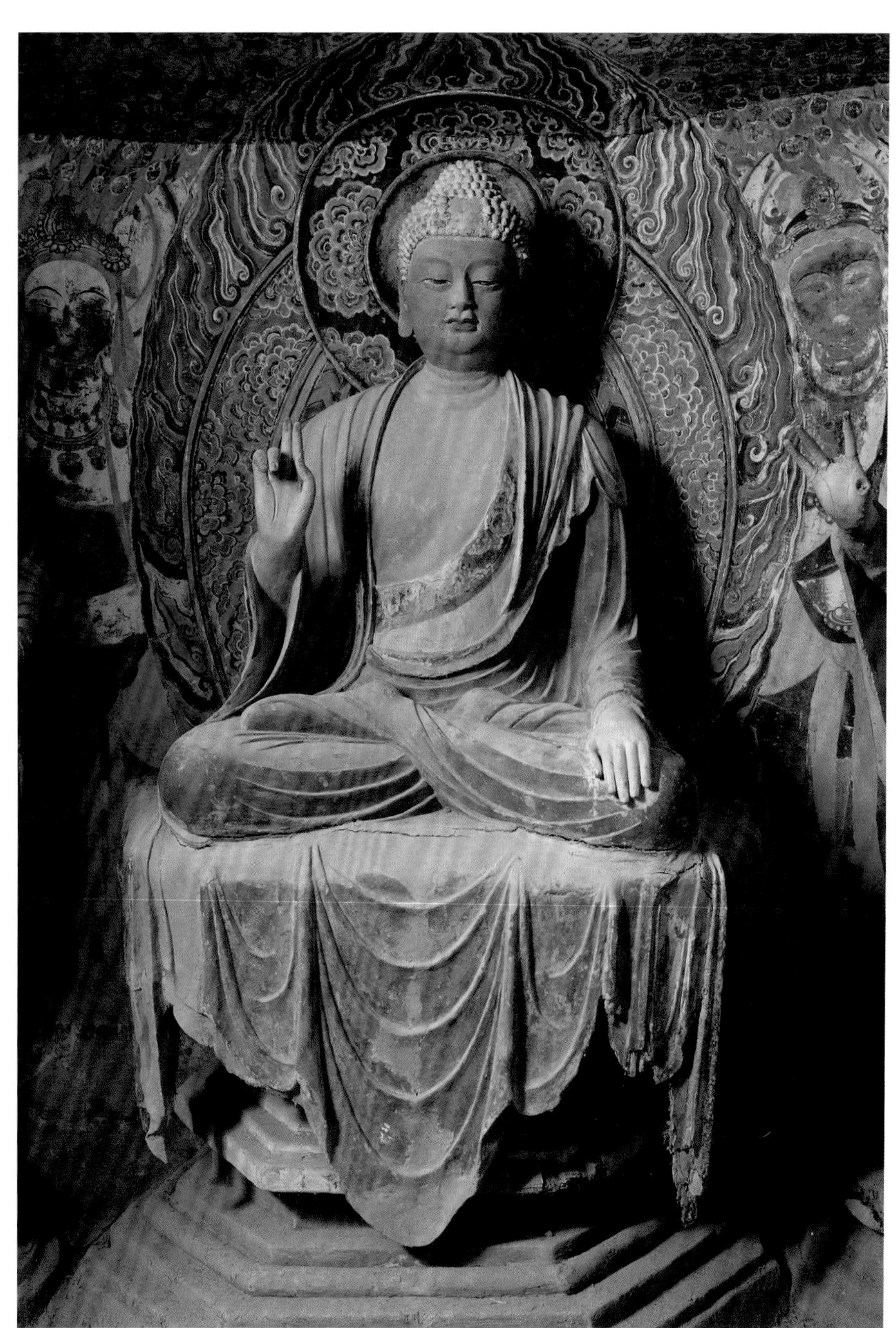

134 **釋迦佛**

釋迦牟尼頭生螺髻，面形豐圓，兩眉直達鬢際，兩眼細長，鼻中似乎可以感到呼吸的氣息。頸下塑三道，穿通肩袈裟，兩肩寬厚胸部豐滿，兩腳包裹在袈裟中，作降魔坐式。蓮座一周的袈裟舒展而有下垂感。

盛唐　莫45　西龕內

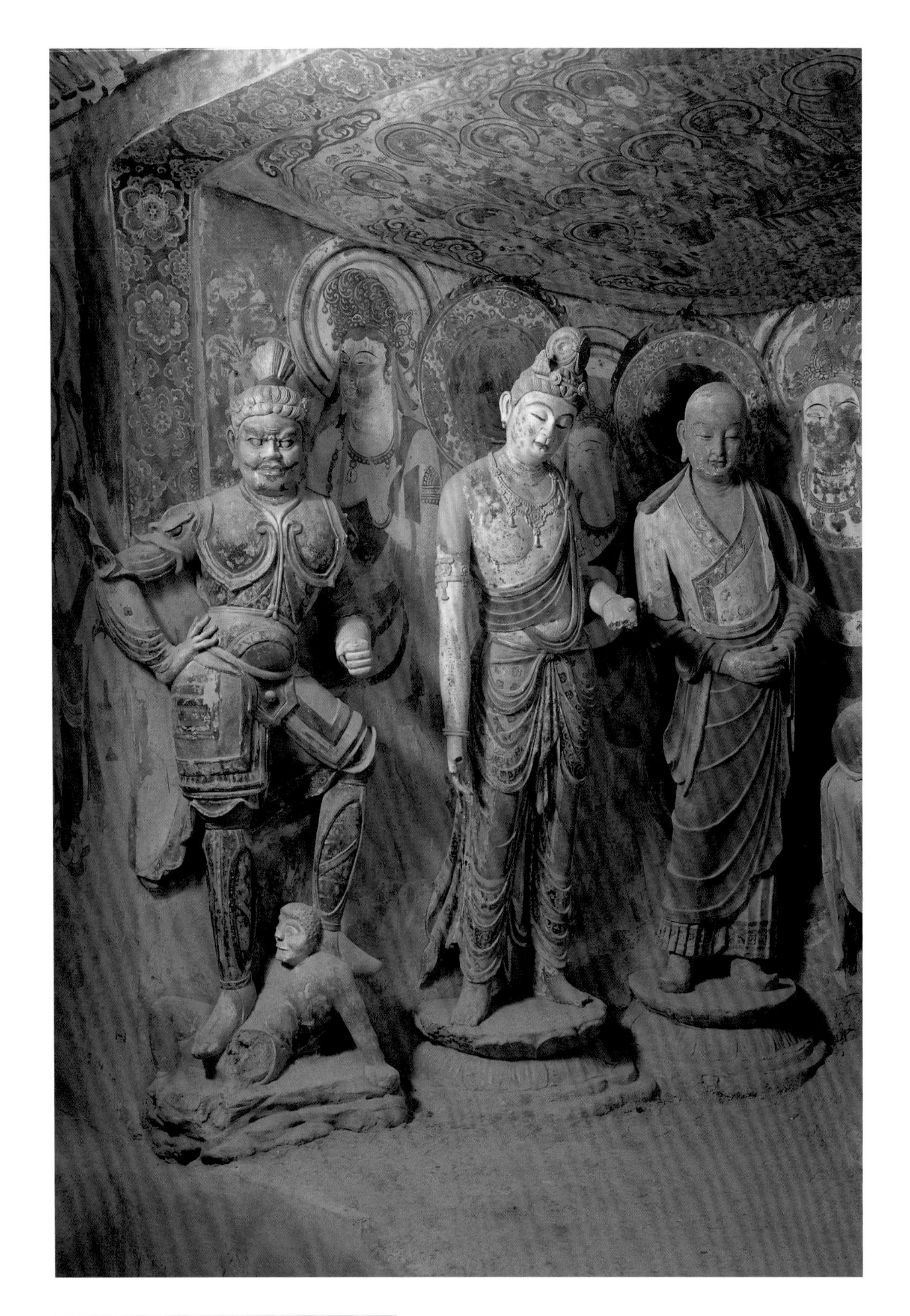

135 **阿難、菩薩與天王**

在佛龕內南壁的弧面上，年輕的阿難被塑造得眉舒額朗、肌膚圓潤，旁邊的菩薩肌膚細膩，衣裙華美，流露出一種嬌柔與嫵媚。相反，天王鎧甲嚴身，威嚴中帶有幾分冷峻。人物各自的性格和內心世界都得到充分的展示。

盛唐 莫45 西龕內南側

136 **迦葉、菩薩與天王**

佛龕內北側的迦葉和菩薩、天王。幾身造像的用色各有特點，迦葉身穿山水袈裟，深重而沉着，符合他的性格和身世。菩薩的肌膚白晳明快，衣裙紅綠相間色彩濃烈。天王甲冑以綠色為主，積年的變色倒有一種時代的滄桑感。

盛唐 莫45 西龕內北側

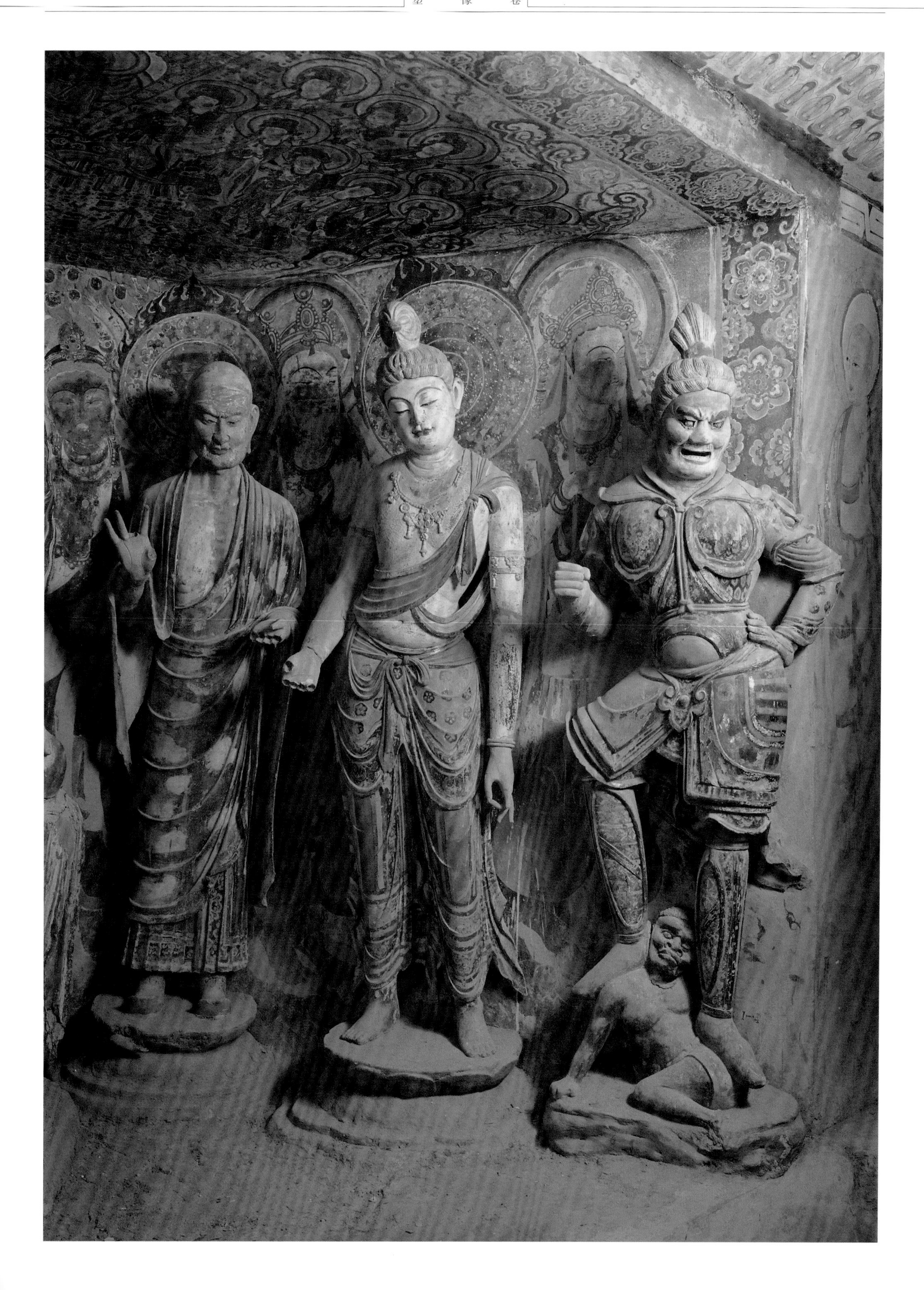

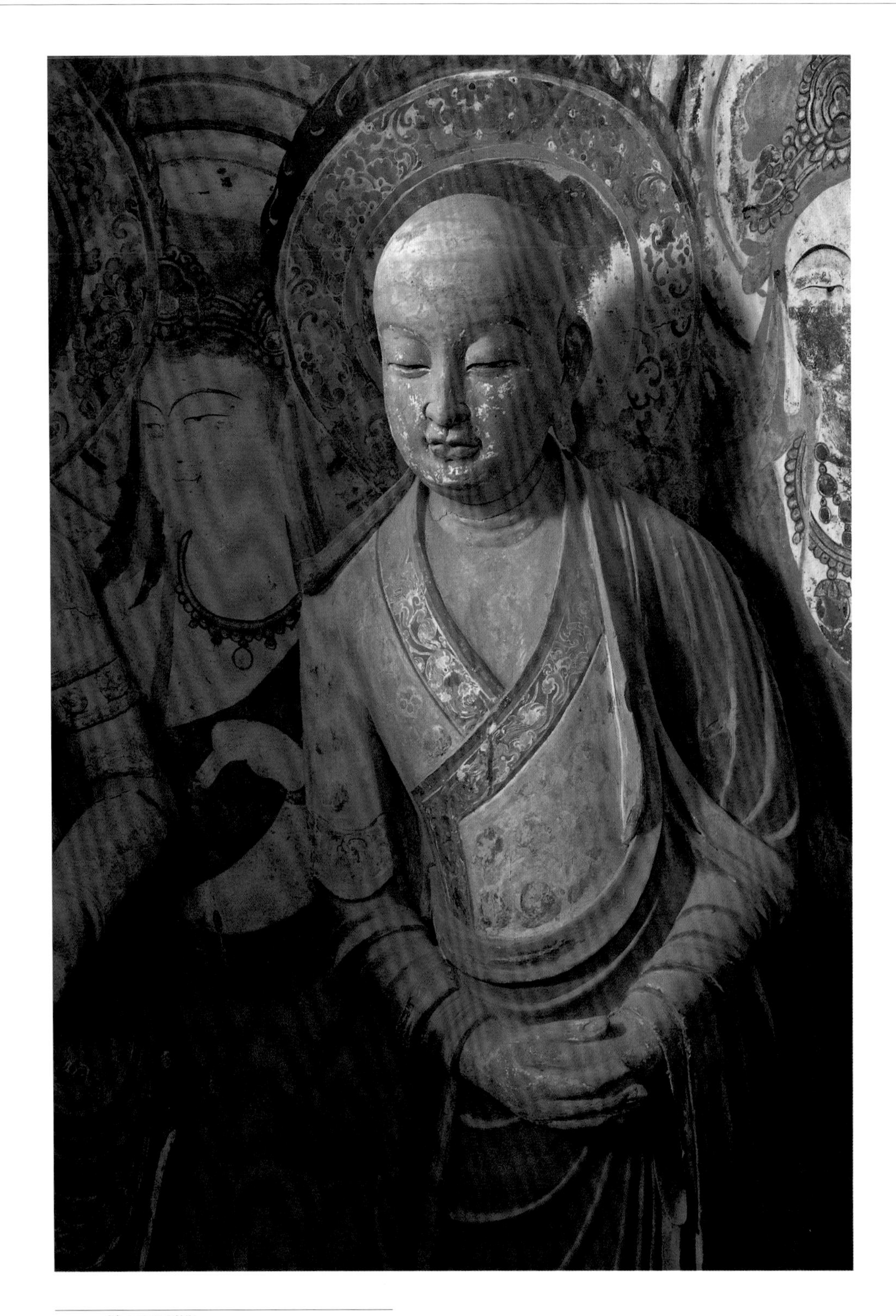

137 弟子阿難

以“多聞第一”著稱的阿難，曾跟隨釋迦四十五年聽法佈教。塑匠以豐腴的面龐和清秀的眉目，刻畫出他的聰明靈秀，以微微內傾的身姿和灑脱的衣裝，表現了他那少年得志的人生經歷。

盛唐 莫45 西龕內南側

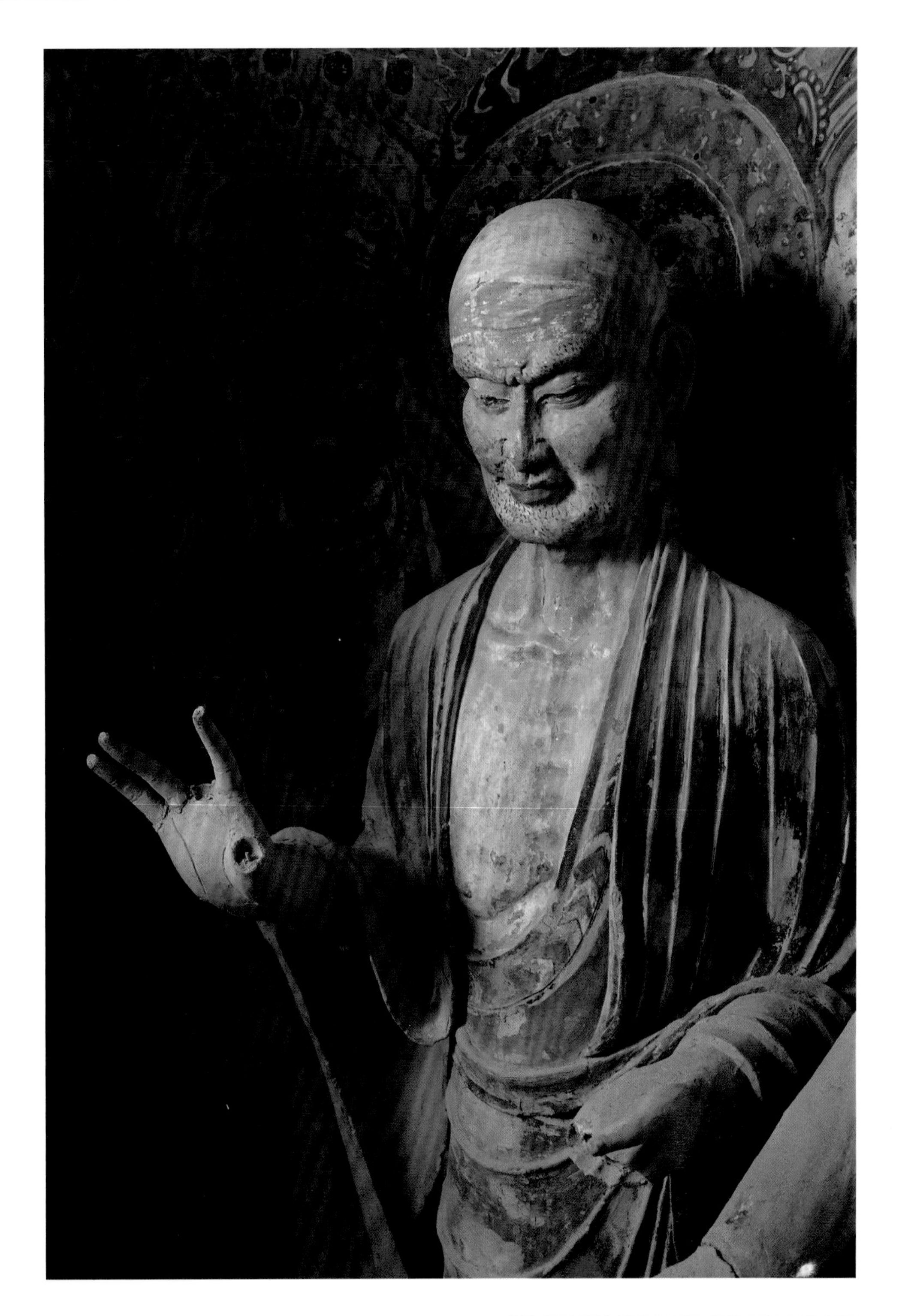

138 **弟子迦葉**

迦葉在十大弟子中號稱“頭陀第一”，也是眾弟子的首領。緊蹙的雙眉下目光炯炯，眉骨、顴骨、鎖骨、胸骨塑造得十分突出，是一個飽經風霜的老者形象。

盛唐　莫45　西龕內北側

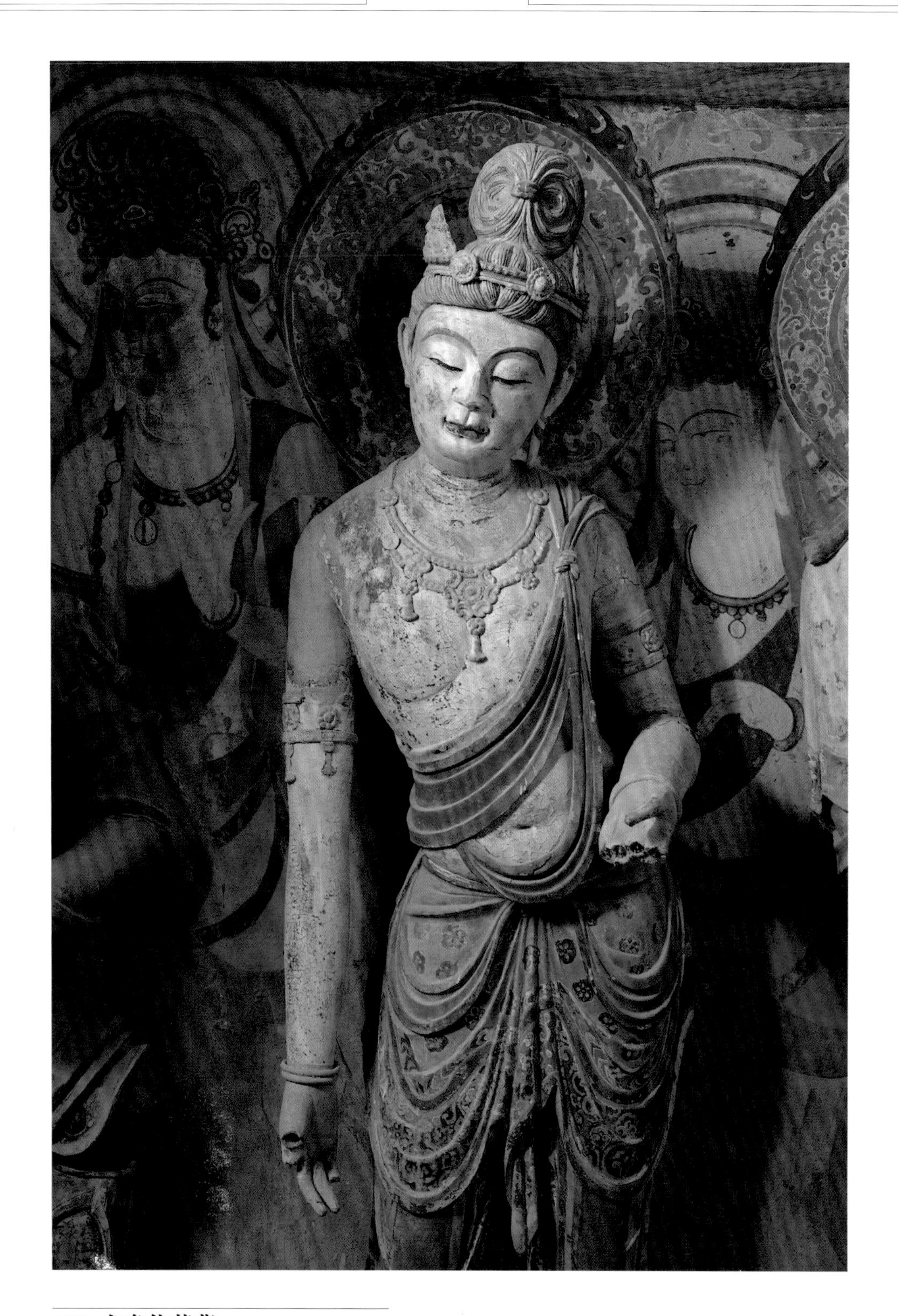

139 **右脅侍菩薩**

菩薩高髻危聳，髮髻一周浮塑花飾，頭微傾，彎眉細眼，下視前方似有所思。右肩部有後代重新補塑的痕迹，兩腿上裹覆着輕薄的衣裙，紋飾華麗，色彩以青綠為主兼施紅色。

盛唐 莫45 西龕內南側

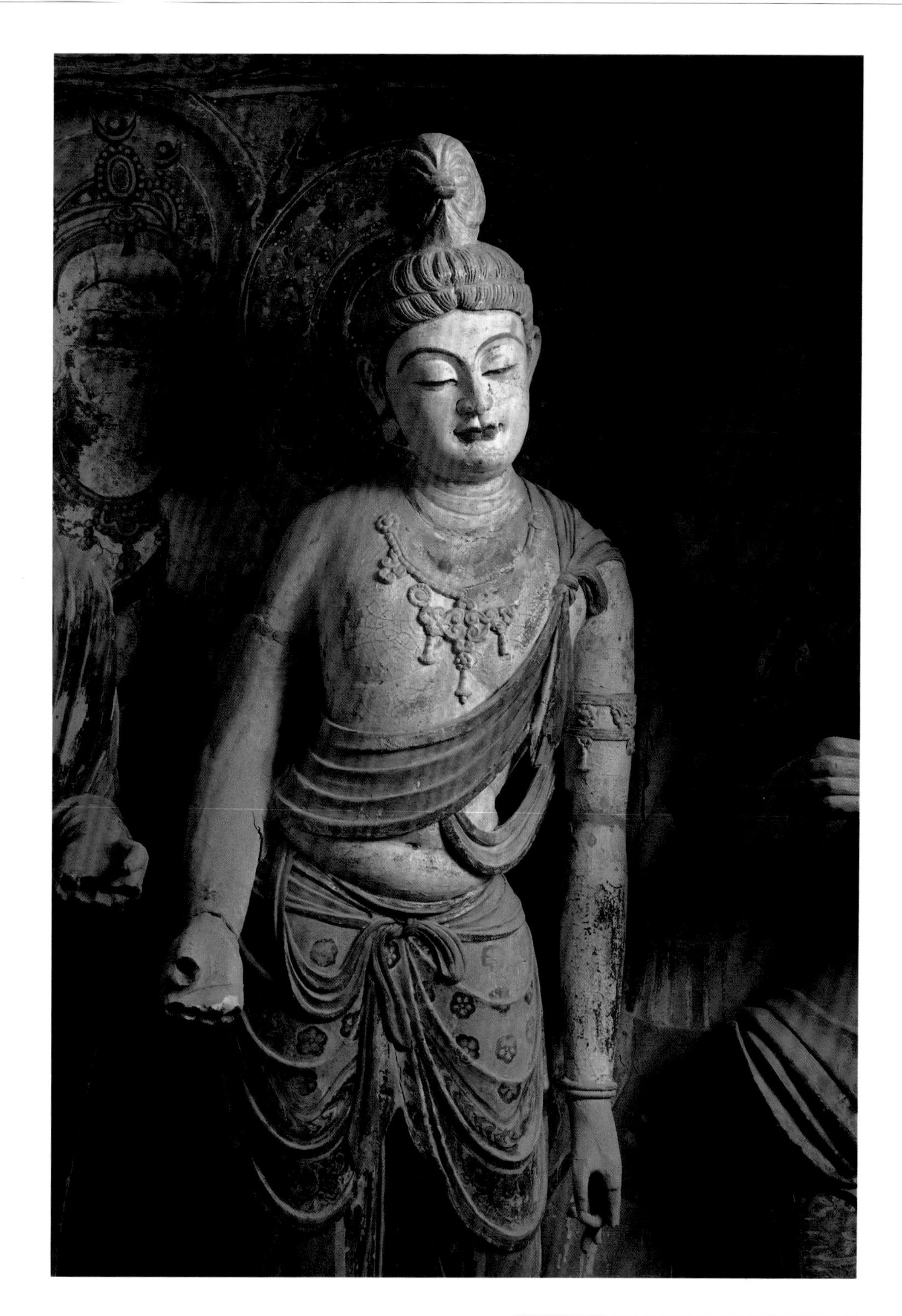

140 左脅侍菩薩

與右脅侍菩薩相比，姿態服飾似而有異。頭部亦略向內傾，面相豐圓而稍長，裸露的上半身更圓潤些但不肥滿，似乎更為成熟。表情、肥瘦以及色彩的搭配都恰到好處，也是莫高窟唐代雕塑中最精到的作品之一。

盛唐　莫45　西龕內北側

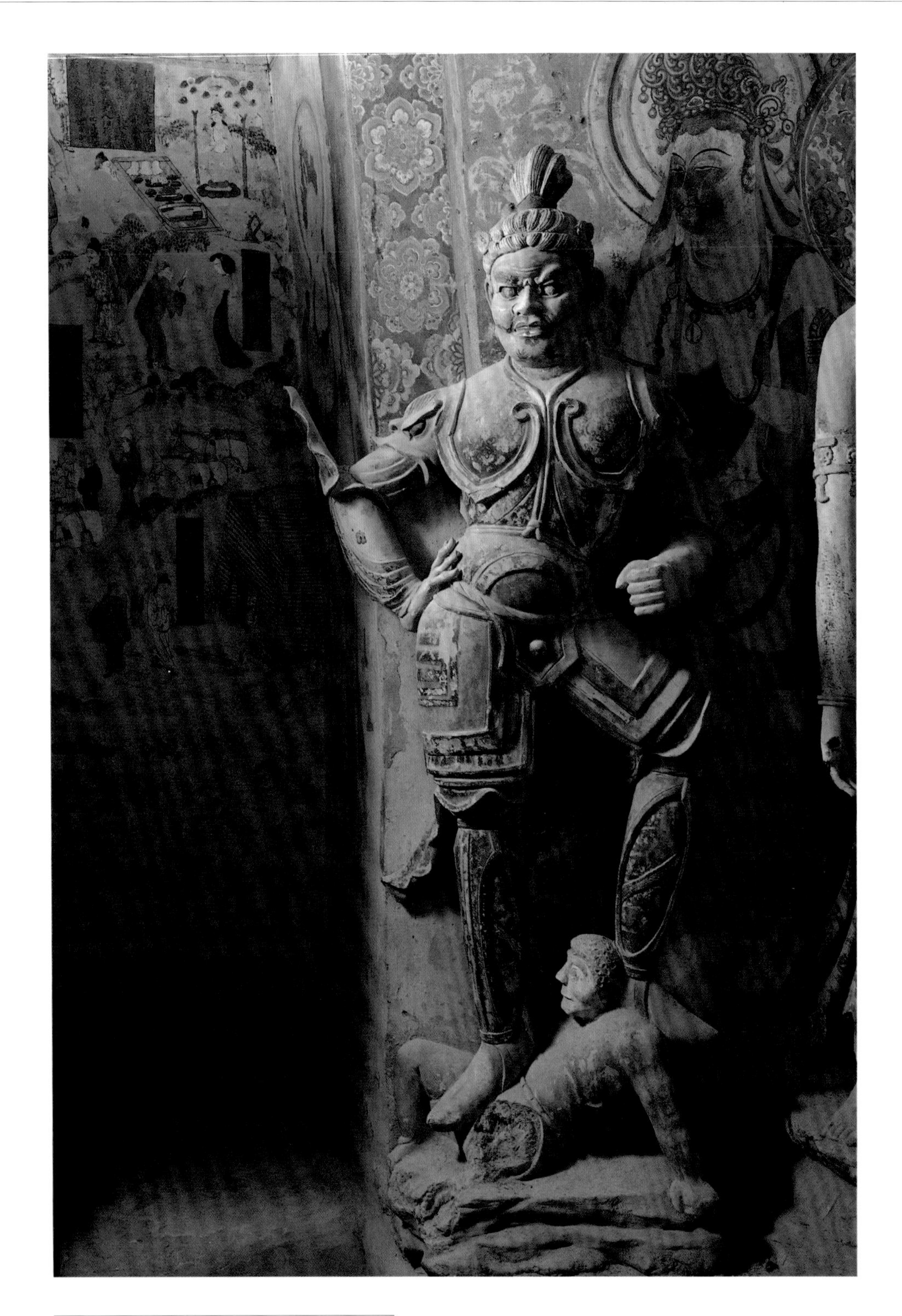

141 **南方增長天王**

天王束大髮髻，眉棱雙眼突出，鼻翼寬闊，唇上和下頜畫髯鬚。着胸甲身甲，右肘處衣角翻飛，塑造了天王揮動手臂、叉腰握拳的一瞬間。

盛唐 莫45 西龕內南側

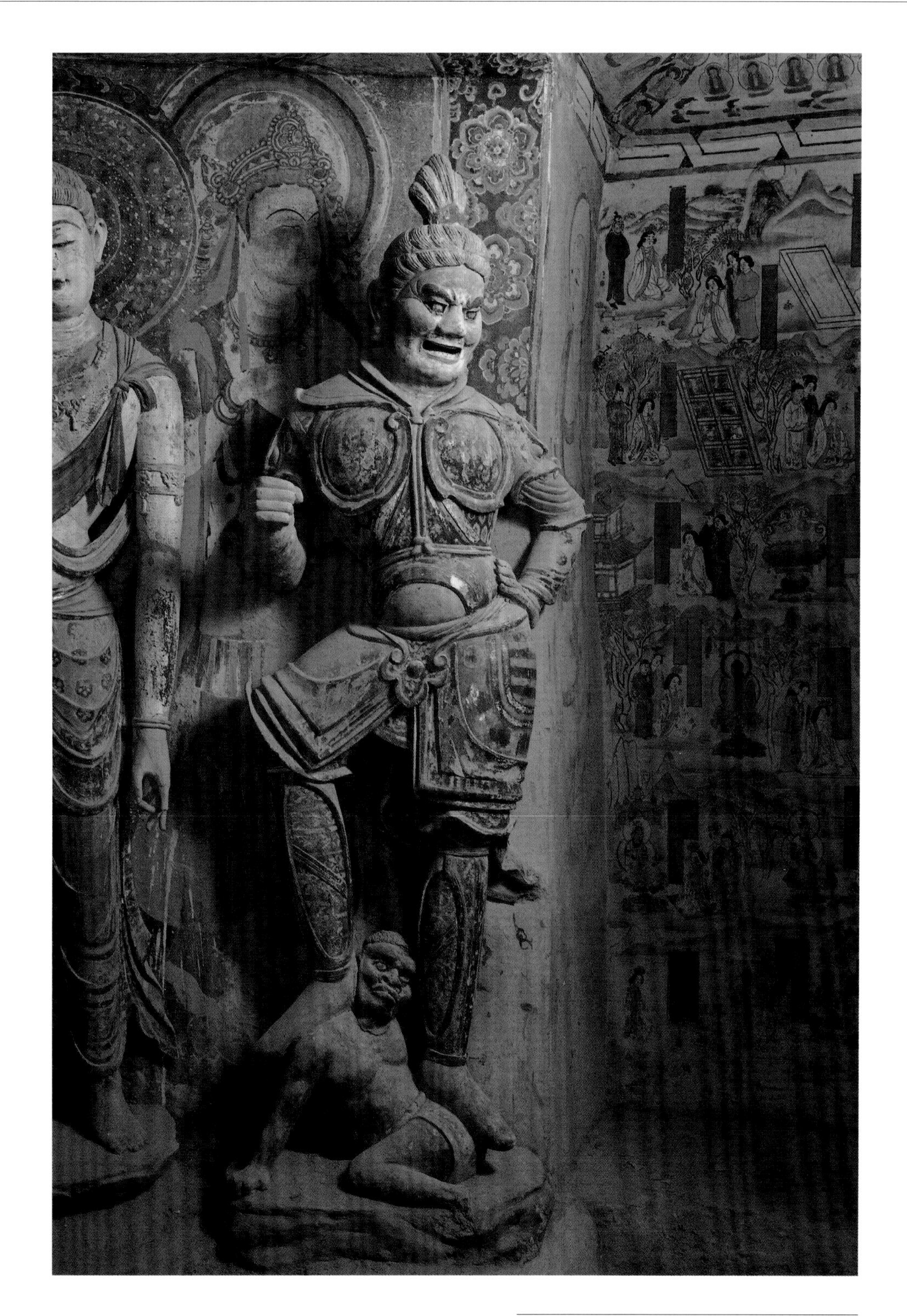

142 **北方多聞天王**

天王立於菩薩外側，雙眉緊蹙，張口作大吼狀，甲冑嚴身，握拳叉腰立藥叉身上。面部的肌肉緊張而不呆板，甲冑的雕刻細緻且有厚度，給人以金屬和皮質之感。

盛唐　莫45　西龕內北側

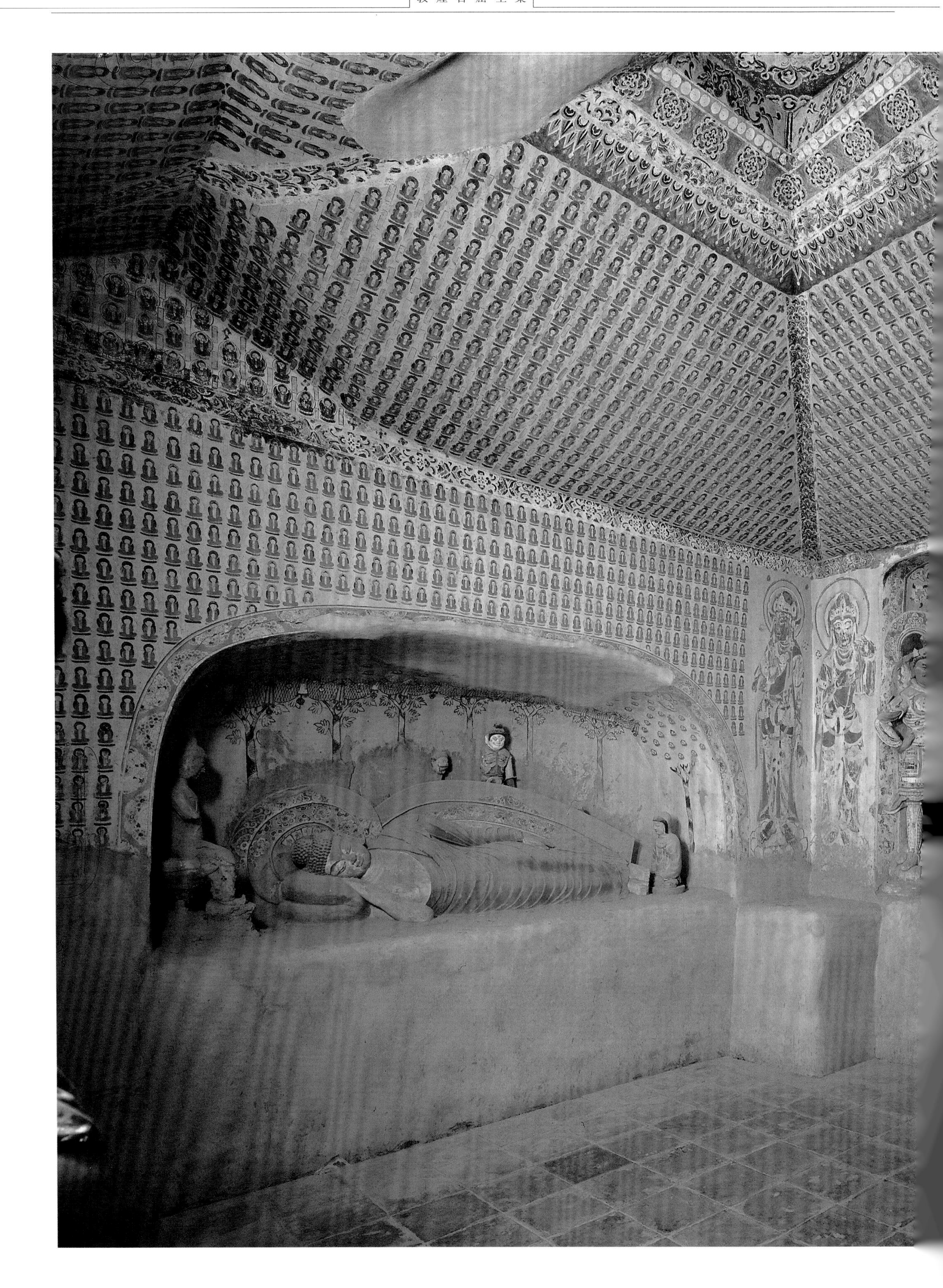

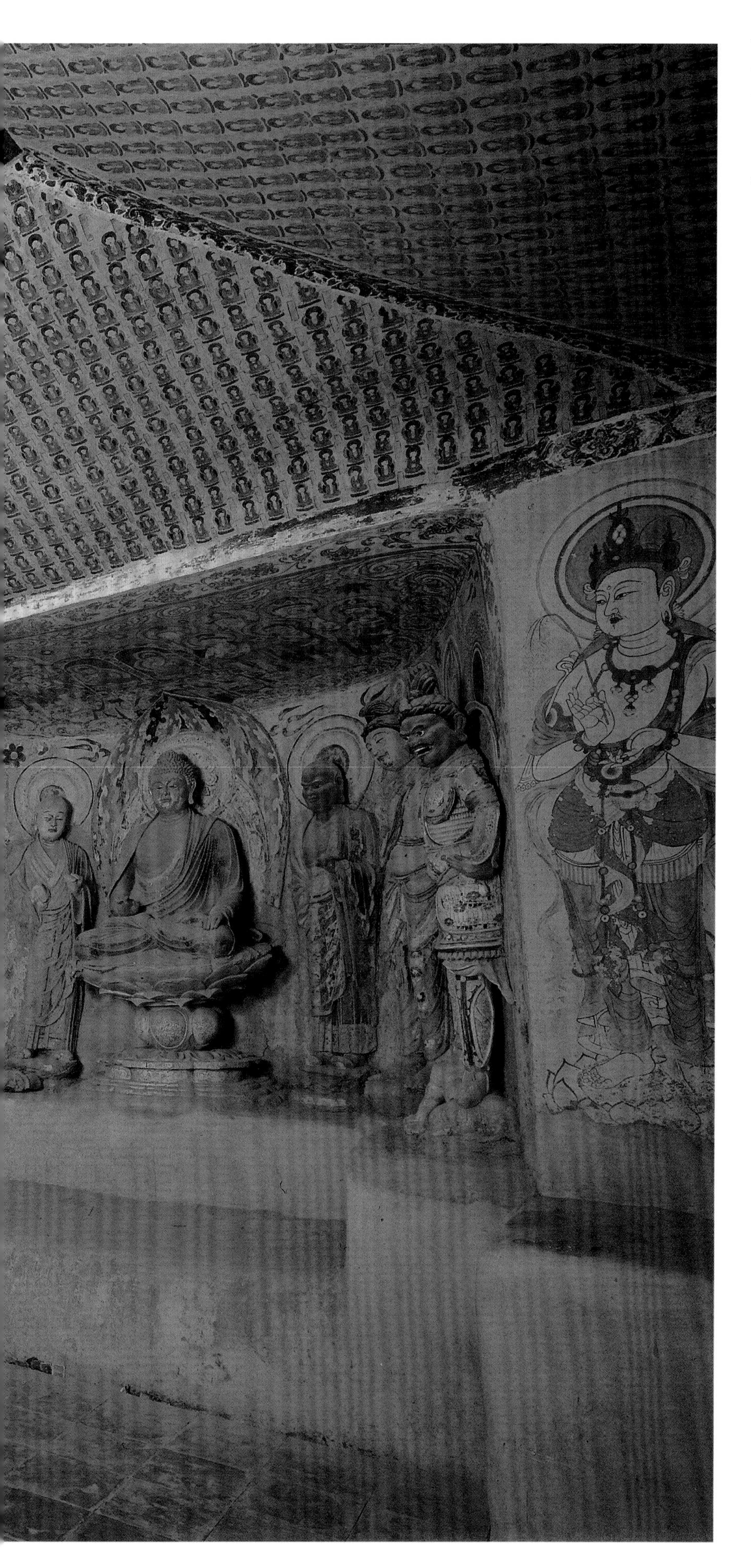

143 窟室內造像

此窟西壁開敞口龕，龕內塑七身像；南壁開長形龕，內塑涅槃像。北壁則塑過去七佛。

盛唐 莫46

144 釋迦佛一鋪

敞口龕內主尊釋迦牟尼呈降魔坐式，兩側塑阿難、迦葉、脅侍菩薩和天王像，南側的菩薩缺損。

盛唐 莫46 西壁

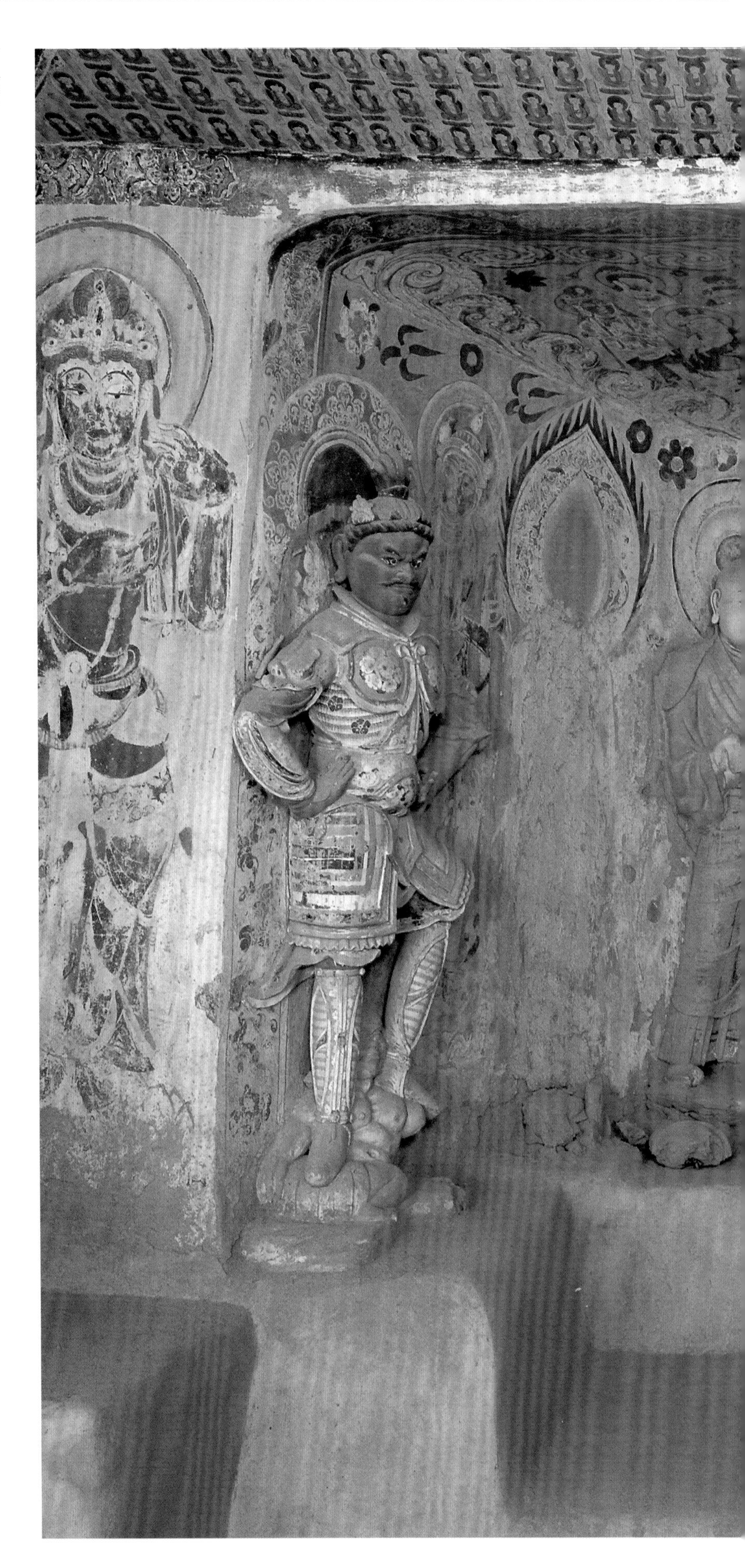

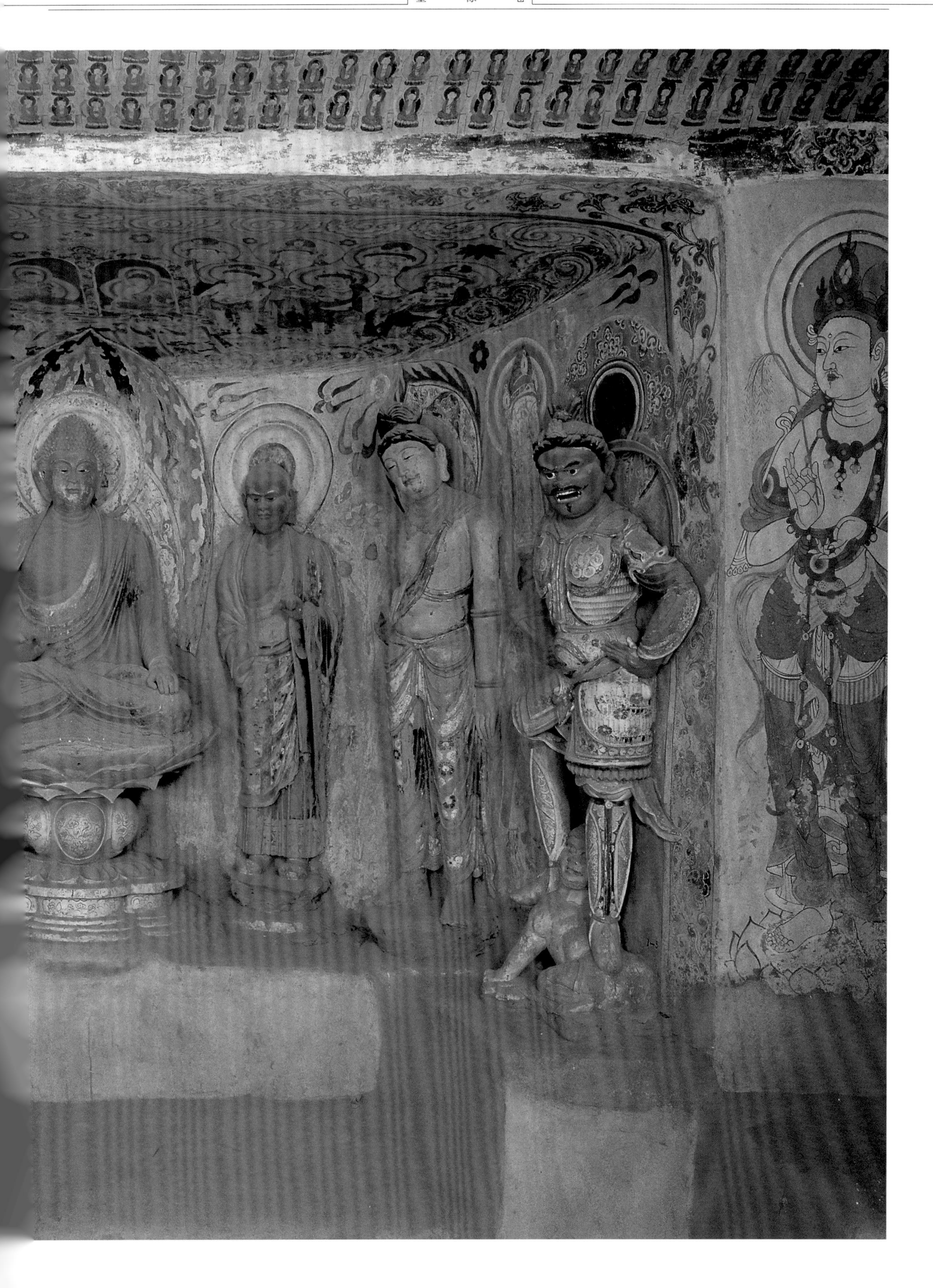

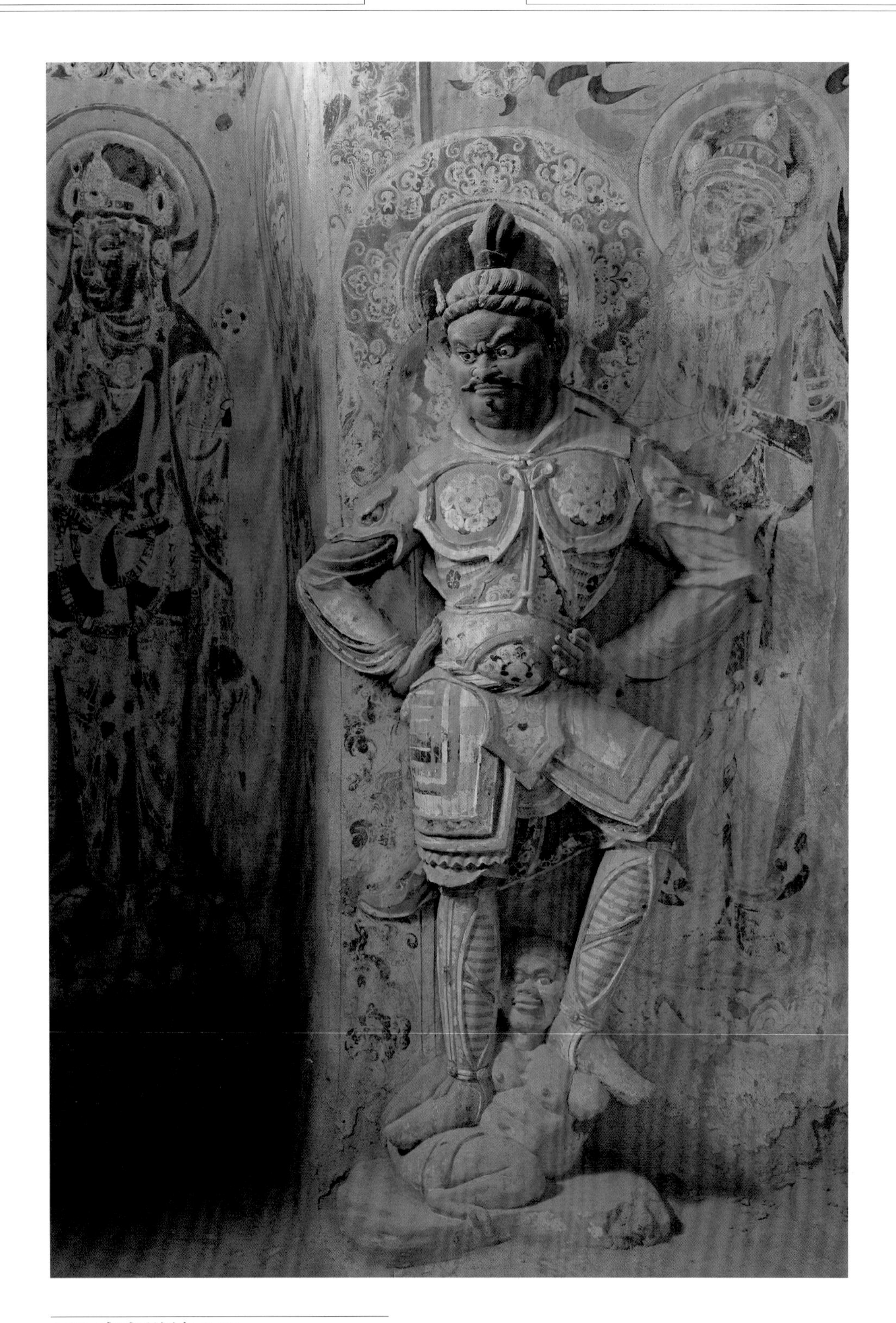

145 **南方增長天王**

天王前額突起，聳鼻怒目，氣勢可畏。戎裝上裝金繪花，更顯得高貴威武。鬚眉皆用浮塑塑出，生動而富有層次。

盛唐 莫46 西龕內南側

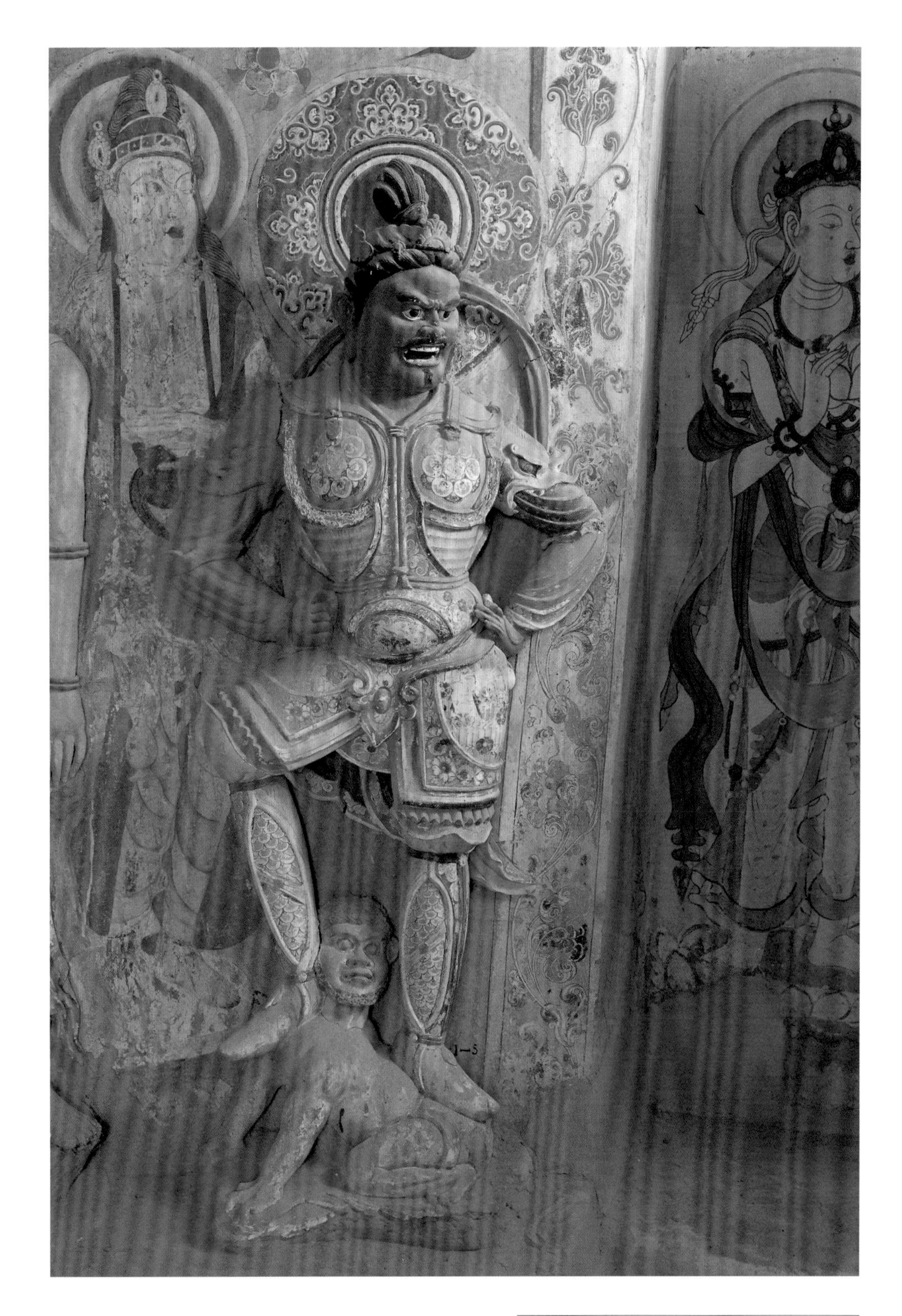

146 北方多聞天王

天王怒目張口大吼，叉腰立藥叉身上。頭後的圓光，紅底色上畫半團花。鎧甲的表現細緻，色彩略見褪變，仍見裝金殘迹，頭部的黑紅兩色為後世重新裝彩。

盛唐　莫46　西龕內北側

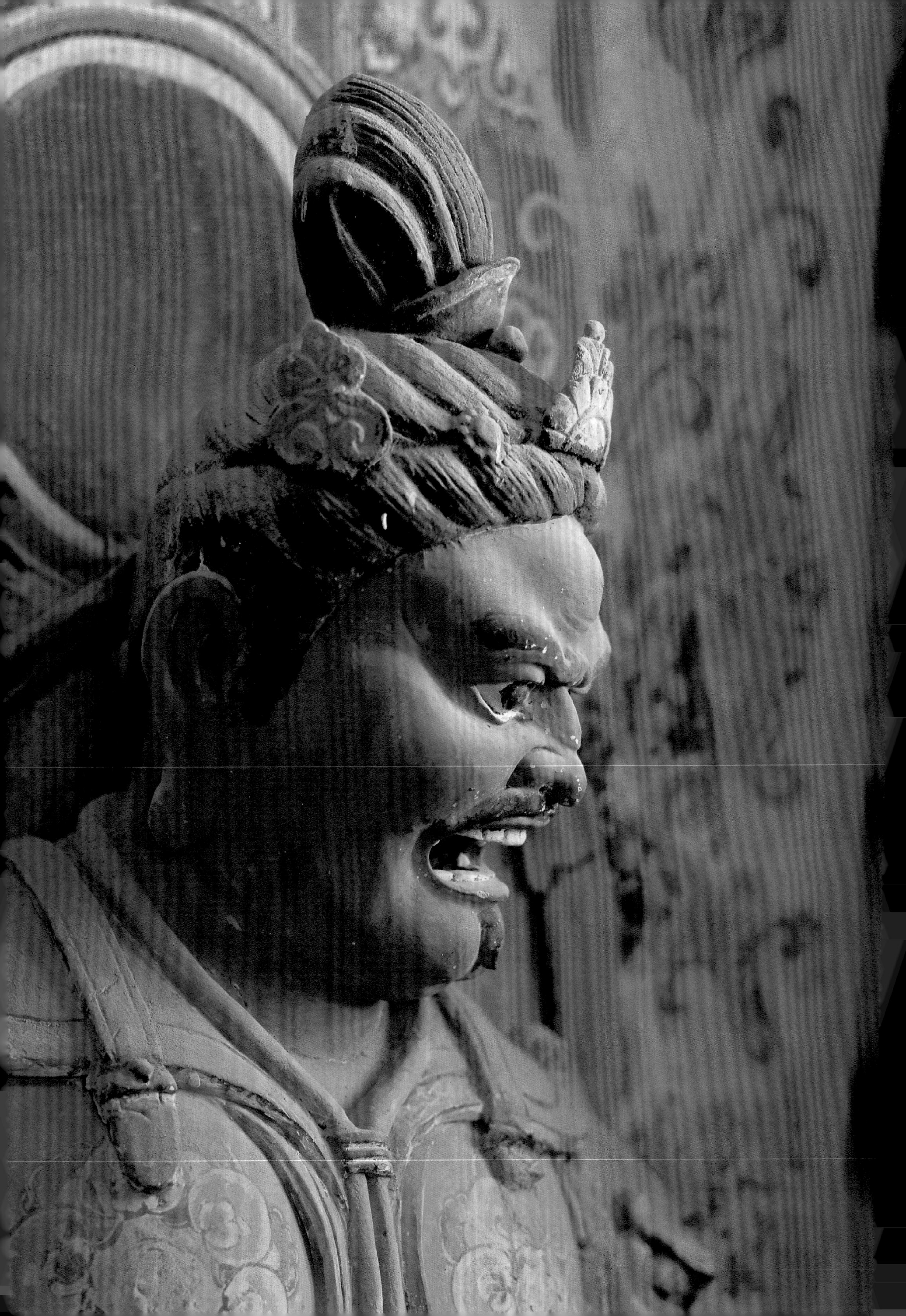

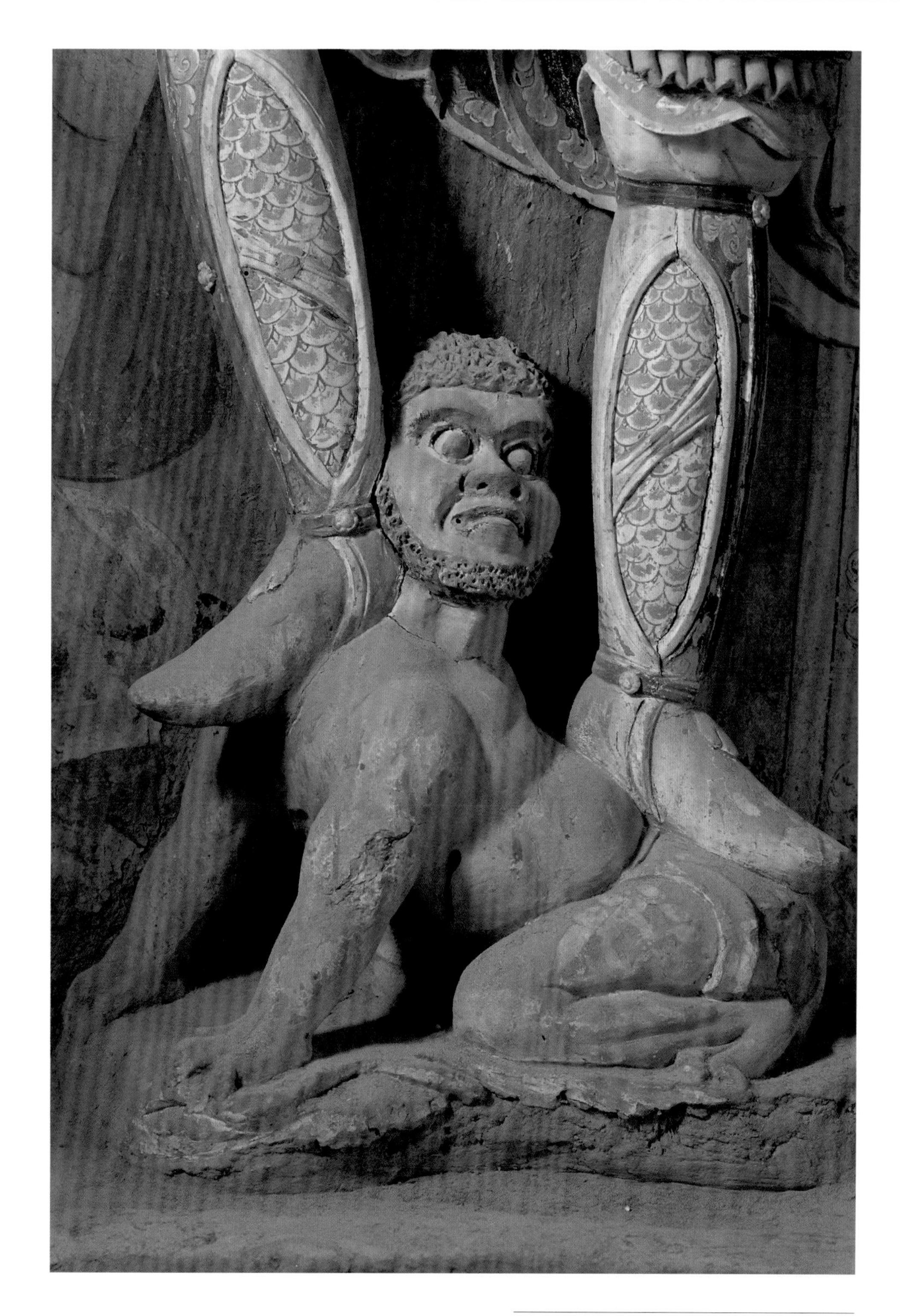

147 **北方多聞天王側面**

天王相貌個性突出，面部結構嚴謹而略有誇張，強調了無比威猛性格和強大的震懾力。

盛唐　莫46　西龕內北側

148 **藥叉**

藥叉身材短小，周身紅色，曲髮蓄髯咧嘴張目，裹腰衣。跪臥以兩手拄地，昂頭挺胸，艱難地支撐着天王巨大的身軀。

盛唐　莫46　西龕內北側

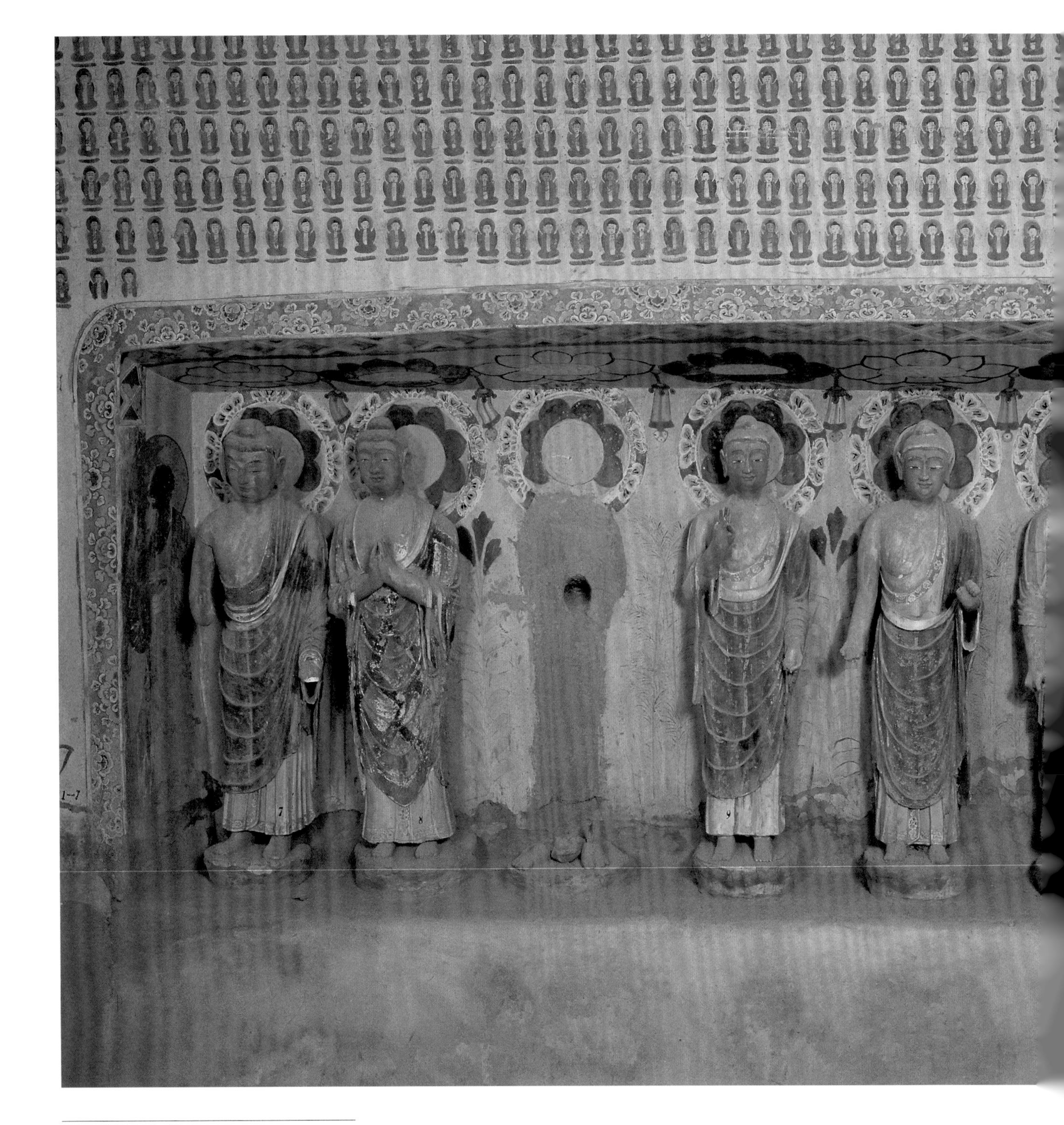

149 **過去七佛**

長方形龕內塑過去七佛立像，西起第三身缺損。塑像均內穿僧祇支，外服右袒袈裟立蓮台上。面部表情大致相同而手姿各異，是莫高窟唯一的過去七佛立像。

盛唐 莫46 北壁

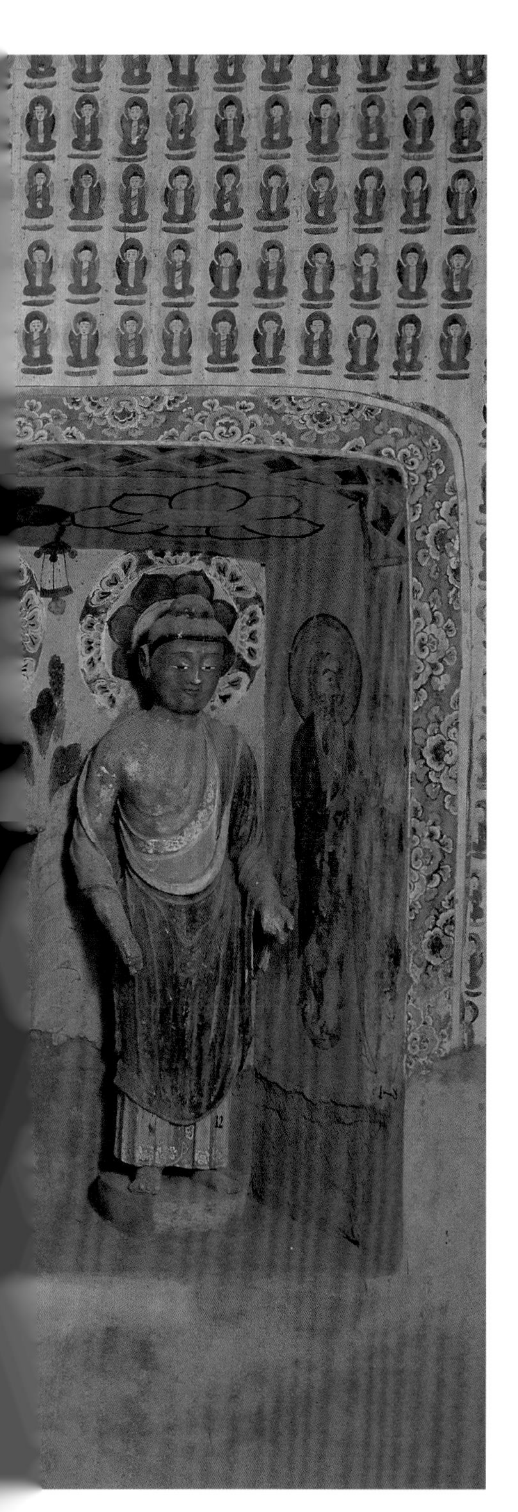

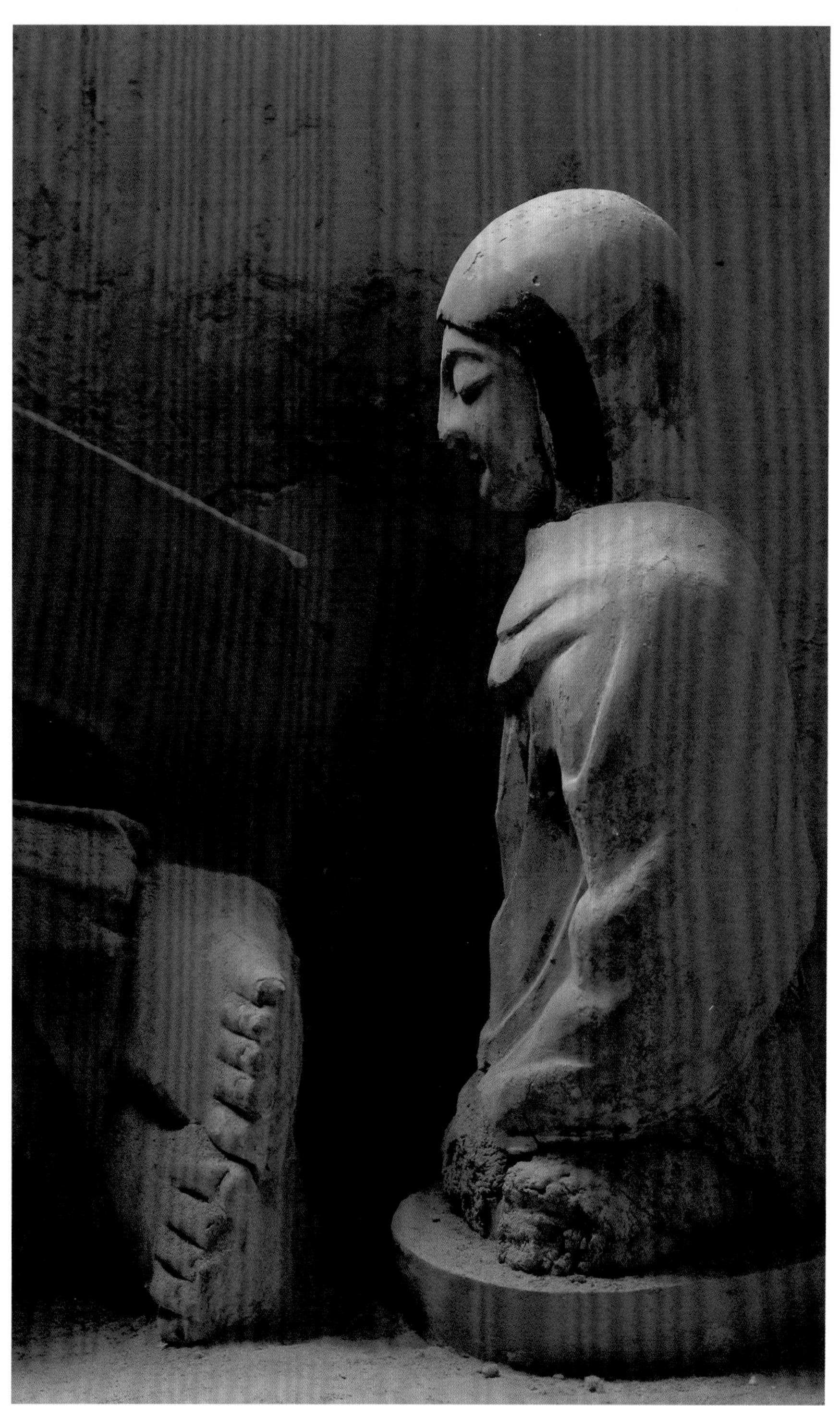

150 須跋陀羅

須跋陀羅是釋迦牟尼的最後一個弟子，於釋迦圓寂以前聽受佛法決釋諸疑，因此多出現在涅槃變相的雕塑或壁畫中，通常須跋造像都位於涅槃像的前方。這位須跋跪於佛足一側，着覆頭衣，袈裟裹覆全身，跪坐的雙膝殘損。

盛唐 莫46 南龕內

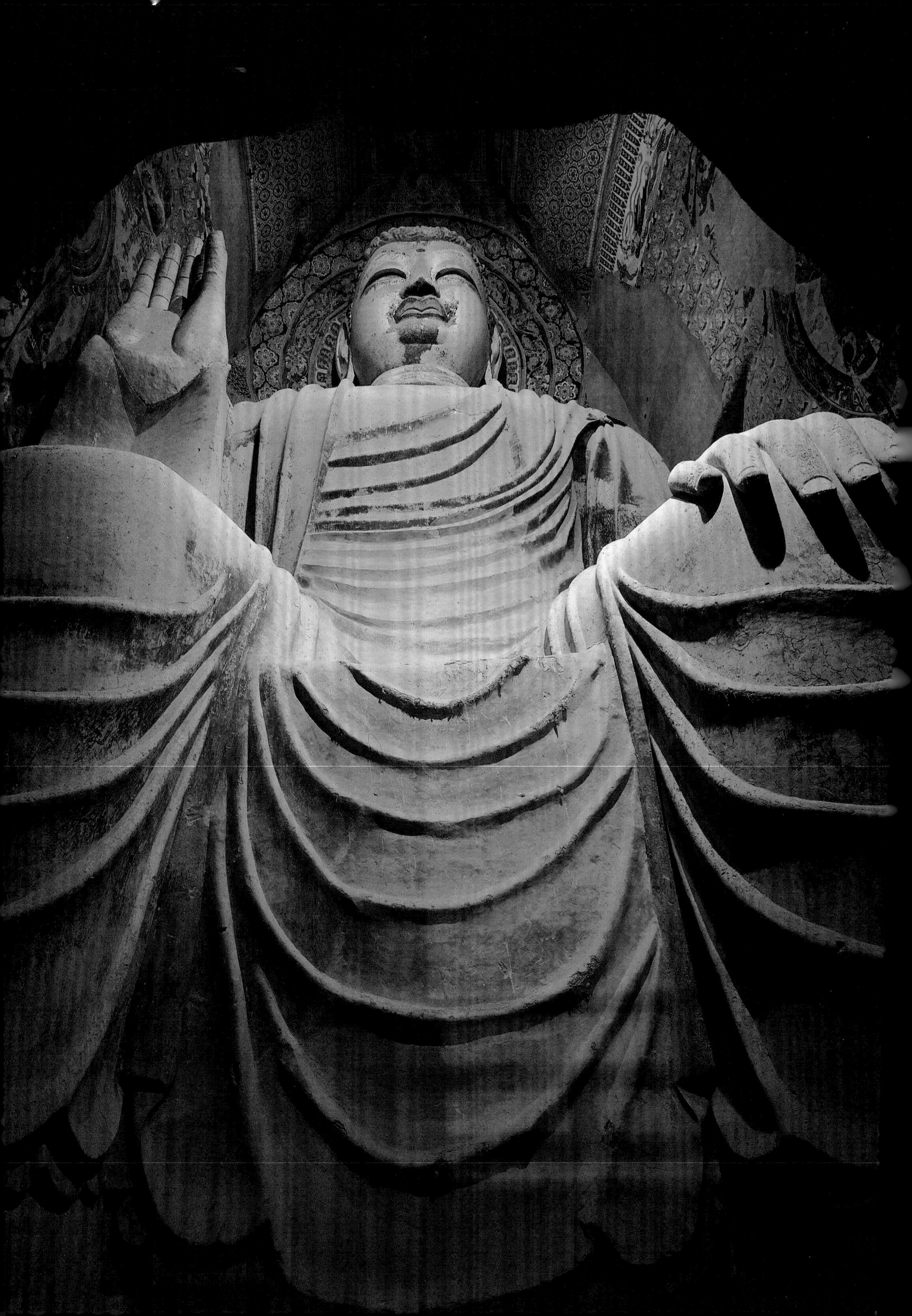

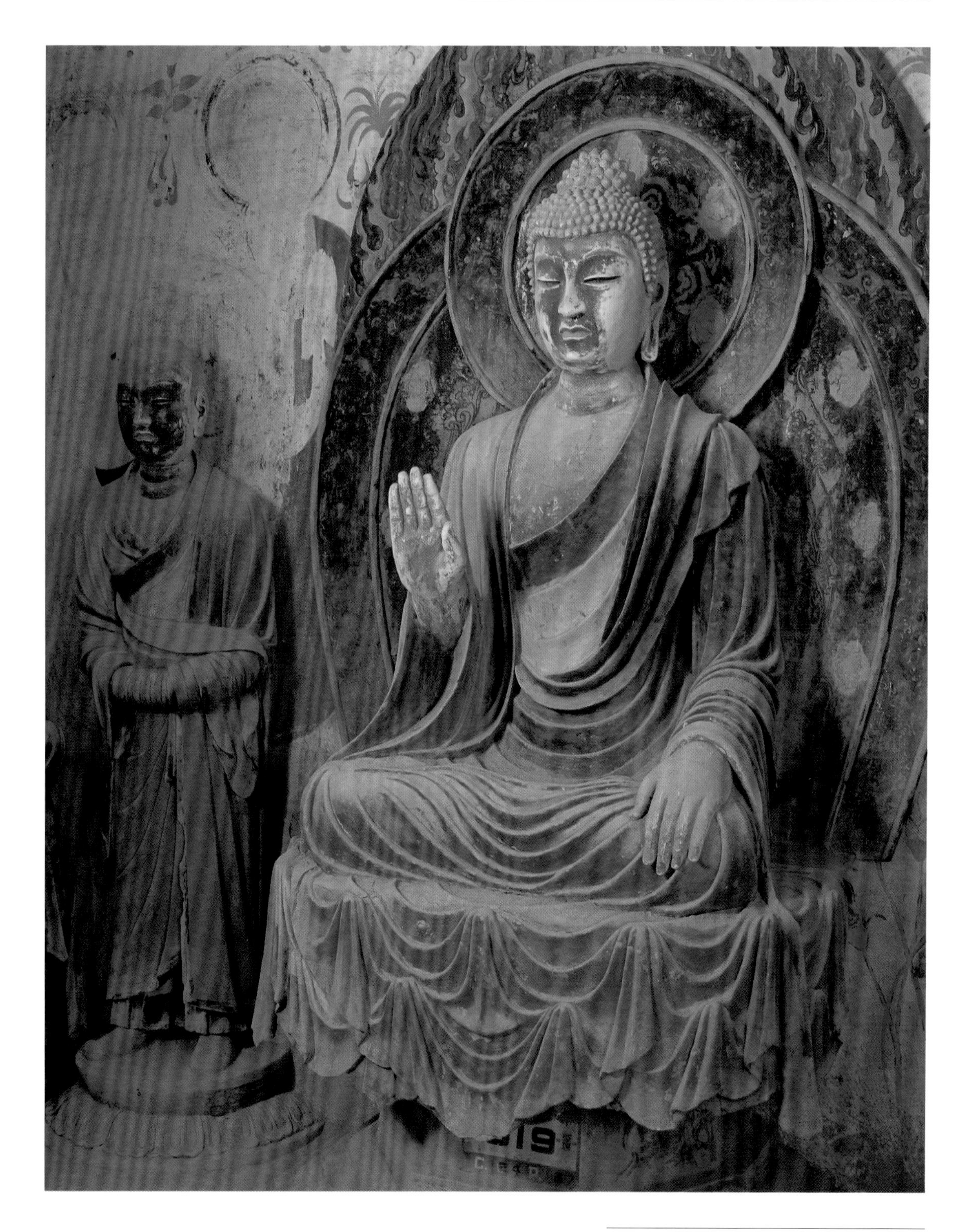

152 **釋迦佛**

釋迦牟尼結跏趺坐，螺髻，面部及兩肩的塑造渾圓飽滿，袈裟衣紋細密，但已有程式化的傾向。弟子阿難侍立右側。

盛唐　莫319　西壁佛壇

151 **彌勒佛大像**

大像窟內塑彌勒倚坐像一軀，高26米，古稱"南大像"。 大像着通肩袈裟，作施無畏印的右手曾被後代重修，左手平伏左膝上。造像為石胎泥塑，曾經盛唐和西夏兩代重修。據窟內題記可知，該窟為晉昌郡太守樂庭瓌及其夫人太原王氏所開。

盛唐　莫130　西壁

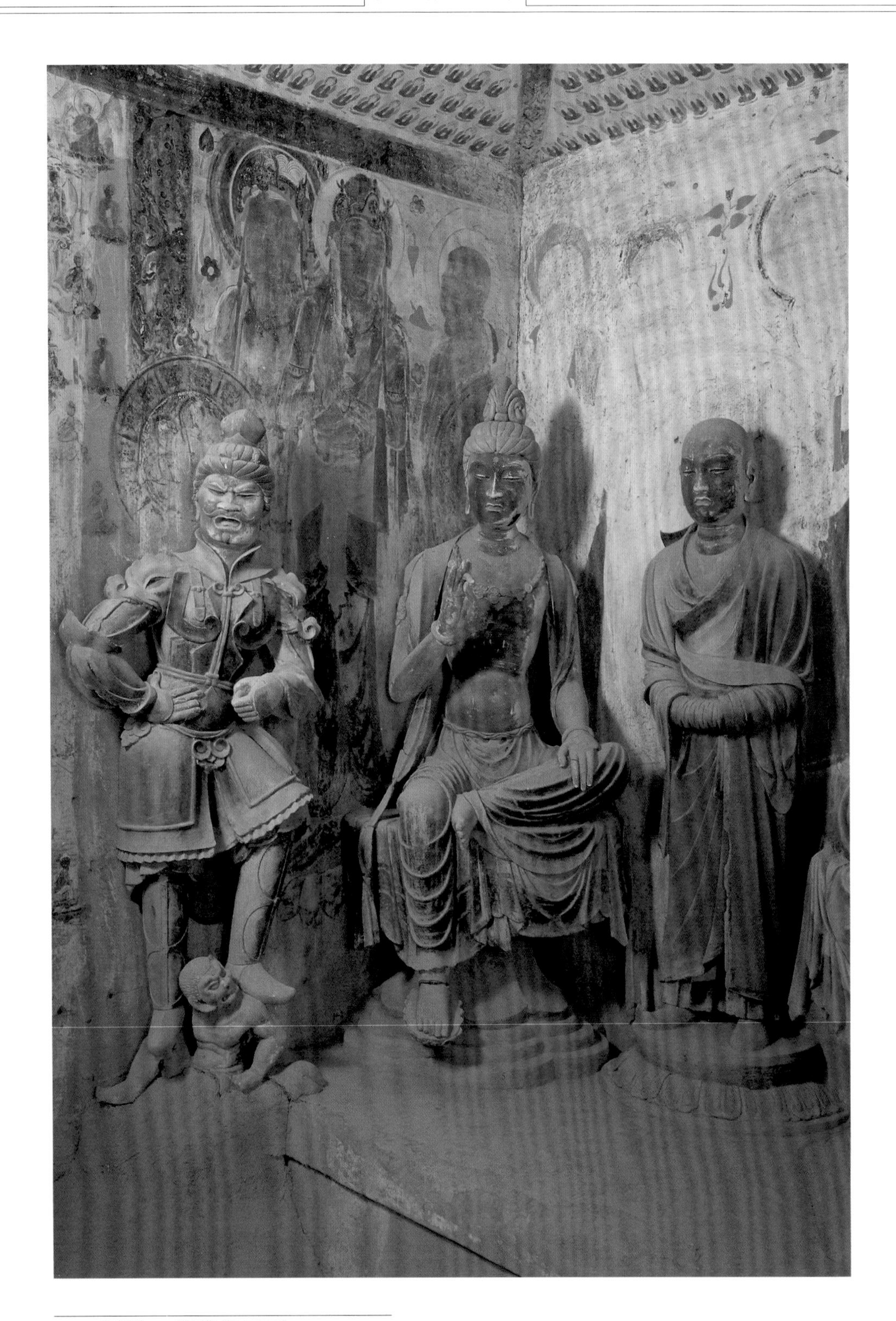

153 **阿難、菩薩與天王**

阿難袖手侍立在佛的右側，表情漠然。菩薩半跏坐蓮座上，高髻危聳，右手似拈枝，左手置於左膝。增長天王叉腰握拳，横眉怒目立藥叉身上。

盛唐 莫319 西壁佛壇南側

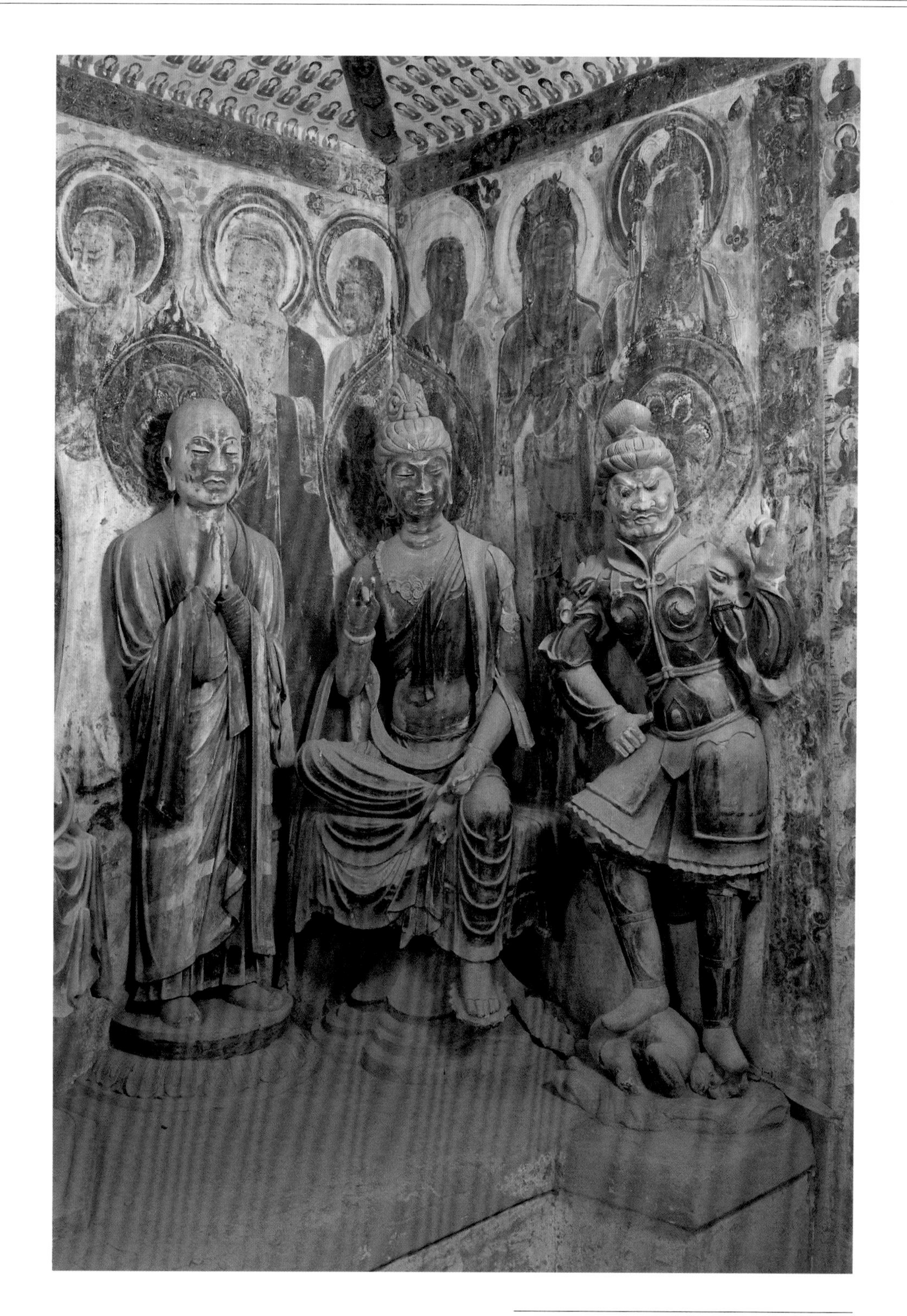

154 迦葉、菩薩與天王

迦葉合十，似在虔誠地誦經禮佛。菩薩雖多有變色，但整體保存完好，就連髮髻、衣飾以及兩手等易損部位都少缺損，實屬難得。菩薩外側的多聞天王，赤色鬚眉，舉手叉腰，立藥叉身上。

盛唐　莫319　西壁佛壇北側

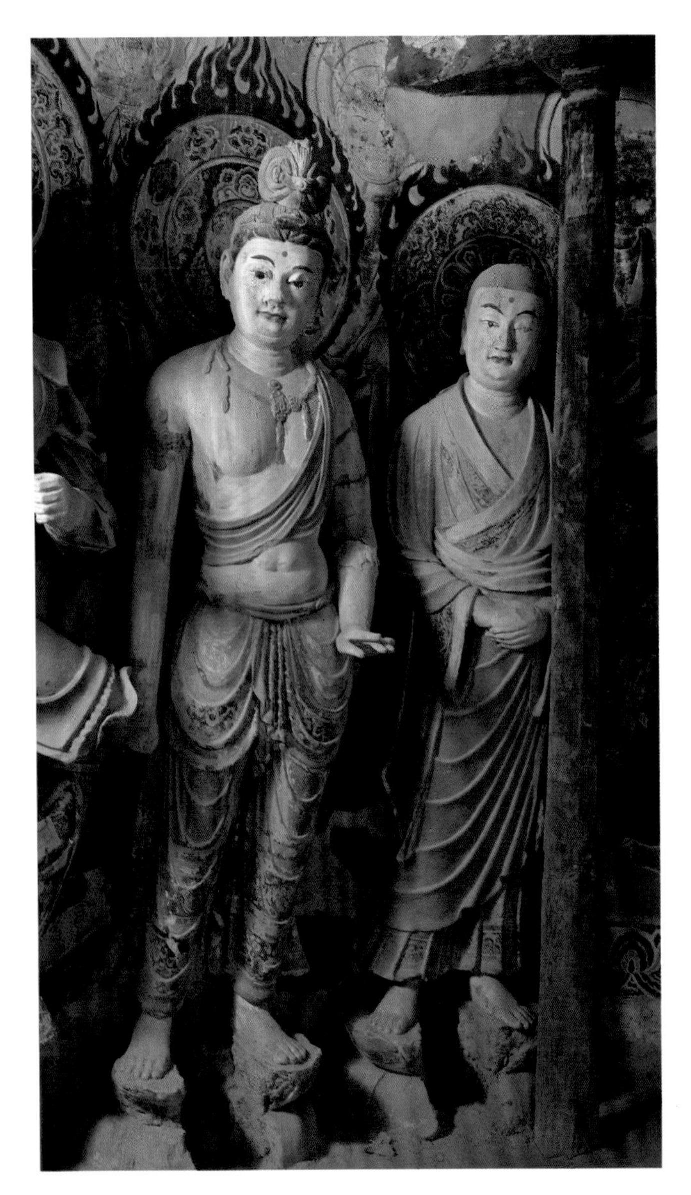

155 **弟子阿難與菩薩**

阿難着交領僧祇支外服袈裟，兩手相握抱持腹前。上身較短下身修長，身體稍傾。身旁的菩薩束大髮髻，胸部隆起，小腹肥滿，着裙立蓮台上。

盛唐 莫444 西龕內南側

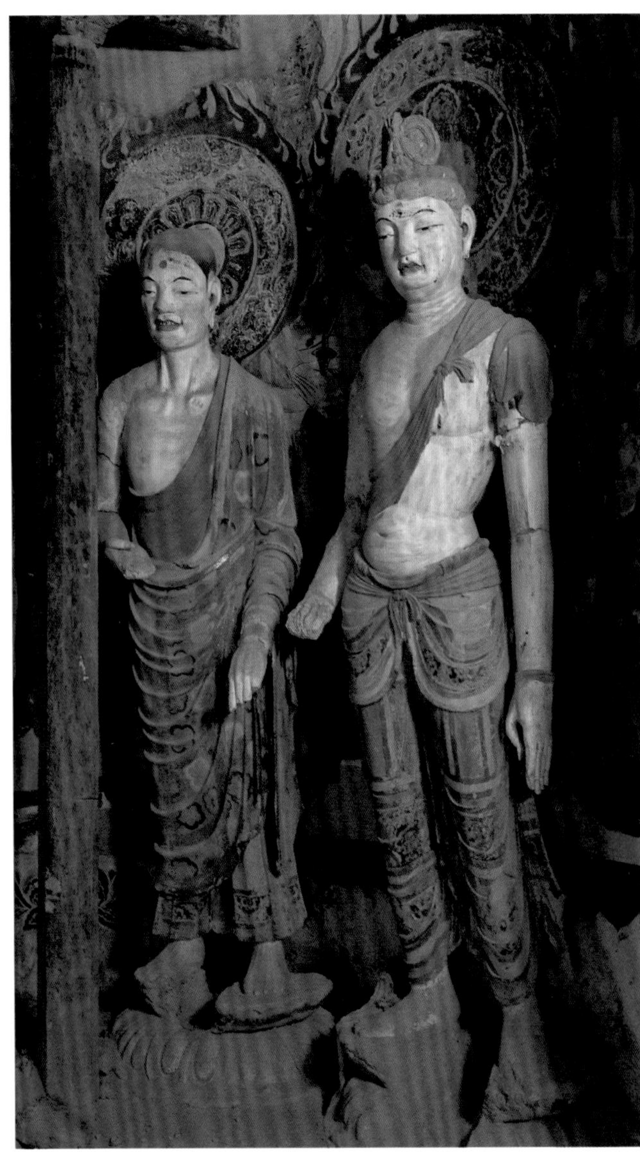

156 **弟子迦葉與菩薩**

迦葉兩眼的距離稍開，嘴唇微啟，正所謂眉開眼笑，表現出樂觀而歡愉的內心世界。塑出的胸骨也不是嶙峋瘦骨，而有一種結實健康的自然美。菩薩像無論造型還是衣裝表現，都好像在模仿第45窟的脅侍菩薩，但卻缺少了一點神韻。

盛唐 莫444 西龕內北側

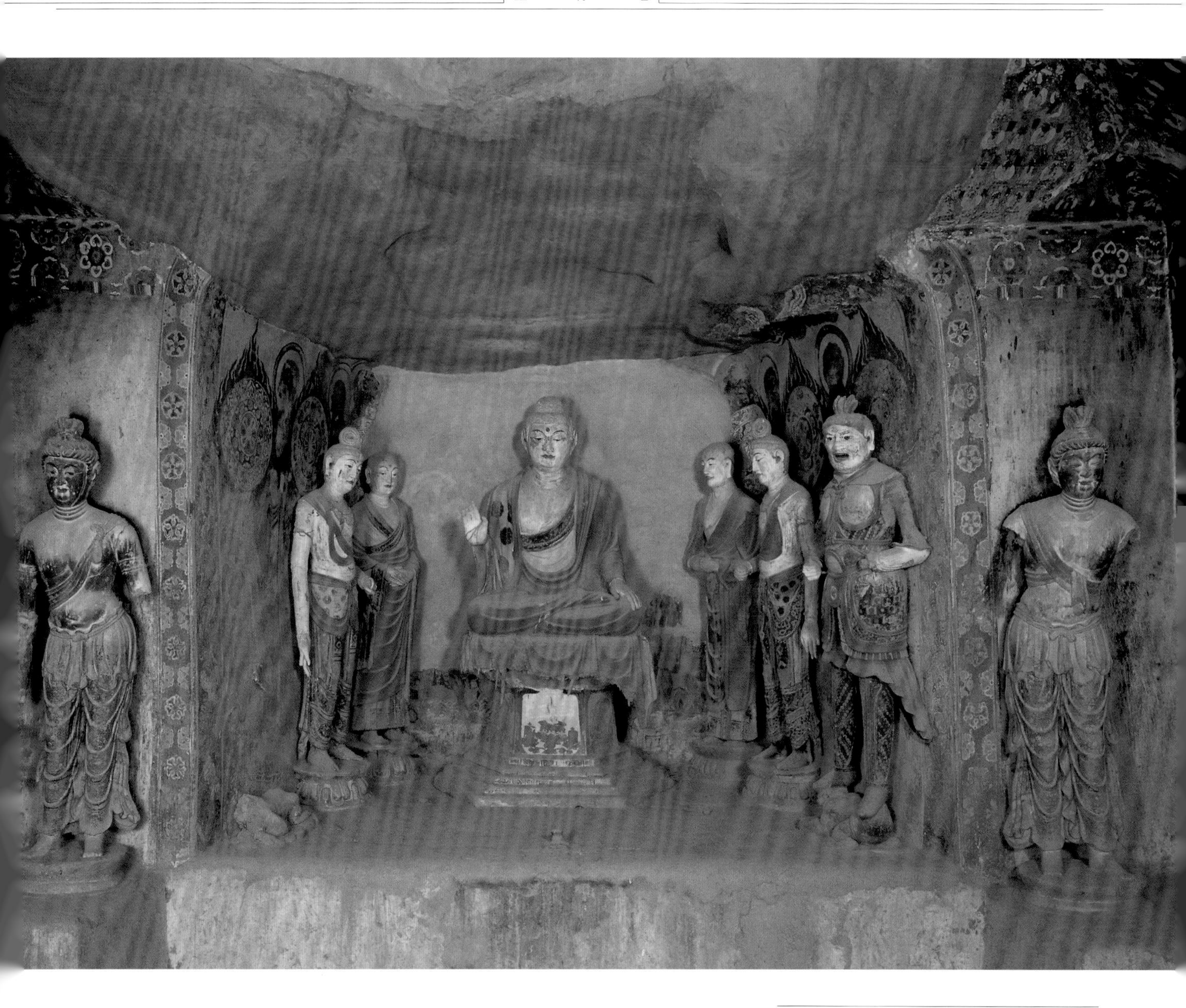

157 釋迦佛一鋪

主尊釋迦牟尼穿袈裟，呈左腳內右腳外的吉祥坐式，兩側塑弟子、菩薩以及天王，南側的天王像缺損，龕外的方台上另塑菩薩兩身。龕內造像曾經後世重新裝彩，龕外菩薩保存了盛唐時的原貌。

盛唐 莫445 西壁

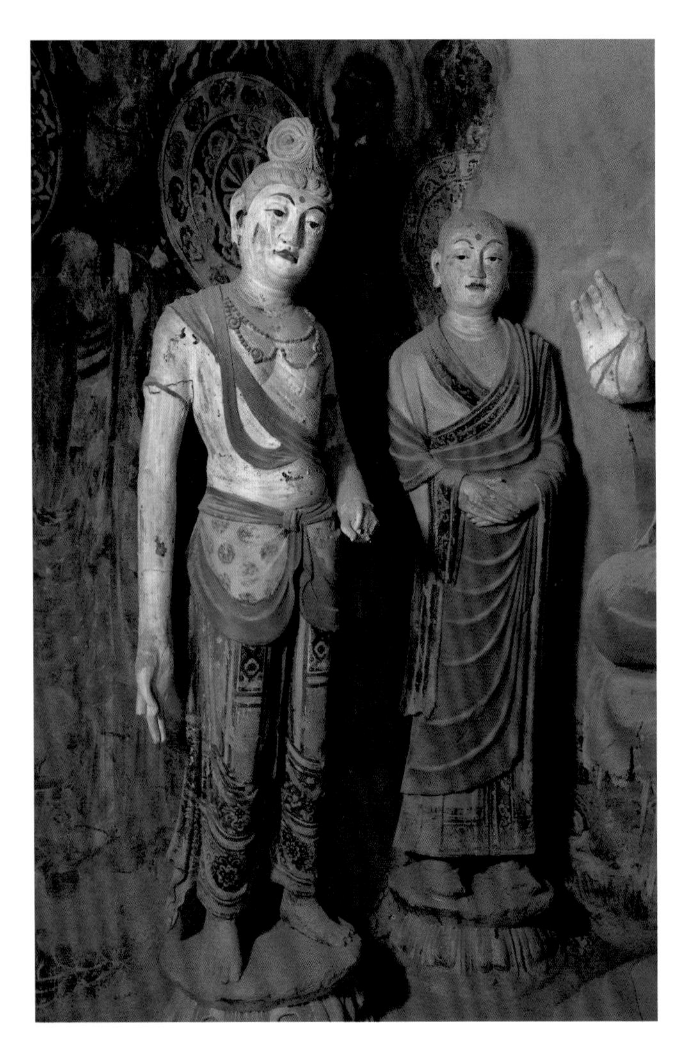

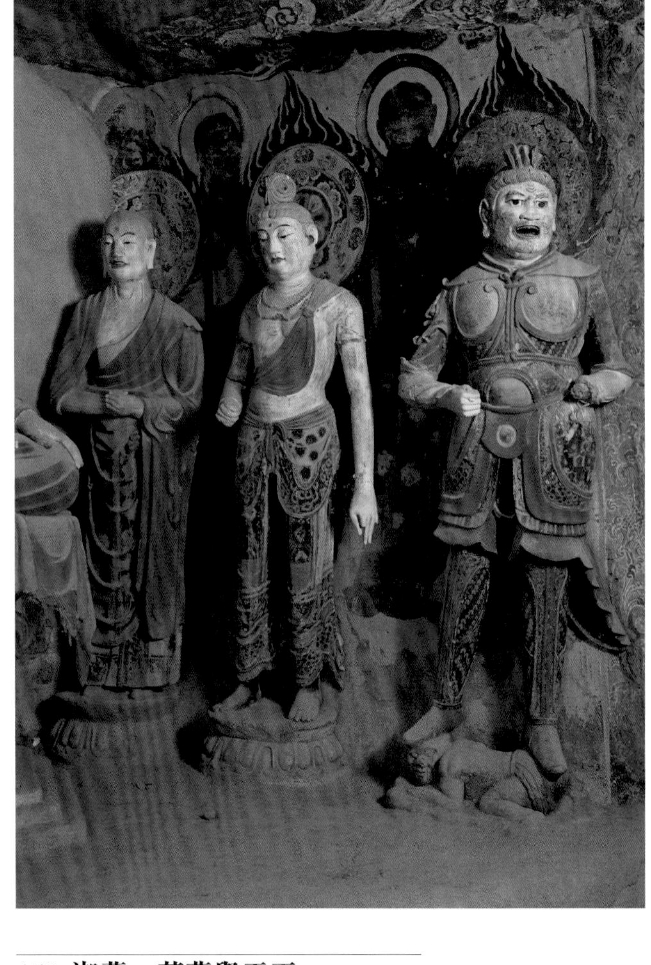

158 阿難與菩薩

在形體塑造上，阿難上身短而下身長，兩肩平直兩腰內收，衣紋線簡潔流暢。菩薩像亦兩肩平直，具男性的骨骼特徵。斜披條帛，束彩裙直立在蓮台上。後代修復的右臂略顯僵直。

盛唐　莫445　西龕內南側

159 迦葉、菩薩與天王

迦葉像頭部雖經後世重修，但基本上保存唐代的風貌，不是老態龍鐘的暮年比丘，而是一個眉目舒朗樂觀豁達的中年和尚。天王雖怒目大吼，卻毫無威武可言，兩腿僵直地站在藥叉身上。

盛唐　莫445　西龕內北側

160 脅侍菩薩

較之龕內的造像，龕外兩側的菩薩卻屬佳作。菩薩束高髻，眉目清秀，頸下塑出三道。雙臂殘損，身體稍向內傾，重心落在右腿上，呈“S”形造型。髮帶和條帛上的紅色、裙帶的綠色鮮艷如新。

盛唐　莫445　西龕外北側

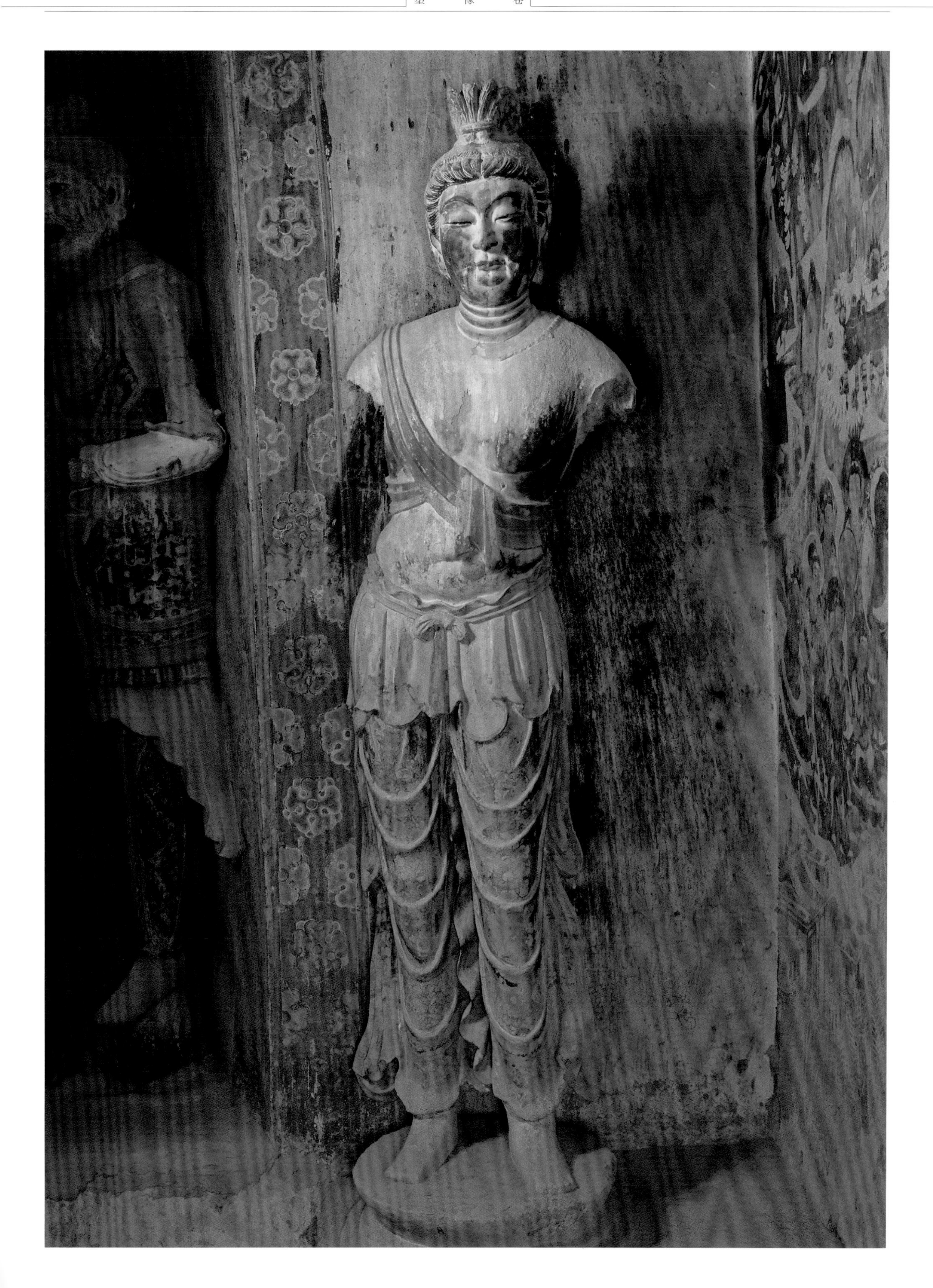

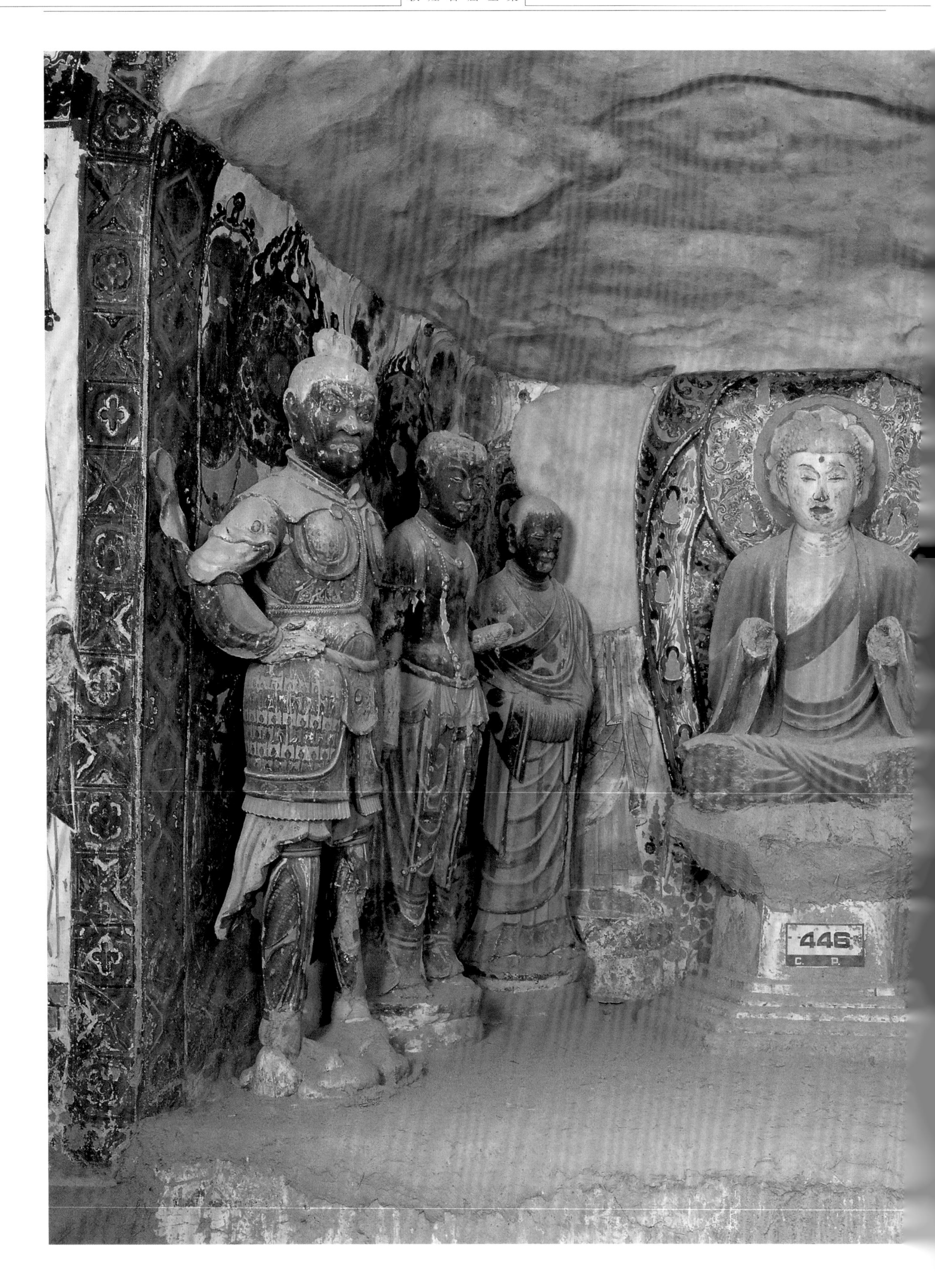
446
C. P.

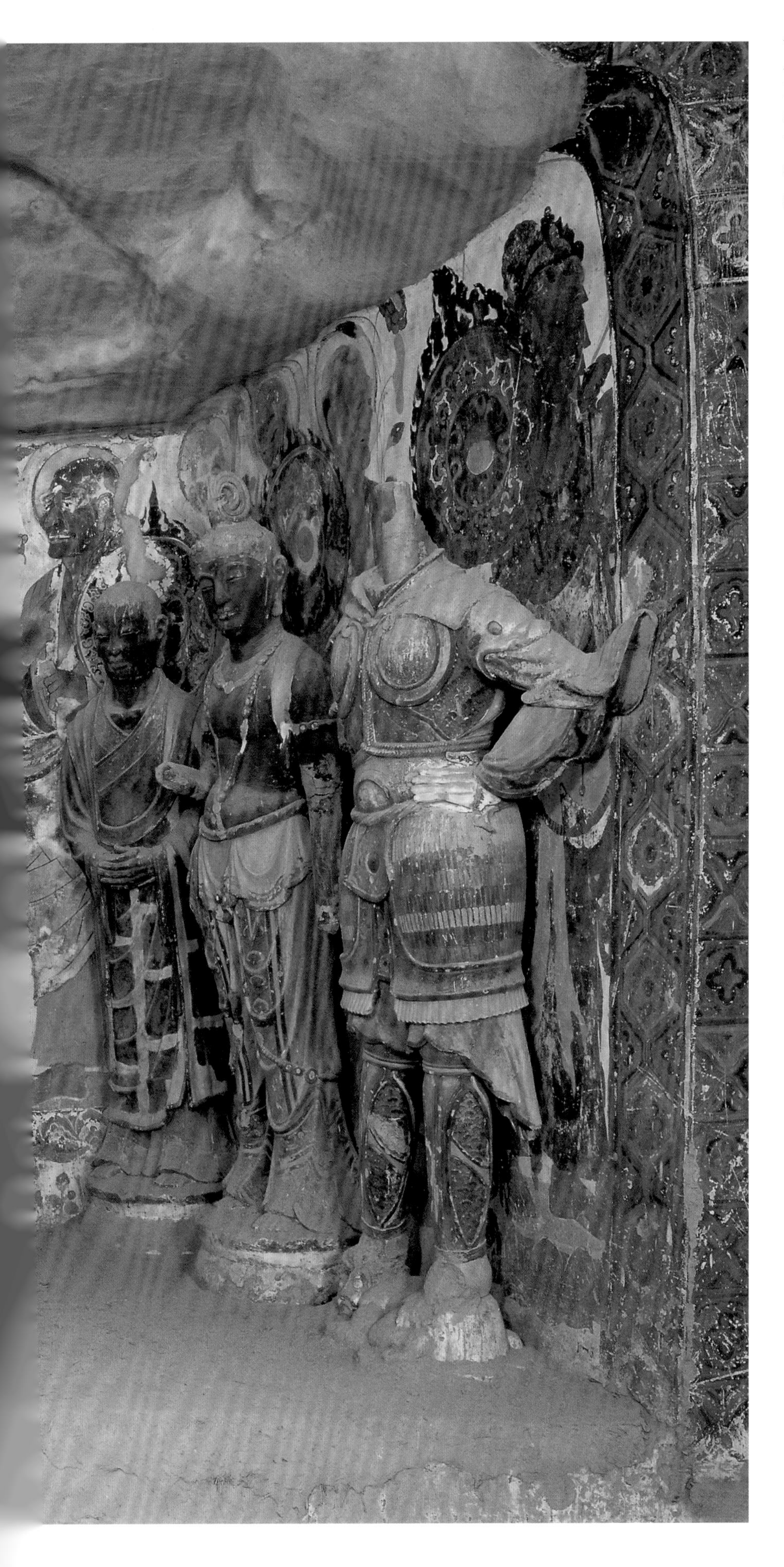

161 釋迦佛一鋪

方口龕內正中塑釋迦牟尼，呈降魔坐式。兩側為弟子、菩薩和天王。造像的面部身體變色嚴重，北側一身天王的頭部缺損。

盛唐 莫446 西龕

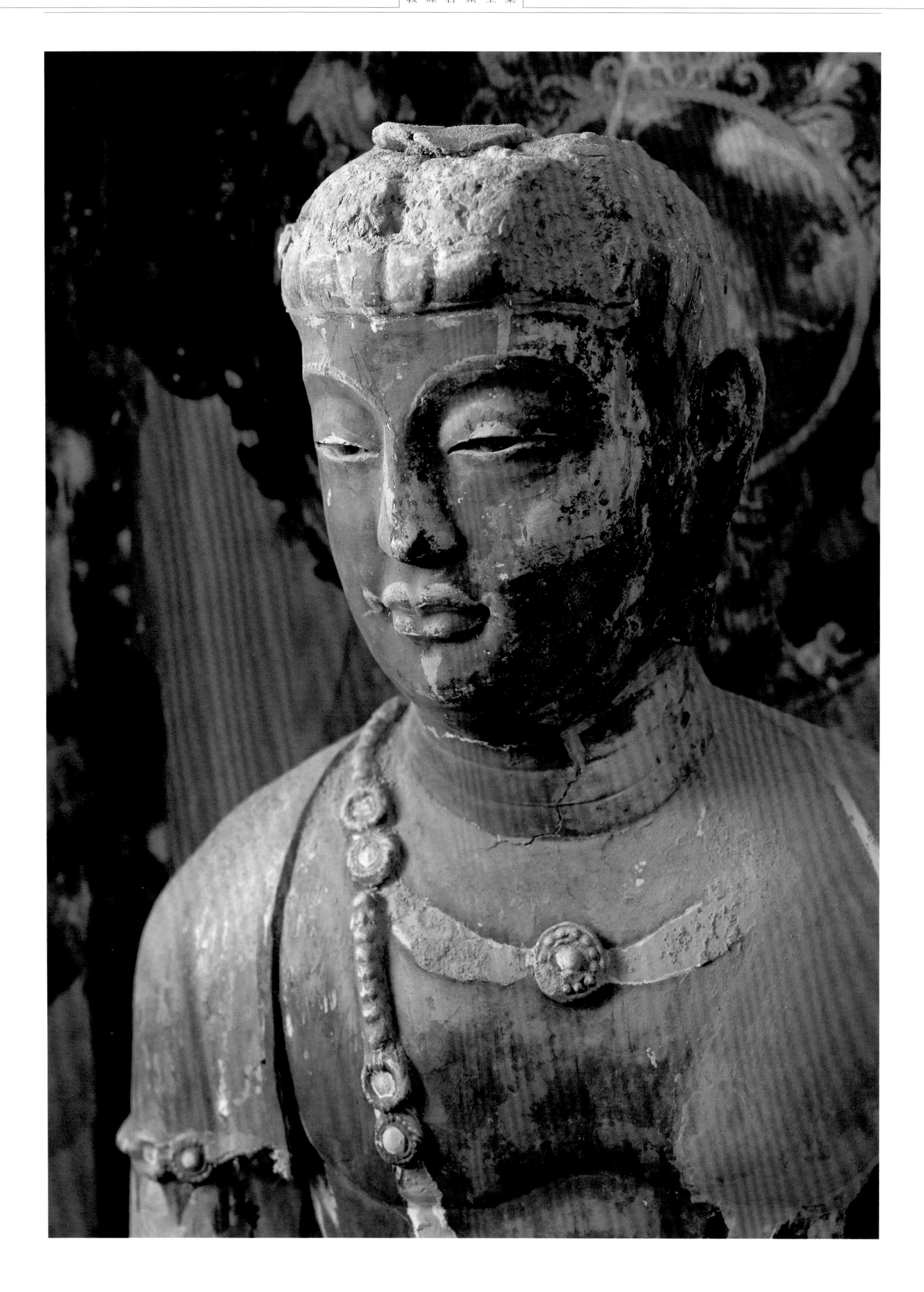

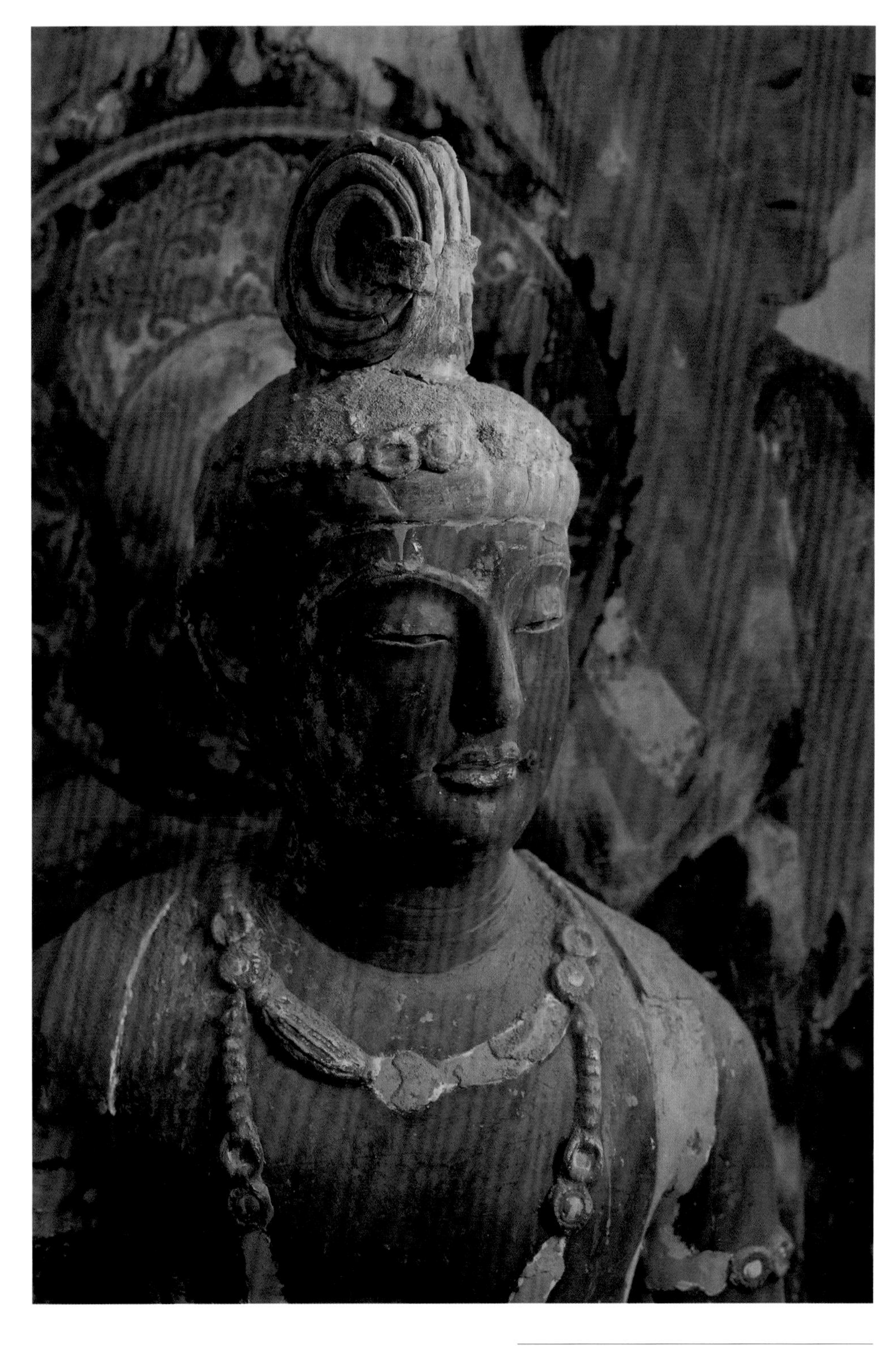

163 **左脅侍菩薩**

菩薩束高髻，慈眉善目，頸下塑三道，項飾、胸飾、腕釧保存完好。頭後畫火燄紋圓形頭光，內飾半團花紋。

盛唐　莫446　西壁內北側

162 **右脅侍菩薩**

菩薩彎眉細眼，直鼻小口，畫有髯鬚。面形圓潤，胸部的塑造飽滿，佩項飾、胸飾，頭後畫火燄紋圓形頭光。

盛唐　莫446　西龕內南側

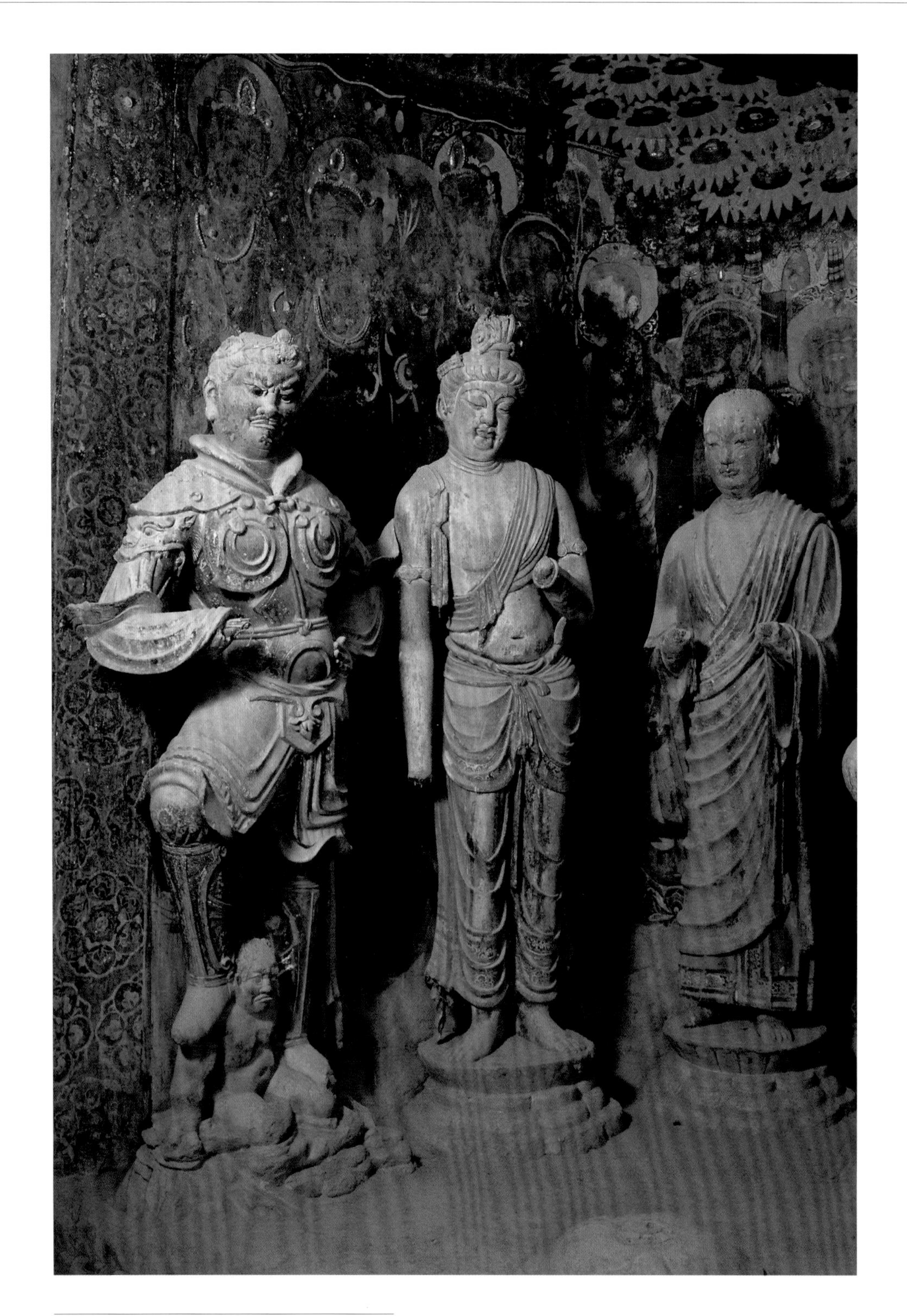

164 **阿難、菩薩與天王**

阿難穿交領僧祇支，外着山水紋袈裟，兩手缺損。菩薩右臂長垂，左臂彎曲平置腹前，直立的身形表現似乎與內傾的頭部不合，顯得有些僵直刻板。其側的南方增長天王聳鼻怒目，一手殘損，叉腰立藥叉身上。

盛唐 莫264 西龕內南側

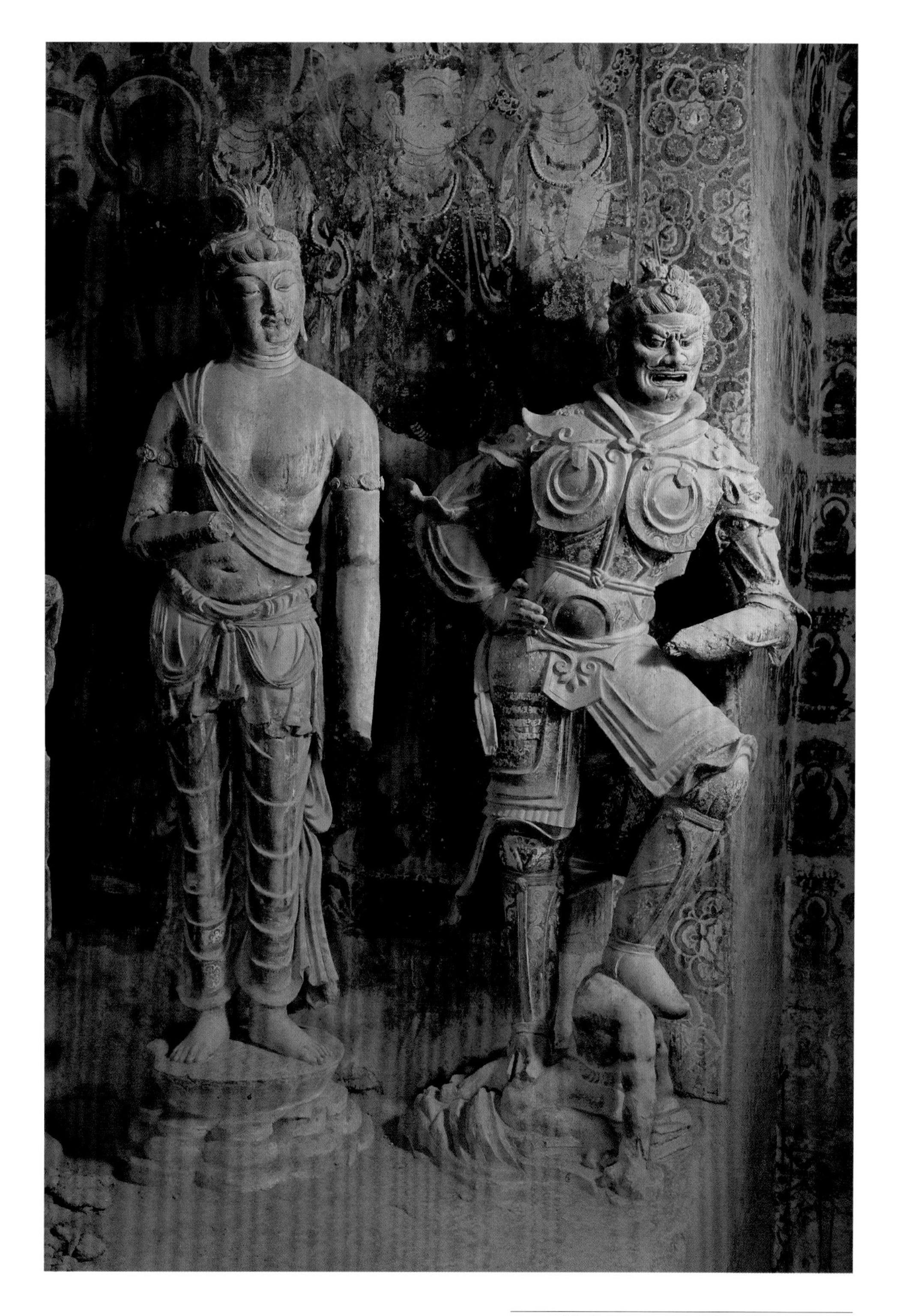

165 菩薩與天王

菩薩面相矜持，姿態溫文爾雅，身形豐滿，表現出唐代女性的特徵。北方多聞天王的鎧甲塑得寫實精細。

盛唐　莫264　西龕內北側

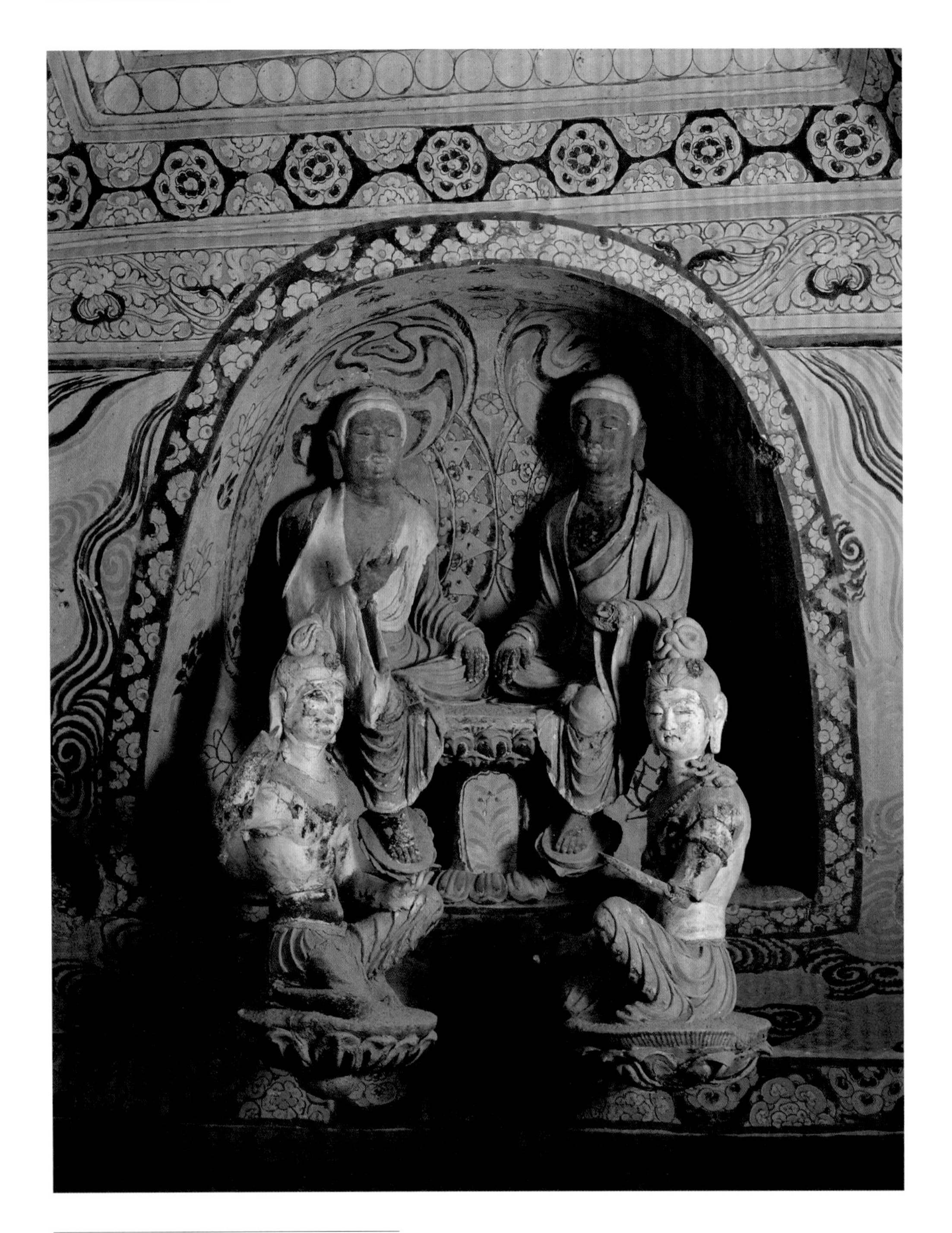

166 窟頂的釋迦多寶說法像

在覆斗頂的西坡開龕，塑釋迦、多寶佛並坐說法像，二如來面部豐圓，一腿曲盤一腿下垂，作半跏坐姿態。龕內的身光為西夏時重修。下方的供養菩薩為懸空圓塑，肌膚的白色為後世重新裝彩。

盛唐 莫27 西坡窟頂

167 供養菩薩

菩薩胡跪在蓮花上，頭部微轉向外看，姿態富有韻律。腳下懸塑蓮花，表示釋迦多寶說法時眾菩薩化現虛空。殘損的小臂上露出造像時使用的木芯，為研究唐代彩塑的製作提供了重要實例。

盛唐 莫27 西坡窟頂

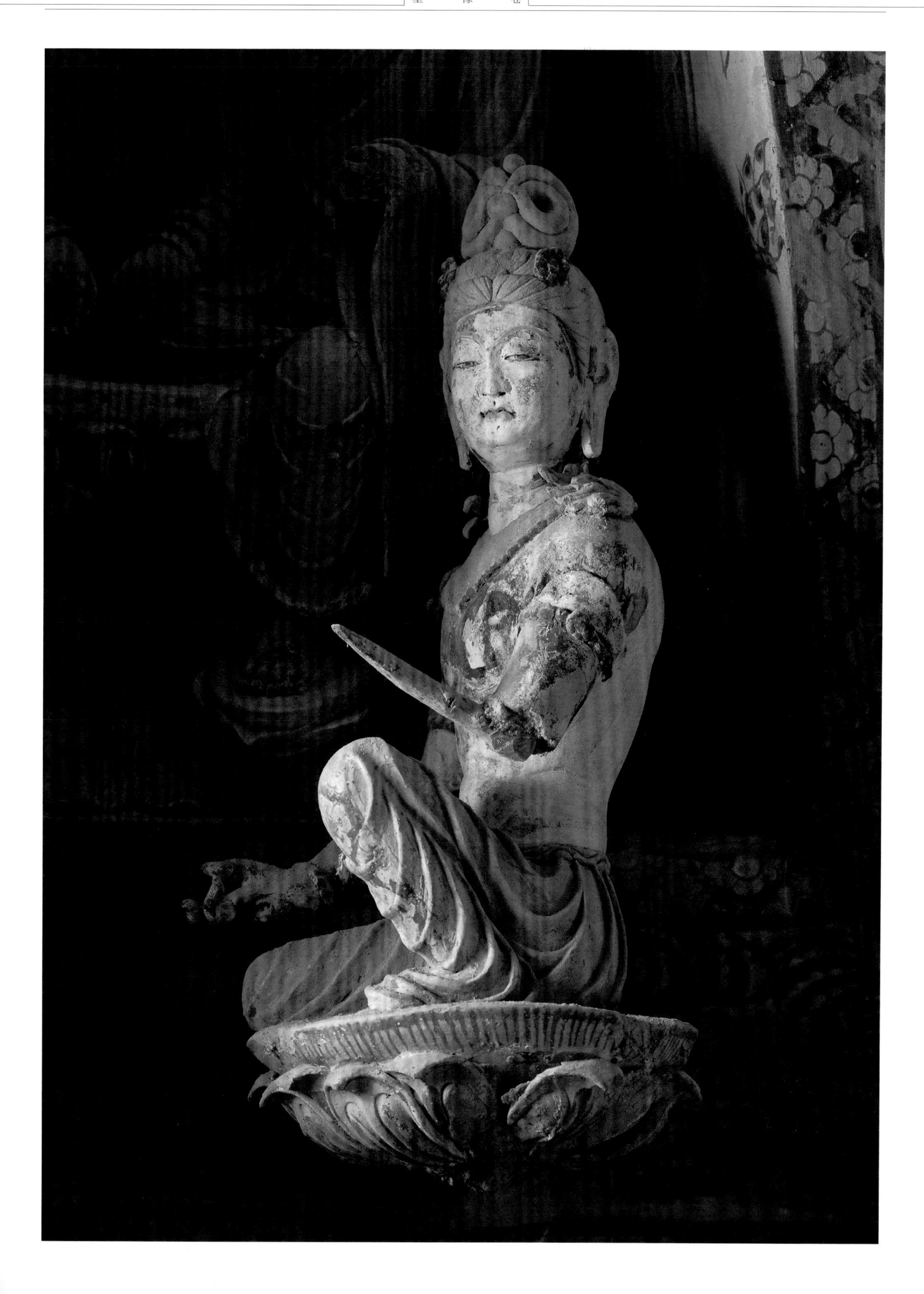

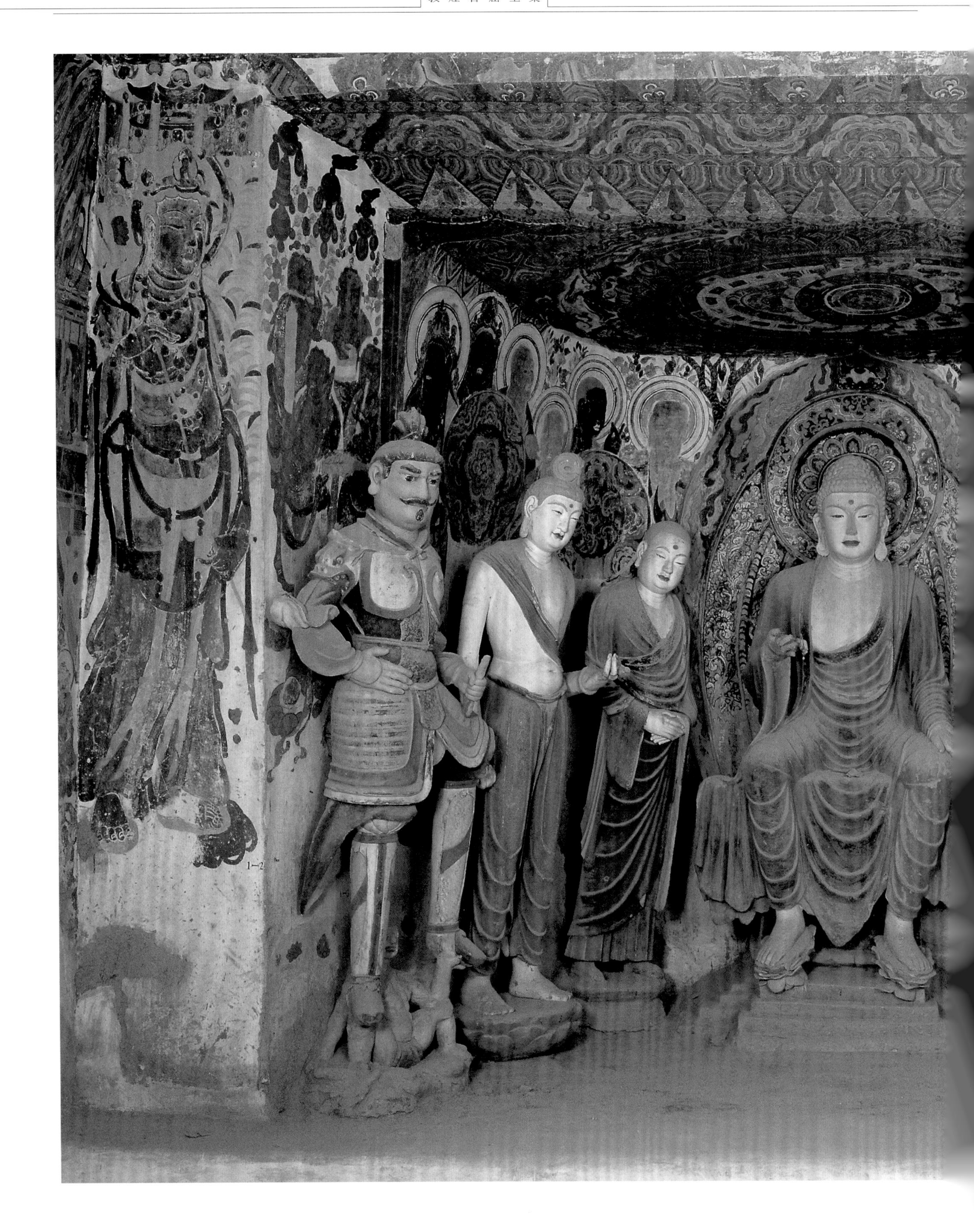

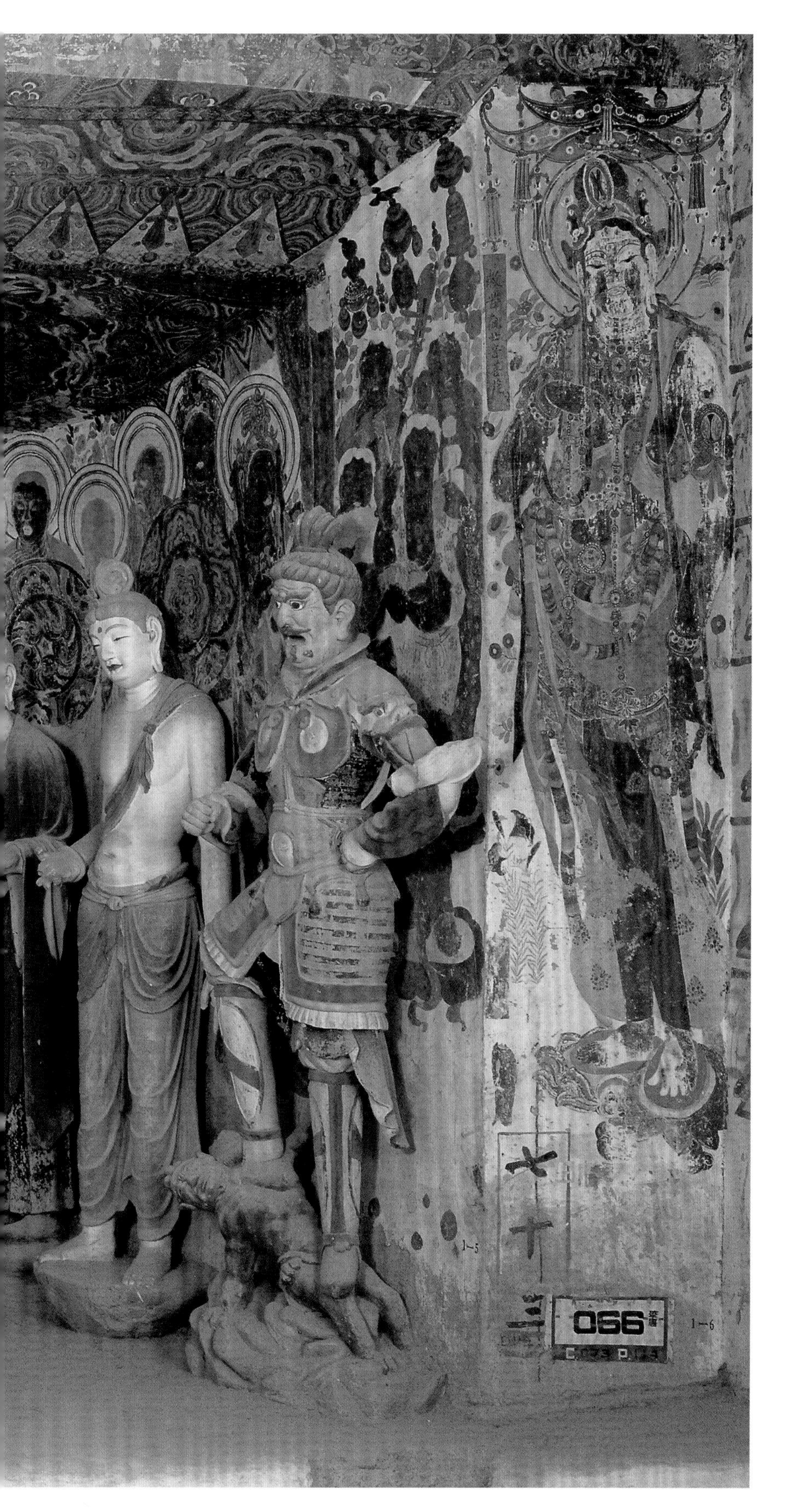

168 釋迦佛一鋪

敞口龕內塑釋迦佛倚坐像，兩側塑二弟子、二菩薩、二天王。加之龕壁所繪八弟子、四菩薩及龕口繪的觀世音菩薩和大勢至菩薩，組成十大弟子、八大菩薩的壯觀場面。

盛唐　莫66　西壁

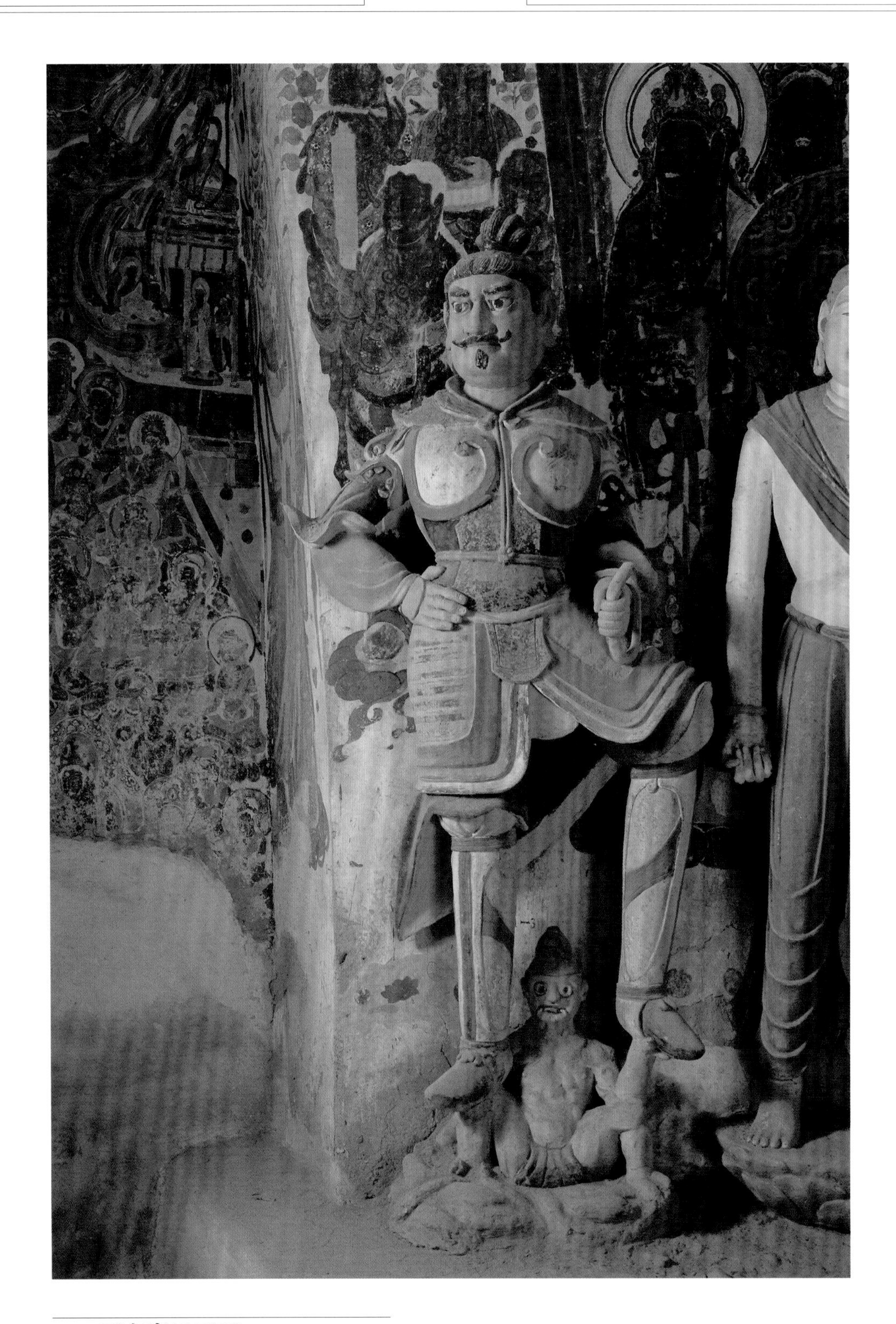

169 西方廣目天王

天王深目高鼻，髯鬚上翹，一手叉腰，一手握蛇，下有藥叉托舉戰靴，威武雄壯，儼然一副西域胡人將領的形象。在莫高窟，手中殘存法物的天王較為罕見。

盛唐 莫66 西龕內南側

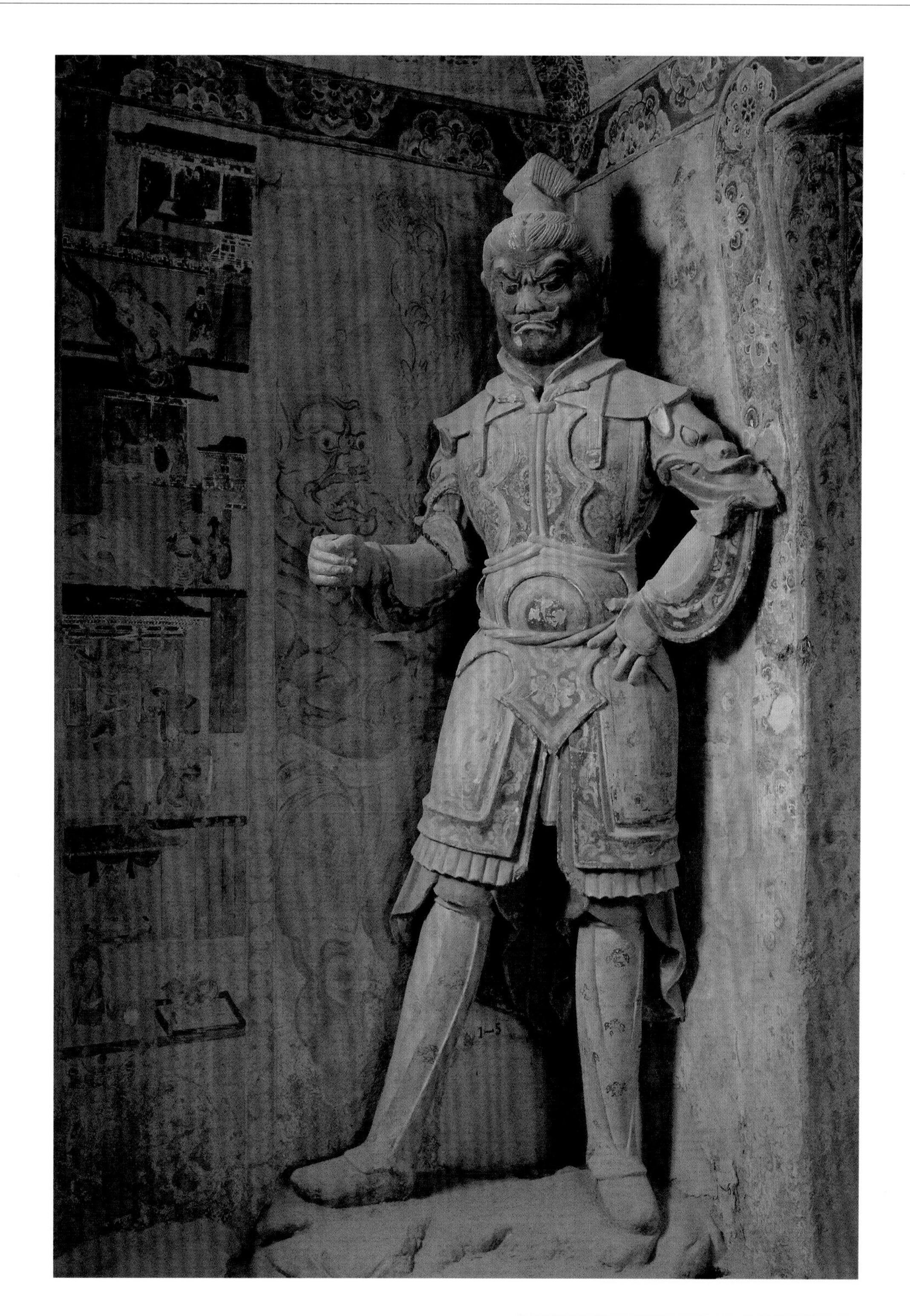

170 **南方增長天王**

天王挺身叉腰，怒目俯視，一手似持長戟，體形勻稱，姿態威武，如將軍身臨沙場，令人望而生畏。

盛唐　莫113　西龕外南側

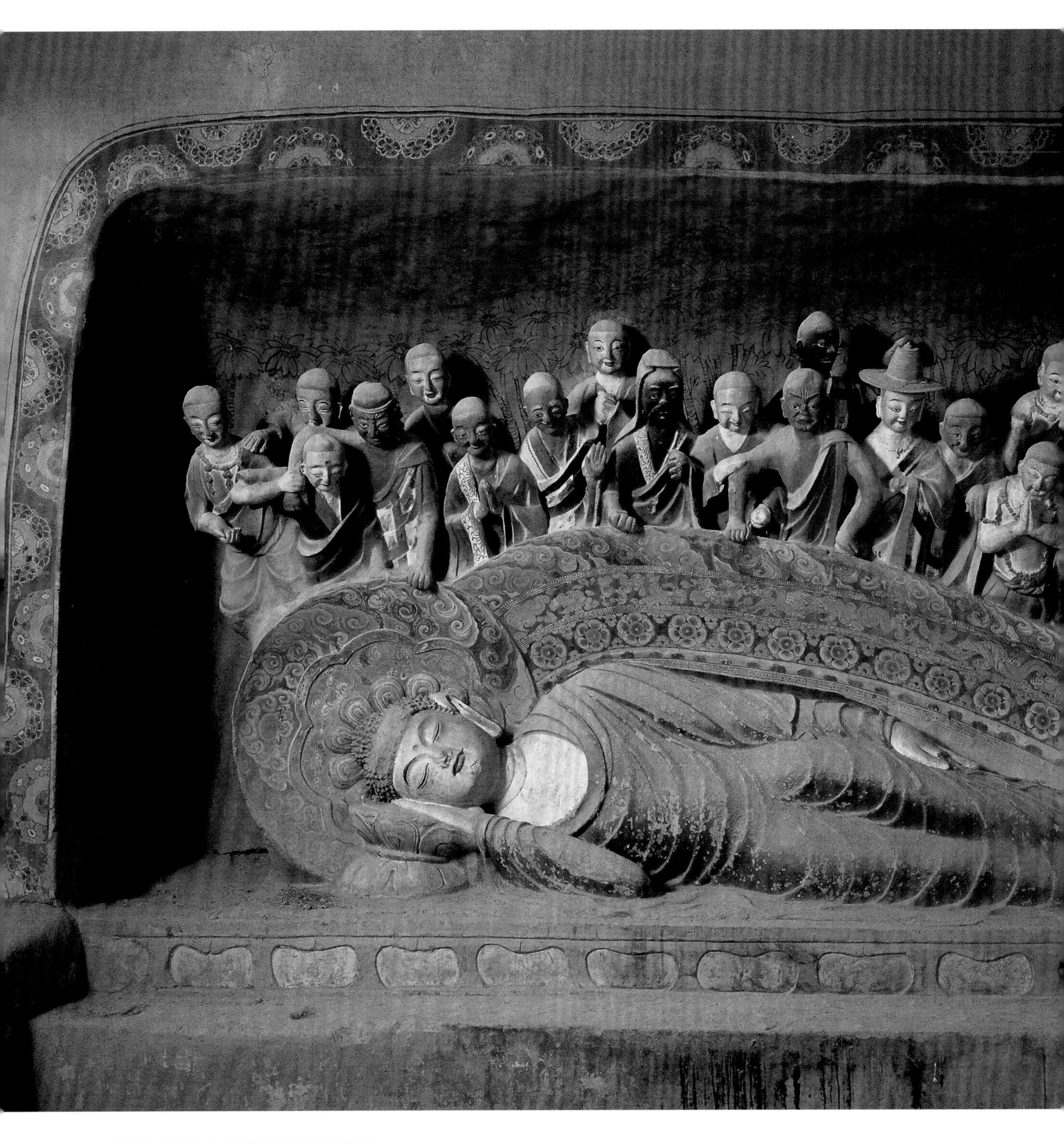

171 **涅槃像**

方口龕內塑釋迦牟尼涅槃和哀悼聖眾。釋迦牟尼神態安詳，着通肩袈裟，枕右手累足而臥。身後塑巨大的頭光、身光，上方塑哀悼聖眾十九人。龕內畫娑羅樹，示釋迦牟尼於娑羅樹下寂滅。

盛唐 莫225 北壁

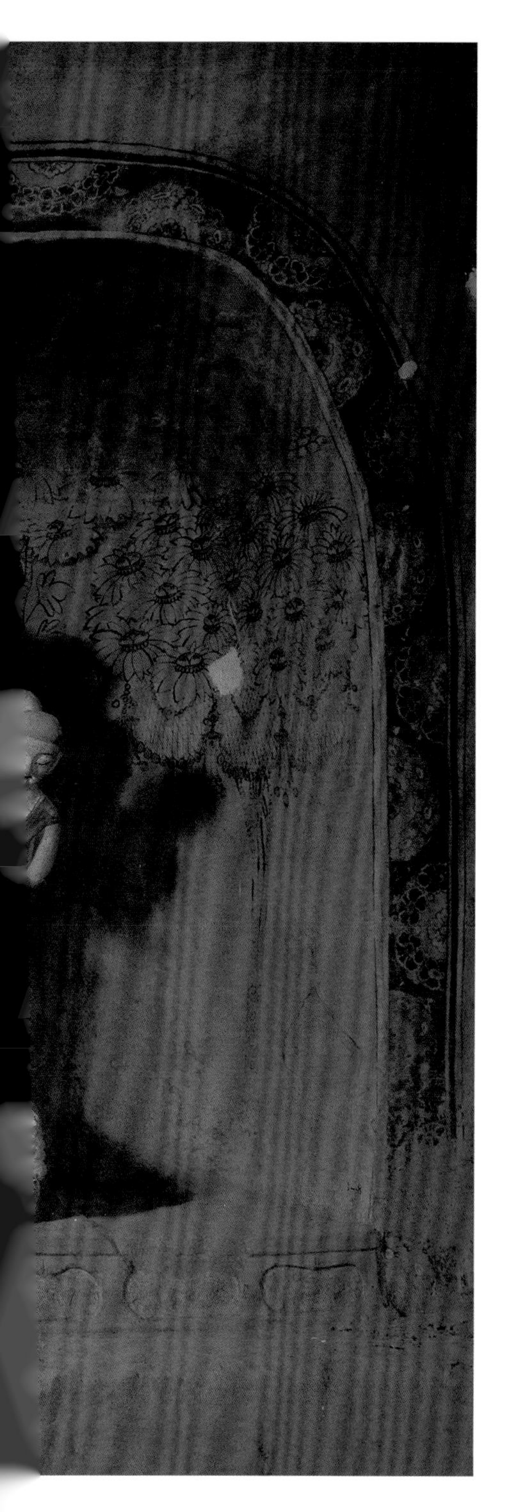

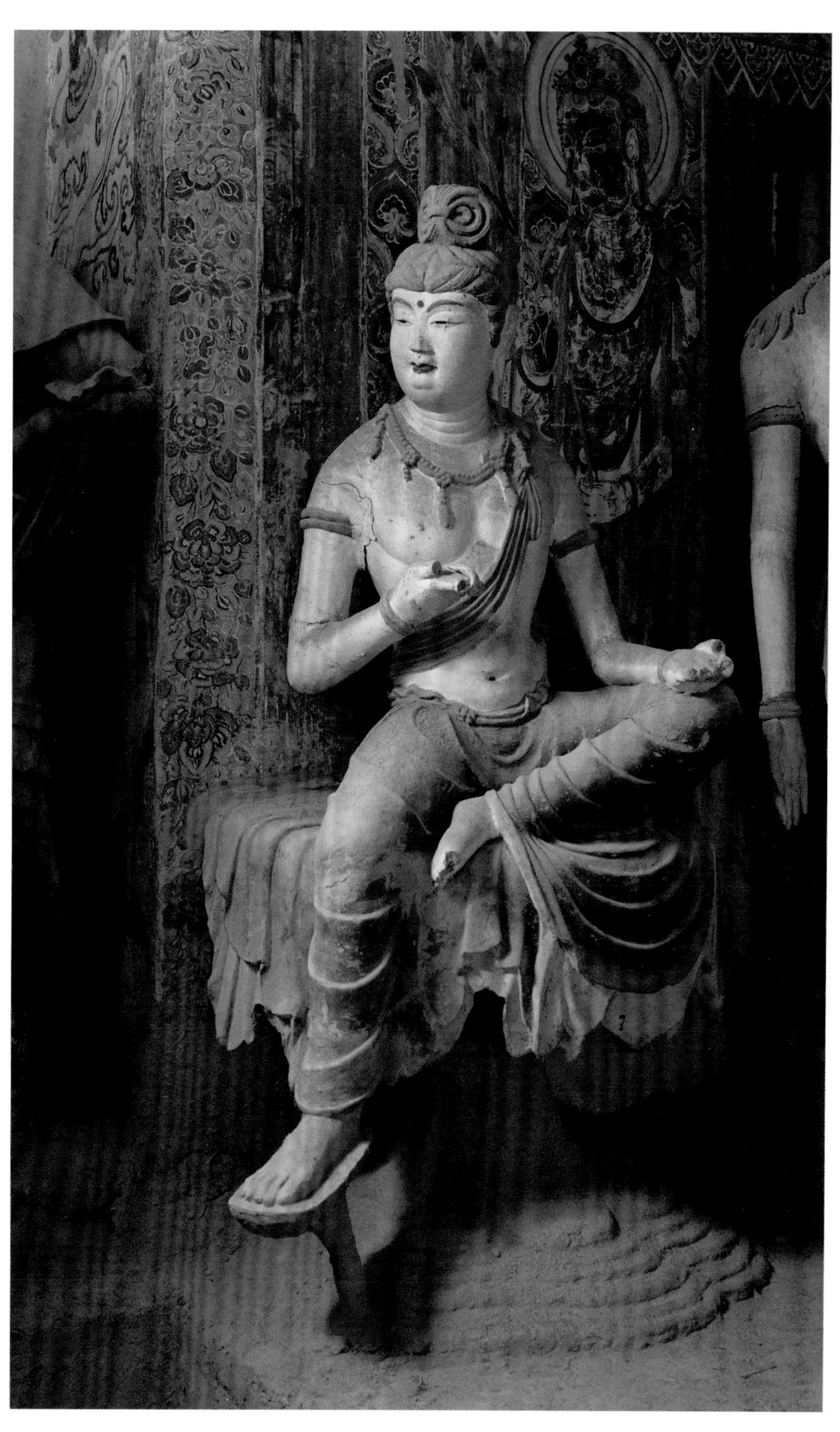

172 **脅侍菩薩**

龕口所塑半跏坐菩薩，一腿曲盤，一腿下垂座前，亦稱“遊戲坐”式，面部及上身肥滿，是盛唐晚期傳入敦煌的新的造像樣式。

盛唐　莫79　西龕內南側

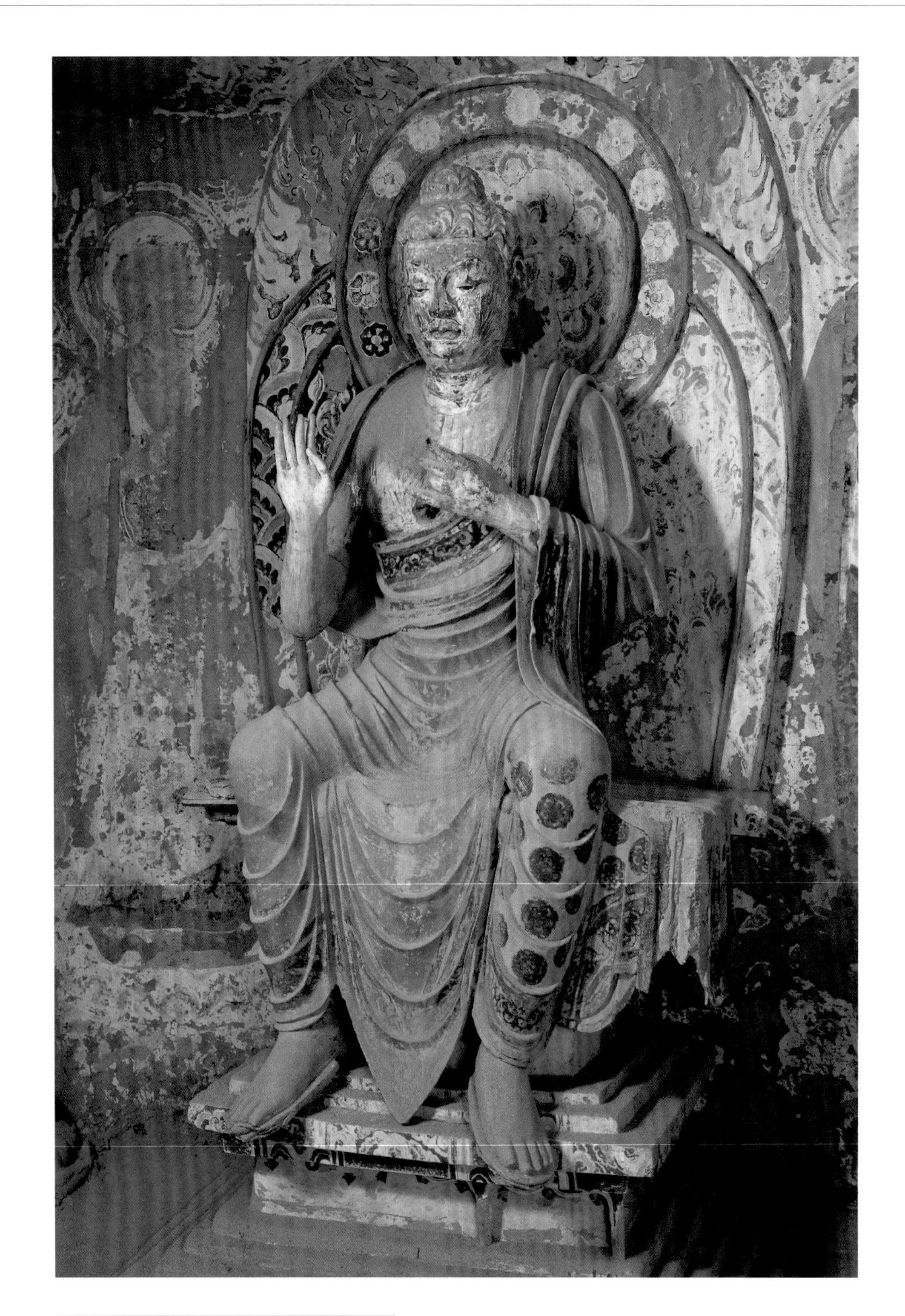

173 釋迦佛倚坐像

釋迦牟尼生右旋的渦形肉髻，微微下視，兩嘴角深陷，上身筆直挺拔，穿涼州式袒右袈裟，兩肩寬厚，胸部的塑造尤其飽滿，腰兩側內收，垂足倚坐在須彌座上。皮膚曾有裝金，而今只留下斑駁的刮痕。

盛唐 莫320 西龕內

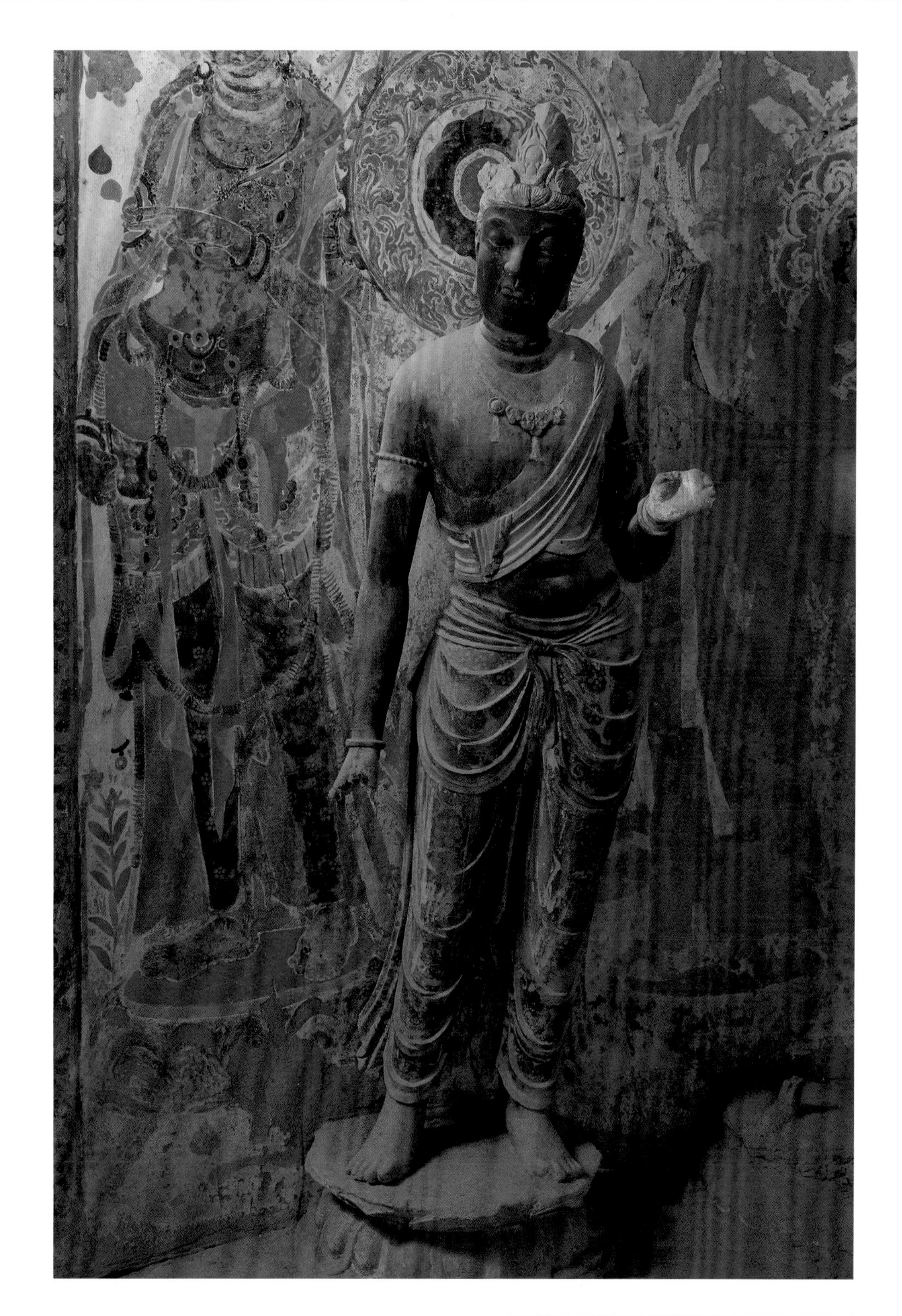

174 **左脅侍菩薩**

菩薩神情歡愉，態度悠然。高髻前飾火燄寶珠，上身塑造豐腴而不肥滿，外突的小腹和較大的髖部呈現出女性的身體特徵，是盛唐以胖為美的審美意識在佛窟的反映。

盛唐　莫320　西龕內南側

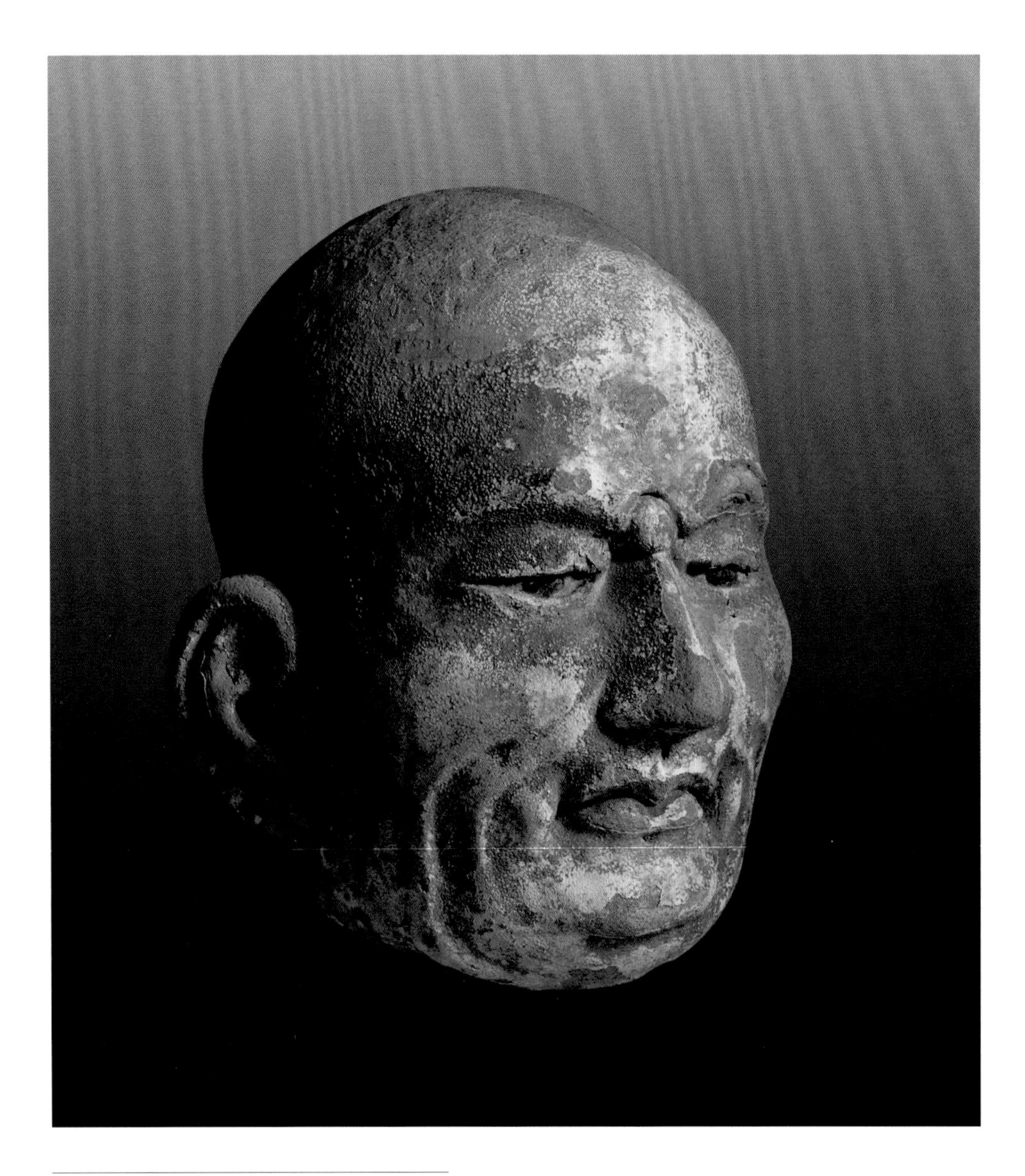

175 高僧頭像

高僧面形稍胖，眉棱突出，兩眉緊蹙，上眼瞼平直，隆鼻，嘴邊皺紋深陷，兩耳如常人。造型極具寫實風格，從深邃的目光上看，無疑是一位年屆花甲的高僧。此像發現於千相塔內。千相塔為王圓籙所造功德塔，原位於莫高窟下寺果園東南側，現已無存。

盛唐 陳列中心

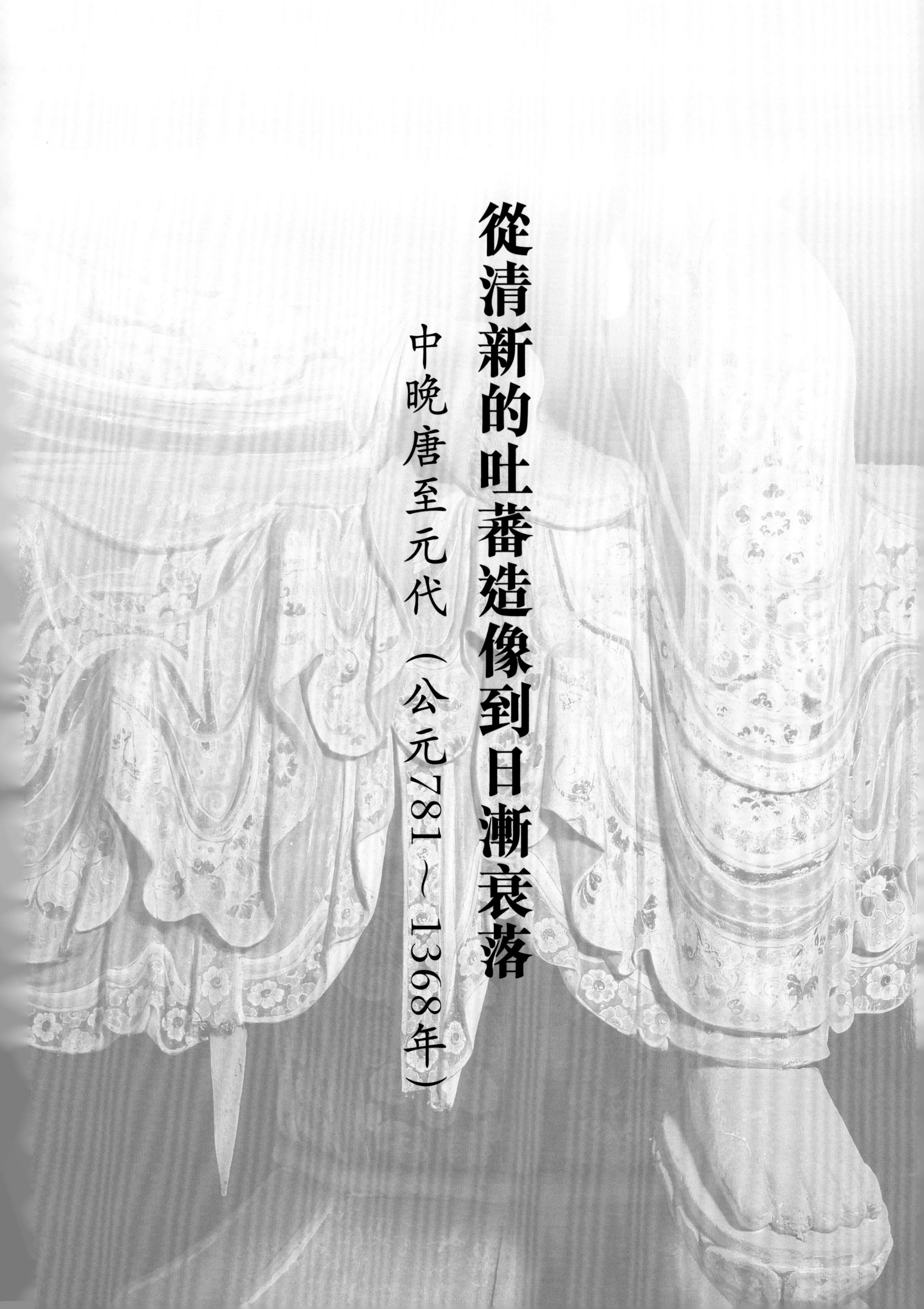

從清新的吐蕃造像到日漸衰落

中晚唐至元代（公元781～1368年）

唐建中二年至大中二年（公元781～848年），敦煌有近七十年受吐蕃統治，在敦煌稱為中唐。由於吐蕃大力推行佛教，當時敦煌寺院林立，計有開元、乾元、龍興、金光明等十六大寺；僧尼日增，一時間名僧輩出，如曇曠、法成、洪晉、悟真等。莫高窟的開窟造像持續興旺，形制以覆斗頂窟為主，西龕內塑釋迦與二弟子及脅侍菩薩、天王力士。另外，以涅槃像為中心的三世佛，這一時期塑像的新題材。

唐大中二年至天佑四年（公元848～907年），敦煌進入晚唐時期。這一時期，張氏歸義軍擊敗吐蕃，收復敦煌。由於唐朝的政治、經濟、文化各方面都已全面衰退，因此張氏雖篤信佛教，也開鑿了一些洞窟，但精美的造像已不多見。由於中心佛壇窟增加，佛壇上的塑像應均為圓塑，一改敦煌佛龕以接近圓塑的高浮塑為多的造像情況，遺憾的是大多數塑像被毀壞或為後世重修。

至於五代、宋、西夏、元四朝，開鑿有大型石窟，壁畫宏偉，且有佳作存世，其時造像也當有規模，但基本被毀，除宋代的第55窟外，幾乎是蕩然無存。

第一節　吐蕃治下的敦煌彩塑成熟期

吐蕃入主敦煌歷時七十年有餘，正值中原王朝處於中唐時期，雖然與中原阻隔，但在莫高窟，這是一個極重要的時期。吐蕃統治者大力弘揚佛教，開鑿了一些規模大、內容豐富的石窟。由於後代的重修以及人為或自然的破壞，保存較為完整的塑像不多，但也留下了一些驚世之作。

中唐的洞窟形制多是覆斗頂窟，西龕作盝形頂，方形龕口。佛造像有釋迦佛、三世佛、過去七佛、彌勒佛和釋迦涅槃像等，主尊造像多採用盛唐晚期出現的倚坐像式樣；菩薩體態豐腴，彎眉細眼，小巧精緻，沒有了盛唐時作“S”形的姿態。和壁畫的製作一樣，塑像的裝彩多用清新淡雅的青綠色，使整龕塑像顯得清麗明快、含蓄而寧靜。

中唐造像較可述的洞窟如下：

第 194 窟開鑿於盛唐晚期或中唐早期。西壁方形龕內，塑一佛二弟子二菩薩二天王，二力士像在龕外。主尊為釋迦牟尼倚坐像，造型與盛唐第320窟幾無差異；兩弟子造型和技法上均無創新。與之相比，菩薩卻屬力作。南側一身束雙環髻，翠眉細眼，隆鼻朱唇。腰肢略見內傾，小腹微有突起。衣裙以綠色為基調，上飾小花及捲草紋，整體給人嫻靜而雅致的感覺。北側的菩薩面部塑造與南側菩薩雖無大差異，卻沒有了嫻雅，眉宇間流露出幾分高傲。天王像也是獨具匠心的佳作，兩身天王均掛胸甲，裹戰裙，穿烏靴，卻裸露着小臂。特別是南側的天王，面部略帶微笑但威武不減。龕外的力士像，以帶束髻，腰纏彩裙，赤足裸身袒臂，肩胸腰腹的肌肉，塑造得既誇張又符合情理，有力拔千鈞之感。

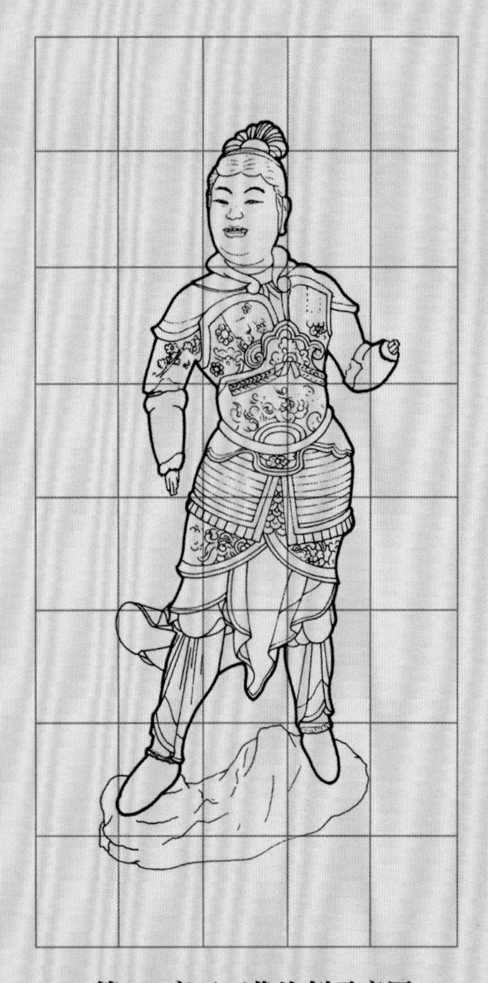

第194窟天王像比例示意圖

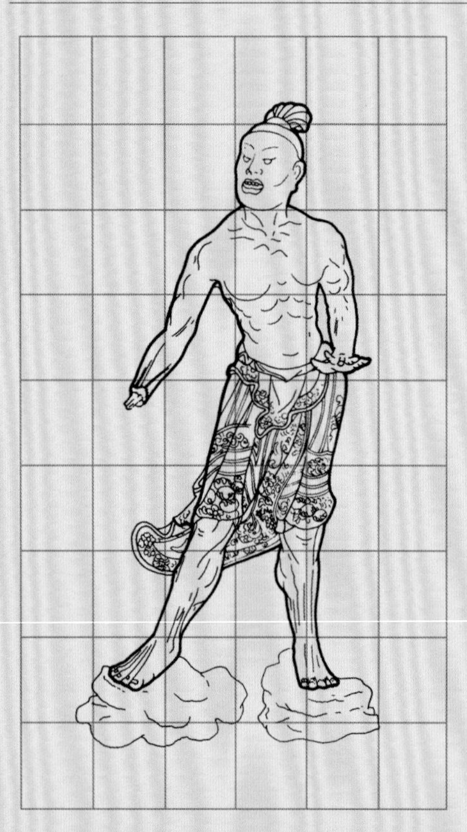

第194窟力士像比例示意圖

第159窟是一個小型覆斗頂洞窟，西壁開盝形頂方龕，內塑一佛（已不存）二弟子二菩薩二天王七身像，洞窟的形制、大小，到塑像的體量、彩繪都與第194窟相似。二弟子是常見的造型，但是更注重形體的表現，如弟子迦葉，透過輕薄的袈裟和簡單的衣紋線，可以看出人物腿部的輪廓。二菩薩均束高髻，兩肩略有外張，上半身呈倒梯形。肌膚表面有光澤，一定是當時在色彩中摻和有增加光澤的物質，這種現象還見於晚唐第196窟的半跏坐菩薩像。天王像則與第194窟更加相似，特別是與第194窟的北側一身，無論是鎧甲的樣式還是彩繪都一致。

第365窟舊稱七佛堂，塑造敦煌獨一無二的七佛造像。此窟位於莫高窟南區北端，為名僧洪䛒所建，據佛壇正面藏文題記，可知開鑿於吐蕃可黎可足在位時的藏曆陽水鼠年（公元832年）至陽木虎年（公元844年）間。洞窟為橫長方形，西壁設通壁佛床，後有繞道，佛床上塑像為藥師七佛坐像，均結跏趺坐。藥師七佛的塑造，證明了吐蕃期的造像題材更具廣泛性。

第158窟則塑敦煌石窟最美的涅槃像。該窟是中唐中期的洞窟，窟內西壁通壁的方壇上，塑16米長的涅槃像，方壇南側塑過去佛迦葉立像，北側塑彌勒佛倚坐像。以涅槃像為中心的迦葉佛，表示在釋迦之前有過去諸佛，如釋迦一樣業已涅槃，而未來佛則表示在釋迦涅槃之後，尚有彌勒下生三會說法，濟度眾生。

涅槃像頭朝南，波狀髮，彎眉直舒額際，兩眼半開，鼻梁處略有修補，兩唇緊閉，表情自然而安詳，不像釋迦已壽終正寢，卻好似出遊之後的小憩。通肩的袈裟裹覆全身，上有斑駁的刮痕，仔細觀察還留有星星點點的綠色，可知這綠色是中唐繪製袈裟時的紋樣。衣紋線的刻畫雖屬自然，但卻仍作簡單的橫向排列，橫向排列的衣紋曲線不是臥倒時所能產生，倒像一尊橫倒的立像，在這一點上始終沒有脫離犍陀羅以來塑造涅槃像的舊式。較之涅槃像，兩側的過去佛和未來佛卻平庸了許多，很明顯這不是題材的差異，而是塑匠在技能上有距離。但是瑕不掩瑜，無論怎樣第158窟都是一個有鮮明主題的洞窟。塑像與南、北壁描繪的僧俗弟子赴涅槃會，西壁的十六羅漢護持正法，以及窟頂的十方佛淨土變，共同構成了一個以釋迦為中心的涅槃洞窟。

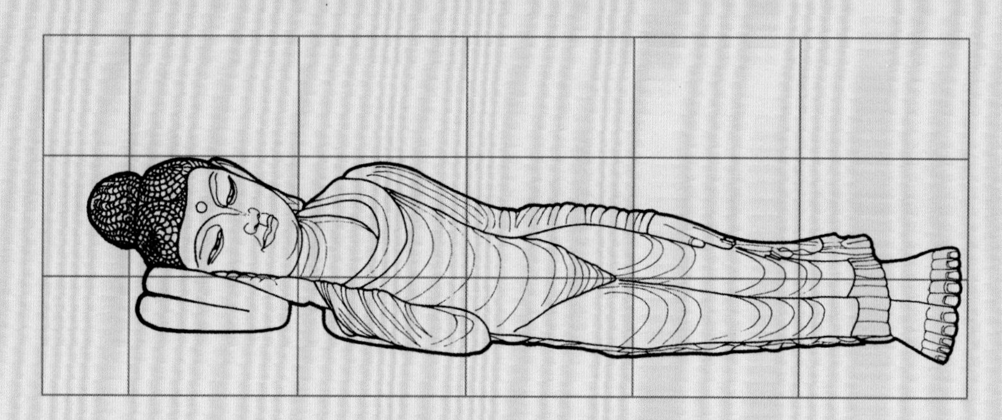

第158窟涅槃像比例示意圖

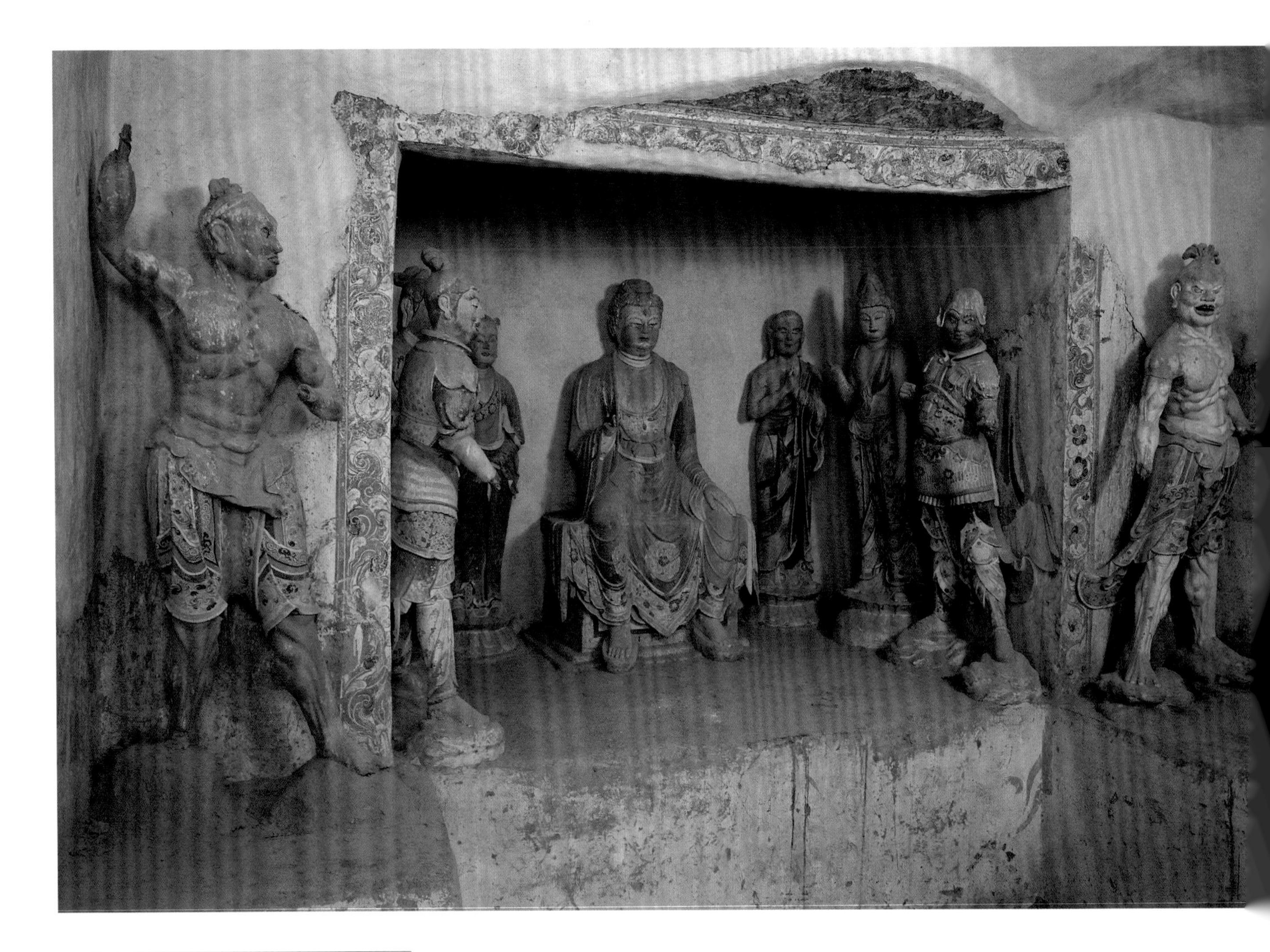

176 釋迦佛一鋪

盝頂龕內正中塑釋迦佛倚坐像，兩側塑弟子、菩薩和天王，龕外方台上塑二力士。惜龕頂殘毀，龕內壁畫亦幾乎不存，但整龕造像仍給人以嚴整而清爽的感覺。菩薩、天王、力士都是佳作。

中唐 莫194

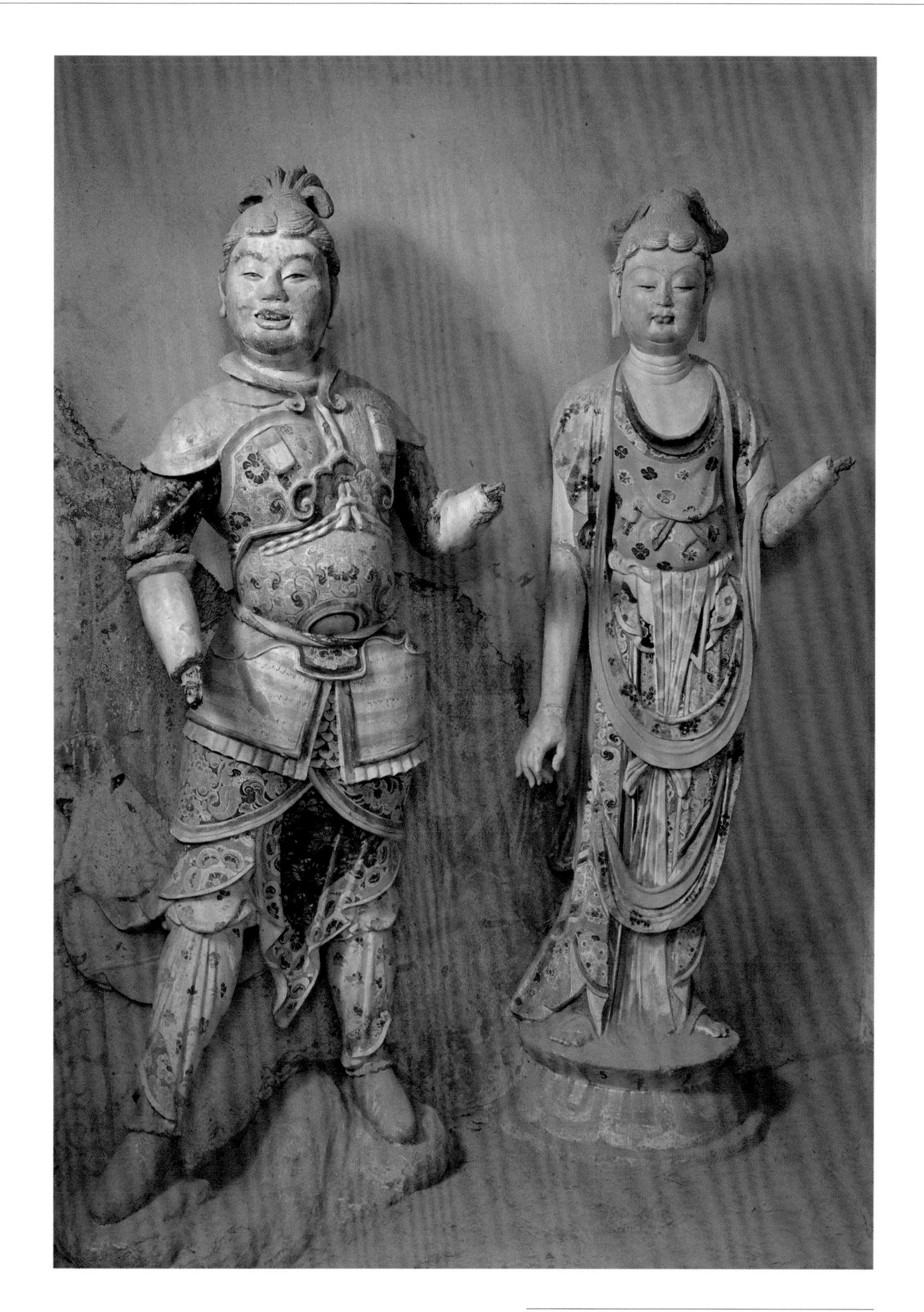

177 菩薩與增長天王

菩薩穿圓領上衣，天衣低垂，於腹前膝下塑出優美的雙曲線。外張的裙角和擺動的天衣給我們帶來一絲動感。身旁的南方增長天王不再擰眉突眼，着胸甲裹戰裙，巍然而立。

中唐　莫194　西龕內南側

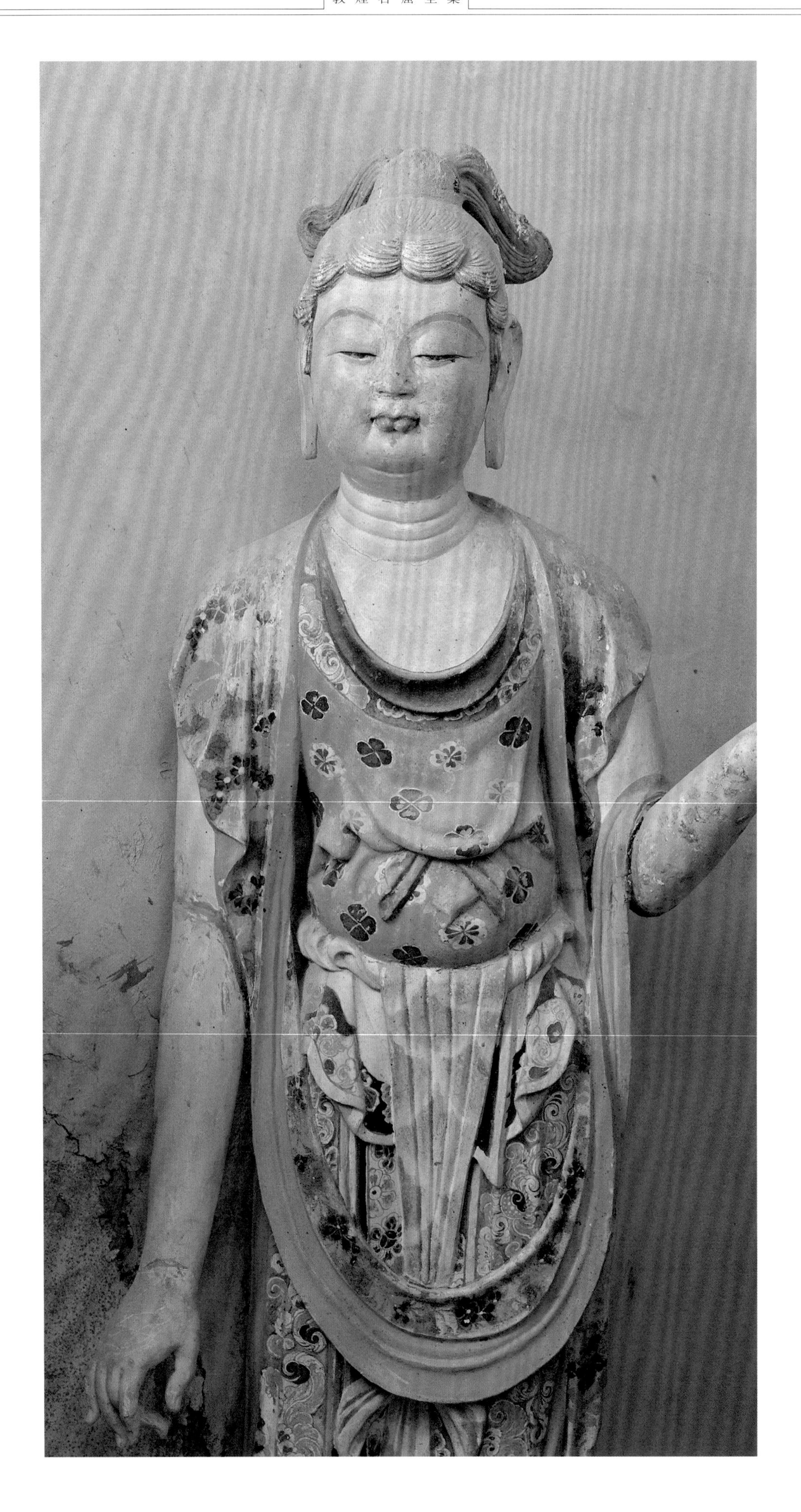

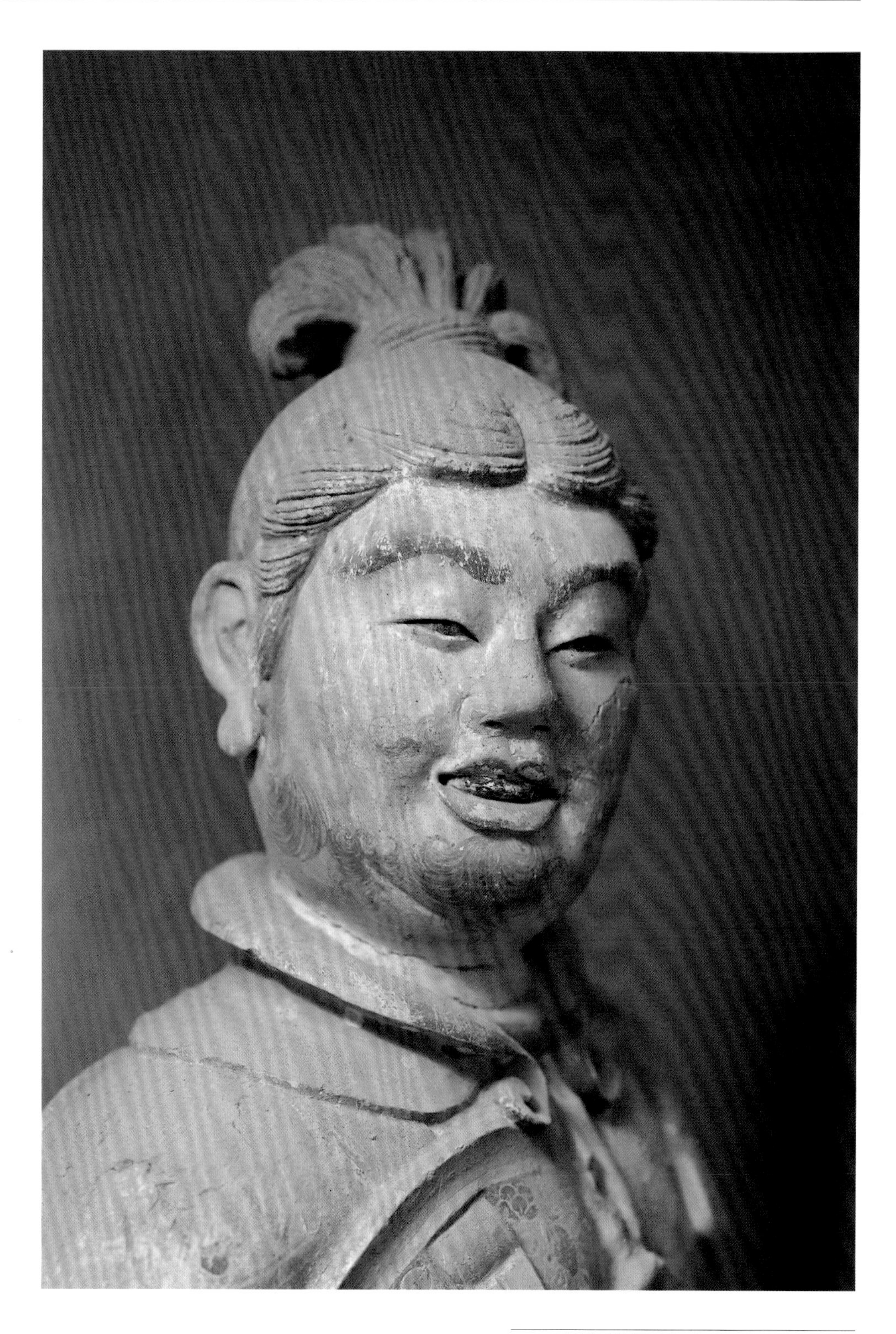

179 南方增長天王

天王略帶微笑，但威武絲毫不減。眉棱、顴骨、下頜部的結構準確，特別是兩腮及下頜畫出細軟而蓬鬆的鬍鬚，按照人物的生理特徵向不同的方向曲捲。

中唐　莫194　西龕內南側

178 右脅侍菩薩

菩薩左手上曲右手長垂，右肘略見彎曲，似以拇指和中指相捻，顯示出女性的溫柔和嫻雅。圓潤的兩臂和突出的小腹表現得恰到好處，豐腴而不肥滿，是中唐菩薩造像的代表作。

中唐　莫194　西龕內南側

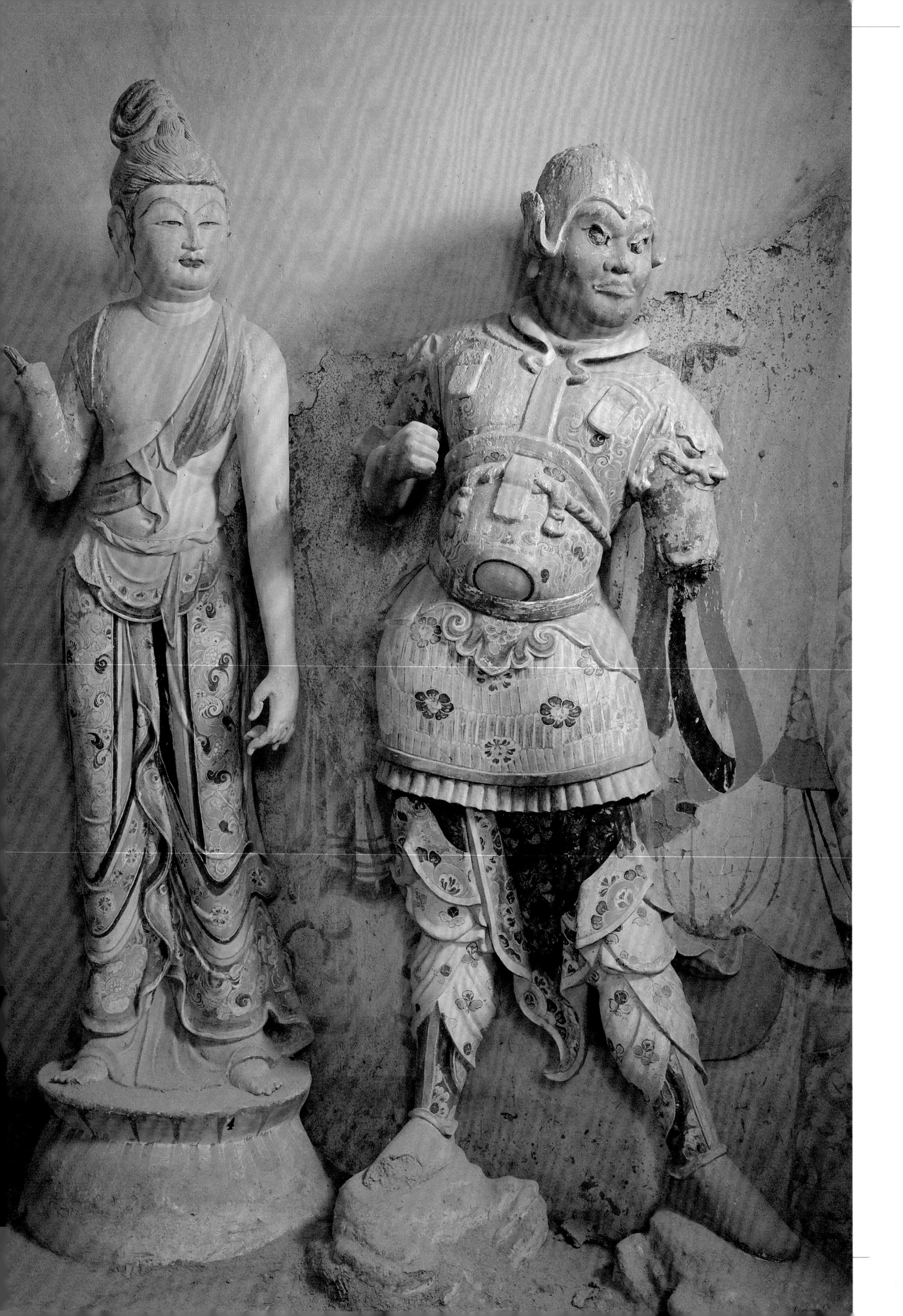

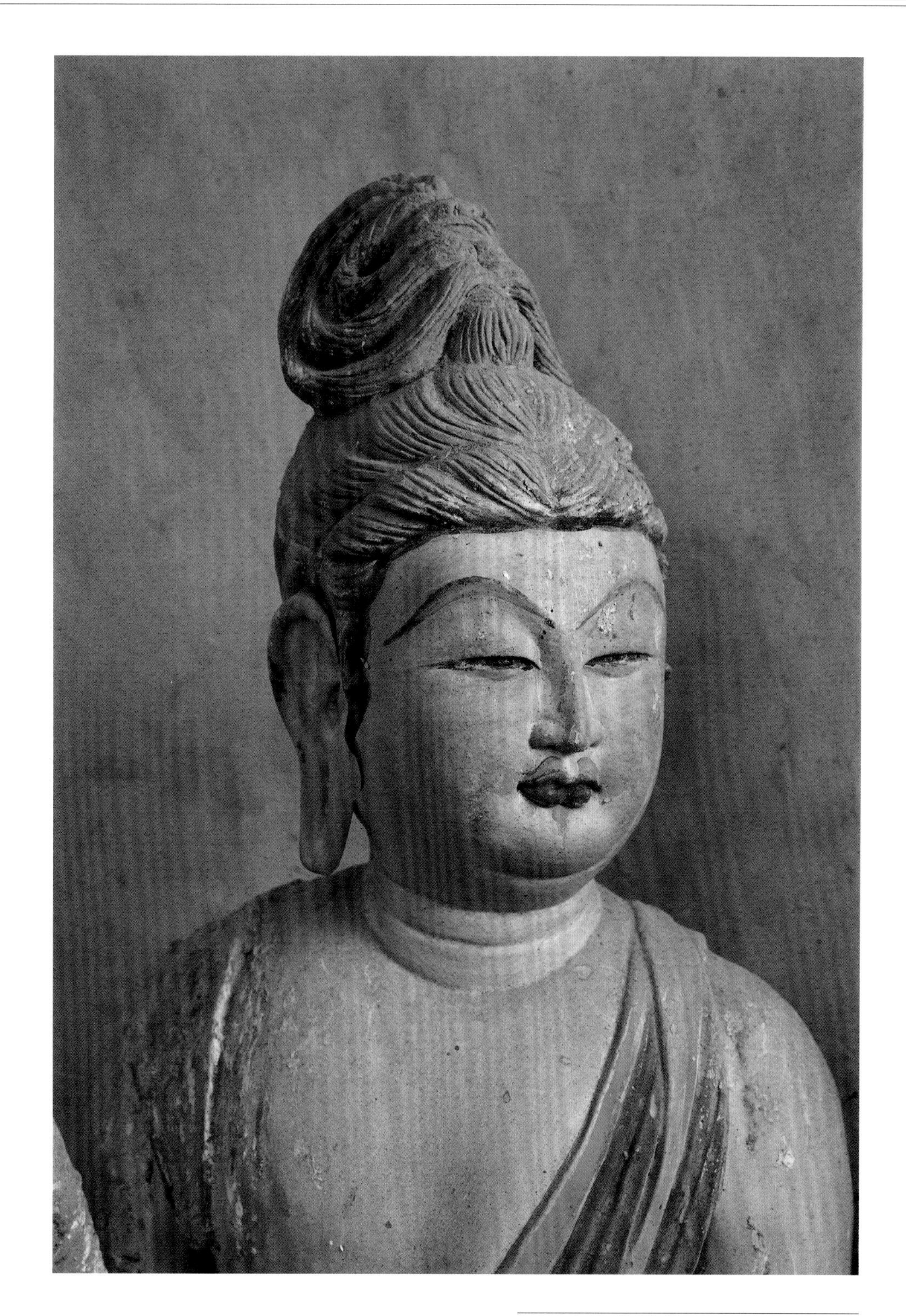

181 左脅侍菩薩

菩薩眉目舒朗，直鼻朱唇，蓄綠色髫鬚，高聳的髮髻紋理清晰。兩頰和胸部的塑造豐腴而飽滿，體現了塑匠高超的寫實技巧和細緻入微的表現手法。

中唐　莫194　西龕內北側

180 菩薩與多聞天王

菩薩頭束高髻，上身裸露斜披天衣，裹裙立於蓮台上。身旁的多聞天王，頭帶盔，着甲，威嚴而不憤怒，和對面的增長天王一樣左腳前伸右腳後置，身體略向龕內傾斜，有一種蓄勢待發的感覺。

中唐　莫194　西龕內北側

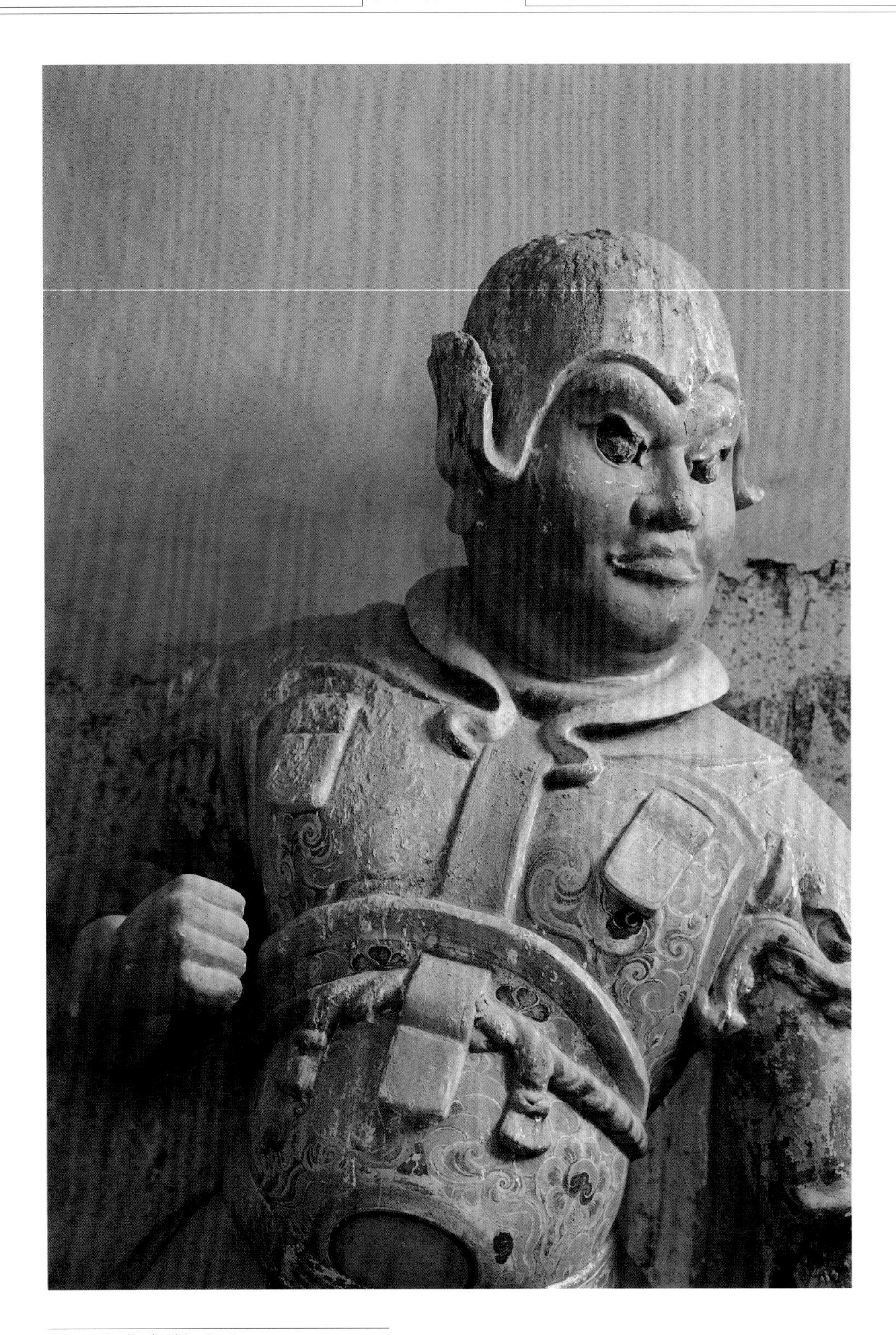

182 **北方多聞天王**

天王戴盔着甲，護耳上翻，橫眉怒目，顴骨突出。肩胸部的塑造飽滿。紅面映襯青綠為主的胸甲。護膊上的獸口，豎角怒目張口啣臂，更增加了天王的強悍和威猛。

中唐 莫194 西龕內北側

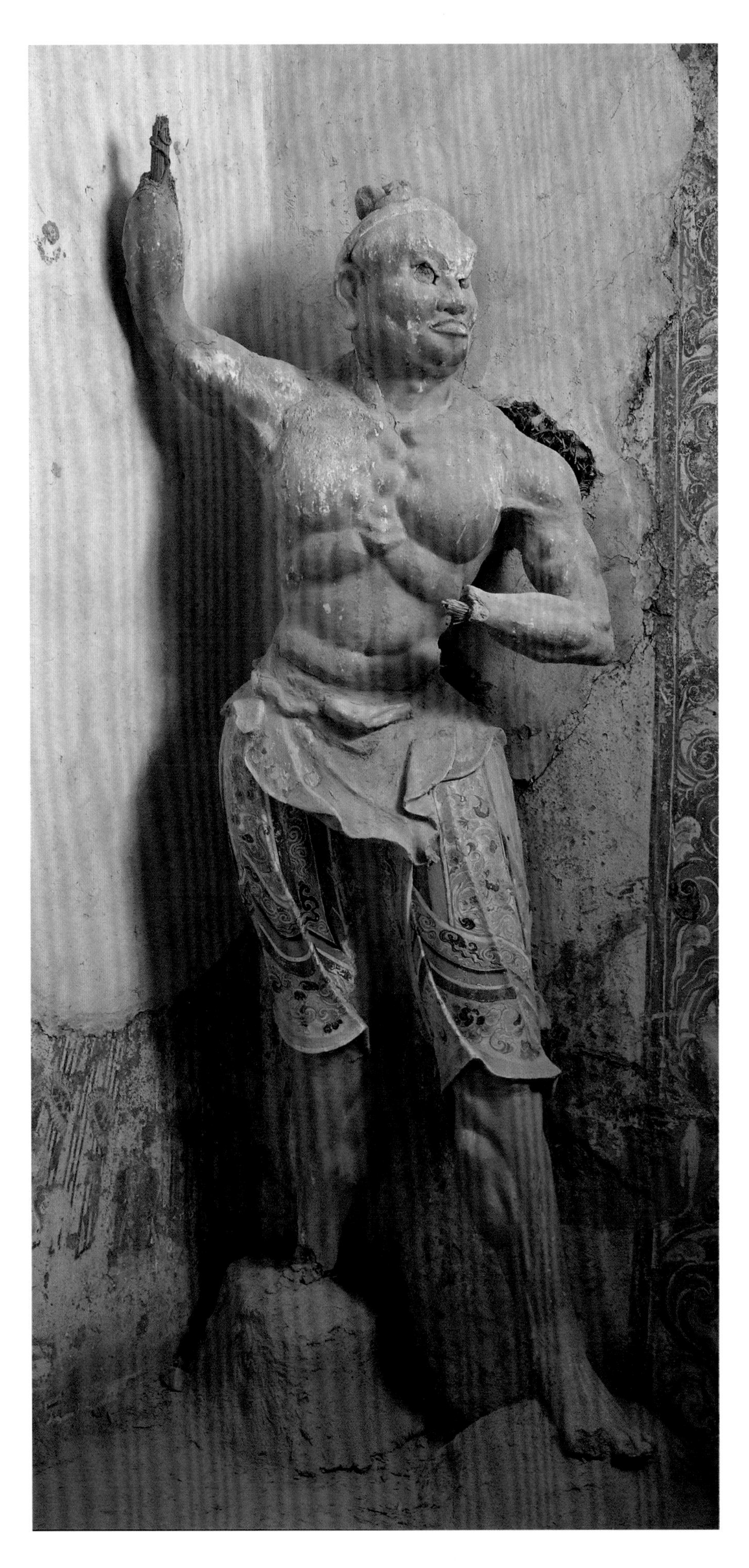

183 **力士**

力士束髻，裸上身赤足，腰裹彩裙。肩胸腰腹的肌肉，塑造得既誇張又合理，給人以力拔千鈞之感。肌膚的紅色和彩裙的綠色相映成趣，是莫高窟力士像的代表作。

中唐　莫194　西龕外南側

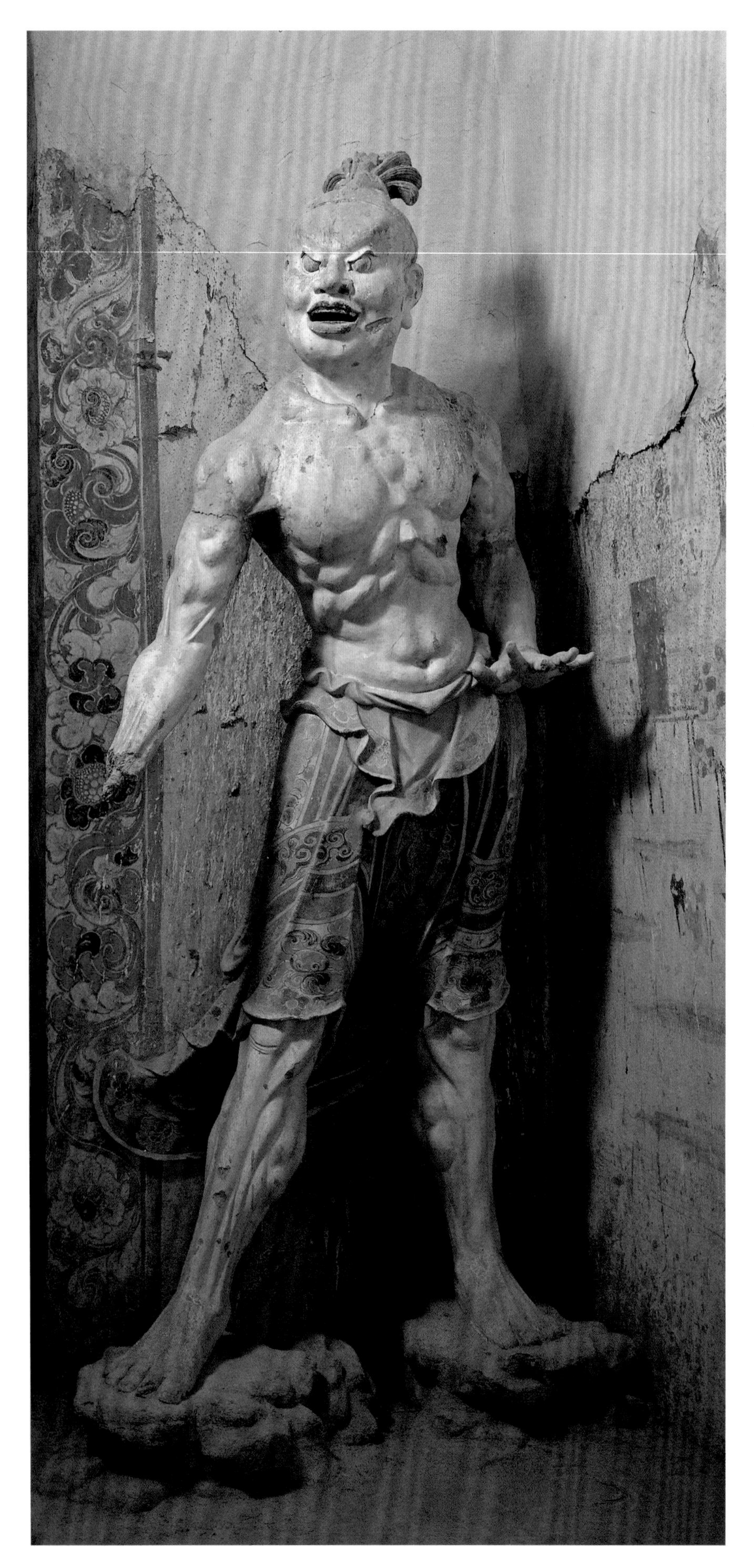

184 **力士**

力士左手五指憤張以掌作下按狀，好似將全身的力量都集中到左手上。肩臂胸腹以及兩腿的肌肉表現，既誇張而又符合人體結構，表現出高超的塑造技巧。

中唐 莫194 西龕外北側

185 **力士特寫**

力士束髻於頂，眉棱顴骨高出，怒目張口大吼。鎖骨突起，胸部肌肉明顯。與南側力士相對，肌膚一紅一白，一閉嘴一張口，一手臂上舉一兩手下按，以動態的對比，表現了兩身不同的力士造像。

中唐 莫194 西龕外北側

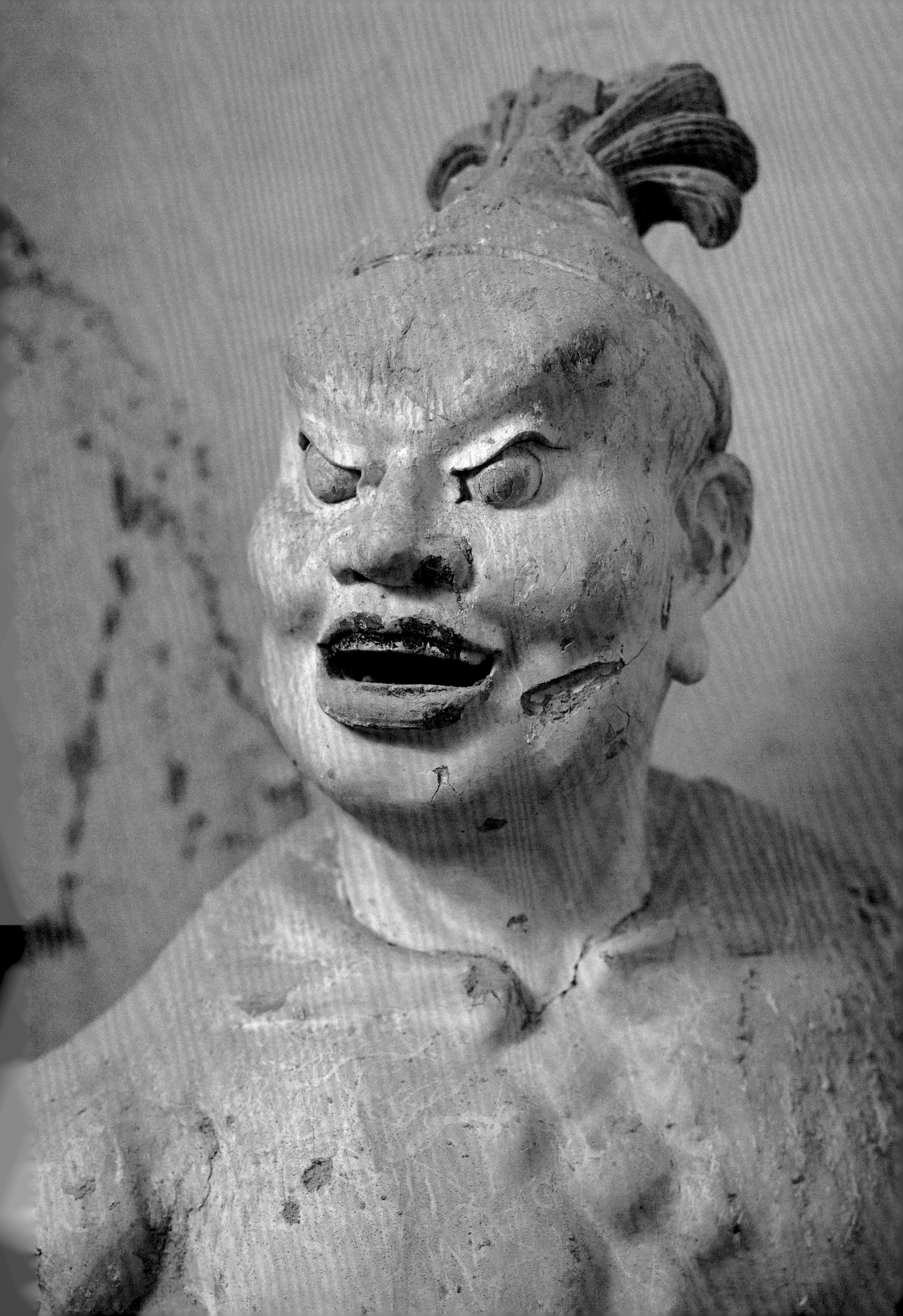

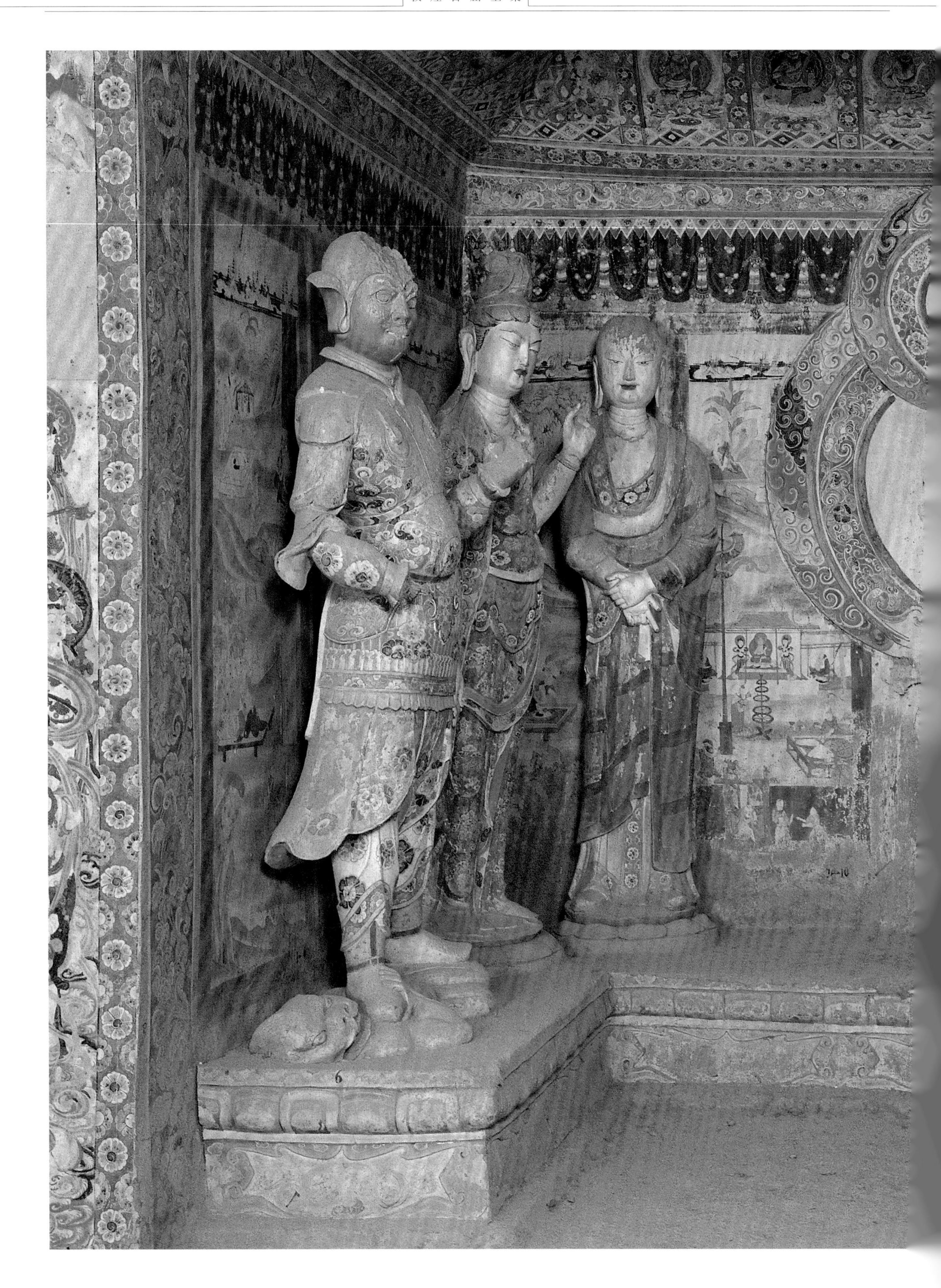

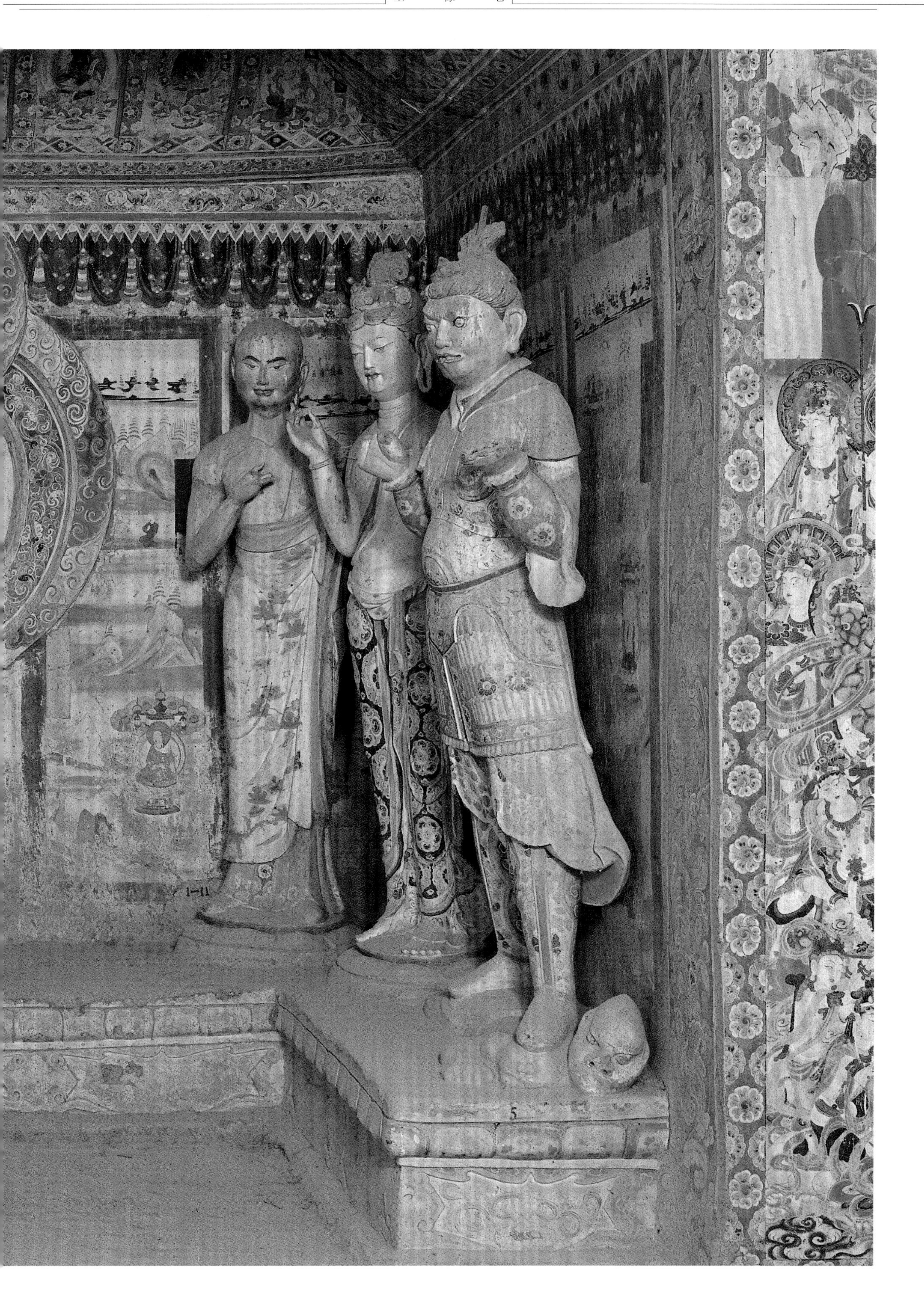
1-11
5

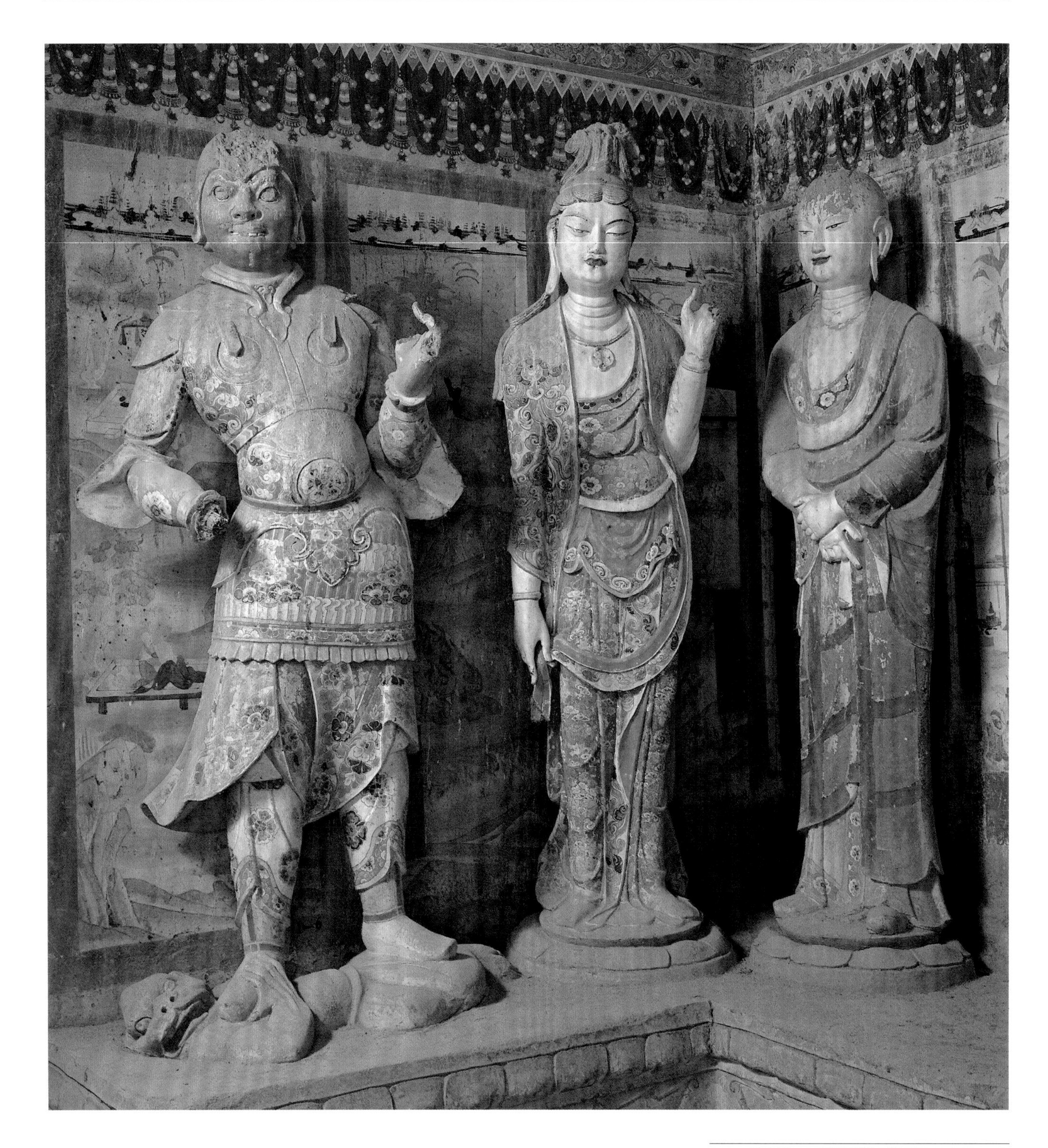

187 阿難、菩薩與天王

阿難兩眼平視，兩手交叉置於腹前，肩肘部的衣紋塑造輕柔而舒緩，下身的袈裟輕薄柔軟，是一個文靜有智慧的小和尚形象。菩薩則扭動腰肢，幽雅嫻靜怡然大方。南方增長天王咬下唇，挺身怒目立藥叉身上。以動靜結合、剛柔相濟的對比手法，表現了各塑像的不同性格特徵。

中唐 莫159 西龕內南側

186 釋迦佛一鋪

◀ 見上頁

盝頂方形龕內三面設低壇，主尊缺損，主尊的頭光、身光為浮塑，兩側塑弟子、菩薩、天王六身像。壁上畫屏風畫。

中唐 莫159 西龕內

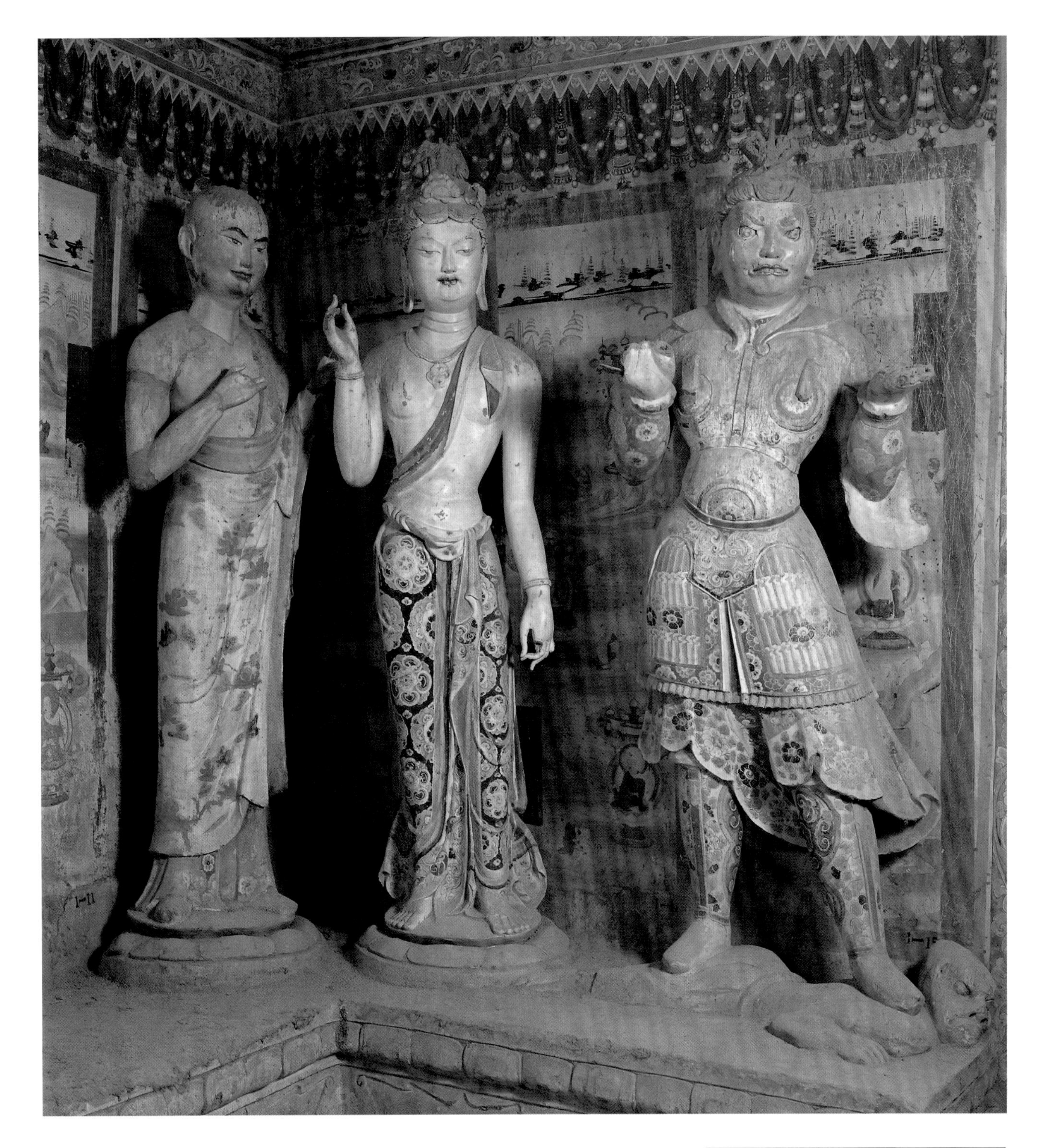

188 迦葉、菩薩與天王

迦葉袒胸露臂，穿山水袈裟，挺直站在蓮台上。在造型上，直立的迦葉，束腰的菩薩以及傾身而立的天王，形成了鮮明的對比。

中唐　莫159　西龕內北側

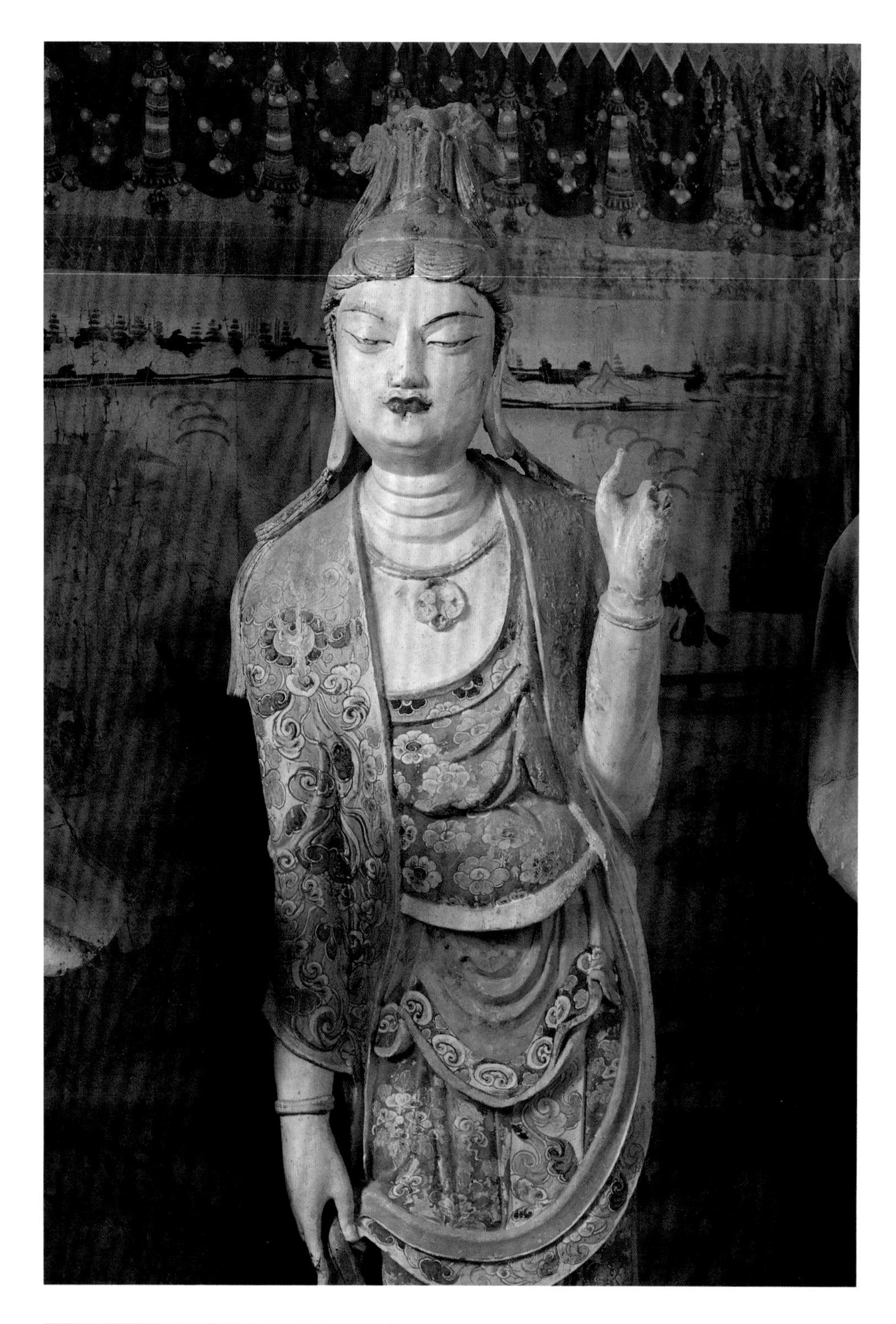

189 **右脅侍菩薩**

菩薩高髻危聳，面形長圓，兩眉作柳葉形，兩眼外側微微上挑。直鼻朱唇，唇邊畫綠色髯鬚，頸下塑三道。紅色的僧祇支上畫白綠相間的團花、茶花和雲頭紋，具有絲織物的質感，使溫文爾雅的身姿更顯得多姿多彩。

中唐 莫159 西龕內南側

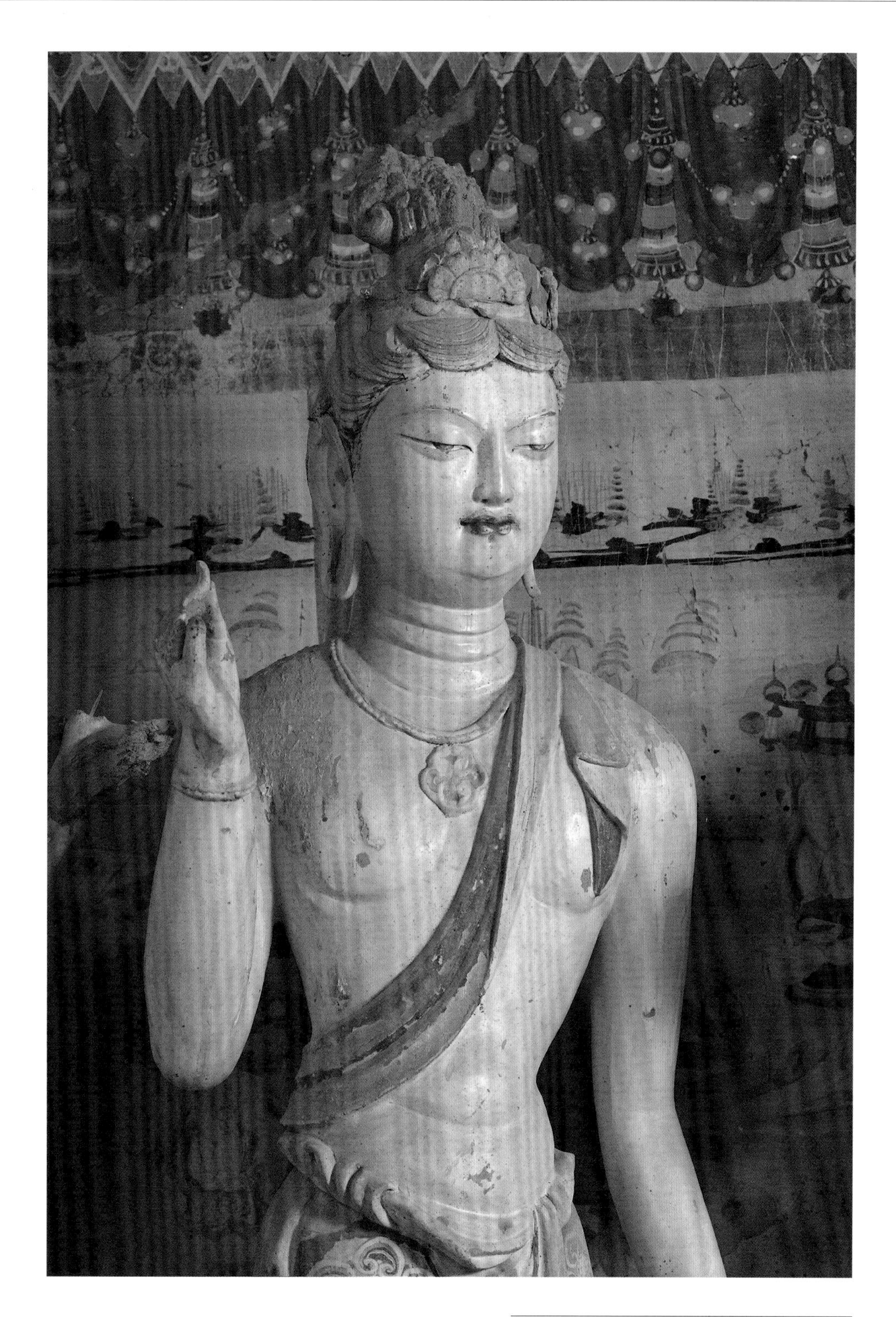

190 左脅侍菩薩

菩薩束高髻，髻前有半圓形花飾，兩肩平直胸部隆起，從紅底綠花的下裙可以看出菩薩的形體。白皙的肌膚帶有光澤，顯示出菩薩的高貴與聖潔。

中唐　莫159　西龕內北側

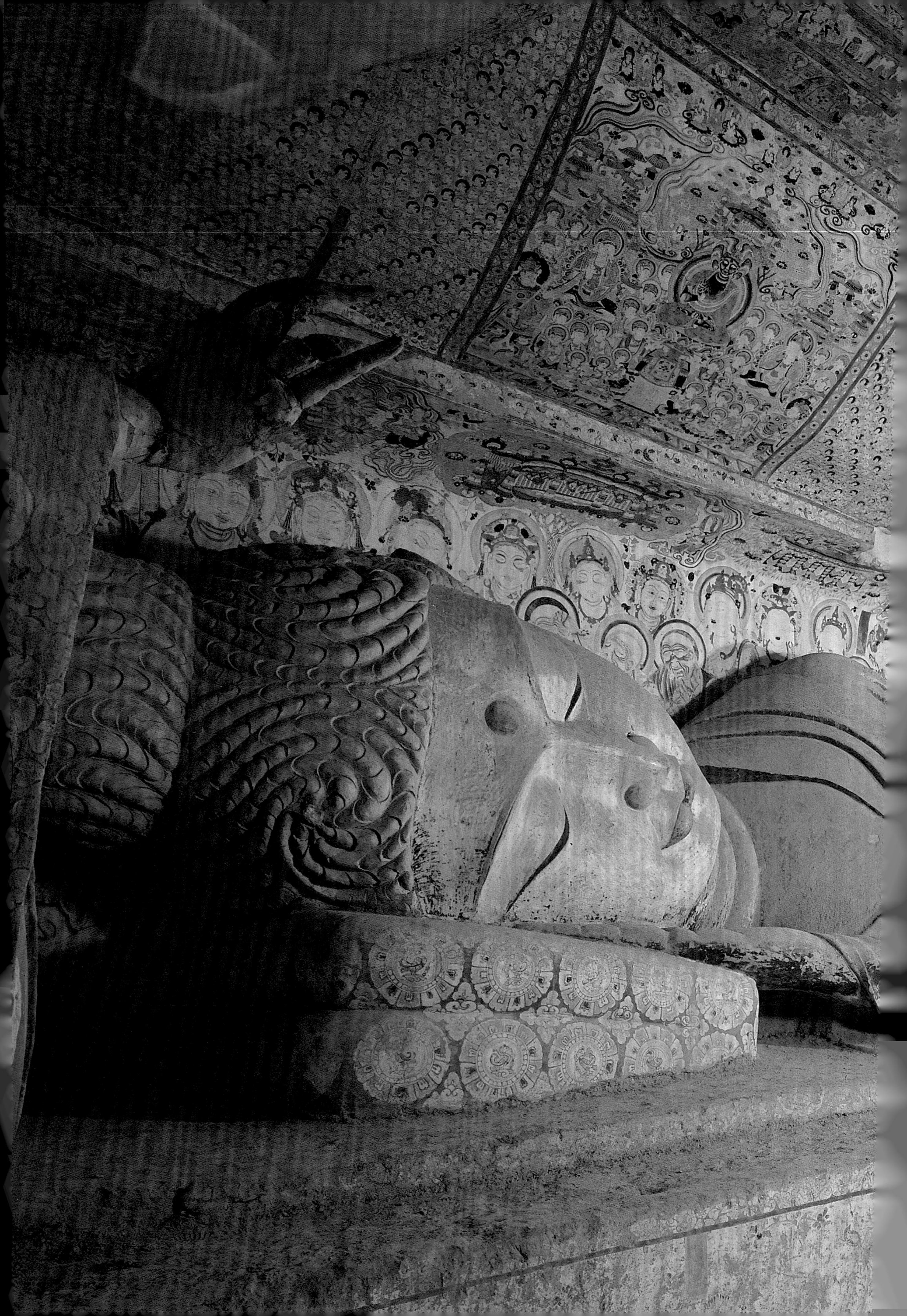

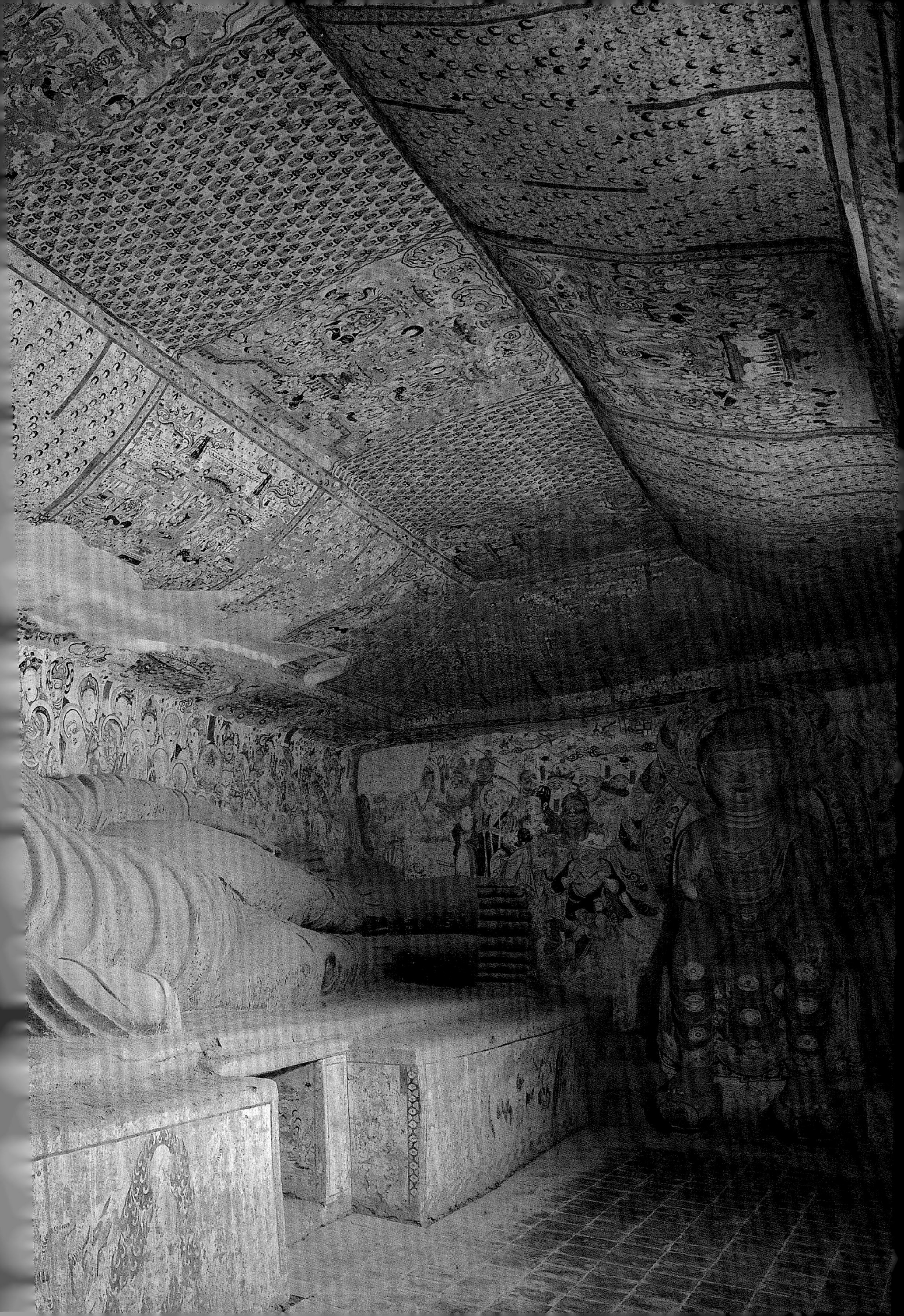

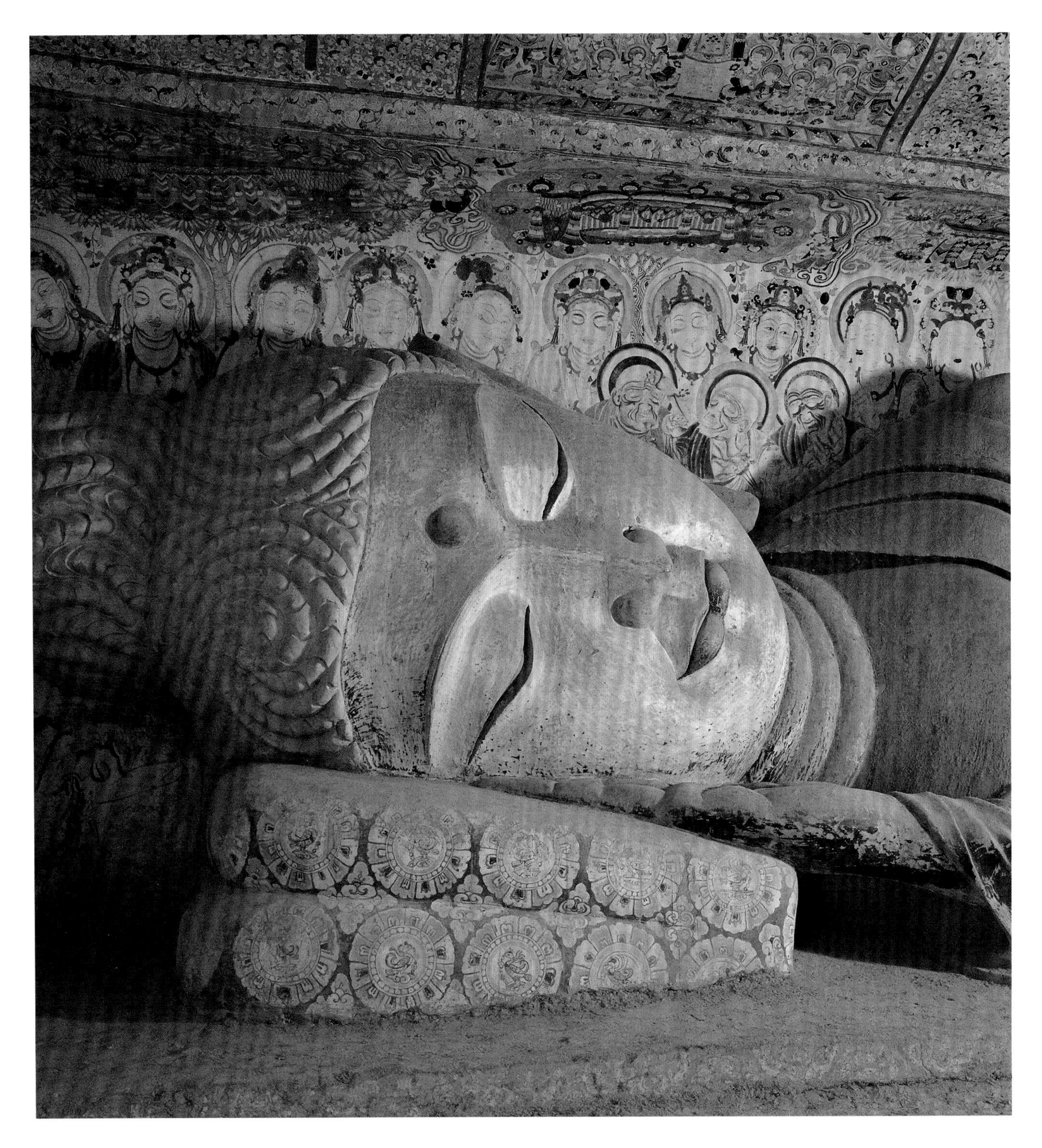

192 涅槃像

釋迦牟尼支頰側臥，姿態安逸舒展，衣紋流暢，極富韻律感。表現了佛陀無生無死、無始無終的涅槃境界。

中唐 莫158 西壁佛壇

191 涅槃窟造像

◀ 見上頁

窟室呈長方形，為盝形頂，西壁佛壇上塑釋迦涅槃像，像長15.8米。釋迦牟尼頭向南，枕右手，累足而臥，壁上繪天龍八部及弟子舉哀。北壁所塑為未來佛彌勒，構成敦煌規模最宏偉的涅槃變。

中唐 莫158 西壁佛壇

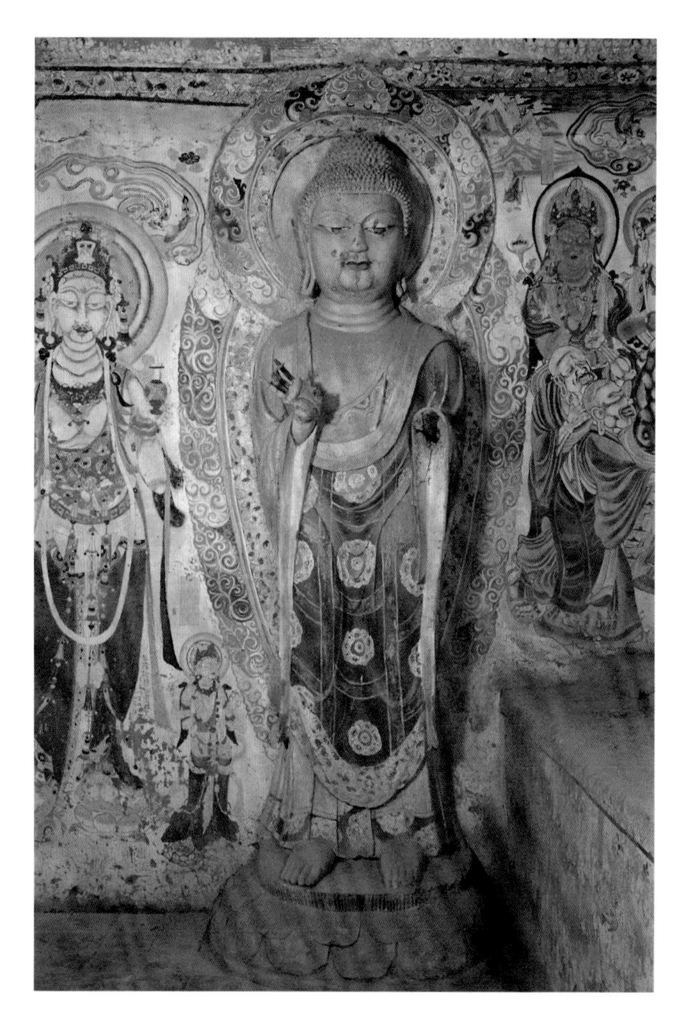

193 **迦葉佛**

過去佛迦葉位於釋迦牟尼頭側。迦葉佛頭生螺髻，田相袈裟上畫白色團花。在造型上，迦葉佛頭部顯大。右側佛壇上畫迦葉奔喪和十大弟子舉哀圖。

中唐 莫158 南壁

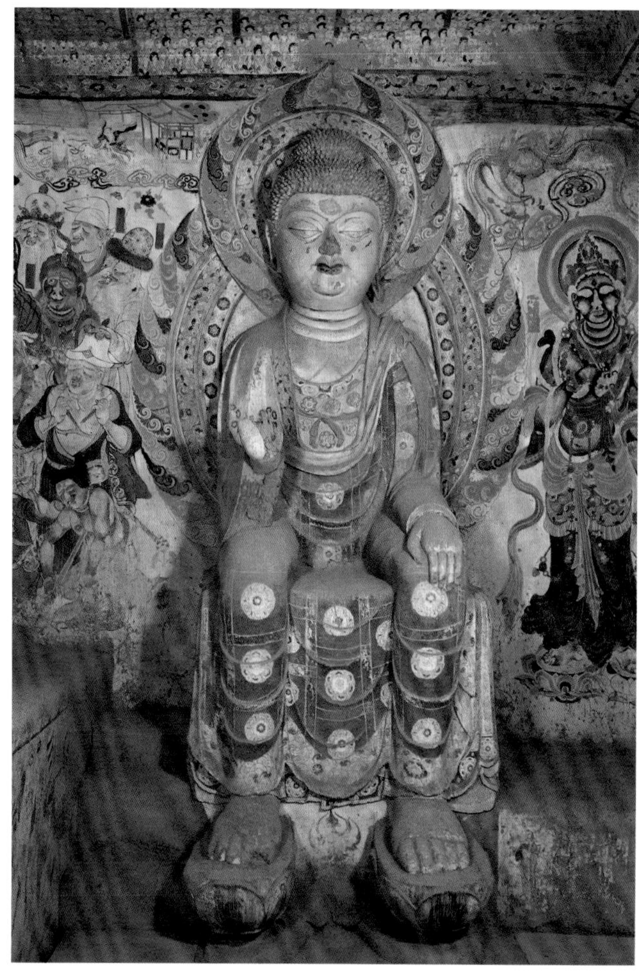

194 **彌勒佛**

彌勒佛倚坐像，與對面的迦葉佛、佛壇上的釋迦佛共同表現三世佛造像。彌勒佛面形豐圓，着通肩田相袈裟，頭身比例失調。左側的佛壇上畫各國國王舉哀圖。

中唐 莫158 北壁

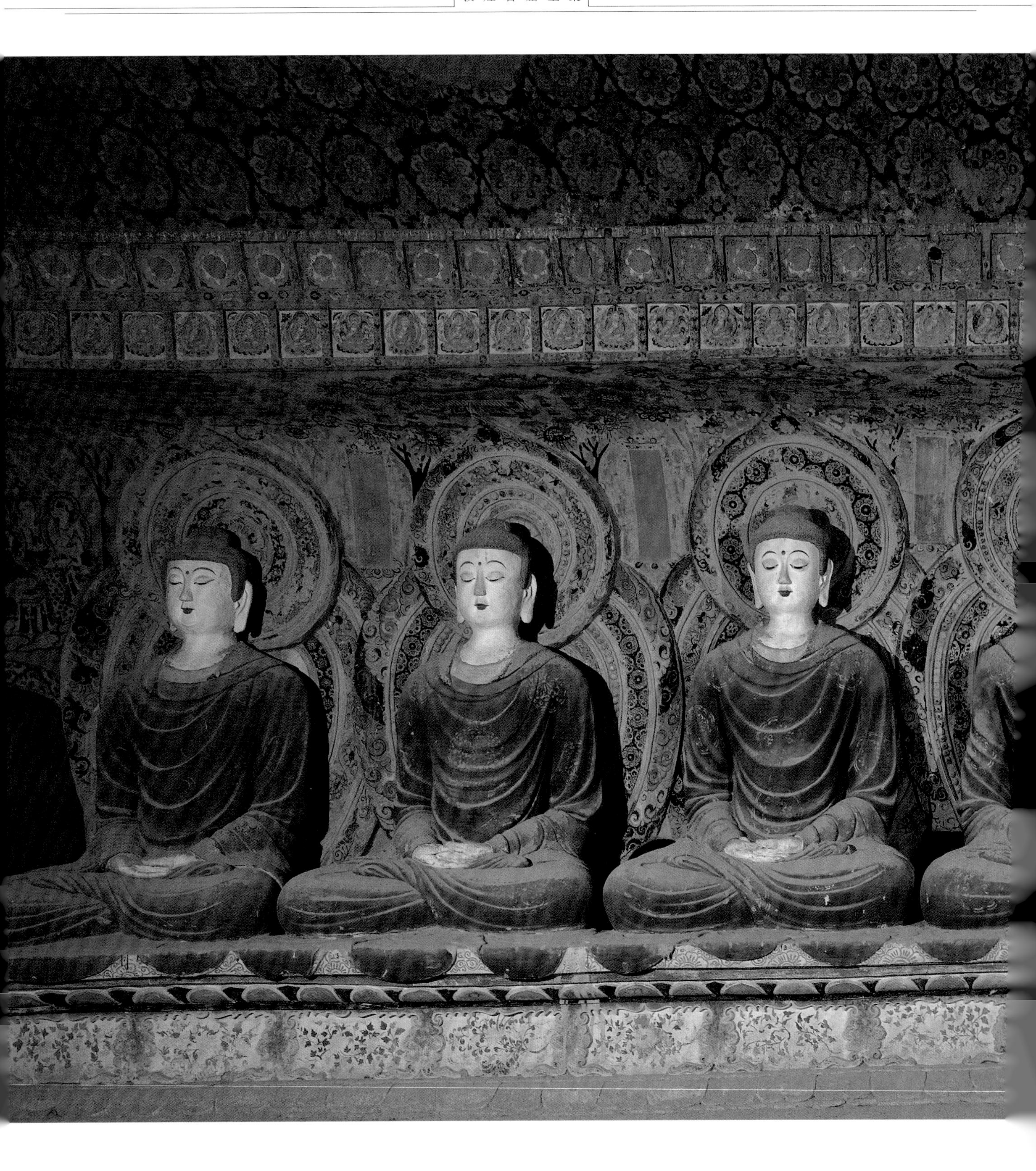

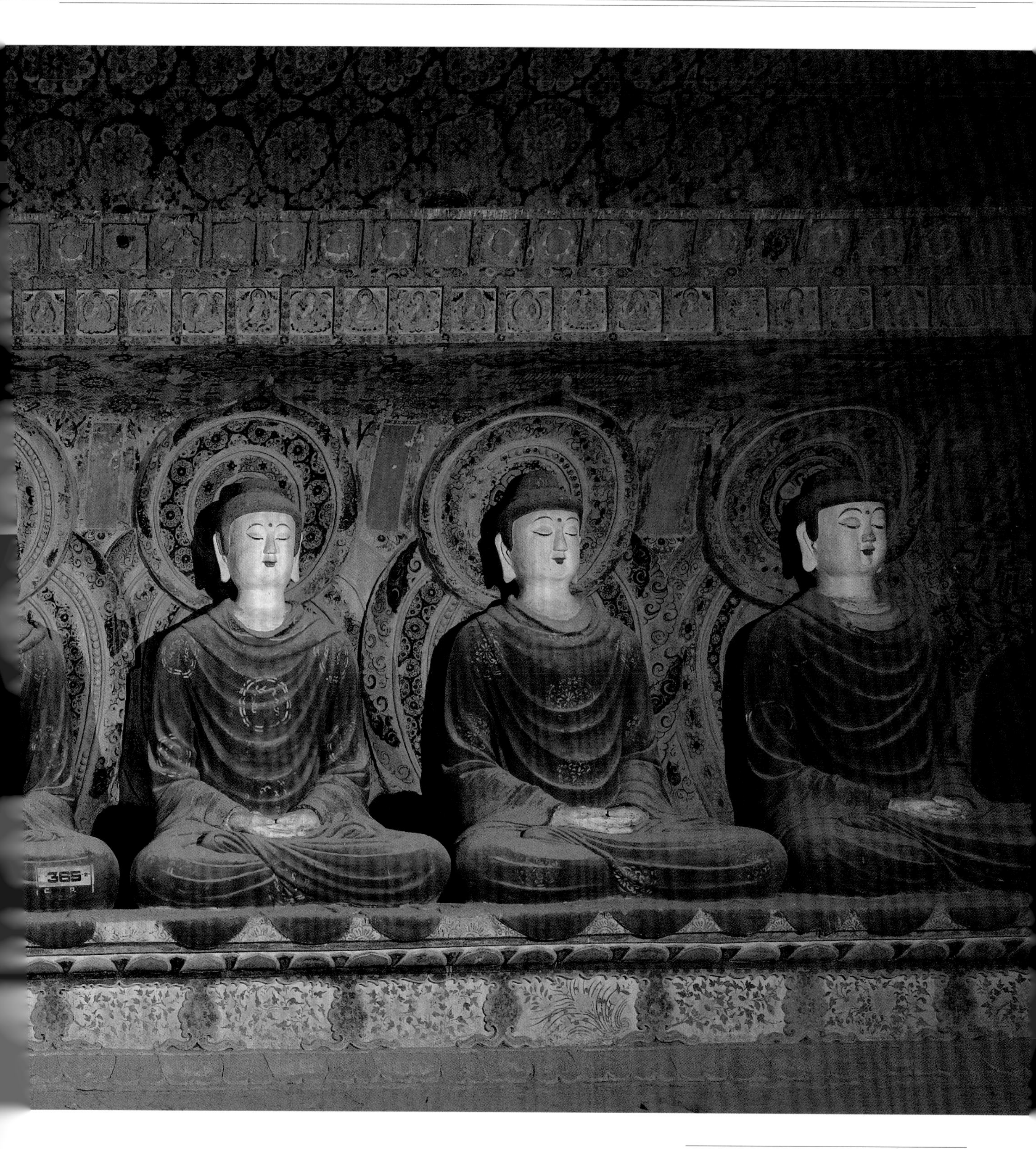

195　藥師七佛

橫長佛壇上塑同樣造型的佛像七身，據藏文發願文可知為藥師七佛。佛皆着通肩袈裟，作禪定印，結跏趺坐，曾經西夏時代重新裝彩。藥師七佛造像的出現，說明吐蕃統治下的敦煌佛教信仰更具多樣性。

中唐　莫365　西壁佛壇

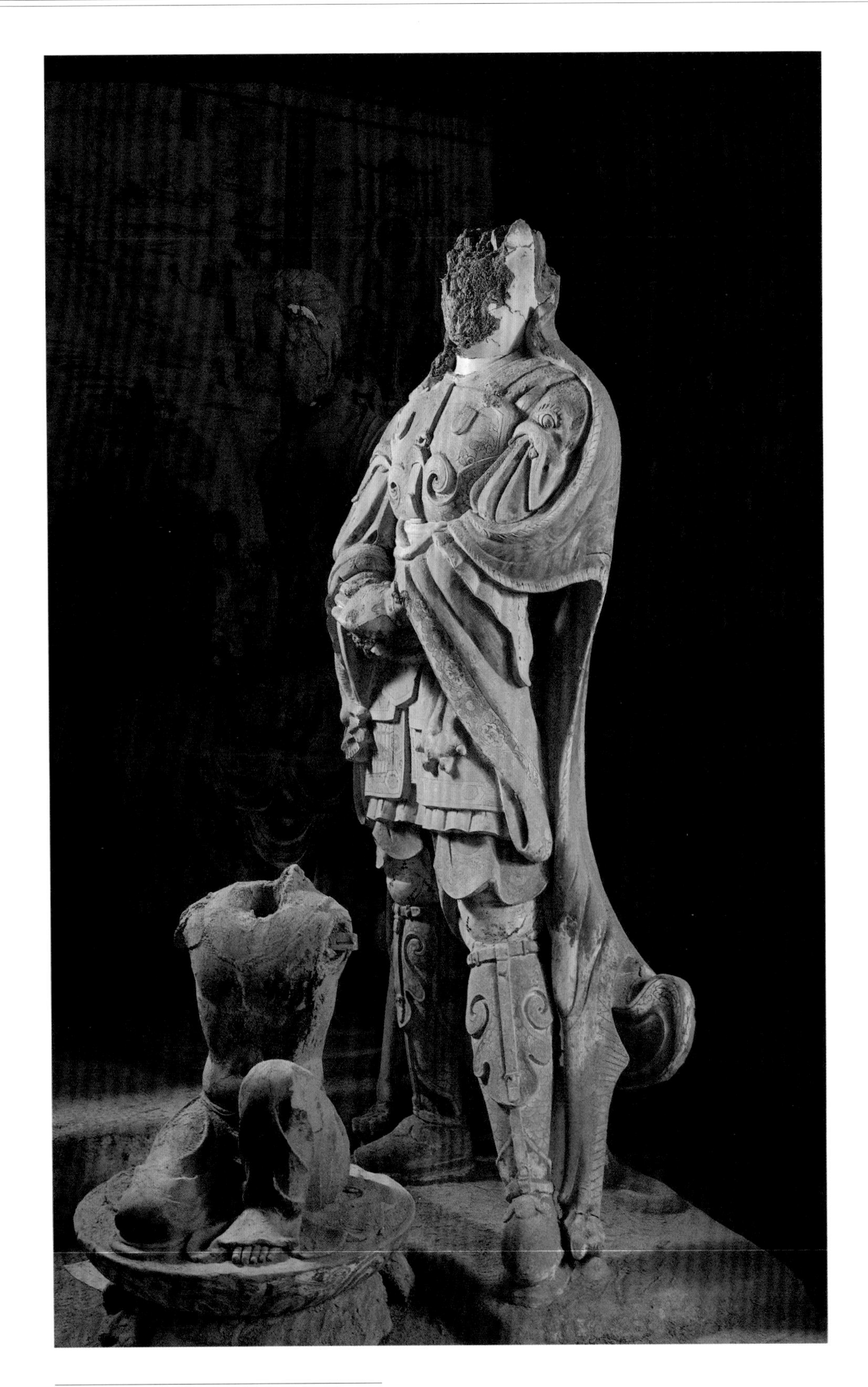

196 **北方多聞天王**

天王塑於初唐佛壇外側，頭部受外力破壞殘損。穿甲冑，外披虎皮，以浮塑和刻畫的手法塑出甲冑各部，並以中唐時天王像常用的青綠色裝彩。

中唐 莫205 佛壇外北側

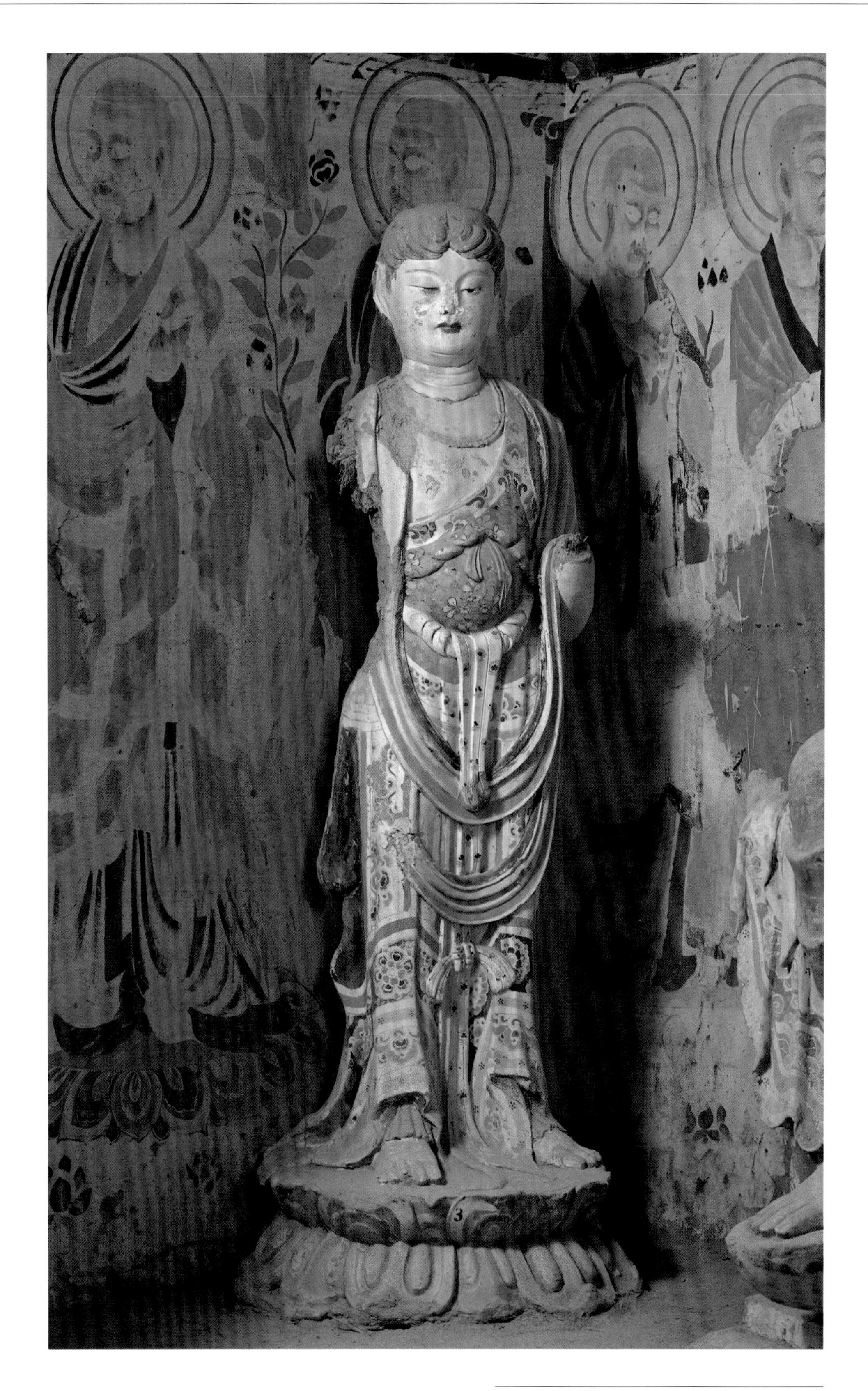

197 脅侍菩薩

菩薩身形豐滿，腹部略顯突出，衣紋流暢且有下垂感。色彩清新雅致，尤其是紅色和綠色仍很鮮艷。

中唐 莫197 西龕內南側

第二節　規模宏大的晚唐背屏式佛壇造像

唐代經安史戰亂，政治、經濟、文化均大衰退。敦煌雖經吐蕃七十餘年的全力支撐，但承自盛唐的勢力已成強弩之末。進入晚唐之後，石窟的開鑿已出現了明顯的衰勢。唐大中二年（公元848年）張氏歸義軍收復敦煌，但是，自唐咸通七年（公元866年），敦煌政局開始動蕩，張氏子婿間相互攻殺。雖然開鑿並重修了六十餘窟，但是造像也只是偶見佳作。

晚唐時，仍多見盝頂龕的窟室，盝頂龕內的造像多為小型，一鋪七身或九身，造像大體繼承吐蕃時期的題材和風格。此時期新出現的背屏式中心佛壇窟，背屏直達窟頂，造像的規模遠遠超過前代，無論是主尊如來還是弟子、菩薩，顯示出豐肥壯碩的造像特徵。

晚唐的高僧像也值得重視，雖然只有一例，卻標誌着敦煌肖像作品的產生，彩塑發展到爐火純青的程度。該高僧像在第17窟即藏經洞內，是被唐朝敕封為攝沙州僧政法律三學教主的洪䛒，他曾為張議潮收復河西立下汗馬功勞。調查洪䛒像時發現，塑像背後有一填補過的痕迹，打開後發現一個盛裝舍利的布袋，估計為洪䛒本人的舍利。造像如真人大小，略見凸顯的雙眉下，有一雙細長而又炯炯有神的眼睛，眼角刻魚尾紋，鼻翼兩側塑法令線，兩唇緊閉，兩耳如常人。身裹田相袈裟，袈裟下不見兩手及雙足的外形表現，可能是塑匠有意隱去了不重要的部分，使面部更加突出。從塑造技法上看，是運用寫實手法對真實人物的成功塑造。它不同於莫高窟其他洞窟的佛像，即不遵循佛教在塑造佛像時的規制，亦無所謂“相好”表現。這尊肖像，大概是在洪䛒圓寂前後不久由其弟子製作的。

第196窟為覆斗頂佛壇窟，屬大型洞窟。佛壇上原塑一佛二弟子二菩薩二天王七身像，部分塑像在1920年的地震中被天井落下的崖石砸毀。佛壇北側的菩薩眉眼細長，上半身的塑造，有男性形體上的健美感而肌膚表現卻似女性，胸腹肌肉略見突顯，肌膚上的光澤，頗有玉器或瓷器的質感。下肢塑造簡單，垂懸於佛座上的左腿，連上下的粗細都變化不大。但平鋪在佛座上的下裙衣褶卻塑造得細緻入微，甚至覺得有些繁瑣。

五代時期曹議金任歸義軍節度使，之後至西夏佔據前，曹氏子孫一直執掌敦煌地區政權。曹氏一族篤信佛教，除僧尼以外還組織造像、繪畫的專門人才成立畫院。據莫高窟和榆林窟的供養人題記，有勾當畫院使、畫行都料、畫匠、塑匠、社官知打窟、押衙知打窟等官職，說明五代時期的造像活動已經有相當細緻的分工。

五代時期開鑿了許多大型窟，工程

十分宏偉，如第61、98、100窟，壁畫精美，構圖繁縟，但佛壇上的塑像已蕩然無存，只留下華麗的背屏。第61窟佛壇寬9米，深7米，推想佛壇上應塑大型文殊菩薩騎獅像，脅侍菩薩、天王像等。山西五台山殊像寺建於唐代，經元代、明代重修，從其文殊塑像的形式，可以想見第61窟當年佛壇上的塑像規模。第261窟的幾身塑像，可稱為五代時期較好的作品，但無論造型還是色彩表現都是模仿前代造像的。

宋代唯一留下的洞窟是第55窟，為中心佛壇窟，壇上南、西、北三面塑倚坐佛像各一身，侍弟子或菩薩，很明顯

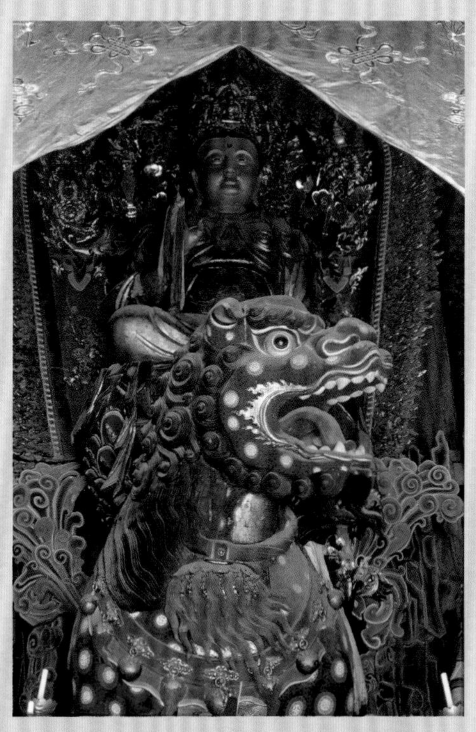

山西五台山殊像寺文殊騎獅像

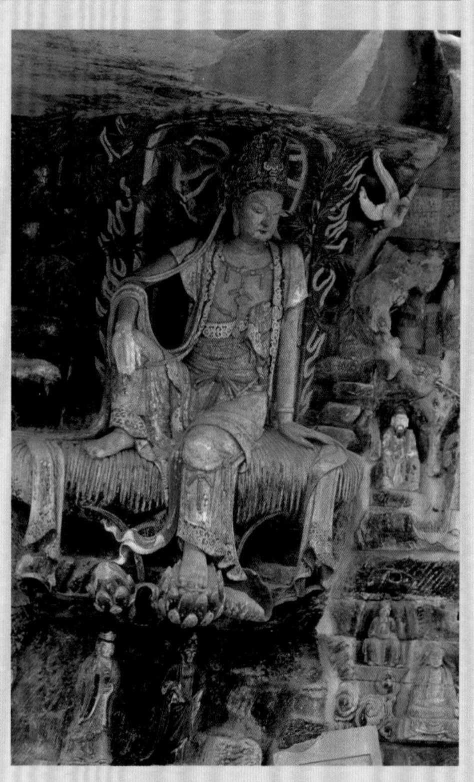

四川安岳毗盧洞紫竹觀音像

是彌勒三會說法像。宋乾德四年（公元966年）曹元忠與夫人翟氏共同修復北大像，翟氏還親自為三百餘工匠做飯，可見當時莫高窟的佛教活動還很興旺。甘肅天水麥積山石窟以及四川大足、安岳的宋代石刻，許多是中原工匠所為，代表當時中原的雕塑水平，其技法嫻熟，形象甜俗，相比之下，敦煌造像的風格沿襲前代，與中原已有差距。儘管如此，在敦煌彩塑藝術史上，它們仍是不可或缺的一部分。

敦煌歸於西夏的時期，塑像亦保留不多，據窟前考古發掘，西夏曾重修的

造像有佛、弟子、菩薩和釋迦、多寶佛。1960年代從第491窟發現了兩身供養天女像，皆披雲肩穿袿衣，蹬尖頭履。造型端莊優雅，臉上露出淡淡的微笑，堪稱敦煌晚期造像的佳作，略可補留存不多的遺憾。

至於元代開鑿和重修的洞窟約有十個，也頗具規模，但如五代一樣，沒有留下一尊完整的元代造像。從文獻記載和考古發掘看，西夏、元代二朝皆篤信佛教，現在莫高窟重修和出土的造像只寥寥幾件，遠不能代表黨項、蒙古兩族對佛教的熱忱和信仰。

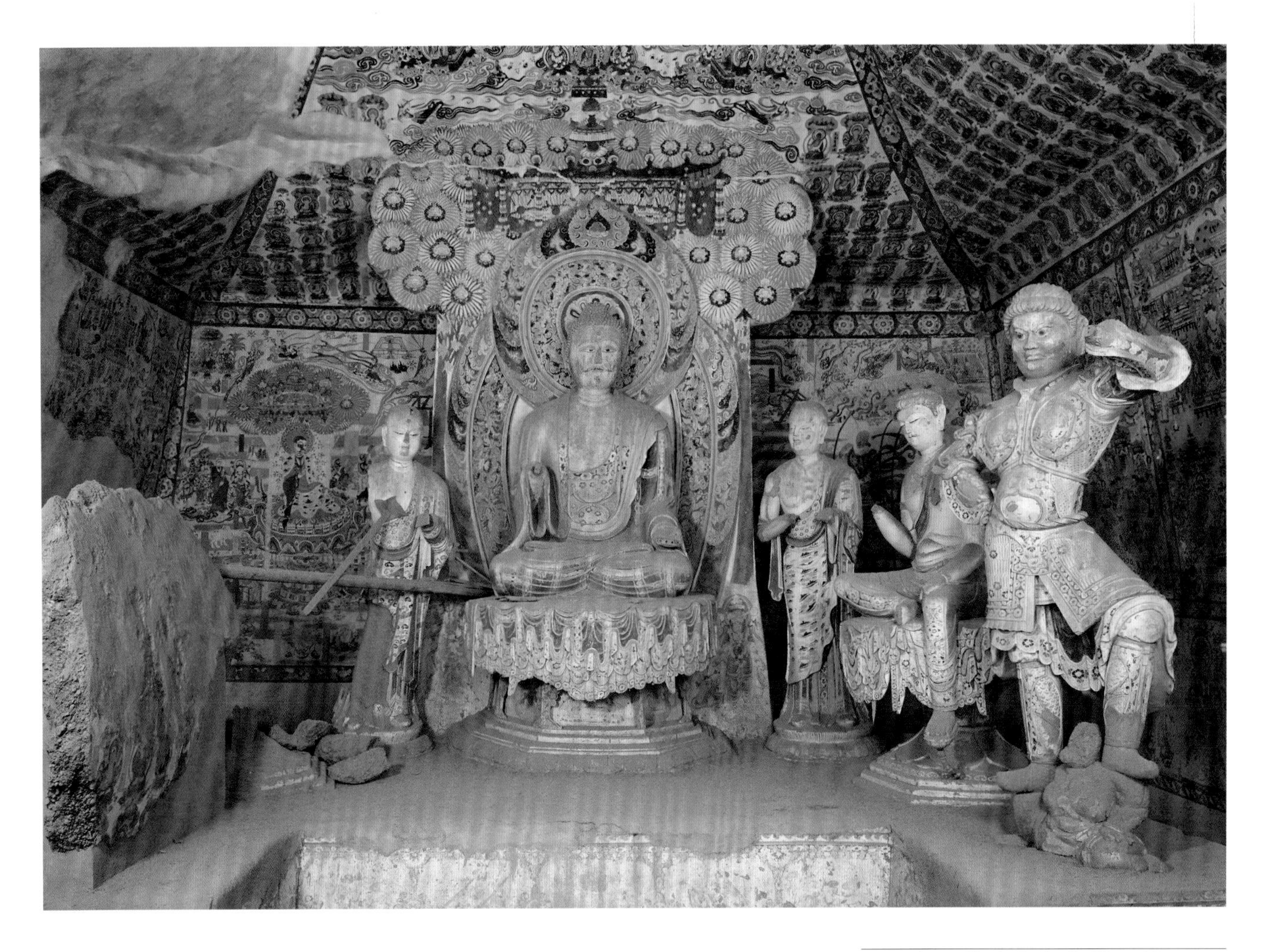

198 中心佛壇窟釋迦佛一鋪

中心佛壇的背屏前塑有釋迦牟尼及阿難、迦葉和菩薩、天王。主尊及北側的造像保存完好，是莫高窟中心佛壇窟保存最好的一鋪。南側的菩薩、天王在1920年毀於地震，阿難也有殘損。

晚唐　莫196

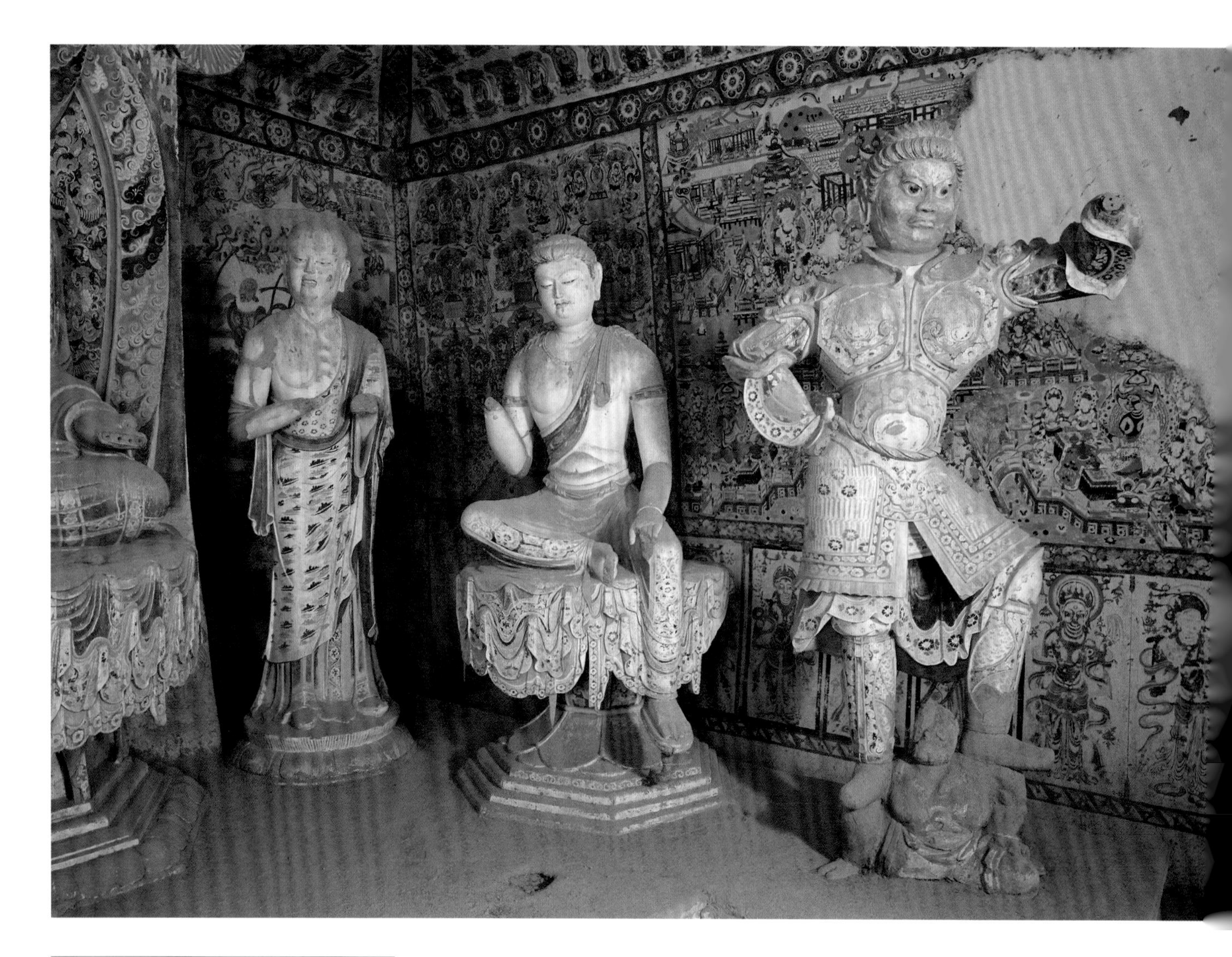

199 迦葉、菩薩與天王圓塑像

弟子迦葉兩唇微啟，似在默頌經文，着山水紋袈裟立於蓮台。菩薩上身赤裸，斜披天衣，半跏坐蓮座上。天王怒目下視，一手上揚，一手叉腰，腳踏藥叉。此三身圓塑造像，形體高大，雄健魁偉，袈裟和甲冑的彩繪，繼承了中唐以來以青綠色為主的色彩表現。

晚唐 莫196 佛壇北側

200 脅侍菩薩

菩薩形體高大渾厚，半裸，斜披天衣，有頸飾腕釧，半跏坐棱柱形蓮台上，裹覆下身的衣裙自然地垂懸在蓮座上。以幾何形概括地塑出身形結構，肌膚上施以相粉，給人以超凡脱俗之感。

晚唐 莫196 佛壇北側

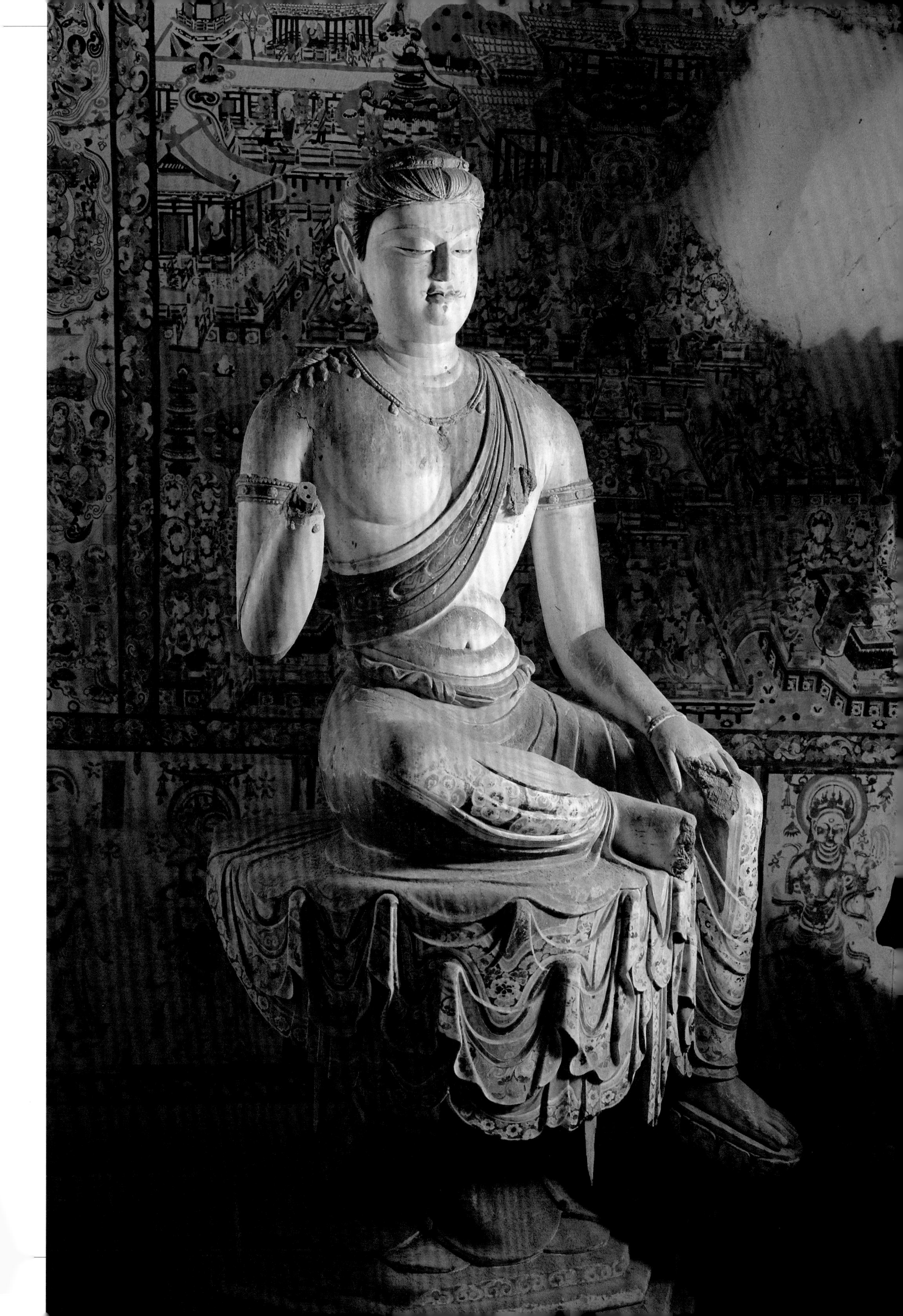

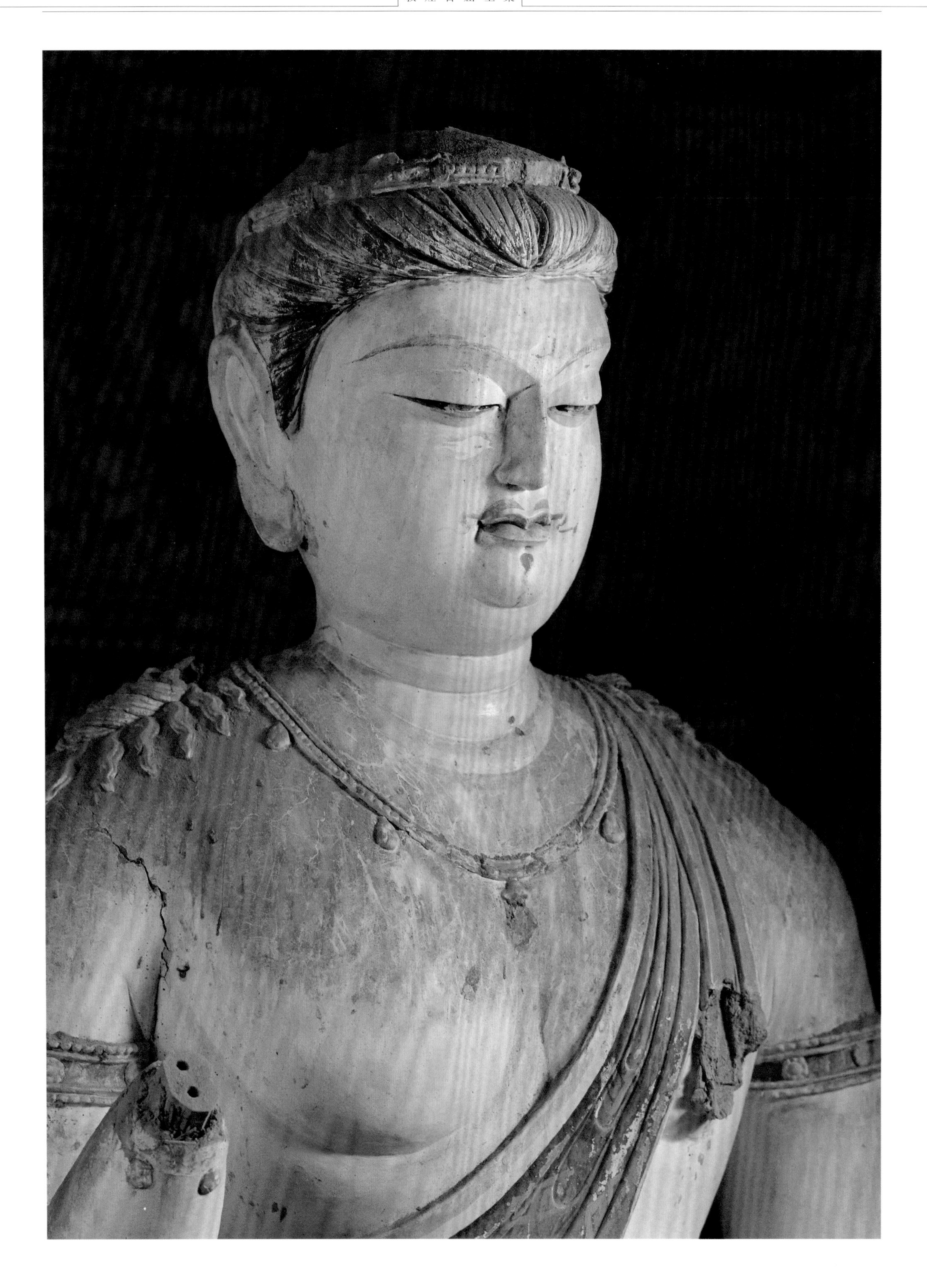

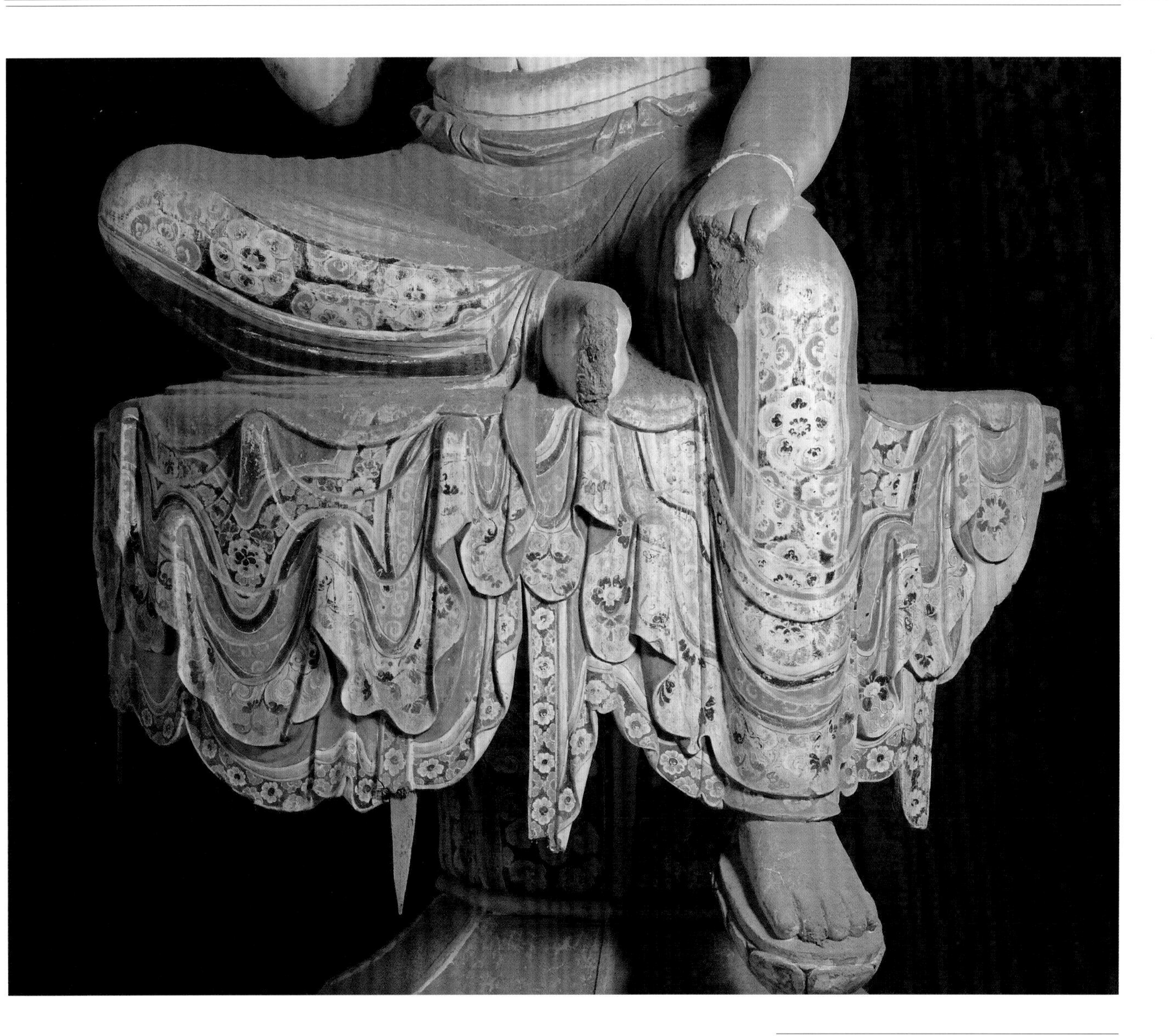

202 蓮座上的衣紋

菩薩的衣裙覆蓋在蓮座上，連續的凸起顯現出裙下的蓮花瓣。衣紋線以浮塑的手法塑出，疏密有序，有很強的裝飾感。色彩以青綠為主，表現出菩薩的聖潔。

晚唐　莫196　佛壇北側

201 脅侍菩薩特寫

菩薩的頭冠缺損，五官線面轉折清晰，唇邊飾蝌蚪狀的髫鬚，既表現出男性的陽剛美又具有女性的陰柔美。

晚唐　莫196　佛壇北側

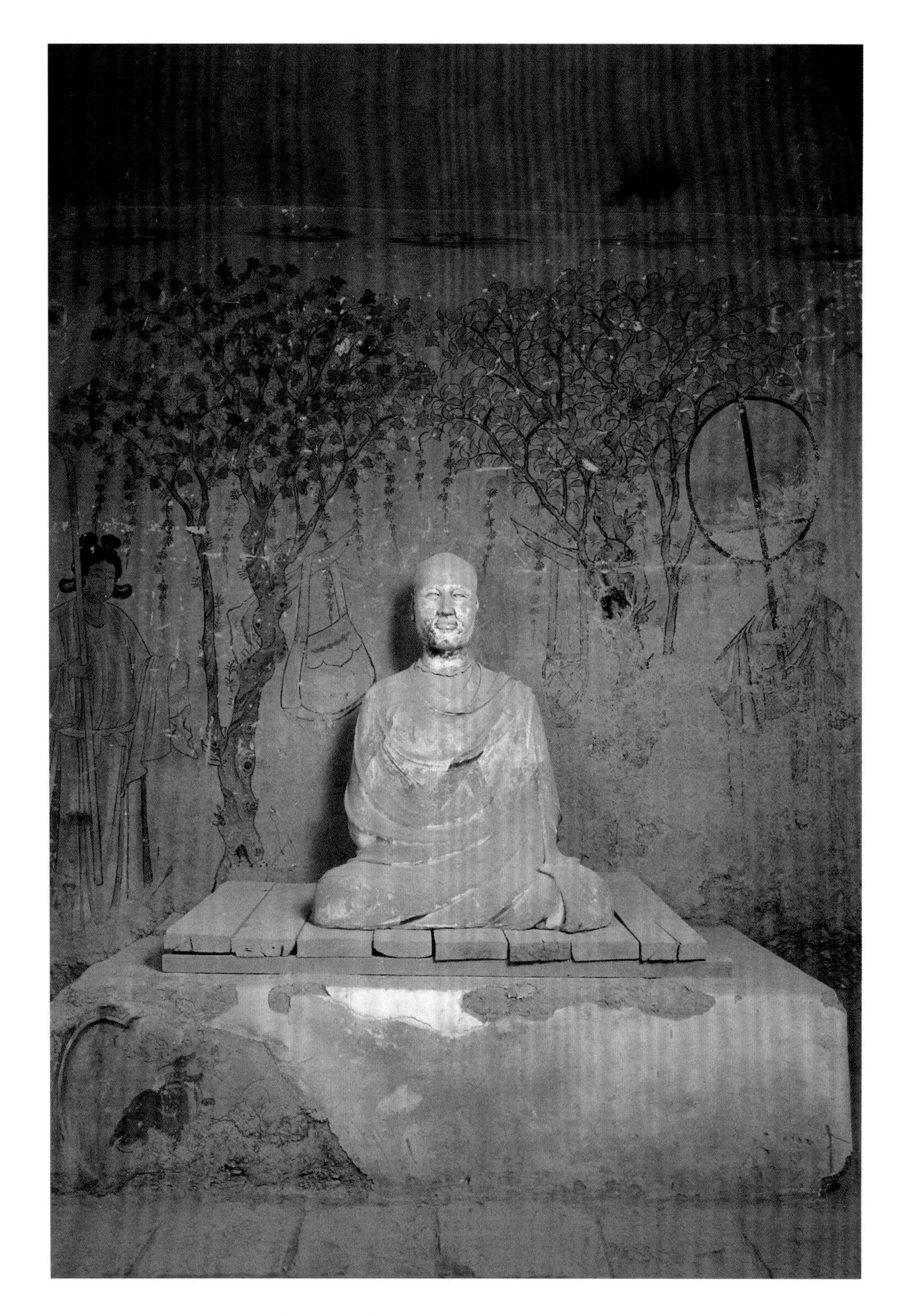

203 藏經洞造像

著名的藏經洞內，北壁前設小型方壇，壇上塑洪䛒像，壁上畫近事女和比丘尼。塑像內盛裝舍利，應為洪䛒的真容塑像。

晚唐 莫17 北壁

204 洪䛒像

洪䛒真容像為圓塑，像高94厘米。塑像神態莊重自然，目光睿智，眼角刻有魚尾紋，鼻翼兩側塑法令線，兩唇緊閉，穿田相袈裟，禪定結跏趺坐。推測該像是一尊肖像，大概是洪䛒圓寂前後由其弟子製作。

晚唐 莫17 北壁壇上

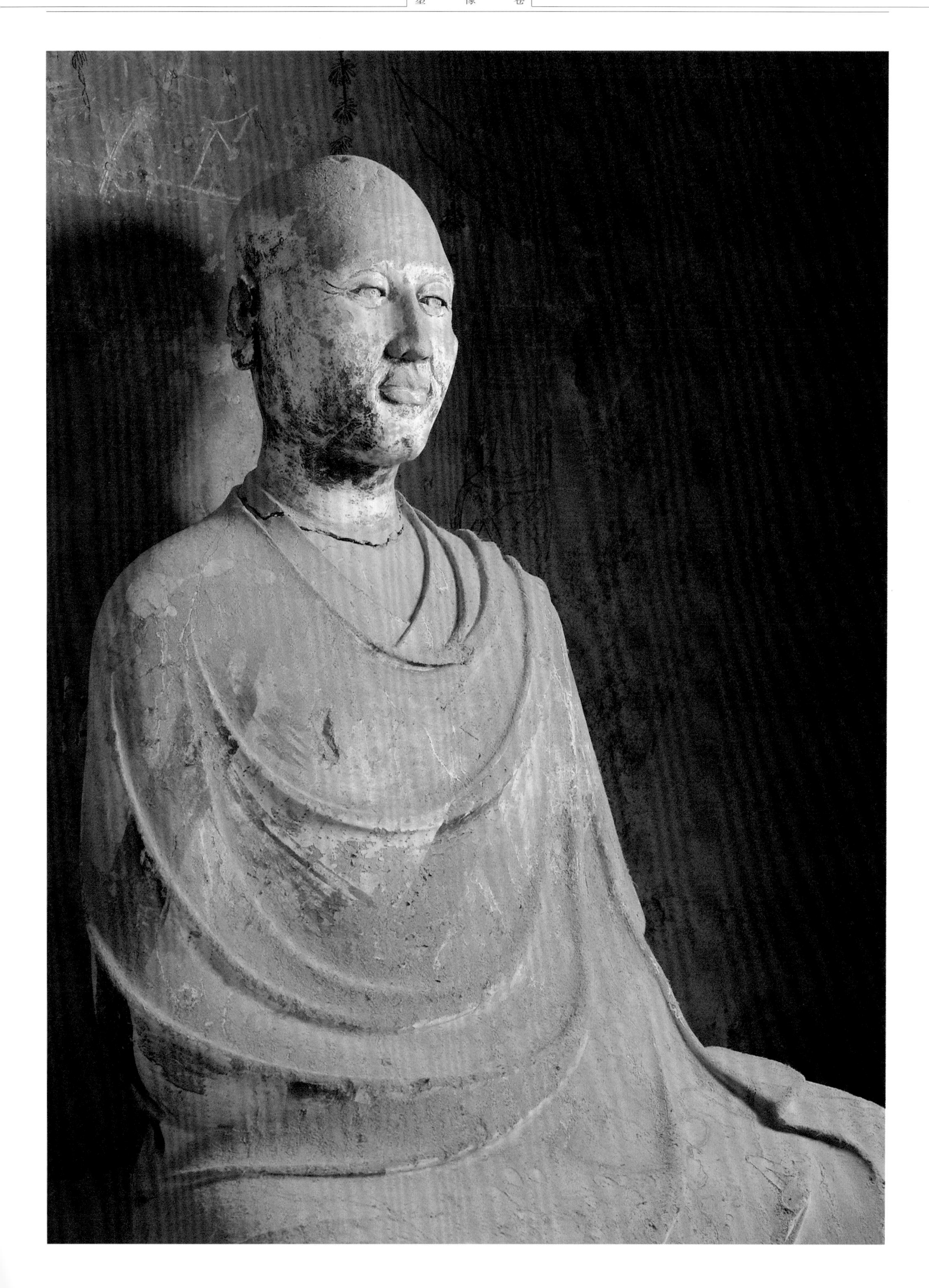

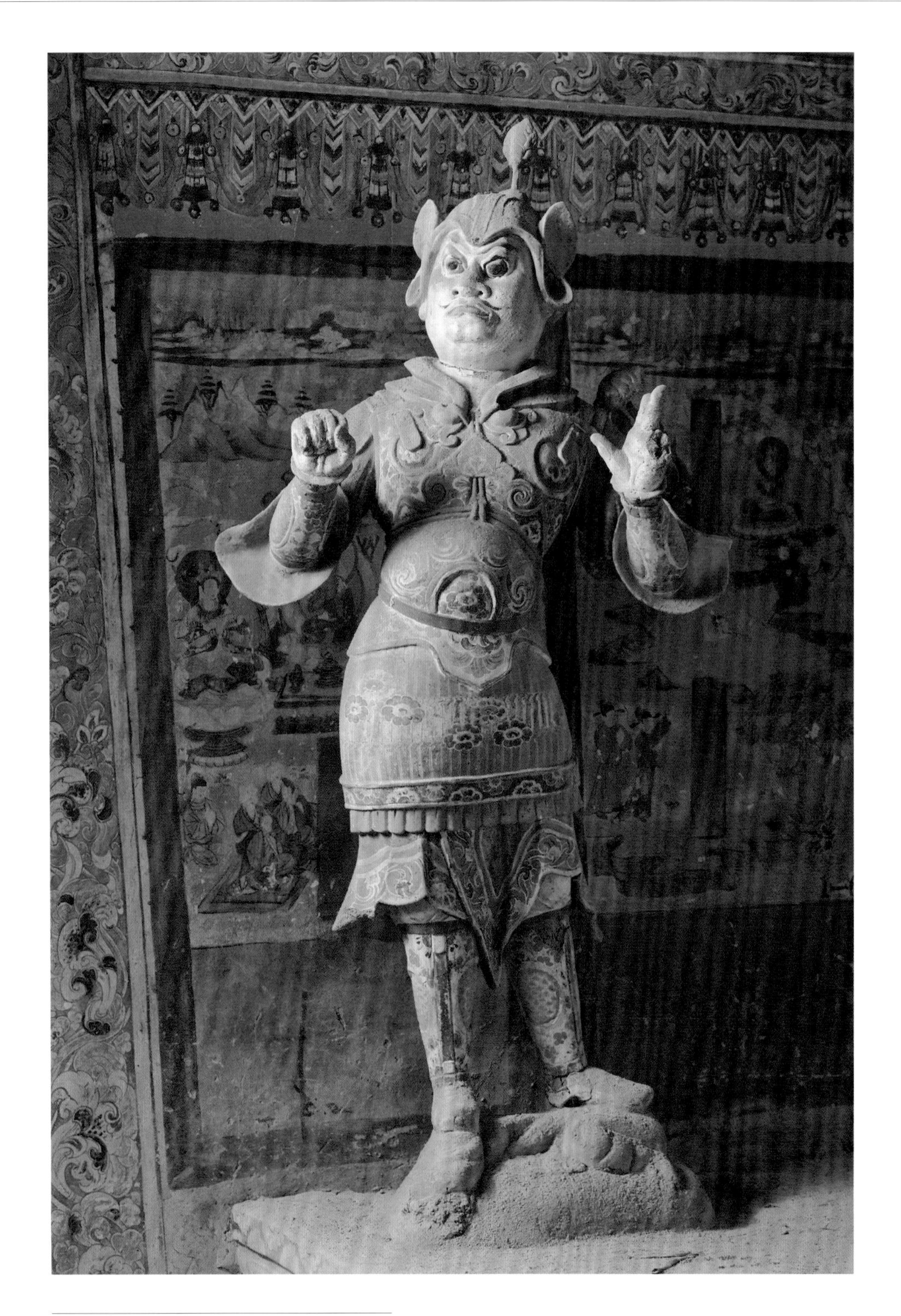

205 **南方增長天王**

天王戴纓盔，着鎧甲，似一手握劍，一手撫刃。造型和彩繪雖然繼承了中唐的傳統，但沒有表現出雄健的體魄和威嚴的神態，使人覺得有些呆板。

晚唐 莫18 西龕內南側

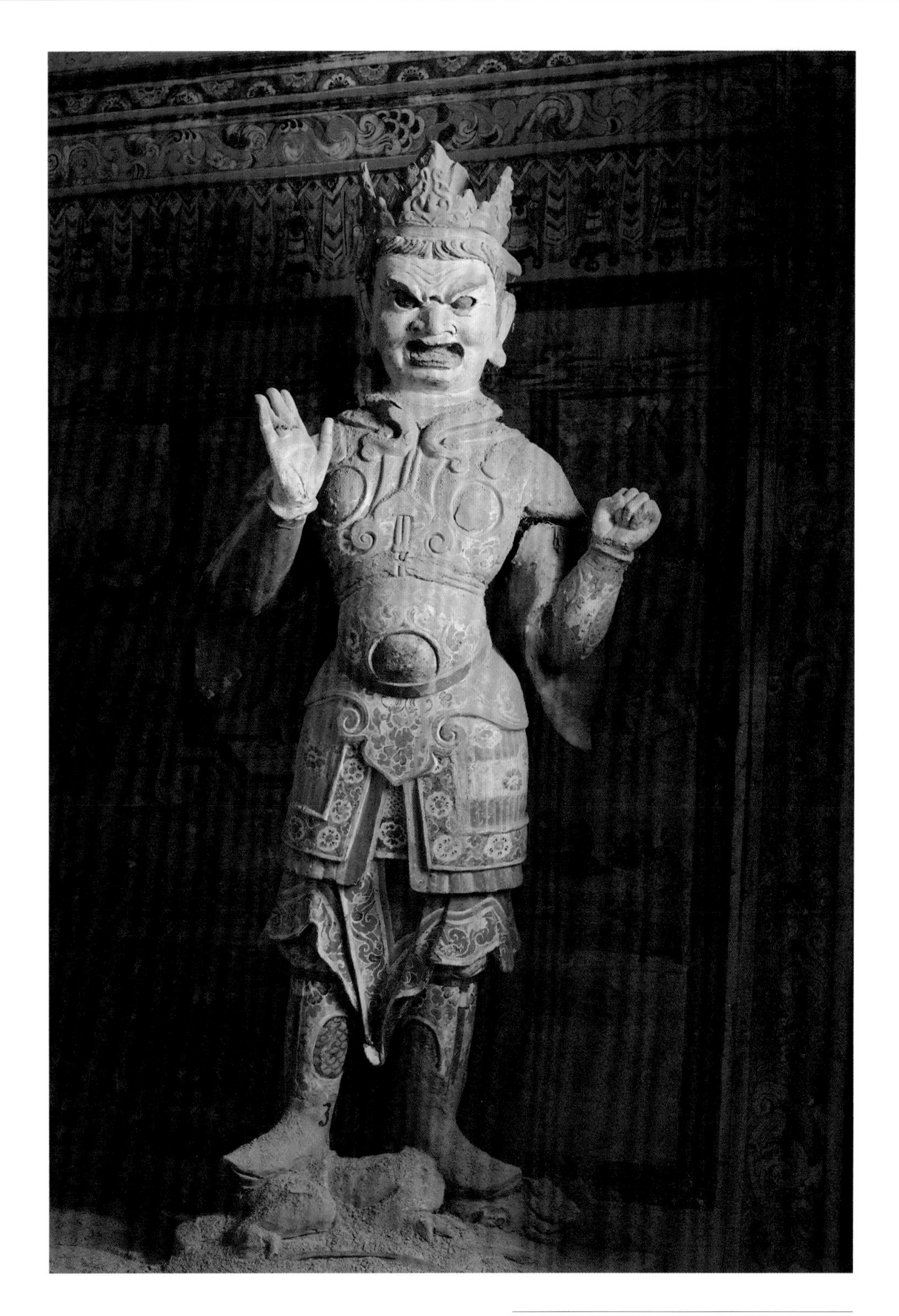

206 北方多聞天王

天王戴花冠，着鎧甲，豎眉張口，與其說是威武倒不如說有些恐怖。在造型和色彩的裝飾上，無不表現出刻意模仿中唐塑像。

晚唐　莫18　西龕內北側

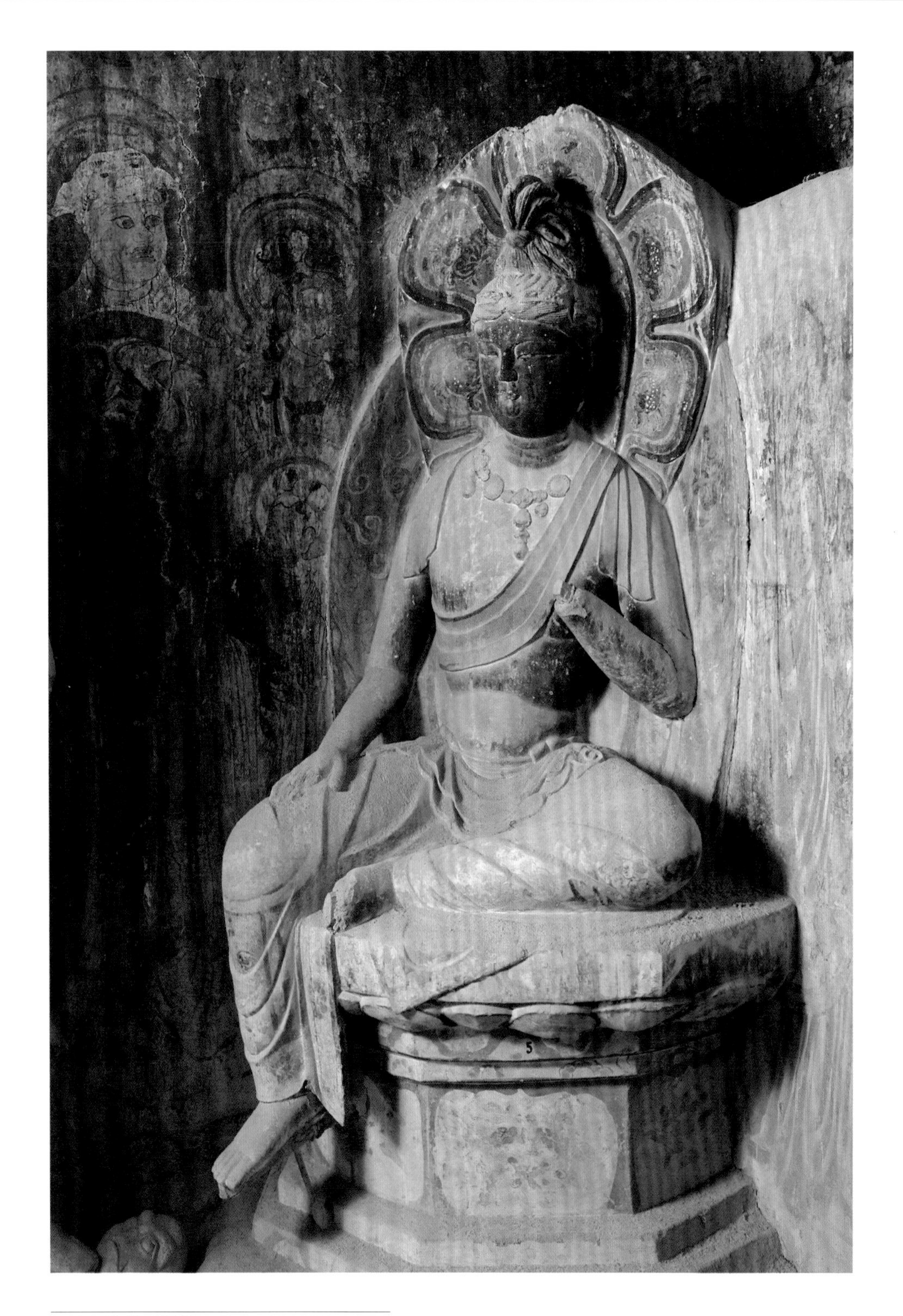

207 **脅侍菩薩**

菩薩束高髻，面形豐圓，細眉長眼，口鼻小巧，佩項飾胸飾，披天衣，遊戲坐須彌座上。身後浮塑蓮瓣式頭光，衣紋簡練，溜肩細腰的造型呈現出女性的體態特徵。在存數不多的五代造像中算是難得的佳作。

五代 莫261 佛壇南側

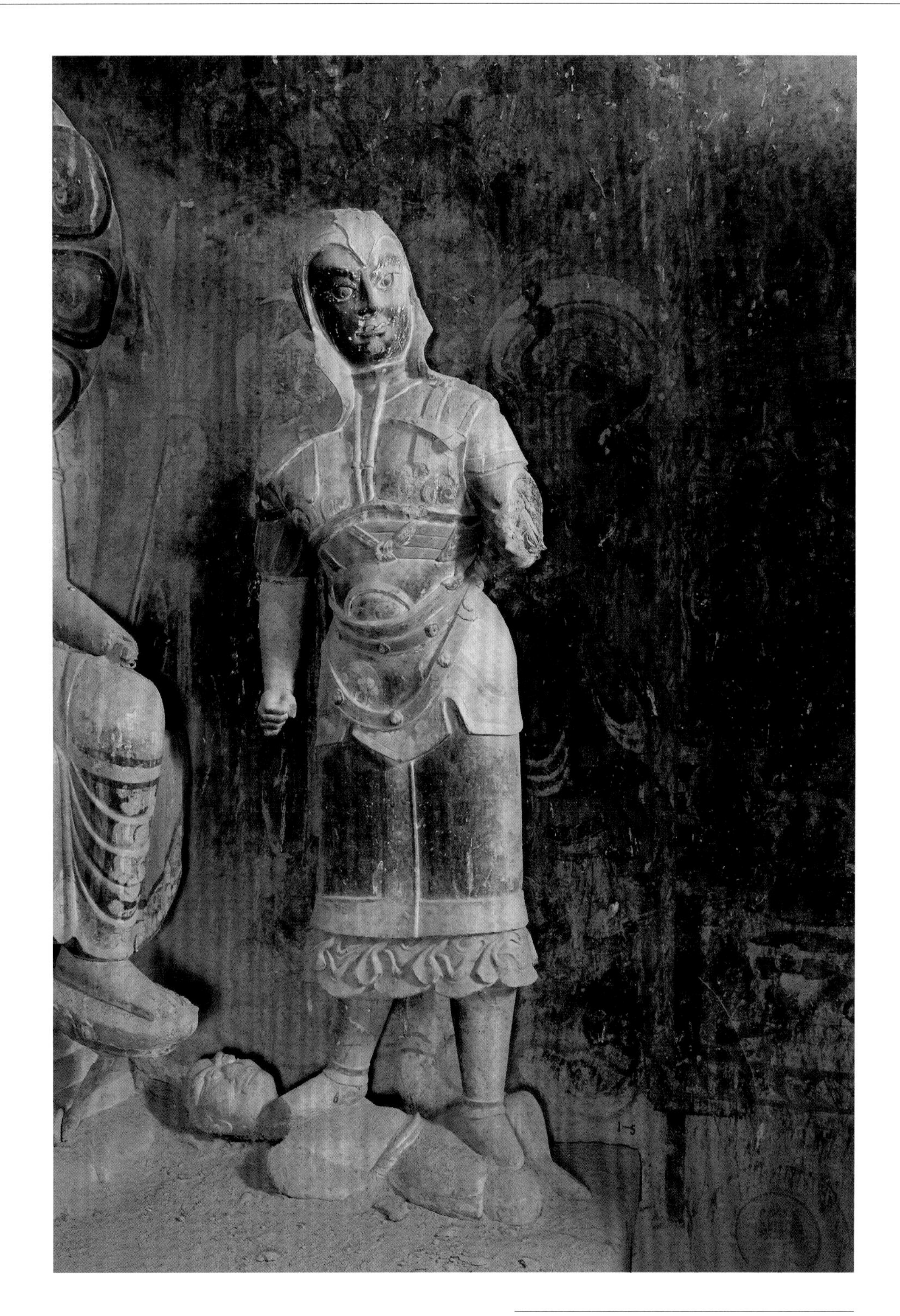

208 北方多聞天王

天王戴盔着甲，怒目遠望，兩肩渾圓，胸部飽滿，欲跨步向前。面容刻畫不像是一個久經沙場的戰將，卻似一個稚氣未脫的少年。雖然面部及鎧甲的色彩已被熏黑，從殘存的紅綠色中猶可想見初創時的風采。

五代　莫261　佛壇北側

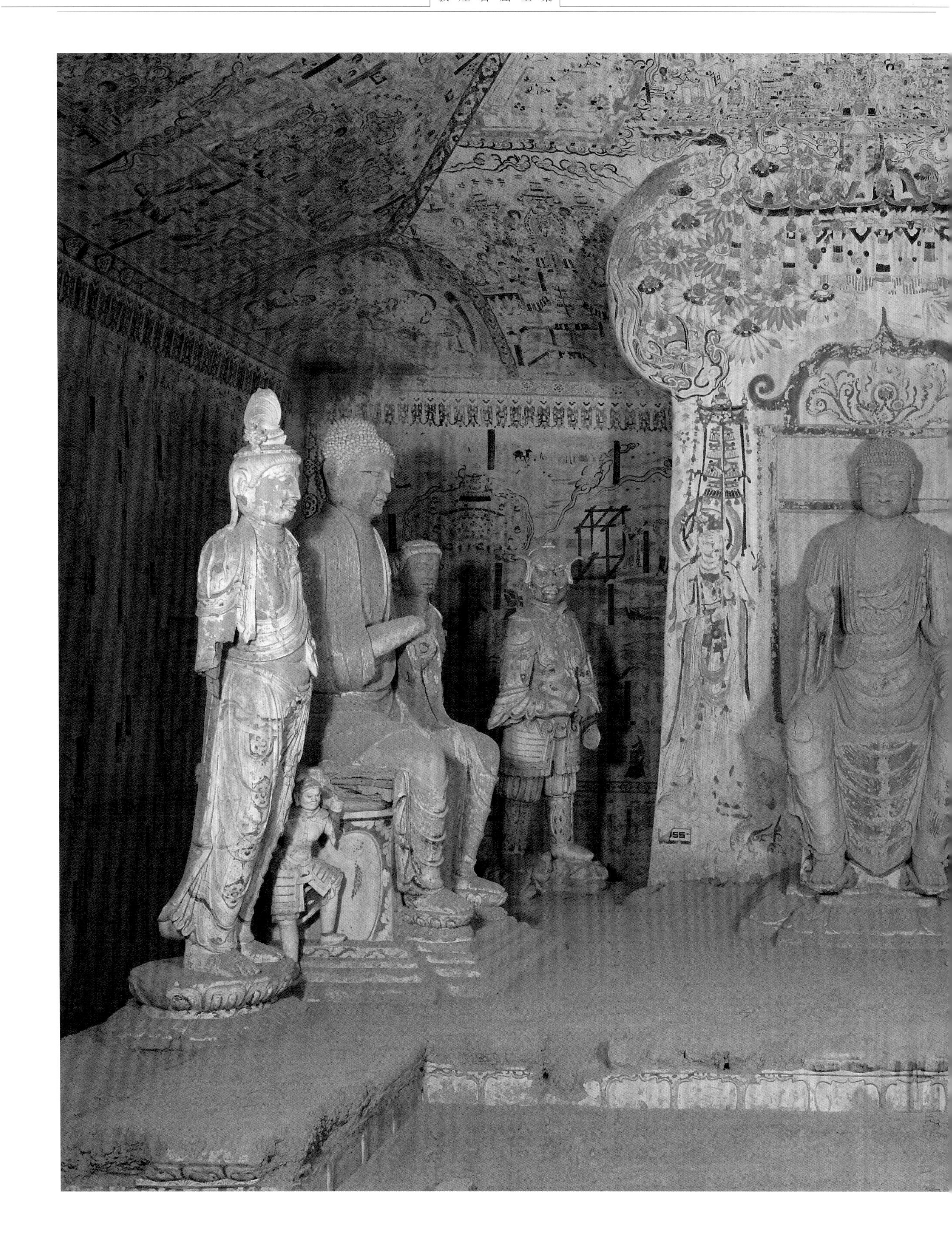

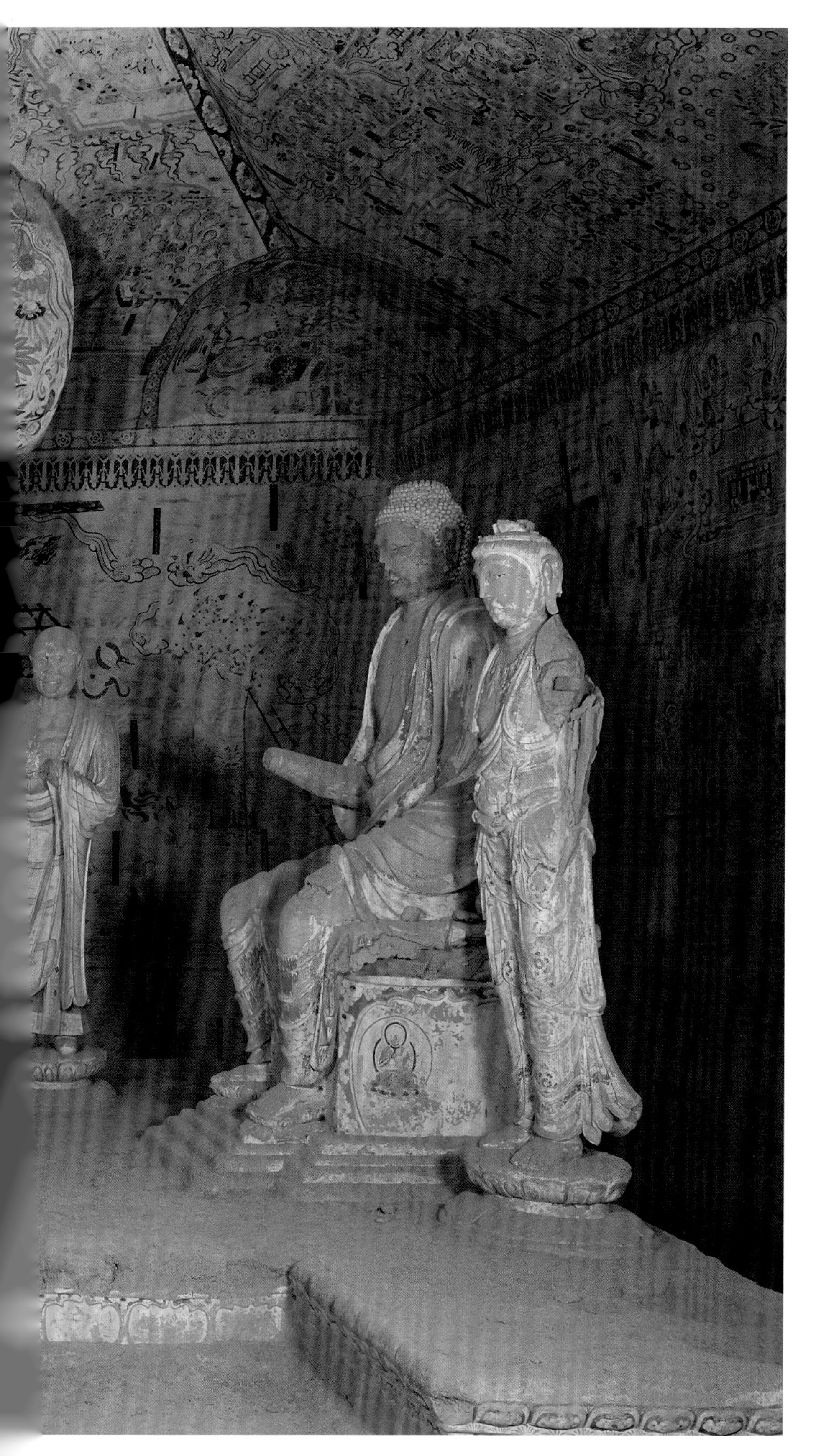

209 中心佛壇的彌勒三會

窟室中央設中心佛壇，壇上三面塑彌勒三會及弟子、菩薩、天王像等。在造型上，彌勒一如中唐的倚坐像，弟子、菩薩及天王造像也繼承了唐代以來的傳統。雖然有些塑像缺損，但造像的整體感強，是莫高窟宋代造像中唯一的大型圓塑。

宋 莫55

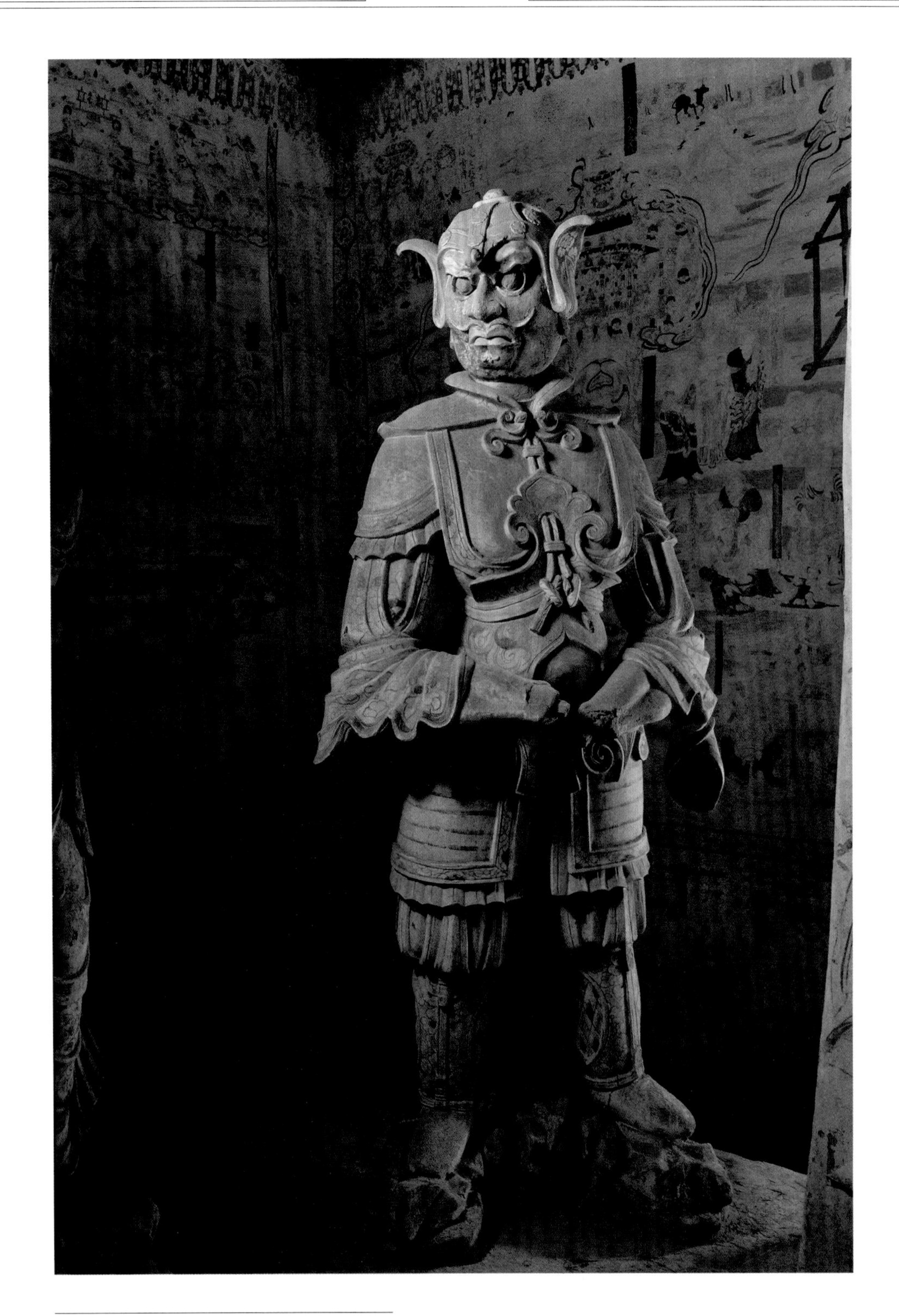

210 **天王**

天王着唐代武士裝，戴兜鍪，護耳上翻，穿鎧甲，腿繫行滕，穿烏靴直立在金剛山上。鎧甲的塑造棱線清晰，細緻而嚴整，兩手置腹前似把有兵器。但是靜止直立的造型使天王缺少了幾分威嚴。

宋 莫55 佛壇南側

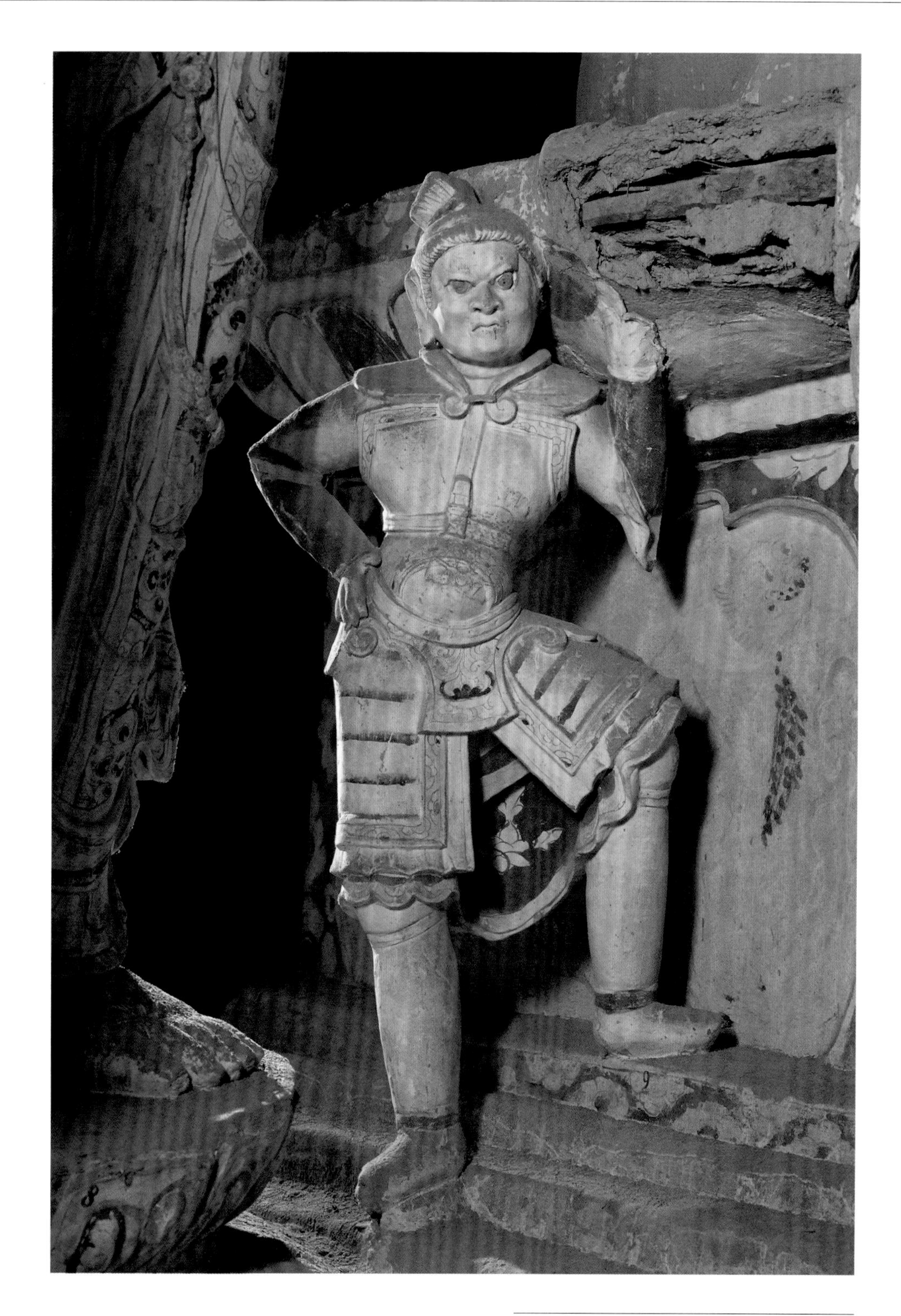

211 托座力士

力士作憤怒相，穿鎧甲烏靴，一足踏佛座邊沿，一手上舉，以肩部承托着佛座。造型新穎別致，是莫高窟晚期造像中唯一的着鎧甲的力士造像。

宋　莫55　佛壇南側

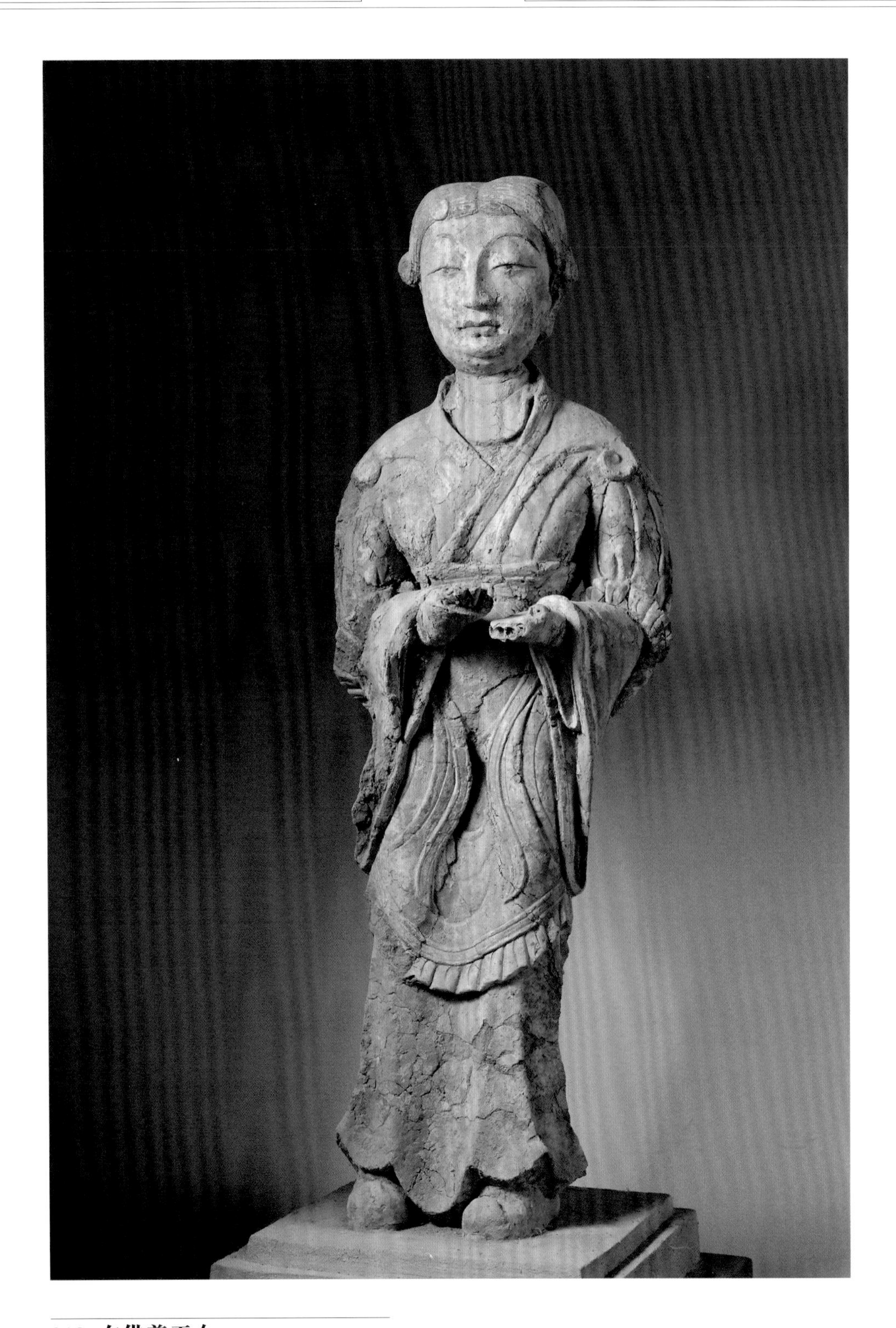

212 右供養天女

原為主尊兩側侍立的供養天女，1965年考古發掘時，從第491窟中西龕南側發現。天女頭部保存完好，軀幹有較大殘損，經修復後再現西夏初創時的風采。

西夏 陳列中心

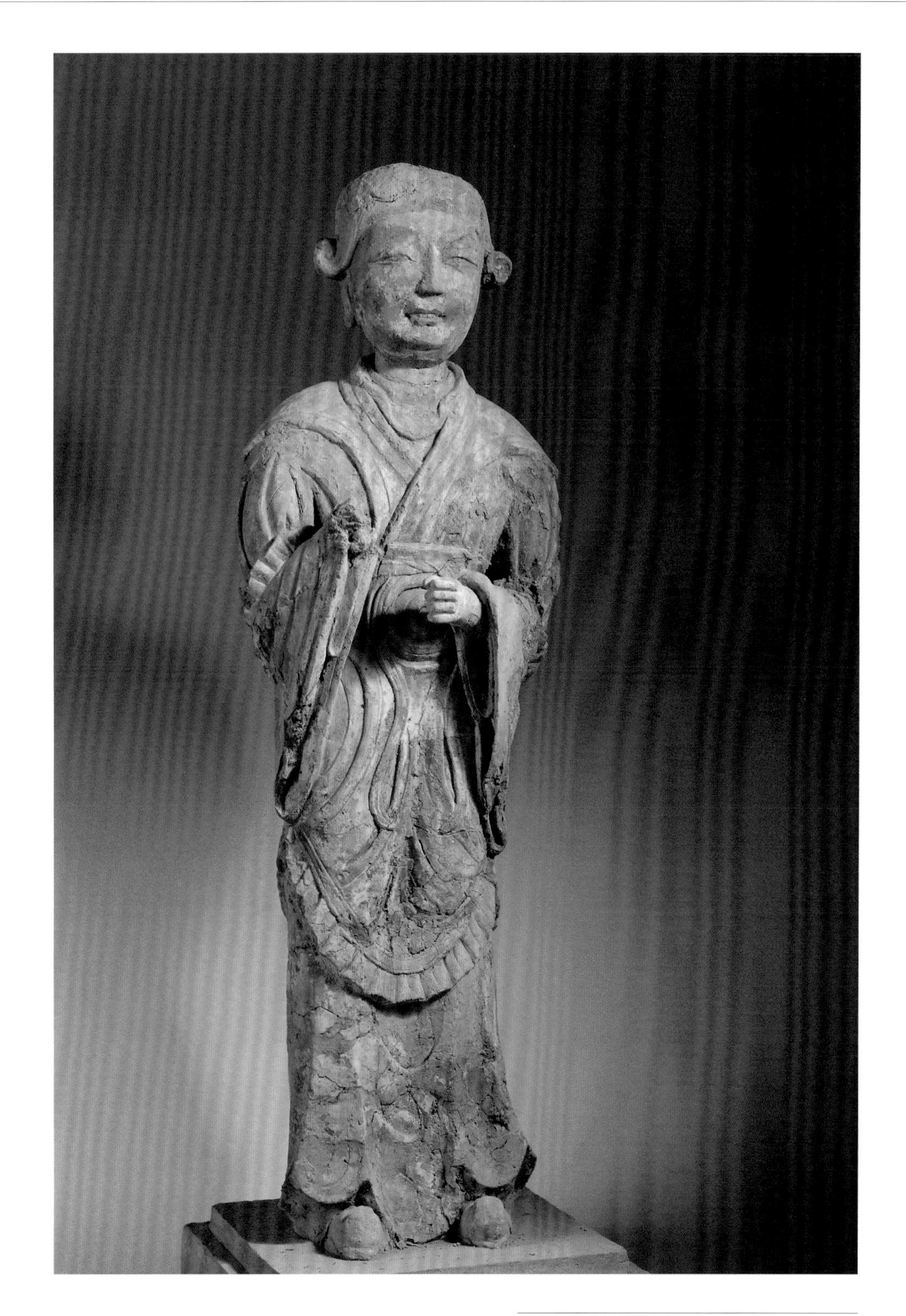

213 左供養天女

此造像也出土於第491窟，位於西龕北側。供養天女頭髮中分，於兩鬢向外曲捲。面相方圓，略帶微笑，披雲肩，着袿衣，足蹬尖頭履。塑像神情端莊，比例適度，髮染青黑，唇施朱紅，恰似一個稚氣未脫的青春少女。

西夏　陳列中心

圖版索引

插圖索引

敦煌石窟分佈圖

本全集所用洞窟簡稱：莫即莫高窟，榆即榆林窟，東即東千佛洞，西即西千佛洞，五即五個廟石窟。

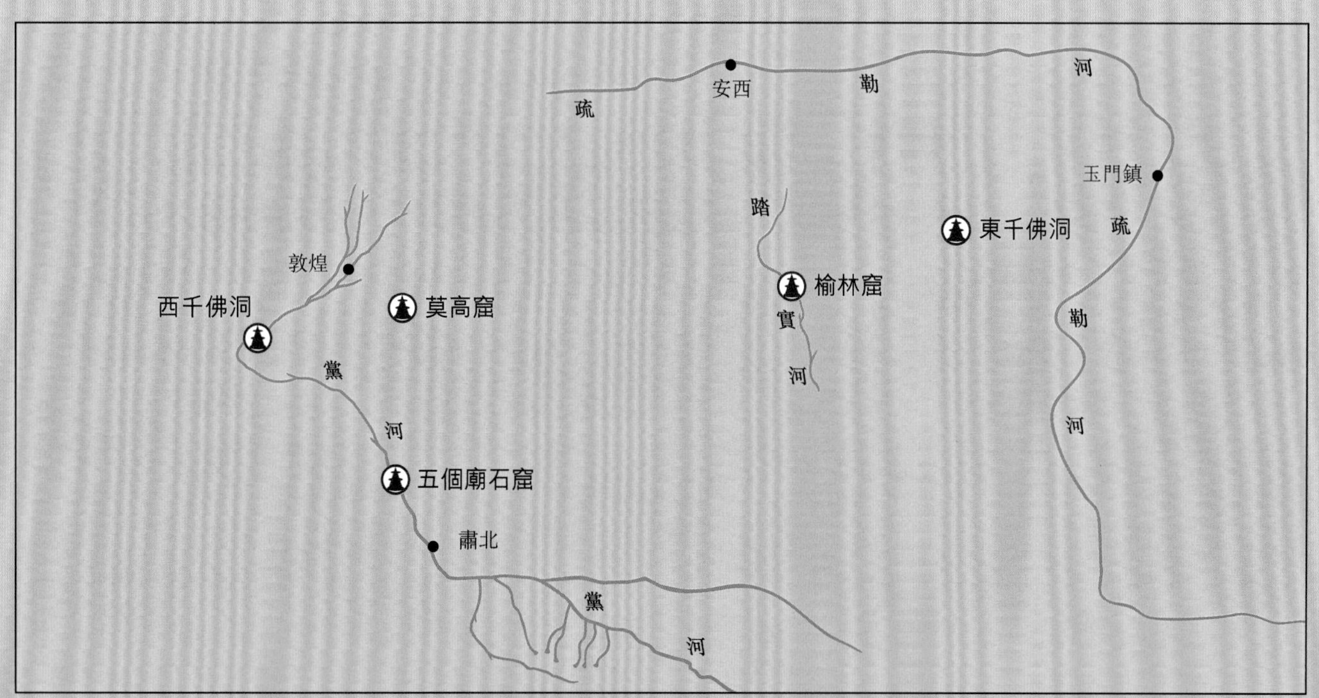

敦煌歷史年表

歷史時代	起止年代	統治王朝及年代	行政建置	備　注
漢	公元前 111 ～公元 219	西漢 公元前 111 ～公元 8 新 公元 9 ～ 23 東漢 公元 23 ～ 219	敦煌郡敦煌縣 敦德郡敦德亭 敦煌郡	公元前 111 年敦煌始設郡 公元 23 年隗囂反新莽；公元 25 年竇融據河西復敦煌郡名
三國	公元 220 ～ 265	曹魏 公元 220 ～ 265	敦煌郡	
西晉	公元 266 ～ 316	西晉 公元 266 ～ 316	敦煌郡	
十六國	公元 317 ～ 439	前涼 公元 317 ～ 376 前秦 公元 376 ～ 385 後涼 公元 386 ～ 400 西涼 公元 400 ～ 421 北涼 公元 421 ～ 439	沙州、敦煌郡 敦煌郡 敦煌郡 敦煌郡 敦煌郡	公元 336 年始置沙州； 公元 366 年敦煌莫高窟始建窟 公元 400 至 405 年為西涼國都
北朝	公元 439 ～ 581	北魏 公元 439 ～ 535 西魏 公元 535 ～ 557 北周 公元 557 ～ 581	沙州、敦煌鎮、義州、瓜州 瓜州 沙州鳴沙縣	公元 444 年置鎮，公元 516 年罷，為義州；公元 524 年復瓜州 公元 563 年改鳴沙縣，至北周末
隋	公元 581 ～ 618	隋 公元 581 ～ 618	瓜州敦煌郡	
唐	公元 619 ～ 781	唐 公元 619 ～ 781	沙州、敦煌郡	公元 622 年設西沙州，公元 633 年改沙州；公元 740 年改郡，公元 758 年復為沙洲
吐蕃	公元 781 ～ 848	吐蕃 公元 781 ～ 848	沙州敦煌縣	
張氏歸義軍	公元 848 ～ 910	唐 公元 848 ～ 907	沙州敦煌縣	公元 907 年唐亡後，張氏歸義軍仍奉唐正朔
西漢金山國	公元 910 ～ 914		國都	
曹氏歸義軍	公元 914 ～ 1036	後梁 公元 914 ～ 923 後唐 公元 923 ～ 936 後晉 公元 936 ～ 946 後漢 公元 947 ～ 950 後周 公元 951 ～ 960 宋 公元 960 ～ 1036	沙州敦煌縣 沙州敦煌縣 沙州敦煌縣 沙州敦煌縣 沙州敦煌縣 沙州敦煌縣	
西夏	公元 1036 ～ 1227	西夏 公元 1036 ～ 1227 蒙古 公元 1227 ～ 1271	沙州 沙州路	
蒙元	公元 1227 ～ 1402	元 公元 1271 ～ 1368 北元 公元 1368 ～ 1402	沙州路 沙州路	
明	公元 1402 ～ 1644	明 公元 1404 ～ 1524	沙州衛、罕東衛	公元 1516 年吐魯番佔；公元 1524 年關閉嘉峪關後，敦煌凋零
清	公元 1644 ～ 1911	清 公元 1715 ～ 1911	敦煌縣	公元 1715 年清兵出嘉峪關收復敦煌一帶，公元 1724 年築城置縣

資料來源：史葦湘《敦煌歷史大事年表》等；製表：《敦煌石窟全集》編輯委員會（馬德執筆）